Para além da Sbørnia

1ª edição | Porto Alegre-RS | 2019

Coordenação editorial: Maitê Cena
Capa e projeto gráfico: Marco Cena
Foto da capa: Raul Krebs
Foto da contracapa: Otávio Fortes
Fotos internas: acervo do autor
Revisão: Bianca Diniz
Produção editorial: Bruna Dali e Maitê Cena
Produção gráfica: André Luis Alt

Dados Internacionais de Catalogação na Publicação (CIP)

G633h   Gomez, Hique
        Hique Gomez : para além da Sbornia. / Hique
Gomez. – Porto Alegre : BesouroBox, 2019.
        368 p. : il. ; 16 x 23 cm

    ISBN: 978-85-5527-111-3

        1. Autobiografia. 2. Tangos e Tragédias. 3.
Gomez, Hique. I. Título.

CDU 929GOMEZ, HIQUE

Bibliotecária responsável Kátia Rosi Possobon
CRB10/1782

Copyright © Hique Gomez, 2019.

Todos os direitos desta edição reservados a
Edições BesouroBox Ltda.
Rua Brito Peixoto, 224 - CEP: 91030-400
Passo D'Areia - Porto Alegre - RS
Fone: (51) 3337.5620
www.besourobox.com.br

Impresso no Brasil
Outubro de 2019

Dedico este registro a toda nossa equipe, companheiros de estrada que ajudaram a fundamentar nossa história, em especial a nossa produtora Marilourdes Franarim e a Simone Rasslan que preenche nosso projeto com as melhores qualidades. As nossas famílias Heloiza, Clara Catarina, Marcia do Canto, Nina Nicolaiewsky e Pedro do Canto. Minha mãe Flávia e a mãe do Nico D. Janete. Também a D. Raul Smania que nos ensinou os princípios da meditação.

Em memória aos melhores momentos de nossas vidas, dedico especialmente a Nico Nicolaiewsky.

PREFÁCIO

Eu sou um artista privilegiado. Tive o privilégio de dividir metade de minha vida, hoje de 60 anos, com um dos artistas brasileiros mais criativos da sua geração, o Nico Nicolaiewsky.

Quando iniciamos a nossa trajetória com Tangos e Tragédias, jamais pensamos que estaríamos dividindo nossas vidas por 30 anos. Eu tinha 24 anos quando começamos os ensaios.

Isso quer dizer que quando completamos 24 anos em cartaz, Tangos e Tragédias passou a estar comigo a maioria dos meus anos vividos. Quando interrompemos nossa trajetória pela partida de meu parceiro, nós tínhamos mais tempo vivido dentro do Tangos e Tragédias do que fora dele.

Os anos de Tangos e Tragédias nos trouxeram um avanço fantástico em termos de desenvolvimento artístico e profissional. Nós nos permitimos, um ao outro, nos expressarmos da forma mais integral possível e criamos uma obra de arte radical, enquanto nos lapidávamos como seres humanos, descobrindo formas de valorizar o que considerávamos o essencial em nossas vidas.

O tom de autobiografia surge porque tudo está intrínseco. O quanto de minha espontaneidade infantil permeou esta narrativa, foi o que me trouxe o prazer de escrever esta história. O quanto da minha infância permaneceu em nosso trabalho, pode ser um dado interessante para o leitor.

Nisso me dou conta do quanto é rica a cena artística do nosso lugar. Tendo passado metade da minha vida apurando processos criativos, descobrindo e criando sistemas, junto com amigos e colegas e, acima de tudo, buscando sempre a conquista de um patamar além do já conquistado, conscientes de que nunca se chega ao ponto final. Chegar à conclusão de que eu deveria registrar tudo com minhas próprias palavras me coloca novamente no ponto zero de minha vida. Assim como em uma boa conversa em encontros casuais, disponibilizo este registro, e lanço uma proposta a todos os artistas, produtores e escritores brasileiros: escrevam suas histórias! Escritores, escrevam biografias. Contar nossas histórias está na base do processo civilizatório. Nós aprendemos muito uns com os outros. Todas as histórias se encontram em pontos convergentes e nós nos identificamos muito em nossos conflitos. Nossas vidas não são tão diferentes. Nós nos fortalecemos quando registramos nossas histórias e vamos dando dignidade à nossa existência, filtrando e descobrindo o que é digno de registro. Nenhum tipo de sucesso é maior do que a dignidade. Dignidade é tudo o que se espera no final de uma vida.

Como sabemos, tudo muda de acordo com o ponto de vista do observador. Em se tratando de um ponto de vista tão exclusivo como o meu, está aberta, então, a possibilidade de outras pessoas se candidatarem e contarem a história do Tangos e Tragédias, já que este livro inclui não apenas a história do nosso espetáculo, mas é sobre tudo minha história pessoal. Outras pessoas envolvidas em nosso processo poderão trazer ricas contribuições à história do nosso trabalho, que passou a ser vivida de forma coletiva. Entrevistas com familiares, produtores, colaboradores, colegas, técnicos, jornalistas, e habitués do nosso trabalho, podem trazer dados relevantes que eu não pude trazer pela limitação de meu ponto de vista. Tudo o que sei sobre Nico foi através do nosso pequeno/vasto ponto de intersecção pela via do amor que tivemos pelo nosso trabalho. Não sei nada de sua infância, nem de seus processos individuais no seu excelente trabalho como compositor e na montagem de seus espetáculos individuais, tampouco me preocupei em ter acesso a seus diários. Isso será uma outra grande surpresa para todos nós se for publicado.

Me entreguei ao trabalho de escrever sem filtros, o que resultou em cerca de 500 páginas. No final, a experiência do editor somou muito limitando esta publicação e permitindo que o mais interessante prevalecesse.

Porto Alegre, 40 graus. Janeiro de 2013. Inicia a 28ª temporada de verão de Tangos e Tragédias. A temporada daquele ano tinha como mote de campanha publicitária o lançamento de uma pasta de dentes chamada Tangos e Tragédias, uma crítica às campanhas publicitárias de pasta de dentes. Eu havia sugerido ao Nico Nicolaiewsky que segurasse uma caveira mostrando o sorriso. Seria uma referência anárquica, engraçada ao Hamlet de Shakespeare, aquele que pega uma caveira e fala: "Ser ou não ser; eis a questão!" Mas Nico fez uma expressão que entendi sem que ele precisasse dizer uma palavra. Seu enteado Pedro estava internado na UTI de um hospital, numa situação de saúde grave, e temíamos ter de lidar com o pior. Assim, a referência da caveira não era de bom tom.

Nossas campanhas publicitárias para as temporadas de verão já há alguns anos tinham uma excelente visibilidade, com *outdoors*, propagandas em jornais, *jingles* radiofônicos, cartazes e volantes na principal rede de supermercados da cidade. Enfim, campanhas realmente massivas. Éramos um produto de sucesso do entretenimento cultural, sem utilizar leis de incentivo. Somos os artistas que mais se apresentaram no Theatro São Pedro, o teatro mais tradicional da cidade, com 160 anos de história. Mas, 29 anos atrás, quando começamos, tudo era muito diferente.

No ano de 1984, ainda vivíamos o final da ditadura militar; o presidente era o General João Figueiredo. No cenário internacional, a Guerra Fria já havia passado do período do recrudescimento. A União Soviética começava a se desmanchar. As ditaduras militares implantadas pelos Estados Unidos na América Latina tinham cumprido a tarefa de impedir que o socialismo se instalasse nesses países, menos em Cuba, que continuava a ser uma base aliada da Rússia (hoje capitalista), com um regime comunista, num território que poderia ser considerado americano. O Brasil daquela época não era uma nação emergente; era um país muito pobre, sem nenhuma perspectiva imediata.

Muitos anos depois, durante a 15ª temporada do Tangos e Tragédias, estávamos na nossa melhor fase. Porto Alegre recebia o primeiro Fórum Social Mundial, fato que colocou a cidade na pauta do planeta Terra. Movimentos sociais internacionais se encontraram, em 2001, 2002 e 2003, aqui, no nosso quintal, fazendo com que os anseios populares ganhassem importância e marcassem conquistas. O Brasil não só havia crescido no conceito dos estrangeiros como também prometia um futuro mais igualitário, com um grande aquecimento da economia interna.

No Fórum, à noite, depois dos painéis internacionais, aconteciam os *shows*, e lá estávamos nós. Quarenta mil pessoas assistiram ao Tangos e Tragédias; aliás, o maior público para o qual tocamos. Em determinado momento, depois da chuva ter deixado o local coberto de barro, Nico começou a cantarolar algo nos camarins, num ritmo bem folclórico: "Tá tudo embarrado, tudo enlameado..."E começamos, ali mesmo, a criar uma cançoneta.

Tá tudo molhado, tudo enlameado, tá tudo embarrado...
O Bruce Sprin não veio,
o Manu Chau também![1]
Não somos mais escravos,
juntei meus centavos
e superamos Davos.

---

1 Existia a expectativa de que Bruce Springsteen e Manu Chao fossem ao Fórum, mas isso não aconteceu.

A massa curtiu a referência ao Fórum Econômico de Davos, que acontecia na mesma semana.

Vivíamos nossos melhores anos. Já tínhamos sido homenageados no Carnaval de Porto Alegre de 1999, quando fomos enredo da escola de samba Imperatriz Dona Leopoldina. Fizemos temporadas em São Paulo nos melhores teatros, sempre lotados, participação em vários programas de televisão em rede nacional, e nossa temporada no Theatro São Pedro foi a mais procurada. Chegamos a fazer *shows* de segunda a segunda, durante dois meses, e faturamos pouco mais de meio milhão de reais! O ano de 1999 foi o auge de nossa carreira. Vivíamos mais viajando do que em casa. Depois, embora a procura por nosso trabalho sempre tenha sido muito boa, diminuímos o ritmo das viagens; decidimos que queríamos ficar mais tempo em casa.

Em 1980, Kleiton e Kledir haviam lançado seu primeiro disco, com um sucesso estrondoso, e passaram a representar a cultura musical popular do Rio Grande do Sul, que dialogava com todos os outros movimentos. Depois de Teixeirinha e de Lupicínio Rodrigues, o cenário local ganhava um interlocutor no diálogo entre as regiões. Mas creio que outros fizeram este papel de atravessar as fronteiras como interlocutores gaúchos na criação da música popular brasileira contemporânea. Durante o tempo em que estivemos em cartaz no Rio e em São Paulo, especialmente as nossas aparições na TV em rede nacional me causavam a sensação de que de alguma forma estávamos cumprindo esse papel de interlocutores, e nossos fãs confirmavam isso, comparecendo em nosso espetáculos e nos prestigiando sempre.

Durante a sessão de fotos que fizemos para nossa última temporada, Nico demonstrou um cansaço extra. Pensamos que provavelmente esse cansaço se justificava pela temporada em hospitais cuidando de Pedro, seu enteado. Assim, iniciamos a temporada como já esperávamos, com um excelente público. Nico não deixou de externar seu cansaço, mas nossa experiência de 28 temporadas em 28 anos dizia que o condicionamento físico viria ao longo do processo. E realmente tudo correu bem. Nico estava mais doce do que de costume. Aliás, já nos últimos anos, o artista tempestuoso de sempre tinha dado lugar a uma personalidade mais amistosa. Eu pensava comigo: ou ele acertou o remédio, ou conseguiu guardar uma quantia muito significativa em dinheiro... ou finalmente a idade lhe trouxe uma tranquilidade maior.

Além de um grande artista, ele era conhecido por ser um bom companheiro e também um cara engraçado e, às vezes, nervoso. "O Cara" que a vida me trouxe pra compartilhar grandes avanços pessoais e também coletivos. A pessoa que eu escolhi conscientemente porque "sabia intuitivamente" que teríamos uma grande empreitada de desafios a vencer. "O Cara" ao lado do qual eu pude expandir minha consciência e me lapidar como ser humano e como artista. Acima de tudo, "o Cara" que, ao lado dos conflitos, me trouxe as maiores conquistas da vida. "O Cara" que trouxe muita felicidade para mim, para minha família e também para toda a nossa comunidade.

Cláudio Levitan e Fernando Pesão participariam daquela temporada como os integrantes da Grande Orquestra da Sbørnia. Fizemos a primeira semana lindamente, curtindo como sempre, com o público dando todo o suporte. Até que, na segunda-feira, durante sua natação, Nico teve uma contusão muscular, que se mostrou insistente a ponto de termos que cancelar os próximos dois dias de apresentações, algo que nunca ocorrera em 28 anos. Em seguida, para garantirmos que a temporada chegasse ao fim, dando tempo para que ele se recuperasse, cancelamos os *shows* da semana toda. Na segunda-feira seguinte, Nico fez novos exames, incluindo um exame de sangue, que trouxe novidades dramáticas. Foi detectado um tipo de leucemia mieloide aguda. Cancelamos a próxima semana também, com pouca chance de voltarmos naquele ano.

Em duas semanas de tratamento agressivo, passamos da expectativa da volta para o desespero da despedida de Nico. No dia sete de fevereiro, justamente no último dia da temporada de 2014, a realidade nos batia na cara. O corpo inanimado daquele que animou 28 verões anteriores descansava em um cofre fúnebre no palco que o consagrara como artista para toda a nação, com o teatro praticamente lotado. Toda a alegria infundida durante 30 anos agora encontrava o seu oposto. Justamente como a proposta conceitual do nosso trabalho; encontrar a alegria nas tragédias musicais com toda veracidade. A ironia sobre as tragédias que tanto utilizamos, como uma forma de transmutar a tristeza e o desespero diante das fatalidades, transformou-se em ironia do destino. Eis que a tragédia nos visita pessoalmente, entrando pela porta da frente e roubando o *show* para sempre.

Uma de nossas fãs falou que não sorria há seis anos, devido à perda de um ente querido ou a algum outro tipo de tragédia que a havia visitado, e que, por causa do nosso trabalho, voltara a sorrir. Sabemos o quanto nosso público se divertiu. Mas, como postei no dia da partida de Nico: "Ninguém se divertiu mais do que nós!"

UM HOMEM FANTASIADO DE AMENDOIM

Os anos de Tangos e Tragédias trouxeram a abertura absoluta no sentido de permitir que cada um de nós dois pudesse se expressar como artista, na sua forma mais radical e integral.

Eu já conhecia Nico Nicolaiewsky do Musical Saracura, grupo que ele liderava e cujos *shows* eu já havia assistido *show*. A primeira vez que cruzei com ele foi no Bom Fim, bairro boêmio de Porto Alegre, no Copa 70, um bar onde se encontravam artistas, *hippies* e a resistência da ditadura. Eu o achava uma figura interessante, com jeito de artista, personalidade forte, nariz adunco, cabelos encaracolados e fartos e macacão *jeans*, mas nem sabia ainda o que ele fazia.

Certa vez, houve um *show* universitário, uma espécie de sarau na frente da Faculdade de Arquitetura, onde vi Nico tocando pela primeira vez. Era aquela figura de macacão *jeans* tocando violão e cantando uma música que não era um *blues*, mas dizia "Catinga Blues... Um homem fantasiado de amendoim me olhou e disse assim: Catinga Blues..." Fiquei intrigado com aquilo. O homem fantasiado de amendoim me parecia ele mesmo, com o nariz adunco e o cabelo espigado.

EMMA COSTET DE MASCHEVILLE

Eu tinha 17 anos, tocava numa banda de *rock* e baianagem (Tropicália e Novos Baianos) chamada A Pota. Um *power* trio: eu na guitarra, Sérgio Villanova na bateria e Paulo Abreu no baixo. Ensaiávamos nos fundos da casa da irmã do Paulo, a Aninha. Ela e seu marido, Carlinhos, faziam parte da comunidade *hippie* de Porto Alegre. Tinham uma padaria de alimentos integrais e eram alunos de Dona Emma de Mascheville, a astróloga alemã que fundou uma importante escola em Porto Alegre, formando vários astrólogos reconhecidos, entre eles Amanda Costa e Antonio Carlos Harres.

D. Emma era uma figura muito importante naquele meio e trouxe em sua bagagem a experiência vivida na comunidade de Monte Verità, na Europa, pela qual passaram luminares como Carl Jung, Rudolf Steiner, fundador do pensamento antroposófico, e o grande escritor alemão Herman Hesse – este, o primeiro a levá-la a um teatro, quando ela tinha 15 anos. D. Emy não é lembrada por seus alunos e amigos apenas pelo seu legado astrológico, mas também pela sua história pessoal, marcada pelo contato com pensadores de vanguarda que trouxeram grandes contribuições para a humanidade, instalando entre as pessoas do seu convívio uma forma mais ampla de entender a vida.

EM ÓRBITA

Na década de 1970, a astrologia era uma linguagem corrente na casa onde ensaiávamos. Eu não entendia nada, mas estava maravilhado com aquelas pessoas. Com 17 anos, eu tinha encontrado minha turma. Queria, com todas as forças, entender o que eles estavam falando. Netuno em Escorpião, Marte na primeira, Plutão na terceira, Júpiter em quadratura com o Meio do Céu e todas as implicações que isso acarreta na configuração do mapa astrológico de uma pessoa. Eles estavam em uma batida transcendental, e eu, ávido para penetrar naquele universo. Já estava ali, mas queria fluir com a mesma intensidade. Eu ainda não entendia, mas sabia que era questão de tempo para fluir com eles.

Carlinhos e Aninha tinham dois filhos, Daniel e Joana, e depois vieram mais três, o que aprofundava a ruptura deles com o sistema. Eram adultos com filhos e viviam como jovens, de uma forma completamente diversa da maioria. Toda a filosofia *hippie* e da contracultura estava ali.

Nessa peça onde ensaiávamos, recebíamos muitos visitantes. Nei Lisboa esteve lá, Antonio Villeroy, Gastão Villeroy, Carlinhos Hartlieb, Mutuca, Fernando Corona e outros músicos e bandas. Além deles, havia outros artistas, como Zé de Abreu, que era um ator de teatro em plena atividade. As peças de Luiz Arthur Nunes faziam sucesso e eram representantes do movimento da contracultura.

Um ou dois anos mais tarde, fui convidado pela Lidinha Fontoura, secretária direta de D. Emma, para fazer um trabalho. As interpretações dos mapas astrológicos eram gravadas em fitas cassete. D. Emma tinha um sotaque alemão muito forte, então Lidinha me passava as gravações para que eu redigisse o texto no português correto. Eu e Heloiza, com 20 anos, éramos recém-casados, e, como ela estava cursando Letras Jornalismo, começou a me ajudar. Ela era muito boa em literatura e uma leitora voraz, incentivando em mim o hábito da leitura, que não existia na minha família. Naquele momento, devorávamos toda a obra de Hermann Hesse. Começamos a mergulhar na astrologia, e, finalmente, comecei a entender de verdade toda aquela linguagem falada pelos *hippies* que eu frequentava. Foram dezenas de mapas astrológicos dos clientes de D. Emma cujos aspectos tivemos a oportunidade de analisar e estudar juntos, redigindo em português os textos da alemã mestra em astrologia. Depois, fizemos o mesmo para Lidinha, que também começava a fazer isso profissionalmente. Desde essa época, nunca mais deixamos de observar o trânsito dos planetas e fazer os mapas das pessoas com quem trabalhamos. Estamos em 2019; portanto, são 42 anos de observação astrológica.

UM ZAGUEIRO SOLITÁRIO NA PONTA DIREITA

Nasci em Porto Alegre. Meu pai era atleta profissional; jogava no Grêmio Futebol Porto-alegrense. Eu, é claro, ficava ali entre os jogadores quando criança, e essa vivência me oferecia a possibilidade de seguir uma carreira esportiva. Seguidamente, via matérias com meu pai na *Gazeta Esportiva*, *Última Hora* e outros jornais da época, e lógico que eu também queria ser jogador de futebol. Tenho até hoje algumas reportagens guardadas, em que eu próprio apareço na minha primeira infância, nos treinos, com os jogadores. Tenho a foto do time que conquistou o hexacampeonato gaúcho. Tinha as faixas também, mas o tempo fez seu trabalho e as lembranças das glórias esportivas se dissolveram nas gavetas da família.

Depois do Grêmio, meu pai foi para o Cruzeiro de Porto Alegre, que era uma terceira força do futebol gaúcho e tinha torcedores célebres. Moacyr Scliar, meu escritor predileto, declarou-se cruzeirense até seus últimos dias. Mas logo meu pai teve um problema com o menisco e teve que largar o futebol, conseguindo um emprego na Caixa. Pouco depois, foi-lhe oferecido um cargo de gerência em uma cidade do interior. Era uma grande chance para ele. Uma vida melhor acenava para a família. A cidade escolhida foi Giruá, ao norte do Rio Grande do Sul; na época, a oito horas de distância de Porto Alegre (hoje, em 9 horas, chega-se a Miami). Mas ele continuou ligado ao futebol, criando o departamento de ex-atletas do Grêmio com outros colegas. Ele também se dedicou a treinar os times infantis dos quais eu fazia parte por um bom tempo. Eu era zagueiro!

Entre meus amigos de futebol havia dois outros meninos que jogavam muito. Um era Macuco, filho do açougueiro, que tinha uma perna menor do que a outra, mas sempre dava um *show* de bola. Tinha um domínio absoluto e uma habilidade ímpar de tomar a bola e fazer dribles. Havia também o Mizico, filho do Seu Paraguai, dono da venda na parte alta da cidade. Mizico (Hermes-Hermezinho-Hermezico-Mizico), um cara que jogava de verdade, com muita elegância e excelência, um jogador tipo o Falcão do Inter. Então, meu pai, que era um atleta conhecido, nos levou na escolinha de futebol do Grêmio, no estádio Olímpico. Fomos bem recebidos pelos jogadores profissionais que ali estavam treinando.

Todos eles conheciam meu pai. Era uma responsabilidade para mim, pois todos eles me olhavam com aquela expectativa: "Será que tem talento esse filho do Léo?" Naquele dia, o sol estava muito forte, e os meninos estavam mesmo pra competição, muito mais do que no campinho de Giruá onde treinávamos. Não era uma pelada; eles entravam duro e disputavam a sério. O Mizico arrasou no treino, fez um golaço festejadíssimo. Quanto a mim, lembro que realizava um sonho, mas, ao mesmo tempo, não sabia o que estava fazendo ali. As posições da zaga estavam todas ocupadas, por isso, me colocaram na ponta direita. Depois de muito esperar pela bola sem entender por que não recebia um passe, depois de suplicar aos berros para verem que eu estava sozinho, comecei a me sentir solitário na ponta direita. Enfim me lançaram uma bola pela direita, e eu corri. Mas o sol estava quente demais, e foi ficando maior do que de costume. Eu teria que correr uns 20 metros para cruzar para dentro da área, mas era a minha chance. De repente, os 20 metros se transformaram em 200, e o sol ficou ainda mais quente. Eu não percebi que a força da gravidade naquele dia estava mais forte, tornando mais difícil correr. Fui cruzar e dei um chute aplicando toda a minha força. A bola andou mais ou menos uns dois metros… e saiu para fora. Ali, naquele momento, eu caí na realidade: a diferença entre mim e o Mizico era muito grande! Tiramos fotos com os jogadores, todos eles festejando o golaço do Mizico e eu morrendo de ciúmes, com vergonha do meu único chute no jogo. Voltei para casa com muita insegurança sobre meu futuro.

O TIJOLINHO QUE FALTAVA NA MINHA CONSTRUÇÃO

Um tempo mais tarde, num dia de pelada em Giruá, meu pai me avisou que eu teria aula de violão. Justo naquele dia em que me aguardavam no campinho para um jogo. Eu não entendi por que aula de violão no dia do jogo de futebol. Tentei argumentar, mas meu pai era uma autoridade de fato. Um embate com ele sempre me tremia as pernas. Ele disse que eu não iria jogar e teria aula de violão. Somente há alguns anos me caiu a ficha: ele viu que eu não tinha talento para o futebol. Penso que ele queria me livrar das desilusões da carreira de atleta. E conseguiu fácil! Na primeira aula, fiquei chapado com os três acordes que aprendi. Passei a noite tentando trocar os acordes mais rapidamente. "Você é meu amorzinho, você é meu amorzão, você é o tijolinho que faltava na minha construção", dizia a música. Em uma semana, já estava pronto para aprender outra música. Meu professor chamava-se Jader e era inspetor de polícia. Vinha com um coldre e um revólver por dentro do casaco, que ele sempre tirava e pendurava na cadeira. Um revólver de verdade!

Minha irmã Márcia também aprendia rápido. Fazíamos testes de percepção musical sem nem mesmo saber que era esse o nome, pois Jader era um músico popular, intuitivo, não ensinava teoria musical. Ficávamos na cozinha, o professor fazia os acordes na sala e tínhamos que identificá-los de ouvido. Quando passamos a ter repertório suficiente, as aulas ganharam uma extensão: uma caipirinha preparada por meu pai e o pós-aula se transformava em uma roda de samba.

Negro, Jader tinha uma batida de samba muito boa. Tocava com palheta, batendo nas cordas como se batesse num repinique. Logo aprendi essa batida. Meu pai tocava samba num balde e me ensinava a batida do samba batucando sobre a mesa, numa espécie de tradição oral. Eu correspondia imediatamente, infinitamente melhor do que no futebol. E isso fortaleceu minha crença de que, mesmo se eu não fosse jogador de futebol, não perderia o principal vínculo com meu pai. Nosso vínculo tornou-se a música.

As aulas progrediram como se fossem diversão. Minha mãe também curtia muito. A música virou o amálgama da família. Meu pai começou a fazer das tardes de domingo com visitas na nossa casa um pequeno sarau, com música dos irmãos Ike (era assim que eles escreviam meu apelido) e Márcia, que já tinham repertório para uma pequena apresentação. Minha irmã cantava *Meu pequeno cajueiro* de uma forma tão pura, tão afinada e tão natural que todos nós ficávamos encantados e embebidos na arte da música sem nem mesmo pensar nisso. Entendo perfeitamente a frase de Caetano Veloso na música que fez para sua irmã, que diz: "A vida tem uma dívida com a música perdida..." A música que ela fazia era muito pura para supor uma carreira profissional, cheia de exigências e adaptações. Nem todos se adaptam a uma vida na estrada, em condições contraproducentes. Ela não tinha esse perfil. De toda forma, tínhamos descoberto uma nova faceta da família. Um aspecto de grande valor nascia na nossa relação pessoal, trazendo uma alegria extra e uma perspectiva extraordinária. Era como se coroasse a felicidade de meus pais e compensasse todos os seus esforços para além de tudo que eles haviam conseguido até ali.

QUE LOS TÊRAS SACOSANGO

Meus pais eram muito duros financeiramente. Na época do futebol, o salário mal dava pra cobrir o custo de vida. Meus avós ajudavam, porque meu pai era famoso em Uruguaiana, onde começara a jogar e tornara-se uma promessa do futebol. Meus avós moravam muito perto do rio Uruguai, praticamente na beira dele. Talvez por isso todos da família do meu pai nadassem muito bem. Meu avô era zelador da usina de eletricidade, que também ficava na beira do rio . Depois, aposentou-se, e eles se mudaram para um apartamento no centro da cidade.

Meu pai surgiu nesse time de Uruguaiana, o Sá Viana, e também passou uma curta temporada no Ferro Carril Oeste. Muitas vezes, fomos a Paso de los Libres fazer passeios. Eu e minha irmã ouvíamos os argentinos falando e divertíamos a família inventando um falso espanhol. "Que los têras sacosango" virou um jargão de família. Sempre que nos encontrávamos, minhas tias perguntavam: "Que los têras sacossango?" Que não tinha tradução nenhuma.

Ao sair do Sá Viana, com 20 anos, meu pai foi para o Renner, time que ganhou o campeonato gaúcho em 1954, batendo o Grêmio e o Inter. Estes dois, hoje, são campeões mundiais! E a façanha do Renner é celebrada até hoje pelos remanescentes. Quando as indústrias Renner decidiram extinguir o departamento de esportes e investiram numa agência de publicidade, a MPM, os jogadores foram todos para outros clubes. Assim, meu pai foi para o Grêmio.

Em Uruguaiana, meu pai conhecia todo mundo e nos levava para ver os ensaios das escolas de samba. Toda a família era ligada em samba. Na época das férias, as rádios tocavam muito samba, preparando o carnaval, e todos na família sabiam tocar samba em qualquer objeto sonoro. Nos divertíamos batucando em vidrinhos, cinzeiros, garrafas, caixas, qualquer coisa que soasse bem. Gostávamos de fazer isso. Tocávamos uma música inteira como se fôssemos parte da banda que estava tocando no rádio. Era uma alegria perceber que acertávamos todo o acompanhamento e que estávamos aptos a fazer parte da banda de fato, uma coisa que fortalecia os laços de família.

CLIMA DE SEQUESTRO

Quando nasci, morávamos na rua Miguel Tostes, num apartamento de um quarto, e eu dormia no mesmo quarto que meus pais. Logo veio minha irmã, e o apartamento ficou pequeno.

Fiz o primeiro ano no colégio Roque Callage, e lembro perfeitamente do meu primeiro dia de aula. Era 1964, e o golpe militar havia sido declarado. Meu desconforto de estar indo para uma atividade obrigatória e diária se confundia com o clima de apreensão e medo que eu percebia no mundo dos adultos. Eu tinha a sensação de estar indo para a prisão. Ter que ficar na fila de guarda-pó, junto com um monte de desconhecidos, sem saber bem por qual motivo, era como um pesadelo. Eu estava assustado. Hino cantado, bandeira hasteada, discursos inflamados. O clima era de sequestro, de não aceitação de alguma coisa que eu não entendia e tinha medo. Demorei a me acostumar com aquilo. Até que vieram os lápis de cor, uma professora simpática e outras curtições.

Um dia, me envolvi em uma cena de nudez com outros dois vizinhos mais ou menos da mesma idade que exploravam o sexo, e aquilo se tornou um drama de cuja gravidade eu não fazia ideia. Uma coisa que devia ser esquecida e não mais falada depois que os adultos conseguiram de mim uma fácil confissão.

A vida melhorou para meu pai, e nos mudamos para uma casa própria que ele tinha conseguido com um financiamento em seu novo emprego na Caixa Econômica Federal. Essa casa da minha infância em Porto Alegre era bem maior do que o apartamento e tinha um pátio onde eu passava a tarde treinando com minha bola. Mas ficava bem longe de tudo, perto de onde a cidade acabava. Minha mãe não gostava por causa do pó. Cada carro que passava levantava uma nuvem que deixava os móveis permanentemente empoeirados. Não tinha água encanada e o caminhão pipa tinha que ir encher o reservatório. Mas era nossa! A ditadura militar já havia se instalado como regime de governo, e meu pai falava: "O meu país é aqui! Nos limites destes muros!"

Um dos irmãos de minha mãe foi preso, acusado de atividades subversivas. Agentes do DOPs forçaram a entrada na casa da minha avó e o prenderam a força, sem direito de defesa. Ele foi torturado e perdeu os dentes a socos e pauladas. Uma música inocente tocava no rádio – "Dominique, nique, nique, sempre alegre esperando…" –, mas o clima era sinistro.

PUTZ! MATEI UM CARA!

Daqueles dias, tenho a lembrança remota de estar jogando pedras para dentro de um pátio bem arborizado numa esquina da rua Liberdade, onde moravam meus primos, um pouco mais acima. Jogávamos pedras com toda a força, só por diversão, ou para descarregar alguma raiva infantil. Logo descobrimos, de longe, um cara deitado no chão ao lado de uma enxada. Olhávamos de fora do pátio, pela cerca, e o cara não se mexia. Eu tive certeza de que tinha matado aquele cara. Fiquei com a culpa do assassinato por muito tempo. Uma culpa secreta e silenciosa, um drama pessoal de 24 horas por dia de culpa e castigo. Eu tinha sete anos e já estava prestes a cumprir uma pena de prisão perpétua. Sabia que meus pais, meus avós e meus amigos também sofreriam com aquilo. Passado muito tempo – alguns meses –, perguntei para alguém naquela casa se havia morrido um cara ali, e me disseram que nunca morrera ninguém. Aos poucos a culpa daquele crime foi sumindo.

TILICO E MINHOCA E O TEATRO INVISÍVEL

Na frente de nossa casa havia uma chácara, e, coincidentemente, um pouco acima, minha mãe morava quando criança com meus avós, em uma área rural, onde ela contava que seu pai, meu avô Luiz Alves, tinha um lagarto como animal de estimação e fazia apresentações na rua enquanto vendia um produto para tirar manchas de roupas. Meu avô tem uma história peculiar, que permeia todas as gerações de netos, bisnetos e agregados, sobre quem compus uma canção. Não tinha televisão, e ele fazia propaganda de lojas e filmes nas ruas, vestindo-se como os personagens. Em algumas fotos que chegaram a mim, ele está vestido de Charles Chaplin, numa versão bem convincente, para fazer publicidade dos filmes. Em outra, ele aparece como o Grande Ditador, personagem de Chaplin no filme homônimo.

Meu avô tinha uma dupla de humor com meu tio Jesus Afonso: Tilico e Minhoca. Certa vez, os dois estavam em uma viagem de trabalho no Paraná, em uma estação de trem, voltando para casa. Havia um par de cavalos atados ali perto, onde duas crianças brincavam próximo aos trilhos do trem. A locomotiva vinha de ré para engatar no vagão de passageiros quando seu apito assustou os cavalos, que se agitaram, assustando as crianças, que, por sua vez, fugiram em direção aos trilhos do trem. Meu avô viu a cena e não hesitou em imediatamente saltar nos trilhos e tirar as crianças dali. Mas não teve tempo de sair. A locomotiva o "prensou" contra a plataforma. Meu tio Jesus conta que ele, com 14 anos, ficou sozinho no local com o corpo do pai, que foi levado ao hospital, mas não resistiu e teve que ser enterrado como indigente, levado pelo filho em uma carroça. Uma tragédia digna de ser contada pelo resto das gerações vindouras. Durante minha infância, as histórias de *João e Maria*, *Os três porquinhos* e *João e o pé de feijão* conviviam esta, do "cara que salvou as crianças com sua própria vida".

Meu tio Jesus foi ator também: participou de montagens no Theatro São Pedro na década de 1950, e nos saraus da família sempre tinha o momento em que ele entrava com sua garganta de ouro cantando *Conceição*, sucesso do Cauby Peixoto, que era o nome de nossa avó, sua mãe. É meu familiar mais constante nas plateias dos *shows* que faço.

Depois de alguns anos da estreia do Tangos e Tragédias, no entusiasmo de escrever canções contando histórias, compus uma canção chamada *Teatro Invisível*, em homenagem ao meu avô. Uma referência ao teatro de Augusto Boal, que fazia cenas teatrais na rua, levando o povo que as presenciava a crer que eram verdadeiras. Nesse caso, o drama foi real.

QUEM SOU "EUS"

Eu e minha irmã fomos para uma escola de padres, a Irmão Weibert, onde fiz minha primeira apresentação teatral, ao ar livre, no papel de Caramuru, sobre a história do descobrimento do Brasil. Minha mãe fez o figurino e eu tinha uma fala importante. Eu devia entrar e dizer: "Quem és tu?" Ensaiei a entrada a semana inteira. Entrava com uma espingarda de madeira com um caninho de plástico e dizia, solenemente: "Quem és tu?" No dia da apresentação, meu figurino de português estava pronto. Fomos para a apresentação e eu estava bem seguro, curtindo muito toda a função. Na minha, vez entrei com tudo e falei: "Quem és 'tus'?" Todo mundo riu. Voltei para casa muito inseguro. Todos diziam ter curtido a apresentação, menos eu. No outro dia, ainda riam, e me perguntavam: "Quem és 'tus'?" Eu achava humilhante, mas, de alguma forma, os outros curtiram. Meu sentimento de humilhação foi passando, e também comecei a achar engraçado.

Certa vez, meu avô foi nos visitar, e ele sempre lembrava do falso espanhol que usávamos em Uruguaiana. "Que los teras sacosango!" Naquele dia, ele quis aumentar a brincadeira e disse: "Quem és 'tus'?" Parei por um instante, olhando sério para ele. Foi então que eu soube que a família se divertia pelas minhas costas!

OS DIABOS DO IRMÃO INOCÊNCIO

Estudávamos em uma escola de padres jesuítas, que tinha aulas de Religião e onde o pensamento da Idade Média insistia em permanecer. O padre diretor era o Irmão Inocêncio, uma figura clássica de pessoa atormentada pela ideia de pecado, e com um travamento nas mandíbulas que o fazia falar por entre os dentes sem mexer o maxilar. Ele levava para a sala de aula painéis de pinturas do inferno com figuras horripilantes. Eram diabos em convulsão, fogo e faces atormentadas de homens recém-chegados ao inferno. A ditadura do Império Romano Católico se perpetuava pelos lábios do Irmão Inocêncio, proferindo suas palavras ameaçadoras por entre os dentes cerrados.

Então, chegou o momento do preparo para a primeira comunhão, e fomos numa igreja da Vila Jardim fazer a catequese. Eu achava aquilo muito chato porque não via nenhum mistério espiritual se realizar ali. Faltei uma ou duas aulas. Alguns dias antes da cerimônia, o padre avisou que eu havia rodado por faltas e não poderia fazer a primeira comunhão. Minha avó Conceição (por parte de mãe) ficou brava com o padre e foi a outra igreja, cujos religiosos ela conhecia, e contou ao padre o que tinha ocorrido, pois achava que eu estava pronto para fazer a primeira comunhão. O padre topou e me deu a comunhão como se eu já a tivesse tomado, e assim foi a minha primeira comunhão. Não houve grandes rituais; foi simplesmente a primeira vez que tomei a comunhão. Depois, quando entrava na fila para tomar a hóstia junto com os meus colegas nas missas da escola, eles diziam que eu não podia porque não fiz a primeira comunhão, e eu respondia que sim, já havia feito antes deles, em outra igreja. Nunca mais voltei naquela igreja, e minha vida de católico seguiu tranquila. Surgiu a segurança de que nem o padre da catequese nem os diabos do Irmão Inocêncio interfeririam de forma definitiva na minha religiosidade.

Minha avó Conceição era minha madrinha também e, de alguma forma, compreendia minha natureza espiritual. Ela seguidamente me chamava para falar sobre o Espírito Santo. Abria um parêntese especial naquele momento e dizia que a força do "Espírito Santo era a maior força do universo". Ela falava com os olhos cheios de uma dramaticidade que eu, mesmo sem entender, gostava de ouvir. A ideia da força universal do Espírito Santo pregada por minha avó era mais forte do que o Deus dos padres. Essa ideia me fortalecia e me confortava. Talvez porque aquilo se contrapunha às imagens do inferno que os padres mostravam.

O medo do inferno incutido nas crianças é que é o maior pecado. Quantas pessoas foram castradas por essa ideia? Quantas morreram e quanto atraso foi imposto na história da evolução humana?

Depois que li praticamente toda a obra de Jung, especialmente *Aion: estudos sobre o simbolismo do si-mesmo*, a força mitológica do Espírito Santo passou a ter um papel fundamental na minha vida, ao qual recorro diariamente, num esforço para compreender a sua natureza cada vez mais profundamente. Minha avó plantou a semente num local fértil. Procurei saber sobre isso em todos os tipos de mitologias, e minhas meditações são cheias dessa presença metafísica, na qual encontro entendimento e paz de espírito.

Houve outro episódio nessa escola. Foi durante uma missa em que fui convidado a ser coroinha. Eu deveria bater o sininho em um determinado momento do ritual, pegar uma garrafinha com o vinho e derramá-lo dentro da taça. O padre era um professor novo e bem jovem que as crianças gostavam muito. Na hora de bater o sininho, ele começou a fazer uns sinais com a mão, e eu fiquei sem saber se era mesmo pra bater o sininho ou não. Por isso, bati com muita insegurança, sem ter certeza se aquela era a hora certa. Nisso, alguns amigos perceberam a situação e começaram a rir. Na hora de colocar o vinho, eu estava tão nervoso que peguei a garrafinha e comecei a tremer. Levei ela até o altar com as mãos tremendo, tirei a rolha e, quando a aproximei do cálice sagrado, eu tremia tanto que todos perceberam. Quando encostei, tremendo, a garrafa no cálice, fez um barulho alto de tilintar nervoso, e o padre começou a rir. Isso liberou a audiência e todos riram alto. Eu achei que havia estragado a grandiosidade daquele momento sagrado. Estava muito sério, achando que alguém iria me repreender.

No final da missa, o padre foi me ver e disse, para minha surpresa: "Quem és 'tús'?"

PERNÁCHIA!

Meu pai, de origem italiana, gostava de piadas e ria alto. Minha avó Ida, a mãe dele, o tronco italiano da família, tinha um longo repertório de piadas e às vezes não conseguia acabar de contar uma porque se finava de rir. Mas ninguém superava a irmã dela, a tia Carmem, no quesito humorístico. Quando seu marido, tio José, começou a ficar esquecido por causa do Alzheimer, ela contava, do jeito dela, que uma mulher bateu no portão e ele, José, foi atender: ela queria falar com o Sr. José. Ele voltou e foi procurar tia Carmem na cozinha, dizendo: "Carmem, tem uma mulher aí no portão que quer falar comigo". Prevendo que tio José estava "mais pra lá do que pra cá", tia Carmem inventou um versinho que toda a família repetia: "O que é, o que é, sentado não dá, e nem de pé? É a casinha do José", referindo-se ao túmulo. Fiz uma canção com essa frase, utilizando a música de Tom Waits *Cemetery Polca*. Toquei-a muitas vezes com a Banda do Disco Solar, em concertos com a Banda Municipal de Porto Alegre e até com orquestras sinfônicas, utilizando meu personagem Lazslo – o Homem-Banda, e também no concerto que fiz com a Orquestra Sinfônica de Porto Alegre.

Minha mãe e minhas tias também riam muito por muito pouco. Meus tios por parte de mãe eram todos gozadores. Todos tinham apelidos: Violeta-Polaco, Minhoca, Papagaio, Ratão, Meu Nico, Bujão, Garça, Parafuso, Bonzinho, Dadá, Raurita...

Então, meu pai comprou uma TV daquelas tipo móveis, que vinha com pernas e um protetor de acrílico na frente do tubo de imagem em PB. Havia programas de música e, quando aparecia o Roberto Carlos, meu pai atirava o chinelo na TV, sabendo que o protetor de acrílico impediria que o tubo de imagem quebrasse. Minha mãe não gostava do exemplo e o reprimia. Além do mais, ela era fã do Roberto. Ele gostava do Tom Jobim e de samba. Mas, quando começava a *Família Trapo*, tudo parava! O meu pai tinha acessos de riso. Às vezes, perdíamos a cena assistindo aos seus ataques de riso convulsivo. Jô Soares, Ronald Golias e a trupe toda fizeram a felicidade da família enquanto estiveram em cartaz. "Pernáchia!", dizia o Otelo Trapo. E toda a família curtia, repetindo: "Perrrrnáchia!!!" Significava "aqui ó", ou "tô nem aí". O correspondente de hoje poderia ser "chupa!" O tom dos humoristas de hoje mudou tanto que nem reconheço que alguns deles são humoristas. Alguns não têm nada daquilo que a gente conhecia como humor. A permissividade virulenta de ofender as pessoas, no mundo todo, tornou-se uma ferramenta fácil pra quem não tem o talento de fazer rir.

Nessa TV, também vimos *O Fino da Bossa*, com Elis Regina e Jair Rodrigues. Também o famoso festival em que Elis cantou o *Arrastão* e mostrou a todos naquele exato momento quem ela era. Um talento absoluto e experiente já naquela idade. Caetano cantando *Alegria, Alegria*, Gil e Os Mutantes com *Domingo no Parque*, Chico Buarque com *A Banda*, enfim, toda aquela geração que construiu a Música Popular Brasileira.

UMA APARIÇÃO

Pelo tronco do meu avô paterno, temos sangue de bugres. Minhas tias têm um traço dos indígenas do extremo sul. Há alguns anos, ganhei uma foto dos meus bisavós de Bagé. Meu bisavô era negro, e a bisavó, indígena. A branquela da foto era minha avó italiana. Somos miscigenados, ou seja, sou "brasileiro pelo duro"!

Naquela época, o final da Av. Protásio Alves era quase o final da cidade mesmo. Tinha a Vila Brasília atrás da nossa casa. Meus amigos passaram a ser dali. A maioria deles, negros. Joinha, Lee, Donga, Jorginho e outros. Jogávamos futebol no terreno baldio ao lado da minha casa e brincávamos de guerra pelos matos ainda não habitados da Vila Brasília. No final da tarde, íamos pra casa do Joinha e do Lee, que eram irmãos, e o pai deles juntava a criançada pra contar histórias que ele improvisava. Tinha sequência no outro dia. A gente curtia e ouvia com atenção. Até que, um dia, o pai deles teve um ataque cardíaco e morreu. Uma das irmãs saiu da casa gritando e pedindo ajuda, mas não houve tempo. Não teve mais histórias. Lembro das lágrimas dos meus amigos.

Do outro lado da estrada na frente da nossa casa havia a chácara do tio Ló. Tio dos vizinhos da frente, que eram brancos e bem amigos também. A chácara era bem grande e uma estrada levava da faixa até uma casa tipo de fazenda. Num desses percursos, eu vi, no meio do mato, uma figura que acendeu uma vela. Era alguma entidade afro de umbanda, e sorria... Não era um ser humano e não podia ser da minha imaginação! Eu não imaginava coisas tão vívidas. Assim, um mistério tomou conta daquele caminho. Toda vez que eu passava por ali, o medo tomava conta e eu achava que veria aquilo de novo. Nunca mais vi... Eu pensava que poderia ser um novo momento na vida de uma pessoa, quando ela começa a ver essas coisas, e eu tinha medo disso.

RITA LEENA

No Colégio Irmão Weibert, notaram que eu era uma criança muito distraída. Tinha dificuldade para acompanhar o conteúdo das aulas. Pediram exames oftalmológicos para mim. Deu tudo certo, mas o médico receitou uns óculos com proteção contra o sol porque, segundo ele, eu tinha sensibilidade. Passei a usar uns óculos escuros com lentes verde-garrafa. Como meus problemas de rendimento escolar não vinham da deficiência ótica, meus professores concluíram que eu era muito distraído e pediram aos meus pais mais exames. O resultado: eu tinha "disritmia"! Meus pais duvidaram, pois achavam que eu era normal! Naquela época, consideravam que pessoas com disritmia tinham problemas mentais mais graves, alguma espécie de deficiência mental, mas eu era só um pouco mais distraído que os outros. Olhavam para mim e pensavam: mas o guri é normal! E ficou assim mesmo.

Com 45 anos, fiz terapia e descobri que tenho Distúrbio de Déficit de Atenção. Fiz um tratamento de uns dois anos com Ritalina e foi ótimo, peguei no tranco! Eu teria evitado muito constrangimento e muito desgaste se tivesse feito o tratamento bem antes, mas a Ritalina surgiu bem mais tarde como uma opção de tratamento efetivo. O desgaste energético que eu sofria para desempenhar algumas tarefas teria sido bem menor e o rendimento de todas as minhas atividades teria sido bem maior. Eu recomendo os tratamentos com Ritalina quando necessários, pois, para mim, foi muito eficaz. Como verão mais tarde, Rita Leena é o meu remédio preferido!

Depois, entrei para o Colégio Rosário, que ficava quase no centro da cidade, e eu fazia diariamente um longo percurso de ônibus. O caminho se iluminava quando passava pela loja Lusbal, que até pouco tempo atrás ainda existia, uma loja de material esportivo. Eu sonhava comprar um jogo de camisetas para o time. Mas o nome Lusbal era um mistério para mim. "Bola de Luz"? Ou quem sabe tinha alguma coisa a ver com a palavra que eu mais gosto na língua portuguesa: "lusitanos". A Lusbal fechou em 2019. São tempos obscuros!

Foi nessa época que, para assumir a gerência de uma agência da Caixa Econômica Federal, meu pai foi transferido para Giruá, onde comecei minhas aulas de violão com o inspetor Jader.

TEM "EMPRESTI" PRA PORCO?

Nossa casa de Giruá era bem maior do que a de Porto Alegre, mas de madeira, e lembro que tinha oito abacateiros, dois caquizeiros, vários mamoeiros e uma parreira de uva. O terreno era grande, e a terra, fértil. Meu pai estava feliz e queria que eu fizesse algo de útil: me mandou plantar uma horta. Aquilo foi como se eu tivesse voltado ao primeiro dia de aula do primeiro ano, um clima de trabalhos forçados numa prisão. Eu não dava para agricultura, mesmo tendo assistido a aulas de artes agrícolas na minha escola, pois muitos eram agricultores na região. Eu fazia um esforço hercúleo para levantar uma enxada, e não via sentido nenhum naquilo. Eu deveria amolecer a terra, fazer uma pequena plataforma, depois fazer sulcos e largar as sementes de alface, cenoura e outras hortaliças que eu não gostava de comer. Minha mãe percebia o meu sofrimento e olhava de longe, achando que meu pai estava certo em tentar construir meu caráter daquela forma. Eu via nisso um castigo. Achava que ele não gostava mesmo de mim, talvez por eu ter uma amizade maior com minha mãe e aquilo atrapalhar os planos dele quanto ao amor que ela me dedicava. Não competíamos por minha mãe porque ele ganhava sempre. Mas, secretamente, eu e ela tínhamos um pacto, que ele suspeitava, mas apenas relevava dizendo que queria construir o meu caráter me dando tarefas tortuosas como vingança. Eu não gostava de agricultura! Mas tudo melhorava no período de bandas, em 7 de setembro.

Entretanto, preciso admitir que a paisagem de uma lavoura de trigo é muito linda. São coxilhas onduladas que se perdem no horizonte. O vento provoca uma onda dourada no trigo quando a colheita está próxima. Uma experiência encantadora e meditativa até. Nesse momento, não se pensa na monocultura nem nos agrotóxicos. Algumas vezes, íamos brincar nas montanhas de soja dos silos de armazenamento, subindo e rolando montanha abaixo. Uma carona em uma colheitadeira também era uma aventura. De fundo, havia uma sensação de abundância.

Como era muito conhecido pelo futebol, meu pai mudou o perfil da agência. Em vez de se encontrarem no café da cidade, muitos amigos dele se juntavam na agência da Caixa depois do almoço. Ele fez muitos amigos, como era de costume. Nos finais de semana, íamos para as plantações dos agricultores que pleiteavam empréstimos para lavouras agrícolas. Uma das passagens que meu pai adorava contar era de quando entrara um colono (pequeno produtor rural) ligado à suinocultura pela porta da agência e fora logo perguntando para que todos ouvissem: "Tem 'empresti' pra porco?" Assim, os jargões na família se multiplicavam. Quando eu precisava de algum dinheiro para passeios ou cinema ou sorvete, perguntava: "Tem 'empresti' pra porco?"

E A BANDA PASSOU

Conhecido como atleta, meu pai, antes de ir trabalhar na Caixa, recebeu um convite da escola em que eu estudava para dar aula de Educação Física. Ele aceitou, e passou a dar aula das 7h às 8h. Algum tempo depois, chegou a época de ensaiar para o desfile de 7 setembro. A grande banda marcial da outra escola, que era a do Ginásio Estadual e já estava ensaiando, tinha seis bombos fuzileiros na frente fazendo evoluções e movimentos sincronizados com os braços. Ao todo, eram uns 60 elementos. Essa banda vinha pelas ruas da cidade numa demonstração de força. Eles tomavam todo o espaço da rua. Os guardas iam organizando o tráfego, fazendo com que os automóveis dessem a volta na quadra para não interromper o ensaio da banda, que era uma coisa muito importante na cidade. Os homens marchavam com vigor, e esses fuzileiros com os bombos na primeira fila se permitiam até um certo rebolado de quadril para fluírem na evolução. Os seis fuzileiros tremiam a cidade. E quem regia as mudanças de cadência era o nosso vizinho, o Dr. Bervanger, um grande boa-praça, dentista que tocava cavaquinho e fazia umas festinhas bem musicais na sua casa. Ele era baixo e tinha os dois dentes da frente separados, reforçados por um bigode castanho. Usava óculos quadrados, era gordinho e tinha o cabelo meio seboso pelo suor dos ensaios. Os olhos dele brilhavam por cima dos óculos no orgulho de reger aqueles 60 elementos. A Banda do Ginásio Estadual era uma demonstração de força e poder musical.

Um dia, meu pai soube que havia instrumentos para uma minibanda no colégio das freiras. Num dos dias de aula, resolveu testar a banda. Eram 12 elementos, uma coisa bem modesta, mas ele curtiu. Nós não sabíamos onde chegaríamos com aquela bandinha. Tínhamos até um pouco de vergonha de sair na rua. Ensaiamos uns dias no pátio da escola. Ele descobriu as convenções das batidas com alguém que já tinha desfilado no ano anterior e começou a nos levar para a rua, para acostumar o grupo com o desfile.

Em um dia de ensaio na rua, a nossa pequena banda marcial ouviu o som da grande banda do Ginásio se aproximando. Resistimos um pouco. Ele também ouviu, e nos olhava, sério, para que continuássemos o ensaio como se nada estivesse acontecendo. Estávamos na rua principal, e a banda do Ginásio saiu de uma avenida secundária e entrou na principal, como sempre faziam. E nós estávamos ali. Era uma afronta para meu pai aqueles monstros vindo na nossa direção. Como uma disputa de futebol, com o time adversário vindo e ele querendo nos manter na linha de confronto. De repente, todos os 12 elementos se dispersaram para ver a grande banda passar fazendo suas divertidas e sincronizadas evoluções. Ele perdeu o controle do grupo; soprava seu apito, mas ninguém dava bola. Todos queriam ver a banda passar. Meu pai ficou muito bravo. O Berwanger viu a cena e começou a se exibir na regência da grande banda do ginásio. Depois que eles passaram, meu pai nos deu uma mijada militar.

Dias depois, como gerente da Caixa, chamou a madre superiora e ofereceu um empréstimo para a escola. Com esse dinheiro, ele comprou instrumentos, aumentando a banda de 12 para 40 elementos, incluindo uma sessão de escaletas, e mandou fazer figurinos azul e branco. Eu e minha irmã estávamos numa excitação total. Ela, na escaleta, passava o dia treinando as músicas, e eu tinha evoluído do bombo para um espalhafatoso tarol novinho. Na hora do almoço, ensaiávamos as viradas batendo com as mãos na mesa. Aproveitávamos a vibração dos pratos e talheres soltos e fazíamos um barulhão danado na cozinha. Tudo estava em silêncio, até que um fazia PUM, e o outro respondia TÁGÁDÁ. PUM, TÁGÁDÁ, PUM, TÁGÁDÁ, PUM, TÁGÁDÁGÁGÁ-CÁ-TÁ-CÁ-CÁ! Ficávamos tomados pelo espírito do desfile. Não era fácil reproduzir o som da banda inteira com as mãos de apenas duas pessoas batendo na mesa, mas chegávamos bem perto. Até que minha mãe gritava e parávamos. Em sincronia, é claro.

A nova banda da escola trouxe novas responsabilidades e disputas. Um dos novos e flamejantes taróis ficou comigo, e o Zé Pexerão, antigo "taroleiro-mor", ficou com ciúmes. Ele era um cara grande que provavelmente havia rodado de ano muitas vezes, pois era bem mais velho que todos da turma. Tinha aquela autoridade atribuída aos mais velhos, mas era muito entrosado com os meninos. Sabia coisas de gente grande, não era tão inocente quanto os outros, mas emocionalmente tinha a mesma idade que nós. No primeiro ensaio, quando meu pai apitou para tocarmos as primeiras convenções, a primeira batida deveria ser do Zé Pexerão. Ao comando do apito, ele deveria dar os primeiros toques. Meu pai pensou que ele estivesse distraído e apitou de novo para darmos a largada. E ele não tocou de novo. Na terceira vez, meu pai perguntou o que estava acontecendo. E ele disse: "Ué! Não é ele (apontando para mim) o novo "taroleiro-mor?" Meu pai sacou que tinha algo ali. Zé Peixerão estava com ciúmes de mim, por eu ter recebido um tarol mais novo do que o dele. Mas meu pai sabia contornar essas questões, e respondeu que ele mesmo seria o "taroleiro-mor" da nova banda. Deu o sinal, tocou e a banda toda entrou certinho.

No dia do desfile, ele estava lá, com o terno de gerente da Caixa e o apito na mão, coordenando o ensaio com muita apreensão, pois o tempo para a formação dessa nova banda do nosso colégio tinha sido muito curto. Ele apitava e a banda começava a tocar. Caminhava, sério, entre as fileiras, transmitindo segurança para o grupo. No fundo, era a mesma função que fazia no futebol como *center-half* ou volante, distribuindo o jogo e coordenando a pulsação do time. No final, deu tudo certo, foi uma façanha bem-sucedida e ficamos todos felizes.

Como Giruá era uma cidade bem pequena, meu pai ganhou mais admiradores ainda depois disso. Isso fortaleceu nossa relação com a música de um modo muito significativo. Hoje, vejo como se fosse uma confirmação de que os empreendimentos com música dariam certo.

CABO VERDE PARA OS AMIGOS, VAGALUME PARA OS INIMIGOS

Pelo tamanho de Giruá, o pátio de nossa casa era a cidade inteira. Com muita liberdade, saíamos de bicicleta em segurança até os confins da cidade, que ficavam bem perto. Bastavam umas dez quadras e já estávamos dentro das plantações de trigo e soja. Não havia um índice de criminalidade que assustasse, embora houvesse alguns tipos conhecidos da cidade que incomodavam um pouco. Os filhos do Pedro Leite eram um exemplo. Um deles era chamado de Bicho-de-pé. Andavam sempre descalços, embora, no frio, andássemos de bota de borracha. Na praça pública, jogavam futebol com uma lata de pés descalços, e, mesmo assim, o Bicho-de-pé conseguia chutar a lata por cima da goleira. Eu achava aquilo extraordinário.

Bem… esse cara deu pra implicar comigo. Ele e os irmãos me chamavam de Vagalume porque desde criança eu tenho os olhos arregalados. Ele me parava pra conversar com um ar inquisidor que eu não entendia. Perguntava onde eu ia, o que ia fazer, sempre com um ar de autoridade. Era um menino, mas tinha no rosto umas marcas que pareciam rugas ou cicatrizes. Em segundos, ele estava discutindo comigo, sei lá por que. Esse cara me azarou por um longo tempo. Tinha dias que eu não saía de casa pra não encontrá-lo. Eu tinha medo dele. Hoje, chamam isso de *bullying*. Até que, numa volta pra casa, ele me encurralou numa esquina: "Ôôôô, Vagalume, vem cá...", e veio com aquele ar repressor. Meu pai viu a cena de dentro do nosso pátio e entendeu logo. Gritava lá de casa para eu bater no estômago dele. Eu me enchi de coragem e respondi à altura na discussão, mas não houve briga. Até que um dia o Bicho-de-pé estava na praça em um jogo e resolveu fazer o mesmo com o Ricardinho, um dos meus amigos. O Ricardinho pegou ele numa gravata e o derrubou no chão, bem pertinho de mim. Ele caiu e me olhou. Eu pensei: caramba, agora ele vai querer descontar em mim. Mas aquele golpe do Ricardinho tinha sido tão fácil, mas tão fácil, que eu acho que ele se sentiu desarmado diante de toda a turma, e daí em diante passou a ser meu camarada. Ainda me chamava de Vagalume, mas deixou de praticar o *bullying*. Passei a olhar o Ricardinho como um herói disfarçado de alguém comum. Ele caminhava de um jeito lépido e seguro que inspirava confiança.

Eu tinha outro apelido em Giruá. Na escola, me chamavam de Cabo Verde por causa de um texto sobre o descobrimento do Brasil que a professora pediu para eu ler em voz alta: "...há 300 e tantas milhas do Arquipélago de Cabo Verde". A turma caiu na gargalhada e eu parei, procurando o motivo. Retomei o texto e todos riram de novo, mas a professora mandou prosseguir. No recreio, me disseram que as gargalhadas foram porque eu havia lido com o sotaque de Porto Alegre: "as ilhas 'di Cábu Vêrdi'", e lá no interior eles falavam "dE CabO VerdE", assim como se escreve. Um português com herança espanhola. Ou um português com sotaque de imigrante que aprendeu a língua e fala como se escreve. Bem, meu apelido virou Cabo Verde, ou Cabo. Ninguém me chamava de Ike, só minha família. Até quando iam me procurar em casa, perguntavam à minha mãe: "O Cabo está? O Cabo pode brincar?"

O pai de um amigo meu era o médico mais conhecido da cidade e era um sujeito legal. Ele tinha cinco filhos e era rico. Às vezes, íamos à casa dele e tomávamos banho de piscina. Eles tinham até guitarras! Pequenas, mas eles não sabiam exatamente como manejá-las e não colocavam muito na roda. Eu sabia tocar poucas músicas e ainda não me sentia pronto para as guitarras.

PRETO-VELHO, BICHO CABELUDO E SARAVÁ

Eu tinha facilidade para me aproximar dos religiosos, e, numa dessas oportunidades, estive na torre da igreja e o padre responsável deixou que eu tocasse o sino, que era enorme e toda a cidade ouvia. Aquilo me deu uma excitação muito grande. Eu havia tocado o sino e toda a cidade tinha escutado! Era um evento importante pra mim. Saí correndo pra casa e contei pra minha mãe. Foi o primeiro som que eu produzi para uma audiência coletiva. Fui naquela igreja algumas vezes, mas o catolicismo não era uma boa referência desde que ocorrera aquela crise da primeira comunhão, e também porque tinha todos aqueles demônios.

Nessa época, recebemos a visita de tio Antoninho e tia Dora, meus tios de Porto Alegre que eram umbandistas, e eles fizeram uma sessão de umbanda na sala da nossa casa. Era época de férias e minha tia Ana, que era modelo e já tinha até aparecido na televisão, e minha avó Conceição estavam lá também, mas não quiseram participar porque eram católicas. A casa era de madeira, por isso se ouvia muito bem o que se passava nas outras peças. Logo depois da introdução da sessão, baixou o preto-velho da tia Dora, com aquele baque e os barulhos que fazia ao incorporar. Eles começaram a falar diferente, com sotaque africano e de preto-velho. Minha tia Ana, que estava recolhida no quarto, ouviu e ficou com tanto medo que obrigou minha avó a sair com ela pulando pela janela. Mas a janela ficava embaixo de uma parreira de uvas, e um bicho cabeludo, uma taturana, caiu no peito de tia Ana, provocando uma queimadura e aumentando mais ainda o pânico das duas.

Cada vez que eles faziam os barulhos que anunciavam uma entidade, meu coração disparava. Eu me assustava, mas aquilo não era nada comparado às ilustrações do inferno que divulgavam nas escolas. Eu preferia mil vezes uma sessão de umbanda, achava aquilo muito legal. Depois, meu pai contou que o caboclo que baixara no tio Antoninho falara várias coisas que só ele sabia e predisse algumas outras que realmente aconteceram. Minha mãe foi aderindo a essas religiões africanas, dando um tom mais espiritual para a família, já que não encontrava respostas no catolicismo devocional que minha avó praticava com muito fervor.

GIRUÁ

Os anos passaram rápido em Giruá, mas cheios de histórias. A cidade ficava muito longe de Porto Alegre e a estrada não tinha asfalto. Um casal de amigos do meu pai foi nos visitar e tiveram que trocar o carro, porque a estrada era muito esburacada e os automóveis daquele tempo não tinham resistência. Era difícil ir para Porto Alegre visitar meus avós.

Naquela época se falava muito em comprar terras no Mato Grosso, pois eram muito baratas e férteis. Os pais de uns amigos meus, que eram plantadores, investiram nisso, e foi o início da agricultura no centro do país, que hoje transformou-se nos grandes latifúndios agrícolas do Brasil, chegando até mesmo aos limites da Amazônia e promovendo uma parte significativa do grande desmatamento da região.

O espírito colonizador dos imigrantes leva o ser humano a destruir seu meio ambiente, como um bando de formigas-cortadeiras que perdeu o radar da natureza. No entanto, mesmo as formigas sabem quando devem e quando não devem cortar, e até onde, porque estão ligadas aos ciclos da natureza. Assim como as baleias, as tartarugas e os pássaros, que sabem para onde migrar seguindo os campos magnéticos da Terra. Já li que a glândula pineal é a responsável por essa função no ser humano, mas perdemos essa referência. De toda a criação, somos os mais desligados em relação aos estímulos que a natureza nos fornece. Até parece que nem somos parte da natureza. Existem teorias – que alguns chamam de "conspiratórias" – que dizem que o flúor que é usado no tratamento dos mananciais de água das cidades e nos dentifrícios acaba calcificando a glândula pineal, tirando do ser humano a sensibilidade natural que ela deveria promover.

Também não entendo porque o Exército não está envolvido na defesa da natureza, fiscalizando a floresta e levando aos recrutas o sentimento de amor à pátria. Na floresta, os meninos poderiam praticar exercícios de sobrevivência e, acima de tudo, teriam contato com a maior riqueza do país: a sua natureza exuberante.

Um dia, soubemos que o inspetor Jader, professor de violão, levara um tiro, fora internado e acabara de falecer. Ficamos chocados, e a situação foi muito obscura. Ninguém sabia dizer ao certo se ele tinha morrido em serviço, em alguma briga ou por traição. Mas acho que meu pai sabia e não quis dizer. Assim, acabaram as aulas de violão.

Meu pai tinha um amigo que gostava de jogar botão. Era adulto, mas guardava esse costume. Uma vez, fui à casa dele e jogamos uma partida. Os times de botão dele eram lindos. Ele era tipo profissional, e tratava como esporte aquilo que, para nós, era brincadeira. Lá no futuro vou dizer quem era esse cara.

Tínhamos uma empregada evangélica que sabia tocar umas músicas no violão e era muito engraçada. Cantava uma canção e, no meio, sem mais nem menos, parava pra fazer a bateria com a boca: "Meu amor brigou comigo – PUM-CHICK-PAK-PUM-CHICK-PAK-PUM – Me deixou na solidão – PUM-CHICK-PAK-PUM-CHICK-PAK-PUM". A gente ria e sempre pedia pra ela cantar de novo, e depois a imitávamos. Eu trouxe esse número de "pum-chick-pak-pum" para o Tangos e Tragédias e funcionou muito bem. Tem até nos extras do DVD.

BEM-VINDO A SOLEDADE

Em dois anos, a agência da Caixa que meu pai administrava sofreu um *upgrade* e ofereceram outra agência para ele, numa cidade mais próxima de Porto Alegre. Assim, ao final de dois anos, fomos para Soledade, no alto da Serra do Botucaraí, 800 m acima do mar, mesma altura de Gramado e Canela, mas mais para os lados do Planalto Médio, região mais úmida e mais fria.

Nos mudamos no meio do ano, no inverno, e entrei no Ginásio Estadual. Estava no quinto ano e faria o exame de admissão para ingressar no "científico". Logo comecei a fazer amigos. Havia uma praça no meio da cidade que tínhamos que atravessar para chegar na escola, e o lago central da praça congelava com o frio. Parávamos ali por alguns minutos para brincar com a superfície congelada, furando o gelo ou fazendo coisas leves deslizarem por ele. Chegávamos na escola com ceroulas, casacões, mantas, toucas e luvas, e assim ficávamos, porque era congelante ficar parado durante todo o período de aula. No recreio, corríamos pelo pátio jogando bola pra aquecer.

Logo meu pai começou a fazer amigos, assim como todos nós. Minha mãe com suas amigas e eu e minha irmã com nossos amigos. Eu andava pela rua depois das aulas e, sempre que passava pela Caixa, ia lá dar uma abanada para o meu pai. Até que ele achou que eu estava vagabundeando e me chamou para ajudar com umas tarefas no banco. Eu tinha que ficar dentro de um aposento sem janelas, separando papéis sem nenhum sentido aparente. Outra vez o sentimento de prisão e trabalhos forçados. Os funcionários eram condescendentes e iam falar comigo sabendo que aliviariam minha barra. Aquela tarefa se igualava à horta de Giruá. Era um sentimento paralisante, e eu separava os papéis sem nem saber se estavam certos. Carimbava umas coisas no lugar que era pra carimbar, mas sem encontrar nenhum sentido. Depois de um período de trabalho, eu não sentia que havia começado ou acabado alguma coisa. Alguém teria que fazer aquilo por toda eternidade? Seria eu? Se aquele fosse meu destino, eu descobriria infernos piores do que aquele que o Irmão Inocêncio nos mostrava! Se ele tivesse me mostrado esse tipo de inferno, talvez eu até tivesse obedecido mais ao catolicismo terrorista. A burocracia era uma coisa que me mataria, com certeza. Meu pai sentiu o meu clima e me liberou, mas me mandou arrumar uma ocupação.

Na frente da praça tinha o Café Elite, cujo dono era o Salum, tio de Marisa Salum, uma colega de classe que virou uma grande amiga. Meu pai pediu a ele que me conseguisse um serviço, e ele me chamou para arrumar um escritório abandonado no sótão do Café. Ali eu começaria um tipo de trabalho que não sabia ainda qual era. Comecei a tirar o pó e organizar as coisas conforme ele sugeria. Foi nesse espaço que encontrei uma guitarra elétrica com um amplificador e algumas peças de uma bateria. Tempos atrás, havia música ao vivo no Café à noite, mas, mesmo assim, foi uma surpresa encontrar aqueles instrumentos ali, e eu logo quis ativá-los. Contei ao meu pai o que havia encontrado e falei que pediria a guitarra emprestada, já que estava lá jogada, sem serventia. Ele concordou e eu pedi para o Salum, que também concordou, e, no outro dia, eu estava com a guitarra em casa. Uma guitarra!!! Com um sonzão de guitarra de verdade! E um amplificador valvulado antigo, mas compacto. Eu delirei com a descoberta. Comecei a passar mais tempo em casa, tocando e tirando músicas. Tirava solos inteiros de músicas conhecidas, e meu pai gostou. Logo desisti do trabalho com o Salum e fiquei com a guitarra emprestada. Meu pai não se importou porque não queria que eu ficasse vagabundeando na rua. Se eu ficasse em casa tocando, pra ele estava ok. E minha mãe também gostava.

Aquela casa era muito fria; tínhamos que dormir com toucas e estufas. Se você colocasse uma roupa para secar na rua à noite, ela amanhecia congelada e dura. Minha mãe tinha que descongelar a roupa e colocá-la pra secar de outra forma, na frente da estufa. Os dedos também congelavam, e eu tinha que ficar na frente de uma dessas estufas também pra poder tocar guitarra.

E EU NEM SABIA QUE TINHA QUE SER OFENSIVO

Nesse período, começaram os convites para reuniões dançantes. Eu, como novato, tive que enfrentar a desaprovação dos meninos diante das meninas. Um cara me prometeu uma surra e, na saída da escola, foi me provocar. Estava perto da minha casa. As pessoas se amontoaram em volta de mim e do cara, que ficou me provocando. Alguém avisou minha mãe, que foi ver o que se passava. Ao vê-la, pensei que ela iria apartar e tudo acabaria logo, mas ela não quis interferir. Falou alguma coisa junto com os outros que não entendi, mas parecia estar incentivando a briga. Fui pra cima do cara e instintivamente dei-lhe uma gravata de judô, que eu tinha estudado aos dez anos e nem lembrava que sabia aplicar. Consegui derrubá-lo, e isso bastou para que os outros fossem apartar a briga. Minha mãe ficou orgulhosa, mas eu fiquei ressabiado com ela, porque ela deveria ter me salvado interrompendo a briga, mas ficou ali, atiçando junto com os outros.

Havia duas vizinhas irmãs que eu visitava, e elas tinham a malícia das meninas. Havia algo que elas sabiam e que eu nem desconfiava. Elas já tinham despertado a sexualidade, e eu... eu... eu... sexua-o-quê? Logo começaram a me chamar de inofensivo. Eu não imaginava que deveria ser "ofensivo". A mãe delas se chamava Tamires e me falou sobre o marido que havia perdido. Contou que tinha jogado o fígado do cara em um poço ao lado da casa! Achei isso macabro, e o marido dela passou a ser, pra mim, a pessoa mais importante daquela casa.

Nos mudamos para outra casa, que era maior um pouco. Foi importante ter me livrado do poço com o fígado do marido da Tamires. A nova casa tinha sido um bar, era bem simples e tinha uma garagem grande no subsolo. Ali naquela casa, meu pai comprou seu primeiro carro: um Corcel vermelho.

Então, meu tio Polaco, que foi torturado na ditadura, começou a trabalhar em uma loja, a Importadora Americana, e um dia me deu uma eletrola de plástico com dois discos. Um era o *Talking Book*, do Stevie Wonder, e o outro era o *Cirandeiro*, do Martinho da Vila. O *Talking Book* tinha o *hit You are the sunshine of my life*, uma das músicas mais envolventes que já escutei, com um romantismo que fez os hormônios de várias gerações transbordarem em reuniões dançantes. O tipo de música que faz a gente se entregar totalmente com qualquer par em uma pista de dança. E tinha mais um monte de faixas eletrizantes, como *Superstition*, uma música que canto até hoje e para a qual construí uma diversidade de arranjos. Um deles foi durante um *show* do Tantos e Tragédias para um evento empresarial no interior de São Paulo. As tiras de suporte do acordeom do Nico Nicolaiewsky se romperam no meio do *show*. Ele saiu para arrumar e me deixou só no palco. Apavorado com a situação, inventei algumas falas e iniciei um improviso que acabou em *Superstition*, com o público acompanhando com palmas o ritmo. Não é necessário dizer que decorei todas as letras e todos os arranjos desse disco.

Eu mergulhei nesses dois discos e, quando emergi dessas profundezas, muita coisa tinha mudado em mim. Eu tinha 13 anos. Logo, aos 14, comecei a conhecer tudo mais na música brasileira.

O URSO DO CABELO DURO

Sendo meu pai da Caixa e famoso pelo futebol, a família logo foi convidada a fazer parte do Rotary Club. Na primeira janta da instituição, ele já nos colocou, eu e minha irmã, a fazer uns números que tínhamos aprendido nas aulas de violão. Eu, com a guitarra do Salum, toquei *Dia de Santo Reis* e *Canário do reino*, do Tim Maia, e minha irmã cantou *A noite do meu bem*, da Dolores Duran, e *Meu pequeno Cachoeiro*, do Roberto Carlos. Havia uns espelhos grandes no salão do clube comercial pelos quais eu podia me ver inteiro, e gostava do que via. (Deve ter sido ridículo eu tocando para um público que percebia que eu estava me curtindo no espelho.)

Eu tentava alinhar meu cabelo, mas não conseguia. Meu sonho era ter o cabelo comprido e liso, igual ao do David Cassidy, ator de uma série musical americana, *A Família Dó-Ré-Mi*. Mas não dava, meu cabelo era duro. Eu fui desistindo e deixei ele crescer desalinhado. Tinha um desenho na TV de um urso meio *hippie* chamado "O urso do cabelo duro". Meus amigos na época facilmente fizeram o *link*: de "Cabo Verde" virei "O urso do cabelo duro", ou só "Urso". Durante os três anos que ficamos em Soledade eu fui o Urso. "Alô, D. Flávia, o Urso está?" "Oi, Seu Léo, manda um abraço pro Urso!" "Oi, Márcia, diz pro Urso que hoje tem reunião dançante!"

SERENATAS

Logo meu pai conheceu um cara que sabia muita bossa nova. Era o Julio Babão. Bem jovem, tipo uns 27 anos, chegando de São Paulo, onde fez faculdade num momento cultural muito efervescente. Julio Babão tinha cara de *hippie* também. Barbudão, cabeludo e com uns óculos grandes de lente grossa que lhe davam um ar intelectual. Tocava as músicas com muita propriedade.

Nesse momento, já estávamos em outra casa, bem bacana, na rua central de Soledade. Tinha lareira, fogão a lenha e serpentina para aquecer o banho. Colocávamos fogo em uma caneca com álcool para aquecer o banheiro, escondidos do meu pai, pois ele não permitia por causa do perigo de incêndio. Era muito frio, e foi assim que passei a entender por que os europeus não são fanáticos por banho. É menos desconfortável a sensação de suor do que o frio que se passa num banheiro sem aquecimento no forte do inverno. Uma vez, fiquei sete dias sem banho. Só as coceiras me fizeram voltar.

Num verão desses, fomos para a colônia de férias da Caixa na praia do Cassino, em Rio Grande. Levamos o violão, é claro, e lá houve uma serenata. Visitávamos casas de amigos dos meus pais, que sugeriam outro amigo para visitarmos logo a seguir e nos acompanhavam até lá. Visitamos cerca de seis casas e, de cada uma delas, saíam mais amigos nos acompanhando pela rua até a próxima. No meio da serenata, já éramos mais de vinte pessoas cantando pela rua, numa espécie de pequeno carnaval – tudo organizado pelo meu pai. Tinha até um cara com um instrumento que imitava um trompete. Veio a polícia e tudo ficou mais engraçado, pois ganhamos ares de quem havia realmente passado dos limites. No outro dia, meu tio Rubens, que era desenhista, fez um desenho bem caricato do evento, que ficou na história dos saraus familiares e serviu de padrão para os que aconteceram depois. Como, por exemplo, o de Soledade, que terminou com o sol já nascendo, às 6 da manhã. Meu pai, então, foi para casa, tomou banho e abriu a agência da Caixa. Responsabilidade foi uma coisa que aprendi com ele.

Meus pais eram modernos por trás da fachada de casal gerente da Caixa. Eles eram muito ligados em música. Por isso, Julio Babão virou nosso amigo, e meus pais curtiam muito mesmo a presença dele. Era a pessoa mais próxima de um artista que conhecíamos. Cantava e tocava muito bem e tinha um repertório enorme com as melhores canções brasileiras do momento. Julio e seus amigos eram meio misteriosos e tinham algum segredo. Disfarçavam quando chegavam e quando saíam no meio da roda de samba. Davam uma desculpa e logo voltavam. Ninguém perguntava muito, mas depois descobrimos que eles saíam pra fumar maconha.

Na sala em frente à lareira ocorreram os melhores saraus da nossa casa. Aquele espaço pedia por isso. Meus pais promoviam encontros semanais, de forma que chegou um momento em que eu já tinha expandido meu repertório o suficiente para preencher saraus três vezes na semana. Em resumo, eu estava sempre tocando.

Bastava chegarem amigos que logo rolava um som e tudo girava em torno da música.

O repertório que a música brasileira disponibilizou naquela época foi algo maravilhoso. Havia uma grande efervescência de originalidade. Milton Nascimento e todo o Clube da Esquina, Chico Buarque, Vinicius e Toquinho, Tropicália, Originais do Samba, Martinho da Vila, Rita Lee, Os Mutantes, O Terço, Luiz Gonzaga, Gonzaguinha, todo o pessoal do choro, Valdir Azevedo, Altamiro Carrilho... Muita coisa legal e que passava na TV. Tinha o Globo de Ouro, uma parada semanal em que os melhores da música brasileira desfilavam. Sempre havia alguma surpresa, mas Roberto Carlos sempre ganhava o primeiro lugar. Sempre! As gravadoras já sabiam como atingir lucros incalculáveis.

A poesia brasileira chegou a mim através de Vinicius de Moraes, e a bossa nova, pelo violão de Toquinho. Já tinha ouvido falar de João Gilberto, mas só fui escutá-lo muito tempo depois. Achei meio sem graça, porque o Toquinho tocava muito melhor e tinha aquele visual mais parecido com os *hippies*, cabelão, e era mais alegre. Ele estava mais para um Baden Powell, com quem Vinicius já havia composto também, e era mais simpático. E tinha o Vinicius sempre ao lado, que era o articulador e diplomata da bossa nova. Um grande poeta, que frequentava as famílias brasileiras com os seus sucessos. Vinicius foi o poeta mais *pop* em algumas gerações. De João Gilberto se ouvia falar pouco, pois morava nos EUA e estava mais para o *jazz*. Do Tom Jobim sim, se falava bastante e passava na TV. Foi com o Julio Babão que aprendi a batida tradicional da bossa nova, mas logo depois comecei a tocar como tocava o Toquinho.

JORGE BEN JOR E O ESPÍRITO SANTO

Ocorriam também churrascos na sede campestre do Banco do Brasil, aonde íamos seguidamente, pois meus pais fizeram muitos amigos por lá. Na sede havia instrumentos de samba, pandeiro, surdo, agogô, chocalho, essas coisas, e eu já sabia algumas músicas e aplicava a batida do Jader, meu professor de violão. Todo mundo curtia, e eu me dava bem centralizando o samba. O círculo de amigos de meus pais tinha uma boa sintonia.

Até que achei, na casa do Oscar, amigo do Banco do Brasil, o disco que considero um verdadeiro tesouro musical: *A Tábua de Esmeralda*, do "Jorge Ben". Aquilo foi um marco e expandiu minha percepção sobre música e comportamento para além do que eu poderia imaginar. Esse trabalho contém um mistério que até hoje persigo. Ele era capaz de agregar a família num ambiente de pura alegria e descontração, mas, ao mesmo tempo, trazia uma dose de reflexão sobre mistérios e espiritualidade que até hoje nos mobiliza. De uma certa maneira, conectei esse conteúdo com as especulações da minha avó sobre o Espírito Santo. Eu entendia que havia uma conexão profunda entre essas coisas. Não eram palavras atiradas pra caberem em uma canção popular; era um tratado de alquimia. E tinha a batida do Jorge Ben no violão Ovation, uma novidade entre os instrumentos: um vilão elétrico que mantinha as qualidades do acústico, mas tinha o poder de uma guitarra. Era uma coisa espetacular, bem diferente da batida que o professor Jader me ensinara, mas eu conseguia aplicá-la facilmente. É uma síntese completa do samba *pop*, um balanço genial. Ben Jor já tinha construído sua página na história da música brasileira, mas aquilo era especial. Continuava com o seu estilo de sempre, mas existia uma sofisticação de conteúdo fora de série.

A profundidade do legado de um artista se dá também pela capacidade de entendimento do seu campo de influência na esfera humana. Ou seja, quais são as conexões que as pessoas são capazes de estabelecer entre a suas vidas e a obra desse artista? Quais são as conexões mitológicas que esse artista é capaz de promover junto ao seu público? Qual o resíduo que ele deixa junto aos grupos que frequentam a sua arte?

Muitos anos depois, encontrei, em um sebo de Porto Alegre, o livro *A Tábua de Esmeralda*, de Hermes Trismegisto, o livro ao qual Ben Jor se referia. Obviamente, mergulhei profundamente nesse estudo. Anos mais tarde, ainda procuro estabelecer a relação entre Hermes Trismegisto e a história da humanidade, o Ego e a Consciência, tudo isso a partir de um disco de Ben Jor!

OVELHA NEGRA

Os Mutantes foram uma página especial na vida de muitos jovens. Muitos, como eu, se apaixonaram por Rita Lee vestida de noiva na capa do LP. Ela era o ideal de mulher para um adolescente curiosamente criativo, um artista em formação.

Em Soledade, havia uma loirinha na minha escola com o cabelo igualzinho ao da Rita. O mesmo porte, a mesma franjinha, enfim, lembrava muito a Rita, e eu, pum!, me apaixonei. Rita Lee estava ali, em Soledade, com a minha idade. Não foi fácil conquistá-la, porque ela não era muito a fim de mim, mas tanto tentei que acabamos namorando. Depois da aula, descíamos a rua de mão dadas, eu flutuando e ela no chão, com seu cabelo loiro e liso até a cintura e sua franjinha. Na hora, eu não pensava em nada, mas hoje lembro da sensação, tipo "o que essa menina está fazendo lá embaixo enquanto eu flutuo aqui em cima?" No final da rua, ela dizia tchau, dávamos um selinho, ela seguia para sua casa e eu ia flutuando até a minha, onde a primeira coisa que fazia era pegar a guitarra emprestada do Miguel Salum.

Demorei um tempão pra desconfiar que ela não era a Rita Lee. Um dia, meu amigo, o Junior, soube que nós nunca havíamos nos beijado na boca, e ele já beijava a namorada dele fazia tempo. Estávamos na casa dele e eles se beijaram e nos provocaram, perguntando se não íamos nos beijar. Essa minha Rita Lee não estava a fim de beijo, e quando aconteceu, foi um negócio muito feio, cheio de nojinho por parte dela. Ela não conhecia nada de música, era muito careta e me proibiu de conversar com outras meninas que ela não gostava. Um dia, me viu conversando com essas meninas no meio da praça e me deu um fora. Eu nem me importei. Já estava achando ela uma chata mesmo e, além do mais, ela não conhecia Os Mutantes e não entendia o que a Rita Lee falava nos seus discos solo. Descobrir que ela não era a Rita Lee e não estaria de tênis e vestido de noiva no dia do nosso casamento cantando *Ovelha negra* me deixou muito abalado.

UMA PACHAMAMA DA ERA PÓS-MODERNA

A lembrança não é só um mecanismo da memória física; ela está sobretudo na consciência das situações vividas. Para quem acredita que a consciência permanece depois da morte do corpo, quando os mecanismos da memória física deixam de funcionar, esta parece ser só um programa na interface da consciência; importante, mas apenas isso. Todas as coisas que aconteceram são guardadas na memória essencial e fazem parte dos momentos eternos de uma vida.

Aí, veja bem... Anunciaram um *show* da Rita Lee em Porto Alegre. Eu, Helinho e seu irmão Paulo queríamos ir. Fui pedir aos meus pais, mas eles não me deixaram ir. Mas eu queria tanto que consegui convencer minha mãe a me emprestar uma graninha para outra coisa, evitamos meu pai e fomos para a estrada. Pegamos uma carona até a casa da minha avó em Porto Alegre. Depois, fomos para o Gigantinho – ginásio de esportes do clube Internacional, de Porto Alegre, que recebe eventos –, onde foi o *show*. O disco era *Atrás do porto tem uma cidade*. Rita Lee!!!

Chegamos e o *show* já tinha começado. Foi o maior impacto que já tive com um espetáculo. Aquilo me desvirginou para o *show business*. Lee Marcucci no baixo era uma figura gigantesca, tocando e dançando com uma explosão jovial, uma energia pulsante, com um batom preto na boca e um corte de cabelo de indígena futurista de São Paulo. O batera, chamado Mamão, era ótimo. Lucinha Turnbull, uma descendente de escoceses, totalmente alinhada com Rita, tocava guitarra, violão e fazia os *backings*. E Ela! A Rita Lee verdadeira! Uma entidade absoluta, com uma voz transcendental afinadíssima e uma presença avassaladora, uma *vibe* fluente em absoluta ligação com o mais alto nível de inspiração, totalmente entregue à sua arte.

Nós seguíamos a produção das músicas inglesas e americanas através de revistas e publicações brasileiras, mas aquilo que Rita fazia estava acima de tudo que conhecíamos. Eu não entendia inglês na época, mas as letras da Rita cumpriam uma função absoluta na comunicação da nova linguagem, usando palavras da nossa gíria e dando legitimidade à expressão da nossa geração. A performance, o conceito artístico, a originalidade, a consistência... Muitos diziam que, se Rita fosse inglesa, estaria entre os artistas mais importantes do mundo. Isso ficou comprovado quando artistas como Beck e Kurt Cobain citaram Os Mutantes como referências. Uma música sofisticada, com um alto grau de complexidade, progressivo até.

Eu já tinha a fita cassete que o Sérgio Villanova havia me dado; depois, comprei o disco e decorei cada compasso de todos os instrumentos. Até hoje consigo cantar partes instrumentais inteiras. As letras eram criativas e traziam a profundidade do comportamento da contracultura: "Eu não sei se estou pirando ou se as coisas estão melhorando..." (*Mamãe Natureza*). Ela sabia! Sabia que estava dando um grande salto, intuía que seria uma artista de primeira importância na história da música brasileira, uma libertadora e uma quebradora de paradigmas. O melhor que um grande artista pode fazer é construir o seu nicho próprio, a ponto de não poder ser comparado com nenhum outro artista. Por isso, e só por isso, não se pode compará-la com Carmen Miranda ou com sua amiga Elis Regina, Gal Costa ou com qualquer homem. Rita é incomparável. Devido aos seus talentos como musicista, compositora, cantora, *performer*, provocadora social, comediante, criadora de personagens e anarquista, ela tornou-se um padrão muito alto de realização artística. Sua espontaneidade e criatividade estão acima de tudo que foi feito na música *pop* brasileira. O padrão *pop* inglês da arte da contracultura atingiu com ela a mais alta escala de legitimidade na revolução comportamental daquele período no Brasil, com reflexo em toda a América Latina.

No álbum *Atrás do porto tem uma cidade*, transparecia que Rita queria provar para os outros Mutantes que podia fazer música progressiva sem perder o traço anárquico e a graça. Para mim, os primeiros itens de um trabalho artístico passaram a ser esses. E ela mostrou... Tocava Minimoog, *harpstrings* e clavinete, como um Rick Wackeman. Tocava violões perfeitamente e ainda fazia uns solos de flauta transversa. Cantou em inglês uma música do Bad Company, uma banda que a gente curtia, e, mesmo não entendendo as letras, tivemos certeza de que, se estivéssemos em Londres, estaríamos na *vibe* mais confirmada do *rock* naquele momento. Equivalia a um *show* do David Bowie, só que com músicos melhores e um conceito de arranjos mais sofisticado – isso eu repito até hoje. O som do Bowie era menos elaborado, e os seus músicos, menos eficientes, embora surfassem no pico da onda roqueira da época.

A iluminação não era tão pujante, porque nem havia tanto equipamento naquela época, mas o conteúdo musical sobrepujava todo o resto. O repertório desse trabalho é genial, uma obra de arte permanente, como todo trabalho da Rita, mas ela estava saindo dos Mutantes e levando consigo o melhor que Os Mutantes podiam oferecer. Além disso, ao mesmo tempo, ela evitava qualquer deslize que a banda pudesse estar vivendo naquele momento. Aquilo era Mutantes em sua essência. Lógico que uma banda se forma pela química entre os seus componentes, mas isto para mim era tão claro como a luz do dia: "Rita Lee é a essência dos Mutantes". Eu não tinha 15 anos ainda e não poderia escrever nada tão acurado sobre esse trabalho naquela época, mas guardo tão bem a impressão essencial daquele momento que ainda sou capaz de fazer todo tipo de associação. Esse trabalho compõe a base de minha formação artística musical e é uma das suas pedras fundamentais, referência de boa música, criatividade, anarquia, humor, alegria, beleza, complexidade, precisão, espontaneidade e profissionalismo.

Mamãe Natureza diz: "Estou no colo da mãe natureza, ela toma conta da minha cabeça..." Ela sabia que ela, Rita, era a natureza falando! Uma Pachamama da era pós-moderna. Dá pra entender o tamanho do presente de quem participou dessa experiência? O suprassumo da música universal na minha frente! Algo que eu passaria a vida inteira decifrando, até os dias de hoje! Um universo vivo que sempre vou poder fazer relações com tudo no futuro, incluindo o cancioneiro de inspirações folclóricas para chegar à conclusão de que "o folclore é a natureza se manifestando através do ser humano". É a natureza humana! É a própria Natureza! Ela era Mamãe Natureza, brotada no centro de São Paulo!

O Gigantinho não é conhecido pela boa acústica, mas até isso estava jogando a favor. Escutávamos todas as letras. *Yo no creo pero* tem um arranjo tão complexo quanto os do Yes, o grupo inglês, tudo amarrado por um bom gosto artístico ímpar. Tudo tão explosivo, tão espetacular, tão revelador que é claro que eu levaria todos esses anos para processar a informação do que Rita e seus grupos produziam. Eles eram a "melhor banda inglesa do Brasil". A anarquia *hippie* com a força ancestral do circo inglês se materializava em cima do palco na "cidade atrás do porto". A cultura de língua inglesa, na força da contracultura legitimamente brasileira, ululava no palco com Rita Lee Jones, filha de pai americano, ao lado de

Lucia Turnbull, descendente de escoceses. Uma espécie de Reino Unido do Brasil. Uma bomba em forma de arte.

O Gigantinho fica perto do cais de Porto Alegre. E este nome, *Atrás do porto tem uma cidade*? Que cidade é essa? Que porto é esse? Quem ou o quê ela estava procurando nessa cidade atrás do porto? Eu já havia descoberto que aquela loirinha de Soledade não era quem eu pensava que fosse... E agora a Rita estava ali... Não sei o que houve comigo naqueles dias... não lembro! Acho que fiquei em estado alfa, processando as informações sem me dar conta do resto da minha vida.

NÃO ERA MAIS BRINCADEIRA

Voltamos para Soledade e eu disse aos meus pais que queria ser músico. Minha mãe se preocupou um pouco, mas meu pai topou na hora. Pra quem já havia sido jogador de futebol, ele sabia que era uma escolha melhor. Naquela época, pouquíssimos jogadores ganhavam um salário significativo.

Um tempo mais tarde, passou o *Woodstock* no cinema de Soledade. O Helinho era mais ligado que eu no mundo *pop*, comportamental e político, e sabia do que se tratava. Eu já tinha ouvido falar muito, mas não imaginava que fosse aquilo. O filme levou seis anos pra chegar lá, mas chegou, e nós vimos e vibramos. Santana, Jimmy Hendrix e Joe Cocker, tudo aquilo colocava a gente numa *vibe* diferente.

Tínhamos um amigo de Porto Alegre, o Sérgio Villanova, que sempre levava umas novidades em fita cassete. Ele levou pra mim uma fita com o *The dark side of the moon*, do Pink Floyd, e o *Thick as a brick*, do Jetro Tull. Eu já estava me acostumando a flutuar o tempo todo ouvindo novidades musicais. Loguinho veio tudo mais: Secos e Molhados, Alice Cooper, Susie 4 (que era bem ruinzinha, comparada com a Rita), *Tudo foi feito pelo Sol*, dos Mutantes, que, mesmo sem a Rita, continuavam geniais, *As criaturas da noite*, do Terço com o Flavio Venturini, enfim, coisas finas e totalmente alinhadas com o que se fazia na Inglaterra e nos Estados Unidos, mas com a vantagem de serem em português, o que nos trazia um perspectiva fabulosa. Para mim, se todas essas pessoas conseguiam fazer coisas daquele nível, seria possível juntar-se a elas.

Aí completei 15 anos e os meninos quiseram fazer uma banda: Chini, Cacalo, Luciano, Laner e um produtor, que era o Tico-Tico. Sabiam que eu tocava guitarra e vieram me procurar. Eu achei que era uma responsabilidade muito grande e que eu não estava pronto para assumi-la, e recusei o convite! Então, convidaram outro guitarrista e encomendaram os instrumentos. Achei que havia me livrado daquela coisa tão grave que seria participar de uma banda. Eu não estava pronto para isso e duvidava que eles pudessem fazer algo tão sério quanto eu achava que deveria ser. Até que um dia chegaram os equipamentos e eles me convidaram pra ir ver. Eram instrumentos de verdade, amplificadores grandes Gianinni valvulados, cabeçotes com *reverb* de mola, só bater com a mão naquilo já dava um sonzão, um baixo semiacústico e duas guitarras Sonelli também semiacústicas que, com o tempo, descobri serem meio grotescas, mas, ainda assim, eram melhores do que a guitarra do Salum, que eu já achava o máximo.

No início, eu ainda nem sabia distinguir a qualidade daquelas guitarras. Eu as achava lindas e bem parecidas com aquelas que a gente via nos grupos profissionais na TV. As chaves de seleção dos captadores graves e agudos eram como interruptores de luz, dando a sensação de que eram elétricas de verdade. Uma máquina! E veio junto um pedal de distorção e Wah-Wah que eu enlouqueci na hora. Toquei um pouquinho e pum... chapei! Era muito legal tocar com aquele pedal, um som turbinadão, bem diferente da guitarra do Salum, que era bem pura, ou dos pedais dos filhos do Dr. Chico, de Giruá, que eram de guitarras de brincadeira.

Cheguei em casa e contei para os meus pais. Eu estava muito excitado com aquilo; para mim, era muito sério. Os caras tinham comprado uma banda inteira! Microfones, caixas de PA, uma bateria Pinguim... Eu estava surpreso porque não tinha ideia de que isso era possível. Não sei o que eu pensava. Talvez achasse que os artistas já nascessem com os instrumentos, ou que algum mistério ou mecanismo oculto os levasse a ter instrumentos e conjuntos completos. Talvez forças divinas os levassem a aparecer na TV com seus instrumentos mágicos, esbanjando música e felicidade. A última coisa que eu pensava era que os caras tinham que comprar os instrumentos e pagar por eles!

Os meninos ensaiaram uma semana e voltaram na minha casa dizendo que o guitarrista não poderia assumir e me convidando mais insistentemente. Eles perceberam que eu havia ficado entusiasmado com o pedal e todo o resto. Aquele pedal tinha feito a minha cabeça! Com aquilo, eu poderia tirar sons como os do Santana no *Woodstock*, ou como os do David Gilmour.

UM LUGARAÇO

Tinha um programa na Globo chamado Sábado Som, que passava coisas do mundo *pop*, americanas e inglesas. Um dia, passou o *show* do Pink Floyd em Pompeia. Aqueles passeios lentos com as câmeras por trás dos equipamentos, aquele ambiente antigo, filmado nas ruínas de Pompeia... Como diria Jaime Caetano Braun, na *pajada* do *Paraiso perdido*: "Um lugaraço e tanto". E aqueles *hippies* viajando e fazendo um som cósmico e envolvente com aquelas vozes suaves. Não era *rock*; eram canções de um novo mundo, música de uma humanidade que anunciava a expansão da consciência através de viagens no tempo, para o passado, como ali, em Pompeia, ou para o futuro, viagens interplanetárias e expedições cientificas para além da nossa lua, que oficialmente já tinha sido visitada. E mesmo que fique provado que ninguém esteve na Lua, o nosso imaginário já fora povoado com essas imagens flutuantes. Assim como as viagens internas, promovidas pelos costumes *hippies* da meditação, pelo questionamento sobre o sistema que a contracultura trouxe e também pelo uso das drogas meditativas, como a *cannabis* e o LSD.

Que música você escolheria para acompanhar a tão celebrada chegada da sonda New Horizon a Plutão? Algumas serviriam, mas Pink Floyd na certa seria escolhida por muitos, como por mim. *On the run*, do álbum *The Dark Side of the Moon*, parece perfeita para uma trajetória como a da sonda New Horizon, passando por Júpiter, Urano, Netuno, Plutão e indo para o espaço exterior ao Sistema Solar. *Ecos* igualmente ficaria muito bem.

Na opinião de muitos estudiosos sobre música e estados alterados de consciência, grupos como Pink Floyd trouxeram uma outra dimensão para a música. Há quem não concorde e nem curta, mas para muita gente, como eu, as portas da percepção se abriram escutando aqueles discos. Eu penso mesmo que esses grupos interferiram e modificaram a condição humana.

THE FILTRASOM BAND

Bueno, enfim aceitei aquela tarefa seríssima. Como eu era menor de idade, meu pai teve que assinar uma autorização para que eu pudesse tocar na noite em qualquer lugar. Começamos a tarefa de construir um repertório. Rá! Ali estava o melhor: tirar as músicas dos ídolos com a responsabilidade de reproduzi-las. Tudo começava com *Mamãe Natureza*, da Rita, e o resto se ajustaria: David Bowie, com *The Jean Genie*, Deep Purple – *Smoke on the water*,[2] *Os alquimistas estão chegando*, do Jorge Ben, alguma coisa dos Originais do Samba, enfim, músicas que sempre rolavam nos saraus lá em casa. Não foi difícil.

Como não tínhamos ainda as posições bem definidas, meu amigo Chini, que também tocava guitarra, assumiu a bateria nos *rocks*. Gringo, ele era meio duro para o samba, e eu sabia tocar percussão muito bem devido aos exercícios que fazia em casa com o meu pai. Então, assumi o lado brasileiro do repertório na batera, e os *rocks* eu fazia na guitarra. Assim, éramos eu e o Chini (filho do dono de uma ferragem) dividindo os vocais, o Cacalo (filho do dono da funerária) no baixo e também nos vocais, e o Luciano (filho de um advogado) no órgão Arbon e nos *backings*. Outros caras passaram pela banda, mas esse era o núcleo. O problema era que ninguém sabia inglês, mas fazíamos um excelente "embromation". O nome da banda era Filtrasom. E fui eu mesmo que sugeri esse nome... Sim, eu assumo, fui eu.

---

2 Em 2013, houve um incêndio no Mercado Público de Porto Alegre, que fica próximo ao Lago Guaíba, e eu, na época, tinha um concerto com a Orquestra Eitcracht, uma ótima orquestra de sopros de Campo Bom. Então, escrevi uma versão de *Smoke on the water* em português: "Névoa na água, e fogo no Mercado!" Cabia certinho na melodia e o pessoal curtiu a contextualização.

Assim, fizemos uma primeira apresentação no clube da cidade, em um evento sei lá de quê. Não lembro da repercussão. Não acho que a cidade tenha entendido que ali, naquele dia, uma banda tenha nascia. Algo que viria a mudar o destino da cidade, que traria o desenvolvimento cultural e turístico e encheria aquelas pessoas de orgulho por fazerem parte de um contexto tão criativo e promissor... Mas não rolou. Ninguém se lembra mais da banda. Mas saímos no jornal da cidade; tenho uma foto que comprova isso.

Aí, começamos um processo de trabalho realmente, porque eu havia assumido a dívida do equipamento junto com o grupo. Teríamos que tocar cerca de um ano e meio para pagar tudo. Assim, com 15 anos, caí na estrada, e até os dias de hoje é o que tenho feito com grande prazer. Viajar para me apresentar em algum local tem sido, além de minha sobrevivência, uma descoberta a cada cidade, a cada estrada, a cada comunidade, a cada ambiente natural, a cada grupo de pessoas que encontro. Não lembro bem se quitamos todo o equipamento, mas minha sensação é de que ainda faço viagens pra pagar a dívida.

DAVID BOWIE E O MENINO DA PORTEIRA

Nunca tive dificuldade em circular neste universo. Sempre estive confortável fazendo isso, carregando equipamentos, estudando música e me apresentando. Era muito normal estar no palco. Nunca houve nervosismo em excesso, medo ou vergonha.

Nossa casa tinha um terraço, onde montamos os equipamentos e fizemos alguns ensaios ao ar livre. Eu sabia que os Beatles tinham feito um *show* assim, mas nunca tinha visto. Sempre que revejo aquela cena hoje tão famosa dos Beatles, lembro dos nossos ensaios.

Naquela época, as coisas demoravam bastante a chegar em alguns lugares, e o Sérgio Villanova, que vinha com as novidades de Porto Alegre e era um entusiasta da banda, virou nosso amigo e confirmava as tendências. Nos municiava com os últimos lançamentos que ainda não haviam chegado lá. Mas logo tudo já havia chegado às lojas de discos. *Mutantes e seus cometas no País do Baurets*,

Aladdin Sane, do Bowie, Genesis, Yes, Emerson, Lake & Palmer, The Who, Bachman-Turner Overdrive, enfim, dezenas de grupos americanos e ingleses que invadiram a cena *pop*. Escutar e descobrir novos estilos, com a quantidade de bandas que surgiram naqueles anos, fez com que, em certa altura, eu começasse a misturar o que escutávamos com o que tocávamos. Às vezes, para minha mente juvenil de aspirante a artista, parecia que tudo o que eu escutava eu também tocava, mas não era assim.

Já tínhamos rodado muito: Espumoso, Arvorezinha, Salto do Jacuí, Passo Fundo, Fontoura Xavier, Não-Me-Toque, Nova Prata, todos os clubes de Soledade (três) e… o terraço lá de casa! Éramos uma banda de *rock* que tocava em bailes, encarando qualquer oportunidade para pagar o equipamento. Em Fontoura Xavier foi em um bar de estrada. O chão era de tijolo; por isso, levantava muita poeira. Não tinha palco, então montamos a banda em cima de duas mesas de sinuca e tocamos a música *Farofa-fa*, que fazia sucesso na TV. Em Arvorezinha, o contratante era dono do CTG e pedia milonga, um ritmo folclórico, mas éramos uma banda de *rock* e respondíamos com Deep Purple e Led Zeppelin. Pra aliviar, tocamos *Mamãe Natureza*, da Rita, que pelo menos era em português. Mas tínhamos *As mocinhas da cidade* e *O menino da porteira* na manga. Repetimos estas umas cinco vezes e conseguimos sair com o cachê, que já estava ameaçado se não tocássemos a porra da milonga que o patrão do CTG pedia aos berros. No Salto do Jacuí, o clube era na beira da barragem hidrelétrica. No fundo do palco havia uma janela grande pela qual dava pra ver a queda d'água toda iluminada. Deu uma sobrecarga de energia que queimou o órgão, mas o povo lá era animado e curtia *rock*. Tocamos Stones e a noite pegou fogo. Lembro muito de estar cantando *The Jean Genie*, do Bowie, e não saber 90% da letra. Ficava lendo placas e qualquer coisa que tivesse uma palavra pra ajudar no "embromation"… e funcionava. Ninguém reclamava, porque ninguém sabia inglês.

Um dos nossos amigos era o Filemon Zarpellon – nome de artista, o que ele realmente era. Ele substituiu Luciano Bambini algumas vezes no órgão. Sujeito tipo gênio inventor, um cara inteligente, de grande sensibilidade, que gostava de filosofar e não se adaptava a grupos. Uma vez, o vi tocando gaita numa fazenda. Ele olhava para o céu enquanto tocava. O olho dele estava cheio de céu e a música era linda. Comecei a pensar que, se eu tocasse guitarra assim, com o olho cheio de céu, qualquer música ficaria boa.

Três dos companheiros da banda estudavam em uma escola em Passo Fundo, onde também fizemos apresentações e serenatas. O diretor era o americano Walter Ned. A escola toda tinha um estilo americano, com tijolo a vista e aquelas colunas brancas. Era um local bem arborizado e com uma área verde de gramado bem cuidado. Um dia, fizemos uma celebração na casa de um professor de Biologia que era amigo dos alunos, e tivemos a ideia de fazer uma serenata para o diretor. Estávamos no auge da Guerra Fria, a noite estava fria também, e nós resolvemos tocar *Noites de Moscou* ao bandolim na janela dele. A ditadura militar estava em pleno AI-5, e as citações ao comunismo continuavam sendo repreendidas. O diretor abriu a janela pra agradecer e pudemos ver que ele dormia com aquelas camisolas e aquelas tocas compridas que a gente pensava que só existia em filmes antigos. Rimos muito; ele pensava que era por causa da serenata, mas era por causa da figura dele. No final, ele levou tudo no bom humor. O legal foi contar para a turma que o diretor da escola dormia com aquele figurino.

MÚSICA E ESPIRITUALIDADE

Estávamos nos ambientando bem em Soledade, e minha mãe fez amizade com uma senhora que fazia sessões de umbanda, a tia Doly. Ela era mais intensa e mais precisa do que meus tios. Seguidamente, íamos nas sessões ou fazíamos sessões na nossa casa, e isso passou a ser parte da religiosidade da família. Minha mãe expandiu a espiritualidade católica que havia herdado de minha avó e as experiências nessa área passaram a ser bem ricas.

A umbanda tem vária linhas; a nossa era uma mescla do xamanismo tribal africano com o xamanismo tribal indígena, mais uma dose de cristianismo e espiritismo de Allan Kardec. Os pretos-velhos têm uma sabedoria xamânica, e os caboclos e indígenas trazem as força da natureza. A ligação com as forças da natureza se enfraqueceu em nós, humanos urbanos, conforme construímos as cidades e criamos uma bolha de confortos, onde as artificialidades amorteceram os sentidos naturais e a sensibilidade na interação com a natureza, da qual fazemos parte. A era da ciência, da racionalidade e do ceticismo fez com que a intuição regredisse. Enquanto no catolicismo lê-se na Bíblia que alguém teve um sonho ou falou com um anjo ou com algum espírito, ali, nas sessões de umbanda, nós mesmos falávamos com espíritos canalizados pelos corpos de pessoas em quem confiávamos. Estar em uma sessão de umbanda em que um espírito baixa em algum médium é uma experiência forte, avançada e ancestral ao mesmo tempo. Avançada especialmente para quem até então só ouvira falar do Espírito de Deus, de anjos e seres sobrenaturais, sem um mínimo contato que trouxesse alguma prova de que esse mundo sobre o qual falavam nas igrejas realmente pudesse existir. Ali, na umbanda, tínhamos a oportunidade de participar de um ritual ancestral de contato com o mundo espiritual através dos médiuns.

Com o tempo, ficamos bem umbandistas. Minha mãe fez com que nossa espiritualidade evoluísse do catolicismo devocional cheio de dogmas e dúvidas para um tipo de religiosidade que tinha um contato muito mais prático com outras dimensões espirituais e com as forças da natureza. Ela recebeu por um bom tempo o Caboclo da Pedra Preta, uma força que vinha energizar a família com o magnetismo das cachoeiras, das pedras dos rios e da água corrente, que compõem, até hoje, meu ambiente preferido.

Alguns pontos de umbanda começaram a fazer parte das sessões, e o repertório da música brasileira passou a fazer muito mais sentido em nossas vidas. As músicas de vários compositores, como Vinicius de Moraes, eram cheias dessas referências, sem falar no próprio ritmo, que seguia a matriz africana das batidas rituais. O samba ganhou esse jeito no Brasil, é claro, com a miscigenação, mas ele já existia nas tribos africanas. Veio com os escravos e aportou em todos os portos, de norte a sul do país. Assim, a partir de então, a música brasileira, que tanto curtíamos em família na sala de nossa casa, passou a ter um fundamento de cultura espiritual. Um novo entendimento passou a permear nossos encontros musicais. Aquela música que a gente fazia estava diretamente ligada a uma questão espiritual. Eu comecei a ajudar nas sessões de umbanda, o que fortalecia minha ligação com a música de matriz africana e, além de tudo isso, me aproximava da comunidade de Gilberto Gil, Jorge Ben, família Caymmi e dos baianos e cariocas, que tanto falavam em entidades espirituais em suas canções.

Nos Estados Unidos, a música negra teve um forte desenvolvimento nas igrejas batistas, e a maioria dos grandes cantores surgiram ali, no ambiente religioso, cantando para Deus. É uma forma realmente eficaz de tirar o foco do ego, para que a música ganhe uma dimensão maior. Ao cantar para a divindade, o musicista desenvolve uma quantidade de ressonâncias no corpo que só serão percebidas mais tarde, quando ele estiver num ambiente profissional utilizando certas técnicas. Há um livro muito bom chamado *"Música e psique"* (R. J. Stewart), em que baseei meus estudos de música e sobre o qual já palestrei e montei cursos baseados em vocalizações. Durante muitos anos, pratiquei os exercícios de vocalização em minhas meditações. Mesmo não sendo um assunto de interesse geral, eu coloco essa experiência para os jovens e demais pessoas que participaram dos meus cursos. Porque alguém poderá fazer bom uso disso. Mais adiante falaremos a respeito.

Numa dessas seções de umbanda, aconteceu de eu perder o controle dos braços, que começaram a se mover sem o comando do meu cérebro. Era uma sessão de cura com meu tio, que estava com sérios problemas cardíacos. Meus braços se moviam e minhas mãos massageavam o peito de meu tio Rubens sem que eu comandasse. Fiquei admirado e reticente com aquilo. Não comentei com ninguém. Não conseguia entender como acontecia. Dias depois, meu tio fez novos exames, que não apresentaram mais sinais da doença. Uma pessoa que passa por uma experiência dessas não tem mais dúvida de que essa prática é efetiva. Alguma coisa que não era eu agiu em uma operação de cura, e até hoje eu não sei explicar racionalmente o que aconteceu. Aquela massagem cardíaca estava ligada com a cura, mas não fui eu que a fiz! Eu era só um elemento participante. Uma força que estava ali agiu através dos elementos que praticavam o ritual; entre eles, eu.

O PALCO

Eu tinha um sonho recorrente que começou na minha primeira infância: eu estava em um palco e não havia plateia, nem poltronas ou nenhum espaço para audiência. De repente, surgiam varas verticais que começavam a se mover para cima e para baixo. Nenhum mecanismo aparente me trazia alguma explicação lógica sobre aquilo. Então, essas varas ganhavam uma velocidade tão grande e geravam uma energia tão forte que eu acordava com uma sensação que não cabia em mim, um desconforto grande que demorava a passar.

Com os anos, tentei entender ou explicar pra mim mesmo aquela sensação. A primeira coisa que pensei foi que eu dormia no mesmo quarto em que meus pais. Pensava que a energia que eles despendiam no ato sexual devia ser realmente grande. Dois adultos fazendo sexo era algo que realmente não caberia no campo magnético de uma criança. Mas depois que passei a dormir sozinho na nossa nova casa, esse sonho voltou a acontecer, e essa teoria foi por água abaixo. Sempre que esse sonho voltava, eu ficava vários dias com aquela sensação. Pensei que talvez fosse minha puberdade sinalizando a força latente dessa extraordinária energia vital que provocava a sensação de saturação que eu sentia, algo para o qual eu não estava dando vazão adequadamente e que me enchia de uma energia que não cabia em mim. Mas depois chegou a puberdade de fato, e eu descobri os meios de fazer a energia fluir. Mesmo assim, o mesmo pesadelo insistia em me visitar. Nesse período, ele já era muito raro, mas só sua lembrança era o suficiente para ativar aquela sensação de saturação.

Depois, passei a me perguntar como aquelas imagens apareciam na minha primeira infância se eu nem sabia o que era um teatro. Nem em minha segunda infância esse ambiente seria familiar. Só depois que vi televisão é que tive a capacidade de imaginar um palco.

FRUSTRAÇÃO MORTAL

Enquanto morávamos em Soledade, meus pais decidiram que eu estudaria em Passo Fundo porque o ensino era melhor. Me inscreveram lá e eu, durante dois anos, acordava às cinco da manhã pra pegar o ônibus às 5h30min. Um ou dois graus abaixo de zero era normal. A paisagem do alto do Planalto Médio nas manhãs de inverno é gélida e lírica. A geada embranquece toda a natureza. Não é como a neve; a natureza está ali, verde, mas vestida com a fina e transparente renda da geada. Houve geadas pesadas, chuvas que solidificavam no guarda-chuva. Um dia, houve neve, bem fraquinha... uns flocos que não chegavam a acumular no chão. Anos antes houvera uma nevasca forte, a gente via as fotos. Por mais bonito que fosse o inverno, não ansiávamos que voltasse, porque havia uma crueldade naquele frio penetrante. Sempre se travava de um desconforto grande. Passar quatro meses de ceroulas, casacão, toucas e luvas despertava uma boa saudade do calor, o qual sabíamos que logo chegaria. No verão, os dias eram quentes, mas as noites eram sempre amenas, bem diferente dos verões de Porto Alegre ou de Uruguaiana, na fronteira, onde as noites são escaldantes. Nesses dias, ocorriam algumas escapadas para os ribeirões próximos à cidade, o Despraiado, o Passo do Ladrão, rios pequenos e limpos em que se podia tomar banho, ou para a piscina no clube da cidade. Durante o inverno, o clube não tinha muito movimento porque a piscina não funcionava – às vezes também congelava, criando uma camada bem fina de gelo – e o diretor, que era nosso conhecido, nos dava permissão para ensaiar e guardar os equipamentos.

Lá, fizemos grandes sessões de ensaio. Ficávamos horas tocando Pink Floyd e viajando na música sem compromisso, como uma banda de verdade faria se não tivesse que tocar em bailes. Logo, já queríamos pegar uns caixões da funerária do pai do Cacalo Gabineschi, o contrabaixista, para colocar uns alto-falantes e fazer um *show* como o do Alice Cooper. Seria fácil; o pai do Chini tinha uma loja cheia de parafusos e ferramentas, era só desmontar os equipamentos novos e mudar os alto-falantes para os caixões. O Tico-Tico, nosso empresário, disse que assim seria mais difícil vender a banda para os bailes da região. Seriam só três caixões, mas o pai do Cacalo não quis doá-los. Recriarmos um ambiente *School's out*, do Alice Cooper, ficou só na ideia.

LAGO ASTROLÓGICO

Soledade fica 800 metros acima do mar. A cidade é um centro comercial de pedras preciosas, um local onde, no passado, muitas famílias tinham pequenos negócios de beneficiamento desse tipo de material. Havia oficinas de polimento e tratamento e lojas de comércio dessas pedras. Com o tempo, só duas famílias dominaram o negócio, e hoje só há uma. Na cidade, todo mundo tinha objetos de ágata em casa: cinzeiros, descanso para copos e garrafas, artesanatos, e o mais *kitsch*, um cacho de uvas de ágata. Mas tinha também uns cristais legais, e era muito comum se achar no chão pedaços de ametista. Aliás, todo mundo também tinha adornos de ametista em casa. Há uma cidade próxima que se chama Ametista e tem uma mina em uma caverna enorme, que é explorada quase que exclusivamente para exportação.

Na última vez que estive em Soledade, entrei no grande e novo depósito da família Lody, e passamos por um corredor de ametistas de mais de dois metros de altura cada uma. Foi uma sensação diferente. Também escolhi doze esferas de cristal para fazer um mapa astrológico aquático meditativo, um pequeno lago circular dividido em doze fatias iguais, representando os doze signos do zodíaco, onde colocaríamos cada esfera de cristal representando um planeta, de acordo com determinada configuração astrológica, para analisar o momento ou o mapa astrológico de alguém. Um pequeno lago astrológico doméstico sobre o qual meditaríamos a respeito das conexões entre o Sistema Solar e o nosso mapa natal. Isso em astrologia se chama "o trânsito dos planetas", algo difícil de ser concebido por céticos, mas muito fácil para quem tem 40 anos de observação astrológica. Escolhi as pedras perfeitamente esféricas, mas não as comprei porque ficou caro. O lago astrológico ainda é um projeto.

A REALIDADE COMO UMA DROGA FORTE

Voltando a Soledade: a cidade era realmente muito pacata. À noite, em épocas de gasolina barata, saíamos em turmas de cinco ou seis carros e brincávamos de esconder de carro mesmo pelas ruas da cidade. Nessa época, já rolava uns baurets, hoje uma prática comum em qualquer lugar. Era divertido e muito mais interessante do que a droga da geração dos meus pais, o uísque. Vinicius de Moraes já havia assumido a garrafa numa mesinha em cima do palco, mas eu achava o gosto ruim e não curtia o efeito, nem em mim nem em quem aparecia bêbado. Especialmente meu pai, que começou a ficar meio chato quando bebia. Algumas vezes, tive que ajudá-lo a subir as escadas da casa nova.

As bebidas alcoólicas têm essa característica de mudar a personalidade do usuário. Pessoas fracas para o efeito se tornam impertinentes e inconvenientes, algo que não aparece no uso do baurets, uma droga definitivamente mais leve e amigável. A gente ficava mais reflexivo, mas não deixava de ser quem era, não perdia a consciência nem a memória como os bêbados, que fazem coisas durante uma bebedeira e depois não lembram. E há sempre aqueles que bebem e querem brigar. Com um bauret, a gente queria sempre paz e amor, que eram os signos dos *hippies*. O álcool amortece. A própria palavra amortecer já evidencia seu efeito nocivo: "a-morte-ser"! É uma droga definitivamente mais destrutiva.

Eu diria, hoje, para minha neta: você vai encontrar drogas no seu caminho. Elas não são necessárias e não deixarão você mais esperta ou mais inteligente, embora façam você pensar que sim. Se escolher usar, escolha aquelas que te tragam mais liberdade, mais amplitude de visão e nenhum vício. Aquelas que fortalecem o ego são as que fortalecem todo tipo de ilusão. O próprio ego é a ilusão mais convincente. Não use drogas para fugir da realidade; a própria realidade é a droga mais forte que se pode encontrar. O vício em qualquer substância ou em qualquer situação é a pior prisão.

Um dia, eu e o Chini, o cara com quem eu dividia as guitarras e baterias da banda e com quem eu viajava todas as manhãs para a escola em Passo Fundo, um amigão, fumamos e fomos para a praça. Era noite de inverno e queríamos compor algo. Chini começou a escrever a canção: "Tá frio, tá frio, tá frio". Tínhamos um bom refrão, mas em cinco minutos fomos embora. Quarenta e dois anos depois, ainda não concluímos a canção. Estava muito frio mesmo!!!

A POTA

No final de três anos, meus pais queriam voltar para Porto Alegre. Eu estava entrando no terceiro ano e faria o vestibular em Porto Alegre. Meus pais queriam que eu fizesse uma faculdade, e eu não sabia o que fazer além de Música. Voltamos para nossa casa de Porto Alegre e descobrimos que já tinha até asfalto no final da Protásio Alves, quase no sopé do Morro Santana. Meu pai já estava ganhando bem mais do que quando saímos. A vida estava melhor.

Eu ganhei um bandolim de aniversário e comecei a me dedicar ao choro. Eu descia para a Vila Brasília nas sextas-feiras, quando os operários recebiam e iam relaxar num boteco de 4x3 feito de pedaços de madeira. Sempre rolava algum samba e cantávamos alguma coisa; Nelson Cavaquinho, Cartola... Ver a galera de olhos fechados cantando os versos ou mesmo o "lá-laiá" das músicas trazia um entendimento profundo sobre a origem daquelas canções. Fizemos algumas rodas de samba em casas de pessoas da Vila Jardim, todos negros e chegados no samba. Também ali visitei terreiros de candomblé.

Mas a essa altura eu já estava fazendo parte da minha primeira banda de *rock* onde cantávamos composições próprias: A Pota, junto com a comunidade *hippie* que mencionei lá no início.

NUVEM CIGANA

Durante esse período *hippie*, ocorreram dois episódios dignos de registro. Estávamos em um acampamento na Lagoa dos Patos, em Tapes. Tudo ok: fizemos um fogo embaixo de uma figueira centenária; o dia estava lindo; Zé de Abreu, Nara Kaisermann e seus filhos; Carlinhos, Aninha e seus filhos; eu, Sérgio e Paulo Abreu; música: Milton Nascimento, *Nuvem cigana*. Lindo de ouvir... O refrão diz: "Se você deixar o coração bater sem medo..." Totalmente de acordo com nossas convicções e escolhas de sermos diferentes naquele momento. O coração batendo disparado com todas as expectativas de uma vida inteira pela frente, em completa harmonia com a natureza pura e não poluída do lugar. Uma barra escura surgiu no horizonte. Nada demais. Música: ou tocávamos ou escutávamos o Clube da Esquina inteiro. Mas a canção *Nuvem cigana* tinha um sentido: "Se você deixar o coração bater sem medo..."

De repente, um vento começou a soprar um pouquinho forte. Havíamos estendido uma lona para fazer sombra e, quando o vento começou a ficar mais forte, sacudindo a lona com força, resolvemos tirá-la da árvore. A barra de nuvens pesadas no horizonte se aproximou e virou um furacão em poucos minutos. Colocamos as crianças pra dentro de uma Kombi. Eu e os meninos da banda ficamos do lado de fora tentando recolher as coisas e, de repente, não dava mais pra sair de trás da figueira. A força do vento soprava as pedras da areia da praia, e doía quando elas batiam no corpo. Nós três estávamos atrás da figueira centenária quando, de repente, ouvimos um "crack" de alguma coisa quebrando, não sabíamos de onde. Uma nuvem cigana tomou conta de tudo. Não víamos mais nada. Outro "crack", e dessa vez percebemos que vinha da árvore. Coisas voavam ao nosso redor, e a nuvem cigana ali, parindo redemoinhos. Outro "crack" e a figueira centenária foi pra cima de nós. Eu me atirei para o lado da praia e fui alvejado por uma saraivada de pedras da praia levadas pelo vento. Paulo Sardo correu na mesma direção que a árvore caía; poderia ter sido alvejado por um galho centenário daqueles. O Sérgio foi para trás da Kombi, e a música tocava na minha cabeça: "Se você deixar o coração bater sem medo..." Barracas, mesas, panelas sumiram com a "nuvem cigana" que passou deixando sua marca.

Não teria como viver uma vida de artista naquele momento sem contar com o poder de uma nuvem cigana. Estávamos embarcados em uma nuvem cigana. Nossas vidas fluíam dentro dela. Nosso estilo de vida seria também turbulento como aqueles ventos.

HIPERPAMPA

Em outra oportunidade, fomos para Uruguaiana, numa fazenda de uns amigos de meu pai. Eu, Sérgio Villanova e Paulo Abreu. Uma casa antiga, muito antiga. Os peões e nós, três guris da cidade. Levei um cavaquinho e compus um choro com cara de tango. Estava no ar... Já tinha ganhado o bandolim do meu pai e, naquela época, passava na TV Bandeirantes um festival nacional de choro. Eu curtia muito. Jessé Silva, de Porto Alegre, que já havia tocado no Época de Ouro com Jacob do Bandolim, colocou um choro lindo para flauta, e o Plauto Cruz tocava lindamente. O choro chama-se *Meu pensamento*, e é uma maravilha. Comecei a gostar muito de choro.

Nessa fazenda em Uruguaiana, ficaríamos uma semana e tínhamos o plano de experimentar cogumelos lisérgicos. Acordávamos bem cedo e íamos ver o céu antes de amanhecer. O Pampa é um lugar incrível. Eram noites sem nuvens, uma coisa espetacular. A gente olhava para o céu e via muito mais céu do que estávamos acostumados. Imagine que o Pampa é uma imensa planície: não há montanhas, morros ou qualquer outro acidente geográfico que bloqueie a visão em linha reta até a linha do horizonte. É como se você estivesse no mar. A gente enxerga estrelas no horizonte para qualquer lado que se olhe. A abóbada celeste fica totalmente visível, como um domo gigantesco cravejado de estrelas. Imagine que tudo aquilo é energia. A gente respira fundo e fica tonto. A partir disso que contei, dá pra se ter uma ideia, mas não há palavra que descreva um amanhecer no Pampa. É uma experiência *que deve ser vivida*.

Bem, amanheceu e fomos procurar cogumelos. E tinha aquela música da Rita Lee. Imagine três caras, um baterista, um baixista e outro guitarrista fazendo aquele arranjo com a boca, cada um no seu instrumento.

Ando jururu
I don't know what to do
Quero encontrar pelo caminho
Um cogumelo de zebu

E descansar os meus olhos no pasto
Descarregar este mundo das costas

Eu só quero fazer parte do backing vocal
E cantar o tempo todo shoobeedoodaudau

Eu sei todas as notas disso. Decorei quando tinha 15 anos. Posso reescrever todos os instrumentos. Para mim, isso era mais do que qualquer grupo inglês produziu na época. A música perfeita para três caras procurando cogumelos no Pampa.

Andamos muito e achamos, em torno das dez da manhã. Eles têm um saiote de cor escura por baixo, crescem rápido e murcham. Lá pelo meio-dia, já os estávamos preparando. Fizemos uma batida no liquidificador e comemos eles picadinhos com pão. Já havíamos comido cogumelos na casa da Aninha e tinha sido uma coisa leve e meditativa.

Mas, dessa vez, bateu legal. Ríamos muito e perguntávamos quando iria começar o efeito. Já estávamos em plena viagem. Os peões não entendiam do que estávamos rindo e eram pessoas desconfiadas. Não gostaram muito daquela algazarra. Saímos dali e fomos para o campo, descansar nossos olhos no pasto e descarregar este mundo das costas. Já fazíamos parte de um *backing vocal*.

Depois, voltamos para o galpão, em plena viagem lisérgica, e ficamos algumas horas olhando para o fogo de chão e compartilhando o silêncio com os peões. Um deles tinha um olho vazado e parecia um duende do Pampa. A figura dele se mesclava a troncos de árvores e animais. Estava ali, mas podia não estar, porque não falava, e sua força não interferia em nada. O silêncio era muito profundo, e nele entendi que aquela era uma situação que o tipo humano daquele lugar cultivava.

Ficamos muito tempo em silêncio, até que de repente, do fundo daquela quietude, alguém dedilhou um violão e trouxe à tona algumas reflexões. O espaço era todo vazio, vasto e sem palavras, mas cheio daquela energia cósmica que se vê ao amanhecer. O vazio no sentido zen faz muito sentido no Pampa. Os compositores desse gênero sabem muito bem do que se trata, como Bebeto Alves, que nasceu em Uruguaiana e fez um monte de milongas e chacareiras e Mário Barbará e Gilberto Monteiro, de São Borja – muitos outros compositores dando voz ao espaço cósmico no Pampa. Anos depois, comecei a identificar esse espaço geográfico e metafórico na música e na poesia campeira, como em *Grande Sertão: Veredas,* de que tanto

Gilberto Gil havia falado, fazendo uma analogia entre o Sertão e o Pampa, que produzem cada qual o seu folclore.

Mas só nos últimos anos, quando passei a fazer a direção do projeto *Rock de Galpão* e mexer mais intimamente com as canções de inspiração folclórica, foi que escrevi um texto falando sobre o HiperPampa, o qual foi imediatamente absorvido pelo grupo. Mas só pelo grupo. Ninguém mais deu a mínima para o conceito. Só quando gravamos o segundo DVD e contratamos uma jornalista para a assessoria de imprensa profissional, Adriana Martorano, esse conceito começou a ser difundido nos meios de comunicação.

O FANTASMA DA FAZENDA STA. EDWIGES

Voltando a 1977, em Uruguaiana, a cor do pôr do sol na fazenda fazia incríveis desenhos por entre as árvores. Eram seres de luz; outra coisa que não se explica com palavras. Minha mãe estava de aniversário em Porto Alegre nesse dia, e me veio a ideia de enviar uma mensagem telepática para ela. Sentei em uma cadeira na frente da casa da fazenda e fechei os olhos, com a intenção de enviar a ela uma mensagem de amor. Foi quando um padrão maravilhoso como asas de mil borboletas se formou em minha mente. Fiquei observando aquilo por algum tempo e lembro de estar ciente de que era uma coisa importante que acontecia na minha vida. Depois, soube que, nesse dia, tinham feito uma sessão de umbanda e que tia Doly, que conduzia a sessão, disse que a minha energia estava muito presente em um vaso de flores brancas que havia no ambiente. Mensagem recebida!

Nessa fazenda, foi onde vi pela primeira e única vez um fantasma. A noite se adiantava e não conseguíamos dormir. Todos estavam em seus quartos, mas despertos, por algum motivo desconhecido. Havia uma sensação estranha, um medo. De repente, lembro de olhar para a porta e ver um homúnculo flutuando naquela direção. Eu não sabia se era uma ilusão ou se estava sonhando. Aquilo não desaparecia; eu olhava de novo e estava lá. Parecia uma falha na minha visão. Já fazia uns três dias que havíamos tido a experiência com os cogumelos; não podia ser alucinação. No começo, senti medo, mas aquilo ficou tanto tempo ali que eu cansei e dormi. No outro dia de manhã, Sérgio e Paulo confirmaram que tinham dormido muito mal e que também sentiram medo, mas não tinham visto nada. Recentemente falei com uma pessoa jovem da família, que era proprietária da fazenda, ela disse que tinha muitos relatos sobre isso.

Lá, eu compus algumas canções, entre elas *Descampado*, junto com Paulo Sardo, uma canção da qual eu me orgulharia se tivesse passado em algum festival de música nativista, mas nunca passou em nenhum. Um compositor sempre começa sua trajetória de sucesso com determinada canção, e essa canção torna-se sua marca. A minha seria essa. Mas não aconteceu. Entretanto, ela ficou um tanto conhecida no meio musical, tanto que uma vez, em um bar, as pessoas estavam tocando suas músicas, um cara pediu pra tocar uma música dele e tocou essa, dizendo que era dele! Pensou que ninguém a reconheceria, já que não era uma canção muito conhecida mesmo. Eu falei que a música era minha em parceria com Paulo Abreu, e o cara desconversou e foi embora, envergonhado. Gravei-a junto com o Borghetinho, que ainda não tinha lançado seu primeiro disco.

Esses dias na Fazenda Sta. Edwiges, além de me colocarem em contato com a minha infância em Uruguaiana, também fundamentaram experiências para a busca de uma linguagem-síntese entre folclore e música universal, algo que estava acontecendo com uma mestria muito grande na música brasileira. O folclore estava tornando-se parte de uma arte mais sofisticada, na voz de grandes artistas e a partir de movimentos que representavam as regiões do Brasil: a bossa nova no Rio, a Tropicália na Bahia, o Clube da Esquina em Minas, o Movimento Armorial no Nordeste e suas consequências nas obras de grandes artistas, até o Movimento Manguebeat.

ELIS E HELÔ

Voltando para Porto Alegre, eu, minha mãe e meus colegas de banda fomos a um *show* da Elis Regina. Era o Transversal do

Tempo, uma produção incrível para os padrões de *shows* brasileiros. A ditadura ainda exigia que os *shows* fossem submetidos a uma censura prévia. Roteiros, letras de músicas e textos teatrais eram obrigados a passar pela Censura Federal. Os artistas protestavam, cada um do seu jeito, contra o regime ditatorial.

No show, os músicos ficavam em andaimes, vestindo roupas de operários, numa alusão ao trabalhador brasileiro. Os arranjos eram sofisticados, e a banda, comandada por Cesar Camargo Mariano, era incrível. O arranjo progressivo para a música *Construção*, do Chico Buarque, deixou a plateia eletrizada. Elis, a melhor cantora do Brasil nesse estilo (na minha opinião, junto com Gal Costa), aparecia fazendo personagens e tipos, entre eles Nossa Senhora Aparecida, na canção *Romaria*. Foi um negócio impressionante! Ela tinha o vigor de uma cantora de *rock*; corria pelo palco, pulava, com sua voz vibrante, cheia de emoção, uma afinação perfeita e um carisma arrebatador.

Nessa época, ela já era muito amiga da Rita Lee, por quem teria ido em uma delegacia brigar com os policiais quando a descobriu presa por posse de maconha. O universo do *rock* penetrava as expressões dos jovens, que urgiam por liberdade de expressão.

Antes do *show*, estávamos sentados nas escadarias do Teatro Leopoldina. Serginho, o baterista da banda, estava com sua namorada, Amanda Costa, que havia levado uma amiga, à qual fui apresentado. Era Heloiza Averbuck. Ela era bem interessante, mas muito tímida, parecia preocupada com algo, chateada, mas conversamos um pouco… bem pouco. Minha mãe, sempre muito intuitiva, falou despretensiosamente, quando chegamos em casa: "Namora essa guria!" Eu não era mais o menino obediente de outrora, mas, neste caso, obedeci! Dois anos depois do *show* da Elis, eu e Heloiza estávamos casados. Aliás, nunca fui tão obediente à minha mãe: eu e Heloiza continuamos a namorar depois de 40 anos.

Nesse período pós-Transversal do Tempo, as coisas começaram a mudar. Agora eu tinha uma namorada e transava com ela. Aliás, ela me levou num motel pela primeira vez. Eu era praticamente virgem. Com 17 anos, eu não tinha muita necessidade de sexo. Lembro de estar andando de ônibus num dia em que tive uma ereção juvenil daquelas. Uma forte sensação percorreu meu corpo e pensei: como sou feliz, eu tenho todo esse prazer com essa ereção e nem preciso fazer sexo! Também não era um adepto fervoroso de masturbações. Minha cabeça era só música. Até que fomos naquele motel...

Estava muito frio, e ela levou uma garrafa de álcool e uma caneca de metal para aquecer o quarto. Quando deitamos, uma espécie de hiperpelícula de pelúcia invisível emergiu de sua pele. Eu passava a mão pelo seu corpo e não acreditava. Pensava: como isso pode estar acontecendo?! Eu não conhecia esse tipo de maciez orgânica, e ainda não havia esses filmes e séries sobre mutantes ou pessoas com características ocultas especiais, não existia isso no meu imaginário. Eu a achava incrivelmente *sexy* e misteriosa, mas não tinha a menor ideia de que passaria toda a minha vida com ela. Com Helô, o universo era outro.

Ela levara um livro do Hermann Hesse, *O lobo da estepe*, e leu alguns trechos enquanto o fogo queimava na caneca, aquecendo o ambiente. Minha família não tinha a literatura como um costume. Meus pais até tinham alguns livros, coisas sobre ciência, astronomia, especialmente música popular e literatura espírita, à qual minha mãe se dedicava, mas não era exatamente literatura. Logo, tive que ler *O lobo da estepe*. Achava que assim a entenderia melhor. O livro é uma obra-prima, e, acima de tudo, tem umas passagens sobre *jazz* em um local misterioso chamado Teatro Mágico. Minha vida começava a se encher de mistério.

Começamos a namorar de fato. Os pais dela não eram muito amigáveis; havia muitos problemas familiares. Tínhamos entendimento natural, mas tinha algo indecifrável nela. Ainda há. Os anos se encarregaram de implementar o mistério. Sempre há uma instância mais profunda a ser desbravada, um outro mistério a ser entendido. Um trabalho de lapidação pessoal através da relação.

As pessoas que ficam na minha existência têm um papel importante para o meu processamento individual. São pessoas que escolhi inconsciente ou conscientemente, por saber que elas me oferecem possibilidades de evolução e desenvolvimento pessoal. Algumas desenvolvem qualidades bem subjetivas, mas que também podem se configurar em pedras fundamentais na construção de minha personalidade, no fortalecimento de um traço de caráter ou no domínio de uma fragilidade emocional, como a falta de paciência, ou outras tantas características que formam o meu eu. Obviamente, não é assim com todo mundo, mas certamente muitos irão se identificar.

Foi assim com a Helô e com o Nico também. Posso dizer que ele fez parte da minha base familiar de desenvolvimento pessoal. No momento em que comecei a escrever estes relatos, tinha 56 anos. Passamos 30 anos com Tangos e Tragédias, portanto, neste momento, os anos de Tangos e Tragédias são maioria em minha vida. Tenho plena consciência da influência do Nico no desenvolvimento da minha personalidade e de toda a evolução que ele trouxe para minha vida, juntamente com toda a felicidade que nossa carreira proporcionou às nossas famílias e ao nosso público. Alguns fatores contribuíram perfeitamente para que o estilo pessoal do Nico configurasse uma situação muito favorável para que eu compreendesse o meu próprio estilo pessoal, entendendo também o estilo pessoal da minha filha, que é muito parecida com ele, Nico, em termos astrológicos. E, é claro, como Heloiza foi nossa iluminadora por muitos anos, viajando junto e convivendo, podemos colocar nessa alquimia o estilo pessoal dela também.

As conquistas e os conflitos que vivemos ressaltam os estilos pessoais e fazem com que os traços individuais fiquem mais evidentes e palpáveis, fazendo com que possamos corrigi-los ou reforçá-los. A experiência humana está ligada à tomada de consciência sobre nós mesmos.

TRANSVERSAL 2

Bem, voltando ao período pós-Transversal do Tempo de Elis Regina, era um momento em que os *hippies* já não encontravam tanta resistência. Eu só me interessava por música; se alguém não tivesse algo sobre música para falar, certamente não estaríamos conversando. Uma vez, uma menina que dançou comigo comentou com as amigas que eu era chato porque só falava em música! Mas eu havia encontrado alguém para conversar sobre o que me interessava de fato. Heloiza sabia muitas coisas de música. Era muito fã das bandas inglesas, sabia a história delas e, ao contrário de mim, entendia inglês. Sabia as letras das músicas e fazia as traduções. Stones, Pink Floyd, Yes e outros passaram a fazer um certo sentido pra mim em termos de poesia. Eu me ligava na música, nos instrumentos, nos estilos. Letra? Pra quê? As letras boas eram as das canções brasileiras. Eu duvidava que escrevessem algo mais interessante do que Jorge Ben na Tábua de Esmeralda, ou Gil, ou um blue como Trigresa do Caetano, ou Aldir Blanc. Hoje não duvido mais, porque entendo inglês, mas nada do que eu gostava naquela época ficou desvalorizado depois que compreendi as letras em inglês,

Helô era morena e crespa, e não loura e lisa como a Rita Lee. Mas descobri que o presente de quinze anos dela fora ir ao *show* do Alice Cooper no Maracanã, e isso definiu muito. Pouco a pouco, seus traços começaram a brilhar no meu olhar: um detalhe do sorriso, o cabelo, o corpo... hmmm, ela era uma gata... é ainda! Pronto!

Comecei a ir na casa dela, e era uma confusão, conflitos por todos os lados, gritos, brigas. Ela trancava a porta do quarto por dentro e o pai dela ficava batendo na porta. Ela dizia que não ia abrir, e eu lá dentro com ela. Eles sabiam que estávamos namorando. E eu dizia: "Abre!" E ela: "Não, não vou abrir!", e eu ficava ali, numa saia-justa, no meio daquele conflito familiar. Aos poucos fui entendendo por que ela fazia questão de delimitar o território. Era muita confusão.

Ela tinha o espírito artístico e havia feito um desenho incrível, com muito movimento, em todo um grande guarda-roupa branco no seu quarto, algo místico e muito criativo, e eu me encantava com aquilo. Ela era uma artista e sabia se expressar.

Um dia, os pais dela voltaram pra casa antes do dia combinado, e eu saí correndo pela porta dos fundos. Ainda vi a mão do pai dela abrir a porta, mas fui mais rápido. Ela saiu e nos encontramos numa parada de ônibus. Ela ria, e eu com uma cara de cu, me sentindo humilhado. Outro dia aconteceu a mesma coisa, só que não deu tempo de fugir. Aí, tive que pedir a menina em namoro ali mesmo. Falei para os pais dela que eu queria estar ali sem me preocupar, queria jantar com eles e tal, frequentar a casa. Aquela vida de criminoso, se escondendo, não era pra mim! Começamos a namorar firme, quer dizer, com autorização dos pais.

Bueno, acabei entrando em uma família conflituosa, que não tinha nada a ver com a minha. Era uma casa onde jamais haveria uma roda de samba, e eu achava isso muito estranho. Pensava: o que há com eles? Mas Heloiza tinha todo o mapa da coisa. Junto com todas as letras dos Stones, Yes, Bob Dylan e outros livros e autores que foram surgindo, Huxley, Galeano etc., revelava-se o desenho de uma família que eu não era capaz de entender. O seu irmão, um ano mais novo, com sérios danos psíquicos, fora diagnosticado com esquizofrenia mórbida, e sua irmã mais nova, com lesão cerebral e epilepsia. O pai e a mãe não tinham condições pessoais de atender dois filhos com tamanhas complicações. Era realidade que eu não tinha condições de intuir, muito menos conviver. Heloiza era normal, mas havia ido ao *show* do Alice Cooper como presente de 15 anos e queria ter uma cobra. A personalidade dela aos poucos revelou os aspectos dessa formação com pais em desarmonia, sem saber como conduzir dois filhos com sérios problemas mentais e uma filha emergindo de uma adolescência problemática.

Não sei se minha presença na família acentuou as crises, mas ocorreram episódios que jamais pensei em viver na minha vida. Seu irmão passou a ter mais e mais crises de violência. Um dia, foram me avisar que ele estava caído em uma rua próximo à sua casa depois de ter dado um tiro no próprio peito para chamar a atenção de uma moça. Fui buscá-lo, em pânico. Chamei a ambulância e segui com ele para o pronto-socorro. Tentava chamar a atenção dele para, caso ele viesse a falecer, deixá-lo ciente de que ele era um espírito, conforme as crenças que vínhamos cultivando em minha família. Ele me olhou da maca da ambulância e falou: "Cara, larga a minha mão! Você é homem e eu também, mas vão pensar que a gente é veado!" Ele se salvou por muito pouco; a bala se alojou ao lado do coração.

Às vezes, eu e Helô nos encontrávamos nos ensaios da minha banda, e ela sempre introspectiva, lendo um livro e escondendo seus problemas e mistérios ao mesmo tempo.

Fiz uma música pra ela:

Heloiza pele lisa analisa e
simpatiza com tudo
que não venha ruído
e não tenha sentido em dor
não tem medo segue o dedo que aponta
pra o infinito do exterior
pra recantos de linda cor
verde e amarelo - esperança e amor

não vale descrever alguma coisa
que não corresponda ao jeito mais leve de escrever
não vale descrever outra coisa que não vale a pena
já que o caso é descrever, descreva o silêncio
que é interessante de aprender
se valha do claro que a dor ameniza
é isso Heloiza...

Mostrei a canção pra ela, que era uma pessoa desconfiada, e parece que começou a confiar mais em mim.

Depois, com o passar dos anos, fiz mais duas:

Estrêlaiza
(Hique Gomez/ Plinio Salles)

Ainda somos os mesmos
nas veias do sol
na semente desta maçã
nos olhos de felipe dourando os trigais
estrelaiza
sempre menina
uma fonte estrela viva
solta no ar
o destino te fez xamã
netuno e urano a noite traçam teu plano
é a tua sina

línguas chamas azuis
brotos do teu pensar
nossa capacidade
de acompanhar de perto o sistema solar
estrêlaiza
sonha e avisa
pinta um sinal, desmaterializa
dança e se faz

o destino nos levará
por onde quer que seja

vamos espalhar
é a nossa sina

ainda somos os mesmos
com a gana de estrelas
e ao olhar de nossa crianças
verdes manhãs irão nascer.

E a última foi esta:

Helominadora

"helominadora...

helo mina dourada...
helo minha adorada
ilumina nossa cupula
nossa perola pescada
nossa torre de marfim
vou contar pores do sol até o fim
é helo meninadora
andaluza em minha lavoura
é a menina protetora do jardim
pachamama renascida s
sou teu condor suicida
do teu lado não achei coisa ruim
na lagoa proibida
teu segredo minha guarida
teu amor minha bebida até o fim
até o fim...
sempre é manhã em algum lugar...
helominadora...

helo mina dourada...
helo minha adorada
pelo branco do teu sexo
pelo azul de tua fé
pelo verde do teu gesto de arlequim

pelo ambar do teu corpo
o dourado do teu abraço
o rubi severo olhar do serafim
pela pérola do teu canto
pelo anil de tua vontade
violáceo teu cabelo roça em mim
pelo rosa de tua prosa
o laranja de tua franja
no teu purpura ganhei um trampolim.
sempre é manhã em algum lugar..."

"Helominadora" foi um termo carinhosos que o Edu Coelho, nosso engenheiro de som criou. Eles são colegas da nossa equipe técnica.

SATURNO COM URANO

Eu havia entrado na faculdade de Filosofia na PUC, pois sabia que sobravam vagas neste curso, e era a única opção além da Música. Fiz o primeiro ano achando que aprofundaria o que já tinha encontrado em *A Tábua de Esmeralda*, do Jorge Ben e do Hermes Trismegisto, mas foi uma decepção. Curti um pouco Platão e o seu "mundo das ideias", isso realmente continua me interessando, e outras coisas próximas ao esoterismo e aos mistérios que realmente me atraíam na filosofia. Eu queria filosofar, e não decorar "a história superficial do pensamento humano" nem aprender Lógica. Eu curtia muito a professora de História do Egito Antigo. Ela era uma espécie de Cleópatra no corte de cabelo e na maquiagem, e ensinava com entusiasmo. Anos depois, a encontrei num teatro, mas ela não me reconheceu como aluno. Eu falei umas palavras em egípcio antigo que ela havia ensinado, e ela ficou emocionada.

Passei para o segundo ano de Filosofia e estava querendo me livrar do serviço militar. Zé de Abreu me chamou para montarmos uma peça, um musical. Fomos na casa dele, eu Heloiza, e encontramos outras pessoas. Ele curtia o som que a gente fazia e estava querendo fazer uma nova montagem. O Zé já era um ator conhecido no Rio Grande do Sul, suas montagens faziam sucesso, como a peça *(De)Colagem,* do Caio Fernando Abreu, dirigida pelo Luiz Artur Nunes. Depois, veio outra muito boa, *Sangue na laranjada,* uma coisa completamente surreal e engraçada. O Luiz Artur e o Guto faziam uns tipos ingleses muito elegantes, muito precisos e absolutamente nonsense. Quanto mais a plateia não entendia nada, mais gente achava engraçado.

O Guto foi o cara que uns anos mais tarde me mostrou o Tom Waits pela primeira vez. Ele estava numa mesa de bar na rua Lima e Silva. Passei por ali, dei um oi e ele disse: "Espera aí, escuta aqui uma coisa..." Colocou os fones em mim, e era Tom Waits. Achei interessante e perguntei o que ele estava dizendo. Ele respondeu: "Ah... trens, relógios, tempo..." E falou que tinha a ver com o que fazíamos e que eu tinha que conhecer. Anos depois passou a ser uma grande referência para nós.

Justo naquele ano, a companhia de comando do 3º Exército decidiu fazer uma tropa de elite, com universitários, e eu fui sorteado. Eu não acreditei que iriam me tirar da faculdade de Filosofia para ir para a tropa. Depois de muita resistência – até pensei em desertar, o que seria uma péssima ideia, pois ainda estávamos sob a ditadura militar e tudo poderia ser mais perigoso do que se supunha –, não havia nada que eu pudesse fazer. Fui, com a certeza de que perderia um ano de vida com bobagens num momento em que eu estava despertando para muita coisa. A vida, o amor, o sexo, a arte, tudo isso teria que esperar um ano, que seria dedicado ao serviço militar pra nada. Mal sabia eu que o que eu mais necessitava para a formação do meu caráter era justamente o serviço militar.

Entrei na fila para o corte de cabelo. O barbeiro tinha um prazer enorme em passar a máquina nos cabelos longos dos caras. Era moda, todo mundo tinha cabelo comprido, o meu era maior ainda. A fila era meio desordenada, então me adiantei, peguei uma tesoura, voltei para a fila e cortei eu mesmo a parte mais comprida do cabelo, para não dar esse prazer àquele cara.

Demorei para aceitar que estava no serviço militar, e bem no meio de uma quadratura de Saturno com Urano. Aninha, irmã do baixista da banda, dona da casa onde ensaiávamos e aluna da D. Emma de Mascheville, dizia que esse aspecto astrológico poderia trazer uma sensação de aprisionamento. Era justamente o que eu sentia! Saturno está ligado à disciplina, às regras, ao formal, e Urano, ao espírito libertário, à quebra das regras e à antiformalidade. Isto é, o sentimento de liberdade promovido por Urano é totalmente tolhido pelo Saturno ceifador, gerando conflito. Pela primeira vez na minha vida, a observação da astrologia se confirmava na minha experiência prática. Até hoje vem se confirmando!

O SOLDADO ASTRONAUTA

Começaram os serviços! Já que tinha que ser assim, resolvi assumir e ver como poderia tornar tudo o mais interessante possível. Em poucos dias, fiz um mapeamento do sistema e decidi que queria ser motorista de caminhão. Ao menos era uma tarefa mais divertida e eu sairia frequentemente do quartel dirigindo aquele troço enorme. Sempre seria uma aventura. Tirei a carteira profissional de motorista e tudo melhorou. Seguidamente, assumia as chamadas "missões". Subir no caminhão já dava aquela sensação de estar numa aventura engraçada. Acelerar o caminhão pela cidade dava uma grande sensação de liberdade.

Eu estava lendo *As portas da percepção*, do Aldous Huxley, que a Heloiza havia me emprestado, um livro espetacular sobre os limites da percepção humana e percepções extrassensoriais. O autor é uma sumidade da literatura e, nesse livro, fala sobre suas experiências com mescalina. Dele, eu já tinha lido o incrível *Admirável mundo novo*, e agora levava esse outro na parte de dentro da jaqueta, apertado contra o cinto na barriga. Qualquer minuto daquela leitura me tirava instantaneamente daquele ambiente de prisioneiro de guerra. Passava por um momento difícil lá no quartel. Eu estava querendo ser vegetariano, e aquela comida não era exatamente própria para isso. Mas eu encarava na boa, sabia que sairia logo, embora um ano, naquela época, significasse muito mais do que hoje. Quando a gente viveu só dezoito anos, um ano parece muito.

Um dia, estávamos próximos a um monumento na praça principal da cidade, e, nesse monumento, tinha alguns símbolos que eu associei à astrologia e fiz uma leitura. O sargento que estava coordenando os recrutas ouviu e começou a me chamar de astro-nauta, o "Soldado Astronauta". Por sermos um grupo de universi-tários, ele achou que eu tinha razão no que falava. Logo, um outro recruta, o Soldado Nilson, que estava lá há mais tempo e já tinha entendido que não era assim tão grave estar por ali, percebeu que eu tinha os olhos arregalados e veio me perguntar se eu tomava Ca-tovit, um remédio estimulante, para aguentar as noites de guarda. Eu disse que não sabia o que era, mas ele sabia que eu estava lendo *As portas da percepção* e olhava pra mim querendo saber por que eu era assim, arregalado. e então, começou a me chamar de Catovit. Pronto... pegou! Soldado 399 Henrique para os superiores, Solda-do Astronauta para aquele sargento e Catovit ou Catô para o resto dos recrutas.

Nos finais de semana, quando não ficava de serviço no quartel, eu estava com Heloiza ou ensaiando com A Pota, ou os dois. Rolou um pequeno festival no qual fizemos um *show,* mas tive que pedir permissão ao Exército Brasileiro para ir a um programa de TV.

Houve um dia, no meio da semana, em que aquele sargento me chamou: "Ô, Soldado Astronauta! Tem uma frota de caminhões no estacionamento que já está há alguns dias sem funcionamento. Vá até a secretaria, pegue as chaves de todos e ponha-os em fun-cionamento por alguns minutos". Ok, fui e peguei as chaves. Eram uns doze caminhões. Comecei a ligá-los todos e puxar os acelera-dores manuais. Depois de fazer isso com os doze, saí um pouco do recinto, por causa da poluição. Em alguns minutos, os militares que trabalhavam no escritório ao lado foram tossindo ver o que estava acontecendo. A fumaça do escapamento dos doze caminhões ligados estava sufocando os tenentes do escritório. Uma nuvem de dióxido de carbono pairava no local. Vieram me dar uma mijada. Eu falei que o sargento que tinha mandado, e o sargento, por sua vez, falou que eu era o Soldado Astronauta, que vivia com a cabeça na lua e que não fora isso que ele tinha dito. Levei a culpa e fiquei de castigo no final de semana, lavando as patentes.

Numa madrugada durante uma guarda, eu estava realmente cansado e dormi em pé. Um outro sargento me viu e gritou: "O QUE É ISSO?!" Me assustei e deixei cair o FAL, metralhadora usa-da por quem fazia os plantões. Ele disse que aquelas eram as duas piores coisas que um recruta poderia fazer: dormir em serviço e deixar cair o FAL. Falou que ia me entregar e que eu ia me ralar.

Saco! Naquele dia, tive que inventar outras formas de ficar acordado. Fiquei tentando assobiar alguma música e acabei fazendo duas novas composições. Uma foi um choro que entrou na trilha do filme *A festa de Margarette*. Me entusiasmei com o fato e comecei a assobiar outra coisa, que seria o *Hino do Recruta*. Fui interrompido algumas vezes pelo mesmo sargento, que cada vez me ameaçava mais. Ele dizia que eu ia me ralar feio, que podia até pegar cadeia, mas eu estava meio dormindo e muito inspirado, acabava esquecendo das ameaças e voltava a assobiar as melodias que me vinham. Lembro do sargento tentando me dissuadir de assobiar na guarda como uma figura distante e irritadiça, mas sem me causar nenhum efeito ameaçador. Tudo parecia um sonho, eu estava com muito sono e muito concentrado na música que estava fazendo. Fiz esse hino, mas não achei uma letra que eu gostasse. Eu estava chateado com aquele sargento e achei que os militares não mereciam mais um hino, muito menos um composto por mim. Então, deixei a composição sem letra, até que, uns anos mais tarde, compus uma letra em sbørniano, e virou o *Hino da Sbørnia*. Cantei até no programa do Jô Soares! E acabamos gravando com a OSPA, no projeto A OSPA vai à Sbørnia.

O trabalho no Exército evoluiu bem, e eu até me divertia um pouco. Os exercícios acabaram me deixando forte. Nas corridas matinais, eu aplicava a respiração ritmada que aprendi nas aulas de psicofísica da GFU, uma introdução à ioga desenvolvida por Sergie Reinould de la Ferier, fundador da Grande Fraternidade Universal. Lembro que, quando os recrutas começavam a perder o fôlego, eu me divertia fazendo piruetas durante a corrida, porque a respiração ritmada me permitia ir muito longe sem demonstrar fadiga. Quatro passos para inspiração e quatro passos para expiração. Até hoje utilizo essa respiração em longas caminhadas ou mesmo de bicicleta, tornou-se algo automático.

Houve um treinamento de guerra no Parque Saint'Hilaire, com testes de sobrevivência na floresta. Uma noite, me acordei de sobressalto dentro da barraca, peguei a lanterna e vi que havia um escorpião dentro da minha botina. Matei ele. Não consegui mais dormir e fiquei reticente o dia todo com o fato. Eu poderia ter sido ferroado pelo escorpião, mas um alerta vindo de minha própria consciência evitou esse acidente.

UMA BELA SINFONIA CACOFÔNICA

Eu estava bem fortinho, com o aspecto físico em dia por causa dos exercícios no Exército, e, nos finais de semana em que não tinha serviço, eu e Heloiza evoluíamos pelos hotéis do centro da cidade com amor, sexo e literatura. Até que ela ficou grávida. Não foi um choque para nós; já falávamos em morar juntos e ter filhos. Assim, dois meses antes de acabar o serviço militar, casamos, no civil. Moramos uns dias na casa dos pais dela, mas, depois de seu irmão partir pra violência pra cima dela, fomos morar na casa dos meus pais. Eu estava procurando trabalho, até que o Seu Vieira, pai dela, me ofereceu um emprego na metalúrgica dele. Achamos um apartamento na Av. América, nos mudamos e tudo melhorou.

Menos o irmão dela. Na psicose dele, achava que eu iria dar "o golpe" na firma. Num dia de trabalho, subiu na minha mesa e me deu um chute no peito. Outro dia, entrou correndo no corredor do edifício e derrubou a porta do nosso apartamento. Outra vez, deu uma paulada na cabeça do Seu Vieira, meu sogro, que acabou tendo que ir ao hospital levar pontos. Era um perigo ambulante, um cara acuado e sem noção da realidade. Depois, eu soube que, na família, havia outros homens com distúrbios da mesma natureza. Ele passou um tempo internado e não melhorou. Era muito duro para os pais dela, e para nós todos. Realmente não havia o que aliviasse a tristeza da D. Thereza, *Jewish mama*, mãe judia com uma eterna e desmedida preocupação com o filho homem.

O pai dela era legal comigo. Muito afeito ao mundo dos negócios, criativo, havia inventado um rolete para correias transportadoras, dessas usadas em mineração ou fábricas. A firma já tinha uns 100 empregados e estava alçando voo, produzindo para a Companhia Siderúrgica Nacional (CSN), Vale etc.

Comecei trabalhando nos escritórios, mas estava mesmo interessado no barulho da fábrica. Eram torneiros mecânicos, chapeadores, soldadores, que faziam daquilo uma bela sinfonia cacofônica. Seguidamente, eu ia à fábrica fingindo que estava conferindo as medidas dos roletes, mas estava mesmo era interessado naquele sonzão. Havia uma diversidade muito interessante. Às vezes, tudo soava em sincronia por alguns segundos, mas ninguém se importava, ninguém notava, só eu. Tudo acabava quando eu tinha que voltar à burocracia, aos papéis, aos registros, às notas fiscais. Era o momento em que eu voltava para aquele recinto sufocante, fechado, sem janelas, que meu pai me colocava na Caixa Econômica Federal.

CLARINHA E O CEGO ADERALDO

Então, um dia, estávamos no Gigantinho para um *show* da Mahavishu Orquestra, com abertura de Egberto Gismonti, que tocou alguns números junto com Leon Shankar, o violinista. Gismonti havia lançado o álbum *Circense*, uma página da música brasileira. Muitos anos mais tarde, viríamos a gravar sua música *Palhaço*, desse álbum, no DVD do Tangos e Tragédias. Uma noite eletrizante, com um tipo de música que a gente escutava muito em casa.

Quer dizer, eletrizante para mim, mas nem um pouco para Heloiza, que tomava remédios para dor. Ela estava com oito meses de gravidez e tinha passado os últimos dias com dores porque não tinha dilatação da bacia. Mas naquela noite estava demais, tanto que ela nem lembra direito daquele *show*. Fomos para casa. Pela manhã, as dores continuavam, e tivemos que ir para o hospital. Era só o oitavo mês, não parecia estar na hora ainda, mas as dores eram contrações. Fomos para a sala de parto e começou o procedimento de cesariana. Eu e Heloiza tínhamos 20 anos. Eu ainda trazia as impressões do *show* do Egberto, com Leon Shankar tocando *Cego Aderaldo*, uma música enigmática que traduz as sensações de um cego diante de um mundo desconhecido, que ele, como cego, pode apenas supor. Entrei na sala de parto determinado a ser pai, mas com certo complexo de Cego Aderaldo.

Coloquei a máscara e olhei o relógio na parede; precisava saber o horário exato da primeira respiração dela para fazer o mapa astrológico. O médico pegou o bisturi e fez a inserção. Apareceu a cabecinha do bebê, que saiu rápido e fácil, como algo que se tira do bolso. Nesse momento, a sala se encheu de uma energia incrível. Eu fiquei pasmo com a cena e sentei, sem forças, como se tivesse levado uma surra. Naquela época, já dava para saber o sexo do bebê antes do parto, mas nós queríamos saber só na hora, não importava o sexo. Embora tivéssemos quase certeza de que seria um menino, tínhamos somente um nome em mente: Clara. E, de fato, era uma menina!

Vi as enfermeiras levarem Clarinha para limpá-la e logo a trazerem de volta, para os braços de Heloiza. Fiquei ali (imagino que meio branco), olhando para o chão. De repente, lembrei que deveria saber o horário exato da primeira respiração da minha filha. Olhei para o relógio e já eram 15h35min. Minha primeira falha como pai! O simples fato de ver um ser humano saindo de dentro de outro me desviara de minha tarefa mais importante. Então, calculamos que Clara Averbuck Gomes nasceu às 15h27min do dia 26 de maio de 1979.

Clarinha tem Sol e Lua em Gêmeos, na oitava casa; ascendente em Libra; Plutão na cúspide do ascendente; Urano em Escorpião, na primeira casa; Marte e Vênus na sétima casa em Touro; Júpiter na casa dez em Leão, Saturno na onze em Virgem. Nós ainda não sabíamos o que queria dizer tudo isso, mas estávamos dispostos a descobrir cada detalhe desse enigma. Hoje, sabemos grande parte dele!

A astrologia é um permanente exercício de observação entre os fatos e tendências que acontecem em uma vida, em sincronia com a posição dos astros naquele determinado momento. Baseado nos padrões energéticos e psicológicos sugeridos pela mitologia grega e suas histórias, você observa que as tendências astrológicas são tais e tais, e, assim, consegue administrar melhor as situações. Mas isso só se dá na prática. Quem não estiver disposto a essa permanente observação, é muito provável que não entenda esse mecanismo que o Dr. Carl Jung denominou "sincronicidade", nome de um de seus livros geniais. Na verdade, a grande maioria dos céticos sobre a astrologia não tem essa disposição.

O TEMPERO DA FELICIDADE

Fiquei oito meses empregado na firma do Seu Vieira, pai da Heloiza. Eventualmente fazíamos visitas aos pais dela. Na visão deles, eu era um cara legal, mas tinha 20 anos, era músico e eles não confiavam em mim. Eu ia levando, porque estava curtindo a vida com Heloiza e Clara. Meu sogro era um gênio da invenção mecânica, mas não era bom de parcerias. Havia agiotas envolvidos, o dinheiro circulou bacana, mas loguinho o negócio degringolou. Ele teve que reduzir a metalúrgica e voltou com a metade da fábrica para Vitória, no Espírito Santo, sua cidade de origem. E eu fiquei desempregado por uns dois meses.

Heloiza ainda trazia traços de tristeza, e parecia que aquilo nunca sairia dela. Eu às vezes me via incluído nessa tristeza. Talvez ela não sentisse que poderíamos nos completar plenamente. Mas eis que um dia ela escreveu uma frase no seu caderno de anotações que poderia até passar para uma placa em bronze: "A Tristeza é o tempero da Felicidade". Isso me tocou profundamente. Era como se ela quisesse dizer que sim, ela carregava essa tristeza, mas que isso seria o tempero de uma felicidade que ela intuía que nós poderíamos viver. E eu senti que essa intuição poderia ser verdade e que nosso encontro poderia estar cheio de um significado de plenitude. Achei que esse talvez fosse o melhor sinal que alguém poderia me oferecer e, nos períodos em que estivemos separados, fiquei atento a sinais desse tipo, mas nada nem ninguém superou essa promessa de felicidade em forma de *haikai*.

Ela trouxe um traço de melancolia que coloriu o entendimento do drama da vida para mim. Depois se transformou em uma incrível fotógrafa e uma excelente iluminadora de espetáculos. Acima de tudo, é uma pessoa que, na verdade, me ilumina por dentro e por fora.

DOM RAUL SMANIA E DOM CARLOS

Enquanto os pais de Heloiza ainda estavam em Porto Alegre, íamos visitá-los no mínimo uma vez por semana. Os problemas cresciam, e, entre os vizinhos solidários, conhecemos Dom Raul Smania, que sempre levava um pouco de paz para a família. Ele era um bispo da Igreja Católica Brasileira, fundada por um outro bispo, chamado Dom Carlos Duarte Costa. Este bispo, D. Carlos, foi o filho do primeiro presidente do Banco do Brasil, que entrou no seminário do Vaticano com nove anos de idade e saiu de lá com 27 e cheio de ideias revolucionárias. Ele questionava muitas questões de ordem do Vaticano e logo tornou-se *persona non grata*, foi perseguido e excomungado. Sabe-se que a consagração de um bispo nunca perde a validade, mesmo ele saindo da congregação. Então, D. Carlos fundou a Igreja Católica Apostólica Brasileira (ICAB), separada do Vaticano, pregando uma série de questões que revolucionaram o catolicismo para muitos religiosos.

D. Raul Smania, o vizinho dos meus sogros, era um religioso ligado a D. Carlos. Começamos a encontrá-lo e ter conversas muito prazerosas com ele. Ele tinha uma aura de espiritualista de verdade e uma conversa que dava pistas para uma série de mistérios que me deixavam muito curioso. Parecia que sempre tinha algo importante a dizer. Comecei a visitá-lo, e nos estendíamos em longas conversas sobre espiritualidade e diversas outras coisas. Ele me contava sobre sua história, de como se afastou da Igreja Católica Romana, e sobre D. Carlos, que defendera o socialismo, o fim do celibato obrigatório para o clero e o divórcio, uma heresia para o "até que a morte os separe" dos casamentos católicos.

D. Carlos organizara o Batalhão do Bispo para lutar na Revolução Constitucionalista e uma ação social que defendia os pobres sem-terra da diocese. Devido às suas posições revolucionárias para a época, foi acusado pela Igreja de Roma de mau administrador da Diocese de Botucatu, investigado pela Cúria Romana e, em 1937, renunciou a seu cargo, recebendo o título de Bispo de Maura, numa diocese extinta no norte da África, e mantendo o de Bispo Emérito de Botucatu. D. Carlos mudou-se para o Rio de Janeiro, onde continuou sua crítica ao regime de Getúlio Vargas e começou a pregar contra a doutrina da infalibilidade papal e o ecumenismo. Foi preso em 1944, mas pressões internacionais encabeçadas pelo presidente norte-americano Franklin Delano Roosevelt e pelo primeiro-ministro britânico Winston Churchill fizeram com que o governo federal o libertasse. Em 1945, denunciou a Operação Odessa, que afirmou ter sido organizada pelo Vaticano para permitir a fuga de oficiais nazistas. Foi excomungado pelo Papa Pio XII, mas ignorou a excomunhão e, nesse mesmo ano, redigiu e tornou público o seu polêmico *Manifesto à Nação*, que teve enorme repercussão na imprensa da época e se tornou o credo social e político da Igreja que acabara de fundar, a ICAB. Ainda no mesmo ano, em outubro, D. Carlos fundou o Partido Socialista Cristão. Após sua morte, foi canonizado pelos bispos da ICAB como São Carlos do Brasil.

Na casa de D. Raul, eu ouvia a sua história, incluindo como ele havia participado da prisão de um bispo da Igreja Romana que enviava dólares para Roma clandestinamente, até que foi pego e desmascarado levando dinheiro dentro de imagens de santos. Eu achava toda a sua história muito interessante, especialmente a oposição que fazia à Igreja Romana. Nisso, eu encontrava cumplicidade e legitimava toda a minha desconfiança contra o ensino de Religião nas escolas.

Com o passar do tempo, em nossos encontros, D. Raul passou a falar de meditação, e me ensinou os primeiros passos para uma boa prática. Naquela época, ela já era praticada por meus amigos *hippies*, mas ainda não tinha me tocado. Eu não saberia nem por onde começar, embora já tivesse feito a psicofísica da GFU antes de entrar no quartel, mas fora apenas uma introdução à meditação. Ali, com D. Raul, essa prática fluía e eu tinha alguma facilidade para isso. Desde então, a meditação passou a ser algo diário pra mim, e sigo algumas dicas dele até os dias de hoje.

D. Raul havia construído uma igreja com recursos próprios, e fazia questão de pagar os impostos, quando todos sabem que igrejas são isentas. Em determinado momento, o organista de sua igreja começou a faltar, e ele me ofereceu a vaga. Logo, comecei a tocar órgão nos casamentos. Eu improvisava e tocava algumas coisas conhecidas, como *Jesus, alegria dos homens*. A música que eu mais gostava de tocar era *Divina Graça*, do Naná Vasconcelos, que ele gravou no CD de Pat Metheny, *Offramp*.

O texto de casamento, redigido por D. Carlos, também era bem diferente. Dizia o seguinte: "Caros cônjuges. Chegamos ao fim de uma civilização! A terra vai renovar-se sob um novo sol. Deixemos que os prevaricadores... neste momento solene, saudai a aurora da regeneração mundial!" Eu vibrava a cada casamento, porque aquele texto estava conectado com o papo que rolava entre as pessoas com quem eu convivia, *hippies* e astrólogos sobre a Nova Era e suas grandes transformações. Mas D. Raul era bem mais velho. Militar, tinha sido capelão do exército, muito distante dos *hippies*, mas com uma mensagem mística muito anterior que havia atingido a nossa geração. Amigos nossos, ainda na década de 1970, mudaram para o Planalto Central em busca de estabilidade e já fugindo das previsões de catástrofes nas áreas costeiras do Brasil.

CAIU A FICHA

Em casa, eu praticava meditação e buscava sempre alguma literatura ligada à espiritualidade e à alquimia. As pirâmides de cobre também fizeram parte de nossa experiência. Lemos que as crianças muito agitadas poderiam ser beneficiadas com um sono profundo dentro de uma pirâmide, e logo começamos a colocar a Clarinha, que sempre foi agitadíssima, dentro de nossa pirâmide de cobre. Hoje, desconfiamos que isso deve ter potencializado a natureza elétrica da Clarinha. Sem contar o fato de ela ter engolido uma ficha telefônica com quatro ou cinco anos. Nós ríamos e dizíamos que ela nunca mais pararia de falar... E não parou mesmo! Hoje, aos 40 anos, ela é escritora e palestrante, viaja o Brasil inteiro falando, falando, falando... tudo por culpa daquela ficha telefônica!

UMA CANTINA, UM VIOLÃO E TUTTI BUONA GENTE

Depois de ter perdido o emprego na metalúrgica do Seu Vieira, eu queria mesmo era voltar a tocar. Uma mulher de uns 45 anos estava procurando um bandolinista para tocar na noite e foi me procurar. Era Norma Cadaval, uma artista da noite. Ela já havia tocado em São Paulo, onde aprendera coisas muito legais, como a batida do choro de Rosinha de Valença, que era uma outra violonista da área do choro e da música brasileira, que tinha uma boa exposição nos programas de música da Globo. Norminha tem uma mão direita espetacular, um comando para arpejos próprio das escolas do violão flamenco. Quando começou a aplicar isso no samba, resultou em algo fantástico, uma batida linda, uma cadência cheia de complementaridades que ocupa todo o espectro de toques que o samba propõe, em toda a sua complexidade. Olhando, parece muito simples, mas eu nunca tinha visto ninguém tocar samba daquela forma. Antes disso, bem antes, na adolescência, Norma havia ganhado uma bolsa de estudos em Barcelona para estudar violão clássico. Depois de voltar, passou a fazer parte do programa O Clube do Guri, na rádio Piratini, e chegou a acompanhar Elis Regina nos primórdios de sua carreira.

Começamos a tocar diariamente na Cantina Itália, cujos donos eram dois irmãos italianos apaixonados por ópera e por cançonetas italianas. Nós substituímos uma dupla de velhinhos com violão e bandolim, que tornavam aquela Cantina algo bem pitoresco. A sorte me bateu na porta: a Cantina ficava a uma quadra da minha casa e eu voltaria a trabalhar profissionalmente com música, embora ganhássemos uma quantia simbólica. Íamos de mesa em mesa e os clientes colocavam gorjetas dentro do violão da Norma. Nossa missão era manter o aspecto pitoresco da Cantina, e curtíamos isso. Esse foi o meu primeiro e único trabalho com carteira assinada até os dias de hoje. A partir daí, quem diria, a música começou a tornar-se algo mais profissional. O compromisso com o repertório e o prazer de tocar com Norminha me transformaram em um chorão de verdade. Fazíamos uma dupla afinada e, para completar, fazemos aniversário no mesmo dia. Tínhamos uma sintonia natural, e até aconteceu diversas vezes de errarmos juntos, indo para outra parte da música ao mesmo tempo, de forma que o erro sempre parecia um novo arranjo involuntário, não um erro.

O choro é uma música difícil; a pessoa tem que se dedicar. É a música mais genuína do Brasil, o estilo que parece representar a unidade nacional. Do Oiapoque ao Chuí, podemos encontrar bons chorões. Todas as regiões do Brasil têm o seu folclore local, mas o choro (ao lado do samba) aparece em todas as regiões. É a natureza humana escolhendo uma forma musical que unifica a sua identidade.

Um antigo professor me dizia que o choro veio do *ragtime* americano, mas, numa pesquisa apurada que fiz, descobri que Chiquinha Gonzaga lançou seu primeiro sucesso, o choro *Atraente*, quando Scott Joplin, o expoente maior do *ragtime*, tinha apenas dez anos. Isso prova que essas culturas musicais foram engendradas praticamente ao mesmo tempo, em locais onde as culturas dos europeus e dos africanos estavam se fundindo. As duas têm a mesma gênese e se desenvolveram de acordo com características locais.

Norminha foi minha primeira dupla musical. Tocávamos todos os dias, menos nos domingos. Mesmo com dor de cabeça, dor de barriga ou outra indisposição qualquer, todos os dias estávamos lá.

Meu pai seguidamente levava seus amigos à Cantina. Gostava de me ver tocar e pedia músicas. Ele era de uma época em que a música acontecia nos restaurantes e nos bares. Contava das vezes em que vira Lupicínio Rodrigues e seus parceiros pela noite de Porto Alegre. A vida artística para ele acontecia ali. Não gostava de ir a *shows* em teatros porque, em primeiro lugar, não se podia beber, não permitiam que ele tocasse samba no seu balde ou qualquer outro instrumento de percussão e, além disso, não podia nem pedir que o artista tocasse alguma de suas preferidas. Era muita falta de interatividade para ele. Ah, sim, aquela música que acontecia na televisão existia, é claro, mas tudo havia começado em bares e boates.

Outros clientes habituais faziam parte das atrações artísticas da Cantina. O Demósthenes Gonzalez seguidamente circulava por ali, parceiro de Lupicínio Rodrigues em muitos de seus sucessos. Um dia, falei que era compositor e gostaria de mostrar algumas coisas minhas para ele. Marcamos um dia à tarde e fui na casa dele, que ficava próximo à Cantina, na região da Av. Cristóvão Colombo. Ele me recebeu, e toquei algumas composições minhas para ele na sala de sua casa. Era um cara sério. Ouvia com atenção e me disse algumas coisas em tom de conselho, com gravidade, tipo: "Precisa muita persistência para fazer carreira em música no Brasil". Hoje, eu associo esse tom àquele dito do Bukowski "Não tente! Se tentar, vá até o fim". Não eram essas palavras, mas tinha a mesma gravidade.

Quinta-feira era o dia que os cantores da OSPA apareciam para cantar árias de óperas ou cançonetas. Era lindo. Norminha tem uma capacidade de acompanhar, intuir o caminho das canções, mesmo aquelas que nunca ouviu. Tudo dava certo, ela mapeava as cançonetas instantaneamente e eu seguia tudo no bandolim napolitano. Mas era no *Funiculì, funicolà* que a noite pegava fogo. O grupo de cantores líricos fazia a noite. Meu pai, que tem o sobrenome Chirivino, adorava, e, é claro, meu sangue italiano também fervia. Era 1980, não era um *show* de teatro, não era *show business*; tudo não passava de uma espécie de mapeamento das minhas tendências artísticas baseadas no meu DNA. Meu bisavô era negro, minha bisavó, indígena, minha avó paterna, italiana, e, pelo lado materno, portugueses.

E LA NAVE VA

No ano 2000, estivemos na Itália, em Roma, atendendo ao Festival Internacional Roma-Europa com o projeto Porto Alegre Canta Tango. Fizemos um concerto memorável no Teatro Municipal de Roma. Os Chirivinos da família de meu pai se fariam presentes, um casal que já tinha vindo ao Brasil para conhecer os Chirivinos americanos (nós). Dediquei a música que tocava – *Libertango,* do Piazzolla – aos meus parentes italianos, o casal que eu supunha estarem presentes. Ouvi um farfalhar na plateia. Quando foi ao camarim nos ver, "o casal" eram umas quinze ou vinte pessoas, todas italianas de Roma e Nápoles. *Una confusione* se instalou em um segundo, todos falando ao mesmo tempo. Nos convidaram para ir a uma pizzaria, e fomos. *La confusione* continuou pela rua. Eu e Heloiza começamos a rir e a curtir *la confusione* como uma sequência de um filme de Fellini.

Na pizzaria, nos ofereceram vinho. Quando eu disse que não bebia, todos se calaram e se entreolharam. Meu primo Cláudio disse calmamente, tentando me explicar: "Nós somos os Chirivinos. Chiri vem do latim 'Senhor', como em *Kyrie eleison*. E vino... Ou seja, 'Senhor vinho' ou 'Senhor do vinho'". Todos me encaravam pra ver se eu estava entendendo. Falei: "Ah... então... tá, né... vamos beber!" E rolou um alívio geral! Tomamos o vinho.

Nesse encontro, conhecemos outro primo chamado Cláudio também, mas de Nápoles, que recuperava móveis antigos. Entenda-se móveis "muito antigos", de 1600, 1700. Perguntei a ele se recuperava instrumentos antigos. Ele pensou e falou que não, mas que, se eu fosse a Nápoles, ele me daria um violino que pertencera ao meu tataravô. Pensei: uau!!!

No outro dia, fomos a Nápoles buscar o violino.

REFAZENDO A GUARIROBA

Uma vez apareceram nessa Cantina Nico Nicolaiewsky, seu pai e seus irmãos para um almoço de família. Ele já era famoso, fazia sucesso no grupo Saracura, tocava no rádio e passava na TV. Era um cara *cool*, jovem e já reconhecido, com jeitão de artista bem-sucedido. Tocamos na mesa deles, eles pararam para escutar e curtiram. Era uma família que apreciava as artes. Conversamos um pouquinho e eu disse que conhecia o trabalho dele.

Nesse tempo, enquanto tocava na Cantina, eu seguia com a banda de *rock*, que havia evoluído para música brasileira, e também já tinha estudado violão erudito na Faculdade Palestrina, uma boa escola, criada por Crivelaro, um violonista concertista uruguaio, voltada especialmente para violão. Ali, pude me aprofundar um pouco mais nessa arte. Aprendi a ler partituras, especialmente choros. Nessa época, houve uma onda de congressos de violão, e essa área foi bem servida.

Gilberto Gil tinha lançado um álbum chamado *Refazenda,* cheio de filosofia e poesia. Um álbum zen com a verve de Gilberto Gil muito apurada, propondo um aprofundamento do mundo *hippie* para gerar uma nova proposta de vida. Musicalmente, muito bem-acabado, com músicas fáceis de cantar, sempre revelando facetas dos aspectos humanos com uma linguagem absolutamente encantadora. Filosofia zen brasileira. E logo depois Gil lançou outro álbum espetacular, chamado *Refavela,* uma revelação do Brasil africano com uma poesia tão profunda e tão alquímica que até vai além do que Jorge Ben havia proposto em *A Tábua de Esmeralda.*

Não se incomode
O que a gente pode, pode
O que a gente não pode explodirá
A força é bruta
E a fonte da força é neutra
E de repente a gente poderá

Parece pueril, mas, para quem frequenta a literatura de alquimia, temos aqui uma máxima da alquimia tradicional – "A força é bruta/E a fonte da força é neutra" – colocada de uma forma original. Muitos anos depois, um alemão chamado Eckhart Tolle lançaria o best-seller que conquistaria uma legião de seguidores em todo o planeta, o livro *O poder do agora*, mas, na década de 1970, Gilberto Gil já propagava essa mesma sabedoria em suas canções: "O melhor lugar do mundo é aqui e agora". Tudo isso influenciou muito a direção do trabalho de muitos artistas brasileiros.

A profundidade da mensagem de Gil está à altura dos poetas mais apreciados da humanidade. Se você leu o indiano Tagore, ou os clássicos da língua inglesa, como William Blake ou Oscar Wilde, ou o francês Arthur Rimbaud, sabe que as ideias de Gil têm o mesmo grau de profundidade filosófica, o mesmo nível de harmonia na linguagem e a mesma amplitude de imagens poéticas e metáforas sugeridas que as ideias deles. Um cara profundo e, ao mesmo tempo, popular, que fala de mecânica quântica em uma bossa nova. Naquela época, tudo isso nos fazia refletir muitíssimo.

Um amigo nosso, Lico Cabrera, namorava a Lucinha Turnbull, que tocara naquele grupo da Rita Lee que tinha me nocauteado no Gigantinho. Agora, ela tocava com Gilberto Gil. Conseguimos ingressos para ver o *show* do *Refavela*, que foi ótimo. Em um momento, ele pegou seu violão e cantou sozinho uma música nova. Era sobre um sonho que ele tivera, em que estava em um congresso internacional falando com os grandes líderes das nações. Penso que ele mesmo não esperava, naquela época, que isso pudesse se tornar realidade. No final do *show*, conhecemos Lucinha, que logo nos levou para falar com Gil no camarim. Poucos anos antes, ele havia sido preso por posse de maconha. Muitos anos depois, já bem famoso na Europa, transformou-se em Ministro da Cultura do Brasil. Como ministro, tocou em uma sessão na sede da ONU, sendo acompanhado nos tambores africanos por Kofi Anan, o presidente da ONU na época. Gil tornou-se profeta de si mesmo, intuindo tudo isso naquela música.

JÚPITER E SAMPA

Um grupo que teve uma boa estreia na área da música instrumental nos visitou lá em nossa sala de ensaios: o Hálito de Funcho, que tinha o Wilson Sá Brito na guitarra. Começamos a fazer algumas sessões com ele. Era um músico mais experiente, recém-chegado de uma longa temporada na França, onde morara vivendo de música e fazendo *shows*. Estava num estágio bem mais profissional e com uma experiência muito além do que nós havíamos adquirido. Ele trazia ideias muito interessantes. Tinha estudado música e sugeria coisas que não batiam com os outros dois músicos da banda, mas me interessavam totalmente. Começamos a fazer sessões de ensaios em separado e logo fizemos uma dupla chamada Hique e Sabrito. Tocávamos vários instrumentos. Ele tocava acordeom, eu, bandolim. Eu tinha também um charango, e ele, uma viola de dez. Ele tocava berimbau muito bem, havia convivido com Naná Vasconcelos em Paris e outros músicos brasileiros no exterior, e era interessado na cultura indígena. Além disso, também se interessava por chorinho e tocava cavaquinho. Inclusive, tocou alguns dias comigo na Cantina quando a Norminha não podia. Compusemos uns sambas e ele fazia baixaria de sete cordas. Mais algumas canções e já tínhamos um repertório para *shows*. Fizemos um *show* no Instituto de Artes, chamado Júpiter, Júpiter. Ele também era muito interessado em astrologia, e nós dois tínhamos o planeta Júpiter em posições de destaque em nossos mapas astrológicos.

Eu e Sabrito nos apresentamos em alguns *shows* coletivos que aconteceram no Araújo Vianna, onde circulavam novos músicos e compositores. Vimos nesses *shows*, por exemplo, o Musical Saracura, grupo do Nico Nicolaiewsky. Também foi a primeira vez que vi o Vitor Ramil. Ele foi anunciado com grande pompa e cantou *Estrela, Estrela*, um clássico desde a primeira audição. Estava de bombachas brancas e já era um grande artista, mesmo fazendo suas primeiras aparições. Havia um movimento e uma rádio, a Ipanema, com Mauro Borba e Katia Suman, ao lado de toda uma geração de jornalistas, que apoiavam a produção local e sustentavam essa galera. Nossas músicas tocavam nessa rádio, e isso trazia força para a produção local.

Depois de participar de alguns *shows* coletivos, acabamos descolando contratos bacanas para apresentações em clubes e casas de cultura no litoral. Fizemos um clipe de uma música que passava num canal de TV e tocava no rádio. Logo fomos para São Paulo tocar em um café bacana que já havia promovido *shows* de artistas do Rio Grande do Sul. Fomos de ônibus e foi minha primeira vez em São Paulo. Na época, Gilberto Gil estava lançando seu álbum *O Luar*, mais uma obra iluminada, um outro tratado de poesia e filosofia. A cidade estava cheia de *outdoors* com a capa do disco. Eu vibrava com isso, pois nunca tinha visto *outdoors* com anúncios de *shows* de artistas.

Pelos muros da cidade, em grandes cartazes, tinha ainda outro espetáculo sendo anunciado, com uma banda inteira com roupas de presidiários. Tratava-se do lançamento de *Clara Crocodilo*, de Arrigo Barnabé e a Banda Sabor de Veneno. Hoje, lembro daquela frase do Caetano em *Sampa*: "... ainda não havia para mim Rita Lee, a tua mais completa tradução". Bem assim para mim, ainda não havia nem a mais completa tradução da obra do Arrigo. Aliás, não havia nenhum conceito formado por mim. Eu já tinha visto alguma coisa na TV sobre ele, mas ainda não tinha entendido. Era muito diferente de tudo. Logo, começamos a escutar melhor e passei a entender que aquela era a música mais complexa que a juventude brasileira poderia escutar. Um som aparentemente caótico, mas articulado, porque ele conhecia música a fundo. Depois de entender, a gente era sequestrado pela força de seus arranjos complexos e intrincados, o jogo dos instrumentos, as frases das melodias e as histórias sombrias, mas engraçadas e audazes. Compramos o disco e começamos a curtir em casa. Clara, nossa filha, curtia porque tinha o nome dela, *Clara Crocodilo*. "Ahhh, você estava muito sensual!", gritava Arrigo em uma faixa. E Clarinha repetia, sem ter entendido direito: "Ahhh, você estava muito 'pessoal'!" Corríamos atrás dela dizendo: "Vem aqui, querida, que eu vou te dar uma injeção especial, você vai flutuar!" Era a faixa *Office-boy*, do disco do Arrigo. Ela gostava da brincadeira.

Em São Paulo, começamos a viver uma onda mais profissional. Houve uma matéria com entrevista na TV Bandeirantes, em rede nacional. Estávamos despertando um interesse que eu não esperava. Na minha expectativa, iríamos tocar, voltar e nada de tão excepcional aconteceria. Nossas composições eram ouvidas com muito interesse pela plateia, que contava com muitos artistas. Um deles foi Zé Renato, um dos fundadores do Boca Livre, grupo vocal de enorme sucesso naquele momento. Alcançaram uma marca incrível de vendas com um álbum independente e estavam em cartaz. Ele adorou a minha canção em parceria com Paulo Sardo Abreu chamada *Descampado*, aquela que não passava nos festivais nativistas. Gostou e nos convidou para uma participação no *show* que estavam fazendo em sessões duplas no Teatro Augusta e para o qual sempre convidavam artistas. Uau, foi uma coisa muito legal! De artistas de cantina para o Teatro Augusta com os caras que estavam fazendo o maior sucesso no país inteiro na época foi uma conquista grande. Ficamos muito felizes. Especialmente porque eles tinham gostado da nossa música.

Fomos também ao *show* de um amigo do Sabrito que havia convivido com ele em Paris, Fernando Falcão. Um *show* cheio de inovações. Ele inventou um instrumento chamado "balauê", uma espécie de berimbau com uma corda de piano que ficava deitado sobre uma caixa acústica. Ele tinha toda uma escala e o utilizava bem, mas não tinha conhecimento musical, e eu ficava pensando que era um instrumento que poderia ser melhor explorado por pessoas com esse conhecimento. Também havia umas esculturas de metal com algumas lâminas que soavam em notas quando ele subia em uma estrutura tipo andaime no palco e soltava água com uma mangueira atingindo essas lâminas, o que provocava um som muito mágico. O *show* era com orquestra, e aquilo tudo soava muito audaz.

Com 21 anos, minha primeira ida a São Paulo foi cheia de novidades e perspectivas. Voltamos com todo gás, pensando em incrementar nosso trabalho e fazer mais *show*s.

TODAS AS MINHAS MULHERES NUM OPALA COM FRANK ZAPPA

Nesse período, o Sabrito me emprestou uma fita do Frank Zappa que me pirou. Era o *Studio Tan*. Anos depois, me solicitaram um texto sobre qual disco eu levaria para uma ilha deserta chamado "Noite Passada Um Disco Salvou Minha Vida (70 álbuns para a ilha deserta)". Detalhe: eu ainda não conhecia os concertos para violino de Prokofiev. O texto era este:

Era 1983 e eu tinha uma filha de quatro anos. Estava no litoral com minha primeira mulher e toda a família. Na época, eu tinha um Opala herdado de meu pai que acabara de falecer, quando um amigo me emprestou uma fita cassete. A casa estava lotada de familiares. Eu e minha primeira mulher, aproveitando a presença dos familiares, deixamos nossa filha aos cuidados de vovó, titia e priminhos e fomos ouvir um pouco de música no Opala. Aí colocamos essa fita emprestada e, logo no início, sem mais nem menos, era uma abertura fenomenal, com uma voz de trovão e uma orquestração estonteantemente engraçada, ao estilo de música para cartoons, quando a companhia ainda colocava uma orquestra inteira para que eles fizessem o que quisessem. The Adventures of Greggery Peccary! Era o Studio Tan, do Frank Zappa. Minha primeira mulher era esperta e entendia bem inglês, e foi traduzindo todo o absurdo que acontecia ali. Era a história de um porco com uma gravata branca que vivia entre o Paraguai e o Arizona. Como se não bastasse sua condição suína, ele dirigia todos os dias o seu Volkswagen vermelho em direção à parte mais suja da cidade, onde ficam os edifícios do governo. Greggery acelera seu fusca e canta "Voyn, voydn, voydn..." (barulho do motor). É uma ópera contemporânea, no melhor estilo de um anarquista americano filho de italianos, Francesco Vincent Zappa.

Essa história deve ter dado muito orgulho a seus patrícios italianos, como Fellini, por exemplo.

Em certo momento da narrativa, o suíno é perseguido por agressores, que, ao perderem-no de vista, param em um local e fazem amor. Eu e minha primeira mulher estávamos totalmente envolvidos com a história, de maneira que, naquele momento, um fogo tomou conta de nós. Com um único olhar, nos aproximamos e nos beijamos ardentemente dentro do Opala, que tinha aqueles bancos inteiros, e... fizemos amor (como diziam na música). Não,. não, aquilo não foi amor. Aquilo foi sexo!!! Minha memória de prazer não conhece outro memento como aquele. Ela vestia um colete jeans apertado e decotado e tinha 24 anos. Aquela experiência foi um ápice de êxtase.

No outro dia, entrei em crise total. O que eu faria com o Slaves Mass, do Hermeto Pascoal, que levaria para uma ilha deserta? O que faria com os discos do Jacob do Bandolim, Pixinguinha, Gismonti, Villa-Lobos? O Talking Book, do Stevie Wonder, que ganhei junto com o Cirandeiro, do Martinho da Vila, aos 13 anos... tudo por água abaixo. O que eu faria com o Refavela, do Gil, e com Atrás do porto tem uma cidade, da Ria Lee, que foi o primeiro show de rock que eu vi na vida e que me colocou em estado de graça por anos e anos? O que eu faria com o School's out, do Alice Cooper? Meu medo maior foi quando me lembrei do The Dark Side of the Moon. Aí então tudo desabou! Na rabeira dessa memória vieram o disco do Johnny Winter cantando com o John Lee Hooker, Alvin Lee, Led Zeppelin... Meu Deus, foi uma avalanche musical total! Em segundos, pude ver destroços de A Tábua de Esmeralda, do Jorge Ben, que eu tanto cultuei como meus primeiros passos na alquimia, junto com pedaços do Araçá azul, do Caetano, e dos Mutantes e Seus Cometas no País do Baurets. Um pedaço de Dune Buggy regurgitado de minha garganta saltou sem controle: "Dune Buggy, mais de mil HP!!!" E, na rabeira desse regurgitar, vieram mais coisas, como Adoniran Barbosa, Lupicínio Rodrigues, Kid Morangueiro e Vicente Celestino.

Seguiu-se a isso a descoberta do Studio Tan inteiro. Do ouro lado da fita tinha Revised music for guitar & low-budget orchestra, RDNZL e Let me take you to the beach, que era uma coisa bem parecida com Os Mutantes.

Os anos seguintes foram cheios de surpresas musicais e alguns desapontamentos. Me separei de minha primeira mulher, mas nunca me separei daquele momento do Opala. Nada teve força suficiente para suplantar aquilo, de maneira que, depois de um grande sofrimento, nos casamos de novo. E ela passou a ser a minha segunda mulher.

Logo, com minhas forças recobradas, pude dar andamento ao projeto do Tangos e Tragédias, que é muito influenciado (embora ninguém perceba) por aquele momento do Opala. Depois, fiz outros espetáculos, como O Teatro do Disco Solar, em que a influência do Opala aparecia mais claramente. E aí veio outra vez uma crise matrimonial bem pesadinha, quando tivemos novamente que nos separar. Dessa vez, tive a impressão de que seria definitivo. Mas, passado mais de um ano, nada, nada conseguia me afastar da experiência do Opala. Então casamos novamente, e minha segunda mulher passou a ser a terceira.

Bem, os anos passaram e, neste ano, eu completo 25 anos de casado, e nossa filha teve uma filha, e eu vou casar de novo com a mina do Opala. Ela vai ser a minha quarta mulher. Ainda naquela época, tive muita dor em vender o Opala, porque achei que só ali conseguiríamos aquele efeito. Acho que Zappa não tem nada a ver com isso e a gente conseguiu repetir aquilo muitas e muitas vezes... Fora do Opala, é claro. Seria ridículo se eu dissesse que só consigo aquele efeito ouvindo Zappa.

Ao longo desses anos, não sei quantas vezes dei o *Studio Tan* de presente para amigos em aniversários ou natais. O auge foi quando fui pela segunda vez ao aniversário do meu amigo e grande compositor e orquestrador Vagner Cunha e levei o *Studio Tan* para ele, que disse: "Mas este foi o que tu me deste no ano passado!"

SATOLEP

Eu estava muito cansado de trabalhar em restaurante. Chegava todos os dias com dores de cabeça por causa do cigarro. Eu não fumo, e naquela época era liberado fumar em restaurantes. Por isso aceitei o convite de um amigo para trabalhar na sua padaria de pães integrais. Chegava às 6 horas da manhã para sovar e assar o pão, que deveria estar na vitrine às 8 horas da manhã. Desde então, me tornei vegetariano. Fiquei ali por 8 meses, senti saudades da música e voltei a tocar em cafés e bares.

Um dia, o Carlinhos, dono da padaria, meu amigo *hippie*, nos chamou e mostrou o primeiro disco do Vitor Ramil. Escutamos com ele chamando nossa atenção, dizendo: "Escutem, vejam isso", como se dissesse: "Olhem, esse é um caminho muito sério..." Como se fosse uma coisa muito definitiva e como se estivesse sugerindo que devêssemos seguir aquele caminho.

No seu primeiro disco, Vitor Ramil já era maduro. Todos curtíamos muito Kleiton e Kledir, seus irmãos, mas o Vitor trazia uma carga diferente na sua arte. Sua voz já era essa voz que ecoa dentro dele um mistério indecifrável. Existem poucos artistas brasileiros com esse mistério na voz: Milton Nascimento, Djavan... Suas letras, seu poema, suas melodias, seu pensamento musical, mas, acima de tudo, a firmeza de sua voz me deixavam muito curioso em descobrir qual seria o mistério do Vitor Ramil. Esse seu primeiro disco já contava com uma música gravada por Mercedes Sosa. E tinha *Estrela, Estrela*, um tipo de canção definitiva, simples, profunda, lírica, misteriosa. Hoje, lembro do pessoal da Tropicália falando de quando ouviram João Gilberto pela primeira vez no rádio, o que marcou muito a todos. Eu não tive o privilégio dessa experiência, mas posso fazer uma ideia do que aquilo significava ao pensar no que a voz do Vitor suscitou em mim naquele momento.

Depois vieram os seus livros e a teoria de estética, *A Estética do frio*, que é muito própria e traz toda a força da sua expressão. Escutamos o seu álbum *Ramilonga* na casa dele, antes ainda do lançamento, numa de nossas idas a Pelotas. Mas o entendimento do que ele estava propondo veio só depois de algumas audições. É um álbum conceitual. Mesmo com o grande sucesso nacional de Kleiton e Kledir, nada havia sido feito na música brasileira referindo-se ao Rio Grande do Sul com essa força de concisão. Sua *Milonga das sete cidades* explica muito bem toda essa teoria. É uma canção-manifesto. Eu achava tudo muito forte, muito criativo, muito propositivo. Vitor estabelece de fato um diálogo com outras regiões do Brasil. É o folclore se renovando, a natureza se expressando através de uma "unidade de consciência", que é um ser humano que naturalmente canta com beleza, profundidade, concisão, melancolia e todos os outros adjetivos da sua natureza local. Seus irmãos já faziam isso, mas ele foi mais fundo como forma, proposição e até radicalização da proposta.

Mas eu me achava à margem dessa proposta, mesmo me sentido dentro dela. Em uma das matérias do *Jornal do Brasil,* no Rio de Janeiro, sobre a nossa volta à cidade, estava estampada uma foto nossa com a frase: "Espanando a neve dos ombros, Kraunus e Pletskaya voltam ao Rio de Janeiro". Tinha nevado no Rio Grande do Sul recentemente, e essa é sempre uma notícia curiosa para o resto do Brasil. Isso poderia estar ligado à estética do frio, mas digo que me sentia à margem porque não sou um artista ligado às milongas, um tipo de música primordial feita nesta região. Eu não sou um milongueiro, não tenho naturalidade para esse estilo, como ele e o Bebeto Alves, que, da sua própria forma, se expressa tão naturalmente quanto o Vitor. Minha formação está mais ligada ao samba, ao choro, e eu, mesmo entendendo a proposta na sua essência, tinha uma certa dificuldade em me alinhar a essa teoria. De uma certa forma, eu a achava meio excludente porque não incluía as formas afro-brasileiras.

Até que ele lançou o álbum *Satolep Sambatown,* com um dos melhores percussionistas do Brasil, o Marcos Suzano. Ali estava uma síntese absoluta, uma espécie de samba da estética do frio, uma bossa sem os padrões cariocas, uma canção brasileira feita em Pelotas, uma cidade cujas charqueadas aprisionaram o povo africano, que tem uma população negra e que pulsa em sincronia tanto com o Brasil quanto com a cidade belga Antuérpia. Quando passamos por ela, reconhecemos algumas "parecenças" entre as duas cidades, e quando comentei isso com Vitor, ele confirmou que muitas pessoas relatam a mesma coisa. O legal foi ver o álbum ser reconhecido nacionalmente e ganhar um prêmio da música brasileira. Enfim, cada trabalho que ele lança aponta mais caminhos criativos.

VENTOS DO UAKTI

Em 1980/83, eu seguia muito interessado em fazer parte dos rumos que a música brasileira estava tomando. Fiz um *show* com um grupo grande, que tinha Fernando Corona no piano, Ricardo Pereira no violoncelo, Ricardo Galina na flauta, Augusto Maurer no clarinete e outros músicos que nem lembro. Fizemos *shows* num projeto da UFRGS chamado Unimúsica. Logo, fui apresentado ao Kim Ribeiro. Ele tinha um quarteto de flautas e precisava de um regional para acompanhá-lo em alguns *shows*. Então, fomos eu no bandolim, a Norminha no violão, o Sabrito no cavaquinho e um pandeirista. Também fizemos alguns *shows* em projetos culturais da prefeitura, e era uma delícia levar aos bairros aquela música tão sofisticada e, ao mesmo tempo, tão popular. Todo mundo se encantava.

Essa foi realmente uma experiência musical encantadora. Um quarteto de flautas... uma sonoridade brasileira maravilhosa. A música brasileira rende muito. Hoje, aquela sonoridade me remete diretamente ao mito indígena Uakti, que, no meu entendimento, é o mito do músico primordial brasileiro, índio mitológico com furos no corpo que fazia música quando o vento o transpassava. Aquilo fez muito sentido para mim em termos de originalidade, o quão genuína era aquela música de flautas, o quanto remetia à natureza brasileira. Nunca mais escutei quartetos de flautas.

Eu estava começando a fazer arranjos e o Kim Ribeiro me ensinou alguns princípios, me deu umas dicas em algumas aulas informais e eu peguei fácil, porque estava muito interessado em escrever arranjos. Eu tinha ideias e precisava de técnica para pô-las em prática. Logo montamos uma outra banda, que se chamou Argumento Sonoro, com Kim Ribeiro nas flautas, Corona no piano, Ricardo Pereira e Raquel nos violoncelos, Dario Costa e depois Bebeto Mohr na bateria e o Clóvis Boca Freire no baixo. Ali eu comecei a entender um pouco mais da sofisticação e do estudo que me exigiria a música de boa qualidade que eu estava querendo fazer.

Ricardo Pereira era um bom amigo uruguaio e tinha um filho da mesma idade de nossa filha, chamado Damien. Ele estudava *cello* para fazer concurso em orquestra, e a Raquel também. Formavam um duo de *cellos* no grupo, o que dava uma sonoridade toda especial, em conjunto com as flautas do Kim e seus arranjos inteligentes. O piano do Fernando Corona, para mim, era um mistério. Ele nunca teve sequer uma aula, e improvisava uma música tão abundante, tão harmonicamente dissonante, tão espontânea que eu o achava uma vertente de Tom Jobim com influência de Piazzolla. Na época, ele já compunha uns tangos progressivos. Íamos em sua casa, onde ele nos mostrava o que mais curtia: Bill Evans. O Clóvis Boca já era um músico espetacular. Quando o visitávamos, ele estava sempre com partituras, curtindo o baixo contínuo de Bach. Já tinha feito parte da OSPA e havia saído porque fora preso. Fazia sucesso com os melhores espetáculos da cidade, tocando com Geraldo Flach, Celso Loureiro Chaves e Ayres Potthoff. Eu era o pior desse grupo. Tive que me apurar musicalmente, estudar, apresentar ideias e ativar o grupo com propostas de novas investidas. Durou pouco, mas me colocou num outro estágio. Comecei a escutar outras coisas: o *jazz* de Miles Davis e, com os discos de Egberto Gismonti pela ECM, todo o pavilhão do novo *jazz* planetário. Descobri o que queria fazer.

Aquele foi o período mais fértil da carreira de Egberto Gismonti e Hermeto Pascoal. Esses dois artistas abriram um portal, ou dois portais, de possibilidades na música brasileira. Muitos artistas compositores se inspiraram na obra deles. São dois gigantes da música na história da humanidade.

Nesse mesmo período, meu pai, diagnosticado com câncer, veio a falecer. Depois de dois anos de sofrimento, ele foi se entregando. Sabíamos que não tinha volta. Seus olhos, que eram bem escuros, ficaram bem clarinhos, como de criança, cor de mel. No final, tinha que tomar doses fortes de morfina; era quando ele relaxava, contava piadas e ficava engraçado de novo. Ele não tinha muito para deixar para a família além de um baú de lembranças muito agradáveis. O pouco que deixou, dividimos entre os irmãos, incluindo uma irmã de Uruguaiana que não conhecemos e que ele dizia que não era dele, mas que, conforme minha tia, sob ameaça de morte dos irmãos dela, meu avô o obrigara a registrar na sua juventude. O pouquinho que sobrou, gastei fazendo gravações de um disco que não foi lançado.

Me empenhei ao máximo para levar a cabo tudo que eu estava aprendendo de música. Ensaiava no apartamento. O grupo Raiz de Pedra estava revelando seus talentos e arrebatando uma legião de fãs. Clarinha era recém-nascida e chorava no meio dos ensaios. Quando trazíamos ela do quarto e a colocávamos na sala, no meio do ensaio da banda, com baixo, bateria, guitarras e pianos, ela parava de chorar. Aí, fazíamos uma pausa, a levávamos para o quarto e ela abria a boca... trazíamos para a sala no meio da banda e ela dormia de novo. Essa era a Clarinha, sempre a fim de uma vida mais intensa.

FABIO MENTZ DIVIDINDO O PÃO

Certo dia, encontrei Nico no Bom Fim. Ele perguntou o que eu estava fazendo, falei das gravações e que tocava violino em uma faixa. Ele se interessou muito em escutar. Eu havia feito arranjos também para quarteto de cordas e quarteto de flautas, inspirado nos quartetos do Kim Ribeiro. Então, marcamos para escutar isso na casa do Nico. Fomos eu e Heloiza. Escutamos o material, mas não era exatamente o que ele curtia. Era *jazz* e música brasileira. Eu sou da escola da música brasileira. Sou chorão de família. A música em que eu tocava violino era uma parceria com Fabio Mentz, uma faixa longa e instrumental que eu realmente gosto muito, nada a ver com a expectativa que o Nico tinha formado sobre o violino. E ele, que era conhecido pela sinceridade, disse não ter gostado muito daquilo que eu havia mostrado. Ele não tinha nenhuma sintonia com *jazz* ou MPB mesmo. Sugeri que, se ele quisesse, poderíamos nos encontrar para tocar um pouco, e ele topou. Ele foi ao nosso apartamento e tocamos. Ele tocou algumas músicas e eu mandava ver no violino, como quem estivesse tocando guitarra, que era o som mais parecido para quem nunca tinha estudado. Meu jeito de tocar violino era *country*, tipo *fiddle*. Era rústico. Meu vizinho do apartamento de cima, o grande folclorista Telmo de Lima Freitas, autor de músicas conhecidas do folclore gaúcho, havia me emprestado um violino e eu estava a praticar com muita curiosidade. Mas ainda não havia tido aulas de fato. No final de uma canção, Nico falou: "Bah, mas tu não quer nem saber, né". Fiquei reticente... não sabia se ele tinha gostado ou não. Ele percebeu que eu não entendi, e emendou: "É que o violino que eu gosto é aquele tipo romântico". Pensei: romântico?! Jamais imaginei naquela época tocar algo romântico. Aliás, romantismo era uma coisa muito careta no meu meio de amigos. "Ok", falei, "toca mais uma", e dei uma maneirada na minha pegada de guitarrista ao violino. Fiz de conta que acompanhei num violino romântico completamente sem romantismo. Aí ele curtiu mais. Era só o que faltava, eu virar um violinista romântico! Seria uma vergonha para minha parceria com o Fabio Mentz.

Fabio era um cara muito especial. Um músico muito criativo e radical. Um cara emanando música aos borbotões. Ainda é assim nos dias de hoje. Por volta de 1982, fui ver uma peça em que ele tocava ao vivo e fiquei impressionado com sua destreza no piano. Uma música diferentona, meio clássica. Achei muito bom. Convidei ele para gravar na trilha que eu tinha composto para uma outra peça. Chegamos todos na hora, no estúdio, sem ensaio, mas os outros músicos eram bem experientes e liam as cifras. Eu não havia escrito nada para o piano, mas não tinha dúvida sobre o Fabio depois de tê-lo visto destroçando o piano naquela peça. Mas esperava que ele acompanhasse os acordes convencionais que iríamos tocar, os quais, sem sombra de dúvida, ele saberia. No entanto, o que ele fez foi muito diferente do que eu previa, e eu fiquei sem entender. Depois, descobri que o Fabio é um tipo de músico absolutamente intuitivo, que nunca estudou música e não toca música de outros, só o que lhe dá na telha. Achei isso sensacional.

Ele é um músico totalmente livre, que não se atém a nada que o coloque em algum formato preestabelecido. Sua personalidade musical é radical, refletindo sua postura diante da vida. Arte radical era uma coisa que me interessava muito, mas eu mesmo não tinha esse perfil. Eu pensava: como é que ele toca aquilo tudo no piano e, na hora de fazer um Lá menor mais comum, fica querendo fazer outras coisas? Ele se esquivava de tudo que fosse convencional. Um Lá menor comum era uma sentença de morte. Era como se ele dissesse: "Ah, para! Lá menor?! Tem tantas outras possibilidades e tu quer um Lá menor?!"

Comecei a entendê-lo melhor depois que ficamos muito amigos. Ele também era aluno da D. Emmy, a astróloga, e ficávamos horas a fio falando de astrologia e outras matérias similares. Curtíamos os discos da ECM, a gravadora de Oslo que lançava os melhores músicos experimentais do mundo e revelou grandes nomes da história da música contemporânea. Ele ia para nossa casa e improvisávamos música o dia inteiro. Parávamos para o almoço, dávamos uma pausa e emendávamos até o final da tarde.

Fabio fazia pão integral e, um dia, apareceu para ensaiar lá em casa com um saco cheio de massa que ele havia começado a sovar em casa. Nas pausas do ensaio, ele dava mais uma sovada na massa. A sessão se estendeu, ele dormiu lá em casa e foi fazer o pão no outro dia. Um pão com dois dias de "sovamento". Sempre contamos essa história engraçada. Não só o pão do Fabio é sovado dessa forma, como também ele faz questão de apurar os processos em tudo que faz. É uma tendência dele. Fazer música da mesma forma como faz pão. É uma escolha. Um estilo de vida.

Tivemos uma amizade profunda, cheia de códigos e entendimentos subliminares e astrológicos. Uma conversa ou uma amizade qualquer que se conduz pelos caminhos da astrologia é sempre cheia de interpretações filosóficas e mitológicas. Na verdade, não precisávamos mais do que a música, mas a astrologia, a sensibilidade e o desejo de decifrar as qualidades dos campos magnéticos faziam nossos interesses se qualificarem para uma forte amizade. Associávamos a música que estávamos tocando às características dos planetas. Tipo: "Olha só a 'saturnice' dessa frase nos baixos do piano", ou: "Faça algo mais 'mercuriano' na flauta", ou ainda: "Esse ataque do violino está muito 'marciano', pode ser um pouco mais 'aquático'... Essa sequência, eu penso ela mais 'líquida'". Toda essa linguagem nos ajudava muito na escolha dos caminhos musicais. Sabíamos que tínhamos um caminho sólido, mas era um longo caminho. Embora tocássemos e curtíssemos, Fabio é de família alemã e, desde aquele tempo, tinha aquele nível de exigência muito elevado. Os imigrantes alemães passaram para seus filhos uma determinada forma de sovar o pão e sovar a vida.

Fabio não tinha estudado com ninguém, mas sabia ensinar o que descobria, e eu comecei a aprender algumas coisas sobre o piano. Os exercícios de toque eram muito interessantes, e eu os entendi e utilizo até os dias de hoje. Eram exercícios meditativos. Toda música proposta por ele é meditativa, uma experiência radical de entrega e descobertas. Isso me trouxe um mergulho mais profundo nas radicalidades musicais. A música que o Nico havia escutado, que gravei em parceria com o Fabio, era uma música totalmente fora dos padrões, uma coisa New Age quando esse rótulo ainda nem existia. A gente funcionava muito bem. A coisa fluía. A gravação era muito boa. Embora eu estivesse utilizando o violino de maneira bem rústica, aquele som se adaptava muito bem ao que estávamos fazendo. Era uma viagem, e não tinha uma gota de romantismo.

Um dia, ele colocou um CD do compositor minimalista Steve Reich, *Música para 18 instrumentos*, e me falou sobre os fundamentos do minimalismo, e eu tive um estalo com aquilo. É uma música muito próxima às que ele propunha nos nossos encontros. Música própria para embalar conversas astrológicas, tessituras feitas com os timbres dos instrumentos. Uma pequena frase que se repete indefinidamente enquanto outras vão entrando e formando uma trama orgânica. Vozes, marimbas, violinos, clarones que entram com longas sequências de uma, duas ou três notas intermitentes, remetendo à tradução vibracional de algum padrão da natureza ainda não manifestado. A criação do mundo material vindo à tona através de padrões vibracionais que geram a organização dos elementos da natureza e a consequente manifestação do mundo material.

Suponha que tudo o que está manifestado na natureza surja de padrões vibracionais anteriores a essa manifestação. Esses padrões são como pulsações constantes e contínuas que movem os elementos, os átomos, os *quarks* e produzem campos vibracionais em que os elementos da matéria se organizam para gerar tudo que tem existência material. Agora imagine que esses pulsos constantes são frases musicais insistentes que se fundem com outras infinitas frases musicais, formando essas tessituras. Escutando essa música, eu imaginava desde a aglutinação dos *quarks* para formarem os átomos até a formação dos anéis de Saturno, passando por toda a Via Láctea, e assim por diante.

Aprendi muitas coisas com o Fabio Mentz.

KRAUNUS SANG E MAESTRO PLETSKAYA

Até que comecei a estender os ensaios com o Nico Nicolaiewsky.

Numa das sessões de estudo na casa da mãe do Nico, onde ficava o piano dele, ele me mostrou um disco da editora Abril que trazia quatro músicas do Vicente Celestino: *O ébrio, Porta aberta, Coração materno* e *Noite alta*, e começamos a tocá-las. Nico já tinha tocado *O ébrio* em *shows* que fazia em bares. Num determinado momento, quando a plateia estava conversando muito, ele ia ao microfone e dava o texto do ébrio: "Eu nasci artista e fui cantor. Durante a minha trajetória artística, eu tive muitos e muitos amores..." E o público parava de conversar, pensando que tratava-se da vida dele. Mas logo se dava conta da ficção e seguia acompanhando até o fim.

Achávamos muito incrível a voz do Vicente Celestino, uma coisa absolutamente enlouquecida. Não há uma referência na música brasileira da figura do tenor de ópera, simplesmente porque praticamente não se tinha ópera por aqui. Mas Celestino tinha essa vocação e essa ambição, e conta-se que o mítico cantor italiano El Gran Caruso queria levá-lo para a Itália para estudar ópera em sua juventude, mas seu pai não permitiu.

Junto aos quatro tangos desse grande cantor, que foram a fundação do nosso trabalho, juntamos outras músicas. O Nico já tinha *A trágica paixão de Marcelo por Roberta*, que se afinava com as tragédias. Eu tinha outras coisas que adicionavam um clima nonsense engraçado, como o *Hino ao Destino*. Havia uma versão de Ob-la-di, Ob-la-da do Nico e mais o *Tango da mãe*, do Cláudio Levian, que ele não estava muito a fim de tocar porque era parte do repertório do Saracura, mas insisti que tocássemos, pois era boa demais para aquele contexto de tango. Eu trouxe *Faustina*, um samba de breque do Moreira da Silva que eu só tinha ouvido pela voz do meu pai, nos saraus domésticos.

Toda aquela sonoridade antiga me remetia ao cinema mudo, a algumas cenas do filme *O ébrio*, uma página da música brasileira de que nossos pais falavam e que todos tínhamos na memória por ter sido um sucesso estrondoso. Da mesma forma, as músicas dramáticas do Vicente Celestino me remetiam às histórias do Charlie Chaplin. No final de um ensaio, Nico me disse: "Pensei num nome: Tangos e Tragédias!" Eu ri e gostei muito.

O Saracura, banda da qual o Nico ainda fazia parte, tinha algumas músicas engraçadas. Havia uma dose de humor que partia mais do Nico mesmo. Eu curtia muito a parte musical, eram canções muito boas mesmo, de sucesso reconhecido. Elas tocavam no rádio e tinham clipes produzidos pela RBS, a Globo local. As baladas do Cláudio Levitan, como *Nada mais* e *Você já era,* quando cantamos hoje, sentimos o quão clássicas se tornaram. Composições que melhoram com o tempo. Sempre digo que Eric Clapton teria inveja de suas baladas! Também tinha *Flor,* um clássico de Nico e Silvio, músicas do Mário Barbará muito boas com as versões do grupo, mas eu não curtia as investidas nas performances de humor, porque eu, particularmente, não achava engraçado. As letras eram engraçadas, tinham uma dose de humor, mas não chegava a ser um trabalho humorístico.

Antes de começarmos a nos encontrar, Nico já tinha uma proposta para fazer um *show* em um local *cult* da cidade, que andava recebendo *shows* muito legais: o bar do Instituto dos Arquitetos do Brasil (IAB). Era bem pequeno; tinha uns 80 lugares. Entre as apresentações, estava o *show* de bonecos do Cem Modos, com Ferré, Betinho e Pedro, que era magnifico; pequeno, mas incrivelmente vivo. Havia uma boneca russa chamada Macarina, que me parecia impressionantemente viva, um diabo que falava com voz de padre, e Antônio, um bailarino flamenco que anos mais tarde fez uma linda participação em nosso *show* travando um duelo de sapateado com meu personagem, Kraunus. Outro *show* que fazia muito sucesso era *Suíte para Flauta e Jazz Piano,* do Claude Bolling, montado pelo Celso Loureiro, com Ayres Potthoff na flauta, Clóvis Boca no piano e Bebeto Mohr na bateria. Como o nosso encontro se mostrou frutífero, Nico preferiu adiar o *show,* para que o fizéssemos juntos.

Quando começamos a ensaiar, logo pintou o estilo do Nico, aquela dose de humor. Eu pensei: putz, isso é justamente o que eu não curto no trabalho dele. Eu não sabia como tratar aquilo. Mas estávamos ali, no processo criativo. Comecei a pensar que, se eu tivesse que ser humorista, seguiria uma linha definida de humor. Eu não queria fazer humor assim como eles faziam, e, dentre todas as linhas de humor que eu conhecia, Chaplin e o cinema mudo eram meus favoritos. O pai de minha mãe era ator e, como contei anteriormente, fazia performances promovendo os filmes do Chaplin, andando pelas ruas vestido como o Carlitos e fazendo brincadeiras com as pessoas. Essa linha me interessava muito.

Então, levei uma música do Chaplin para o ensaio, que acontecia na casa da mãe do Nico. Era *Titina*, do filme *Tempos modernos*. Na sequência desse filme em que aparece essa música, Chaplin é garçom de um restaurante e deve entrar de improviso para fazer um número musical diante de uma orquestra, substituindo uma amiga impedida de fazê-lo. Ele escreve a letra da música nas mangas do paletó, mas a perde durante os movimentos desengonçados de uma dança que ele improvisa na introdução da música, antes de começar a cantar. Ao ver que está sem a letra, começa uma embromação muito engraçada em uma língua inventada, fazendo gestos que deixam alguma pista do que ele está dizendo. Trata-se de uma sequência clássica da história do cinema. Tocamos a música no ensaio, mas ainda não tínhamos uma letra, e pensei em pedir para o Ferré escrevê-la, porque ele tinha, no Cem Modos, um boneco chamado Bonder, que falava uma língua fictícia, muito engraçada. O boneco era manipulado por duas pessoas, e eu gostava muito dos movimentos. Nas nossas primeiras apresentações, e mesmo por uns bons anos, eu tentava observar e imitar os movimentos que eles faziam com o Bonder. Ao lado de Chaplin, foi minha primeira inspiração para compor meu personagem. Mas o Ferré não aprontava a letra nunca, então resolvemos nós mesmos fazê-la.

Eu escrevi a primeira estrofe:

Desgrazzia ma non troppo
Qual trono fa piruela
Se ta ti embriagdo
Va le arriba su topor

Nico escreveu:

Pletskaya e Kraunus no sangue
Desesperovna schlissel
Pobrovna mãe materna
Klics on vander boi tata

Escrevemos juntos:

Su barcarola vola
Su Schnessel vessen frito
Vá nun Tango Carcamano
Cara dura Y Macarron

Nesse dia, eu parei a música no meio e propus ao Nico: "Vamos fazer personagens! Eu sou o Kraunus Sang!", e ele falou: "Então eu sou o Pletskaya!"

Tínhamos que fazer fotos para o *show* de estreia, então chamamos o Roberto Silva e marcamos um dia. Mas não fomos! Quem apareceu na sessão foram Kraunus Sang e Maestro Pletskaya.

Deixo aqui também a versão do Nico registrada. Ele falava que não lembrava que eu havia proposto isso. Ele lembrava que combinamos tudo nos corredores do edifício antes de entrarmos em cena. Também lembro disso, mas apenas como um reforço do que havíamos combinado no ensaio. Katia Suman, jornalista ligada ao movimento musical da cidade, era uma voz conhecida da Rádio Ipanema, apareceu neste corredor e fez uma rápida entrevista.

Fizemos o primeiro *show* e nos divertimos bastante. O dono do bar veio nos dizer: "Voltaram os grandes *shows* ao bar do IAB!" Ele falou com entusiasmo, mas eu ri, porque achei que ele estava debochando. Eu pensava que estávamos mais fazendo anarquia do que algo coerente. Mas ele ficou sério e falou que era verdade. Nico também dizia que tinha sido bom, mas eu achava que faltava muito para sermos levados a sério e que só estávamos nos divertindo. Minha ambição era seguir a linha da música brasileira. Meus padrões de arte musical eram Jacob do Bandolim, Pixinguinha, todos os chorões, desde o princípio, Hermeto Pascoal, Egberto Gismonti, Rita Lee, Os Mutantes, Frank Zappa, Arrigo Barnabé, Stevie Wonder... Pra mim, nós estávamos mesmo era tirando uma onda. Uma onda de qualidade.

No Brasil, era o momento do *boom* do *rock* brasileiro. Os Paralamas do Sucesso, Lulu Santos, Lobão, Marina, Titãs, grandes sucessos, e nós totalmente na contramão do mercado. Já tínhamos tido bandas de *rock* nos anos 1970, mas não havíamos atingido o mercado. Na verdade, mesmo as bandas de grande sucesso que alcançaram esse mercado não sobreviveram após os anos 1970. Pouquíssimos conseguiram. Mas na MPB, a história era outra. Milton Nascimento, Chico Buarque, Caetano, Gil, Ivan Lins, Elis, Gal, e mesmo os nome da velha guarda, Cauby Peixoto, Nelson Gonçalves, Elza Soares, todos conservaram o sucesso. Vendiam discos e faziam *shows*. No entanto, de qualquer forma, contando bem, continua sendo um número muito pequeno de artistas.

Aquilo que começávamos a fazer estava fora de qualquer padrão. Não tinha quem pensasse em desenvolver uma carreira reinterpretando músicas de Vicente Celestino e Alvarenga e Ranchinho.

∾

KRAUNUS, PLETSKAYA E FRANTZ

Um ano antes, eu havia trabalhado em uma peça infantil de Dilmar Messias, *O Chapeuzinho Amarelo*. Eu tocava contrabaixo sob direção do fagotista Adolfo Almeida Jr., que frequentara minha primeira banda, A Pota. Adolescente, ele já tocava fagote numa banda chamada Bosque das Bruxas. Cantavam um *rock* celta com instrumentos de orquestra, sem saber exatamente o que estavam fazendo. Certa vez, um amigo seu estava preso e Adolfo foi visitá-lo. Na entrada, pediram os documentos de identificação, e o único documento que Adolfo tinha era uma carteirinha do Clube dos Magos. Até hoje rimos muito dessa passagem.

Logo, o Dilmar me chamou para participar da montagem de outra peça como diretor musical. Era *Calabar*, de Chico Buarque, uma peça que falava da gênese do povo brasileiro, com menções a Maurício de Nassau e outras figuras da história do Brasil. Eu chamei uma banda de músicos amigos, que já eram profissionais ou caras muito bons. Entre eles estavam Rafael Vernet, que, aos dezoito anos, fazia seu primeiro trabalho profissional e que, anos mais tarde, fez parte de uma das formações do grupo de Hermeto Pascoal. Um grande músico. Vibramos muito ao saber que Rafa substituiria um pianista do grupo de Hermeto pelo qual tínhamos absoluta veneração, o Jovino. A peça não foi bem, e eu, como diretor estreante, não soube como fazer os atores desempenharem o papel de cantores de forma adequada. Mas meu trabalho como arranjador e artista criativo foi reconhecido. Houve uma crítica em um grande jornal, feita pelo professor Celso Loureiro Chaves, que arrasava com a peça, mas elogiava a banda que eu dirigia.

Logo, Dilmar Messias me chamou para outra montagem sua, um roteiro que ele havia escrito, chamado *As aventuras de Mime Apestovich, do início ao meio*. Enquanto Tangos e Tragédias fazia algumas apresentações esparsas em bares noturnos, eu trabalhava diariamente nessa montagem com o grupo de Dilmar. Éramos 5 pessoas, umas ensinando às outras as técnicas de suas áreas. Eu dava exercícios de musicalização, Dilmar Messias dava jogos teatrais e Andréa Druck dava expressão corporal e fazia o papel principal. Ela era casada com Dilmar, que, além de dirigir, também atuava. No elenco, também estavam Suzana Schoelkopf, bailarina e grande atriz e soprano, e Leverdógil de Freitas, um ator gordo com uma sensibilidade gigantesca.

Trabalhamos durante nove meses, todos os dias, incluindo finais de semana. Foi um exercício fantástico de performance e inventividade. Era um espetáculo de música e mímica. Sem diálogos, apenas alguns poucos textos esparsos e poéticos. Eu estava começando a escrever arranjos e muito interessado em fazer experiências criativas livres. Compus coisas que poderiam ser facilmente usadas em desenhos animados, mas que se adaptavam muito bem à peça. Foi um prato cheio para o grupo de músicos que chamei: Adolfo Almeida Jr. no fagote e percussão; Ricardo Pereira, violoncelista e compositor de música contemporânea; e Augusto Maurer no clarinete. Todos muito bons e decididos a entrar na OSPA. Adolfo já fazia parte do corpo da Sinfônica.

Estreamos no Theatro São Pedro, e foi a primeira vez que entrei ali. Era 1985, e o teatro, o mais antigo da cidade, fora reinaugurado no ano anterior. Eu achava que não estávamos prontos, porque nunca tinha participado de uma peça. Depois de entrar em cena absolutamente certo de que seríamos vaiados, constatei que a estreia fora brilhante, com muitos méritos e várias partes aplaudidas em cena aberta. Várias cenas eram de extrema originalidade e inventividade. Nós gostávamos, mas não sabíamos se o público sentiria o mesmo. O único que sabia era o Dilmar Messias, porque era o mais experiente. Ele sabia a qualidade que havíamos atingido. Saiu uma crítica muito legal no jornal que mencionava a magia do trabalho. Realmente, era muito mágico. Uma peça sem diálogos que capturava a atenção das crianças por mais de uma hora e emocionava os pais em todas as sessões. Pura pantomima, sincronia entre os atores e uma música ao vivo muito boa. Depois da estreia, o pai da Andréa Druck falou que minha trilha era digna de um espetáculo da Broadway. Eu sabia que era um elogio, mas ainda não entendia exatamente o que se passava na Broadway.

Enfim, tivemos bastante sucesso e público. Depois dessa série de apresentações, Dilmar Messias me entregou um bolinho de dinheiro, e eu quase não entendi para o que era, cheguei a pensar que eu deveria pagar alguma despesa do grupo. Custei um pouco a entender que era a parte que me cabia pelo que havíamos arrecadado. Eu tocava na noite, em bares, ganhava uma nota ou duas por dia, e os poucos *shows* do Tangos e Tragédias também davam quase o mesmo valor, já que tocávamos só em bares naquela época. Não consigo dizer o que dava para comprar com aquele bolinho de dinheiro porque era época da hiperinflação, 80% ao mês, Sarney na presidência, quando não havia uma forma de estabelecer uma relação entre o dinheiro e o valor dos produtos. Acho que até o Índice de Desenvolvimento Humano do Paquistão estava na frente do nosso. É bom lembrar que, um ano antes, nem a reforma do Theatro São Pedro estava acabada. Tínhamos poucos teatros e poucos auditórios. Viver de arte não era uma opção. Mas aquele bolinho de dinheiro voltou para as minhas mãos muitas outras vezes durante os dois anos em que estivemos em cartaz.

Dilmar e Andréa tinham ido ver o Tangos e Tragédias em uma de suas primeiras apresentações, em um bar chamado Kafka. Eu tinha tomado duas doses de conhaque e chamava ele de "Zilmar" – chamo ele assim até hoje. Pedimos a ele que nos ajudasse a colocar o espetáculo em um teatro. Logo apareceu uma oportunidade no teatro do Instituto Goethe, onde tínhamos visto uma peça de Karl Valentin chamada *Ida ao teatro*, que Dilmar Messias dirigia e na qual como o personagem Frantz, que ficava a peça inteira procurando os *tickets* para ir ao teatro e não os encontrava.

Era muito engraçado o desempenho do Dilmar, um *clown* de verdade, com todas as suas características tradicionais e um tempo de comédia perfeito. A caracterização era muito adequada, uma roupa antiga surrada, como alguém que se pretende muito nobre, mas com alguns detalhes que tiravam toda a dignidade do personagem e o aproximavam do ridículo, uma careca de meia feminina e um bigode farto, hitleriano. Isso tudo dava o ar perfeito do *clown* europeu, com influência das performances dos personagens do cinema mudo, o que me tocou bastante. Ríamos o tempo todo das trapalhadas do Dilmar. Algumas eram claramente improvisos feitos na hora, com grande presença de esíirito. Como se não bastasse isso, no intervalo, quando mudavam o cenário, Dilmar, em frente à cortina, fazia um número em que ele ficava bravo com alguma coisa e falava que não diria mais NADA. E ficava um longo tempo falando a palavra NADA de diversas maneiras. Às vezes, ficava apenas olhando para a plateia, em silêncio, e nós morríamos de rir! Ele não fazia nada para representar o nada, e aquilo era cheio de conteúdo humorístico. Uma ode ao nada. Nada era tudo naquela situação. Ali estava um *clown* completo. Ele não precisava de nada para que tudo desse certo.

Comediantes! Isso era algo que não imaginávamos que poderíamos ou deveríamos ser para elevar nosso trabalho a uma categoria definida de comédia. Já tínhamos dois anos de existência como a dupla Kraunus & Pletskaya, ou Maestro Pletskaya & Kraunus Sang. O *show* já era bem engraçado, mas não nos considerávamos *clowns* nem comediantes. Éramos músicos engraçados.

Levei ao Nico Nicolaiewsky a ideia de convidarmos o Dilmar com esse personagem da peça de Karl Valentin, o Frantz, para nos dirigir na montagem naquele palco do teatro do Instituto Goethe. Nico já tinha trabalhado com alguns diretores e sabia a importância desse papel numa montagem. Convidamos e o Dilmar topou. No dia da estreia, Dilmar havia preparado alguns adereços extras, além dos que já utilizávamos nos *shows* em bares, e dedicou tempo demais na preparação da iluminação. Ele estava meio atrapalhado, corria de um lado para o outro com seus sapatos de bico fino e os fundilhos da calça caídos, prevendo que não daria tempo de ensaiar tudo que tinha planejado. Eu via já naquela correria dele o *clown* que ele encarnaria na hora do *show*. Achava engraçado ele correndo, meio nervoso, mas eu sabia que, na hora de improvisar, ele seria um mestre, como tínhamos visto na peça dele. Dilmar deu algumas instruções e, é lógico, na hora, no palco, eu não lembrei de nada, porque, na nossa condição de atores intuitivos, precisaríamos de muito mais ensaio para fixa algo novo. Combinamos várias coisas e eu não fixei nada.

Havia seis pessoas na plateia: D. Janete, mãe do Nico, o irmão do Nico, o Ricardo, Heloiza e, vejam só, o menino Arthur de Faria com seus pais. Arthur é bastante conhecido como compositor e jornalista. Hoje, muito mais como compositor. Participou do Tangos e Tragédias, produziu um cd do Nico com seu grupo Bando Barato pra Cachorro e declara uma forte influência do trabalho do Nico sobre sua expressão artística. De repente, Dilmar, com seu personagem importado da peça de Karl Valentin, começou a interagir conosco, sem nenhum tipo de ensaio. Suas interferências eram ora brilhantes, e todos ríamos em cena aberta, ora inoportunas e, justamente por isso, muito engraçadas. Frantz, seu personagem, saíra de uma peça em que não conseguia encontrar os ingressos para um *show*. Nessa sua participação, era como se ele tivesse finalmente encontrado os ingressos e ido ver o *show*, que era o Tangos e Tragédias. O *background* se desenvolveu e ele passou a agir como se fosse um fã da dupla que ia em todos os *show*s. Sentava na primeira fila, atrapalhava as pessoas da plateia com sua cartola e fazia comentários inadequados, tudo muito engraçado. Entrávamos, eu afinava o violino e ele comentava: "Ó... agora ele vai afinar!" Eu afinava, e ele completava: "Não vai adiantar nada, mas ele sempre afina!" Na época, eu estava começando no violino e, de fato, desafinava bastante em cena. Mas isso ficava bem para aquele contexto, para aqueles personagens, que eram dois músicos estrangeiros com sotaque carregado que se entregavam de corpo e alma à sua arte, sem ter muita noção do que estavam fazendo.

E o *show* se desenrolou com o Dilmar por mais de um ano. Era para ele fazer a direção nessa montagem do teatro do Instituto Goethe, mas foi muito mais do que isso. Na verdade, foram aulas práticas de um mestre da comédia, que deixou uma marca na minha vida para sempre. Já me referi publicamente algumas vezes a Dilmar Messias como meu mestre de teatro. Se pode ser chamada de direção, aquela foi uma direção clownesca, toda atrapalhada, cheia de improvisos. E sim, isso nos deu uma direção. Por um ano inteiro, formamos um trio, e nos dirigíamos uns aos outros. E Dilmar, como estava na plateia, nos dava bons toques sobre a performance, mas nem sempre os seguíamos. E a gente também dava toques para ele.

O Nico não tinha problemas com o trabalho começar a ser reconhecido como peça de teatro, mas eu achava que sermos músicos engraçados era mais divertido e nos dava mais liberdade, porque não precisávamos observar nenhuma convenção do pessoal formado em Teatro. Artes performáticas me soava bem melhor.

FOME E FRUSTRAÇÃO

Um ano antes disso, eu estava envolvido em acabar e mixar as gravações que eu estava fazendo do meu repertório de composições, um material que representava toda a minha experiência musical. Com 23 anos e o dinheiro que recebi da pequena herança de meu pai, havia resolvido investir em um material próprio. Eu não esperava que alguma gravadora viesse a investir no meu trabalho, a não ser que eu mesmo provocasse isso. Ter o material gravado poderia ser o ponto inicial para que alguma gravadora se interessasse. Então, mergulhei na tarefa de escrever arranjos e dar um formato próprio às minhas influências, que oscilavam entre Hermeto Pascoal, Egberto Gismonti, Milton Nascimento, todos os ícones da música brasileira, mais Pat Matheny, por quem minha geração estava fascinada, assim como as novidades da gravadora norueguesa ECM, que trouxe muita música boa, revelando grandes talentos europeus e dando início ao que veio a se chamar mais tarde World Music. Tudo muito encantador, mas as experiências musicais brasileiras estavam acima de tudo o que eu ouvia. Desde Pixinguinha e Jacob do Bandolim, até Milton, Tropicália, todo o *rock* dos anos 1970, Mutantes, O Terço, Casa das Maquinas e mesmo o Bixo da Seda e o Utopia, do Bebeto Alves, de Porto Alegre, além dos incríveis nordestinos, como Alceu Valença, Elba e Zé Ramalho, todo o mundo do samba, João Bosco… Os brasileiros eram muito inventivos e tinham um grande reconhecimento público.

Eu já estava com minha fita gravada, mas faltava a mixagem. Na época, eu tocava no grupo do Giba Giba, uma lenda da música de Porto Alegre, um negro lindo de dois metros com um carisma irretocável, uma voz de veludo e uma história muito interessante, um compositor original, que trazia consigo um tambor emblemático, o sopapo, com o qual fez sua carreira. Dois anos antes, ele tinha me chamado pra tocar com ele. Fizemos alguns *shows* e ele me convidou para ir a São Paulo gravar o programa Som Brasil na TV Globo. A letra da música era do Luiz Coronel, que fez um sucesso enorme com *Cordas de espinho,* com a Fafá de Belém. E foi lá nos bastidores que eu conheci o Ranchinho, da dupla Alvarenga e Ranchinho, que apresentava o programa. Jamais imaginei que passaria quase 30 anos cantando duas músicas dessa dupla de humoristas, que seriam marcas importantes do nosso *show.*

Em 1984, houve um disco produzido pelo Airton dos Anjos, o Patinete, que chamava-se *MPG.* O Nico havia gravado *Feito um picolé no sol*, música lindíssima e a mais representativa do seu repertório. Giba Giba me chamou para fazer o arranjo da sua *Lugarejo*, também muito bela e a mais conhecida do seu repertório. Gravamos e o disco saiu como uma tentativa de mostrar o panorama da música popular gaúcha.

Logo, Giga Giba foi convidado pelo Fernando Ribeiro para fazer seu disco em São Paulo, no seu estúdio, e o Giba me acenou com a possibilidade de mixarmos o meu disco lá. Levei a fita em 16 canais da Isaec, que pesava muito mesmo. Fiquei na casa da Betânia, mulher do Giba, e esperamos ele por duas semanas. Eu já não tinha dinheiro e, nesse momento, passei por aquela experiência de estar em São Paulo meio perdido, sem dinheiro e tendo que comer um sanduíche por dia. Ok… isso constrói o caráter. Uma experiência que fortalece as convicções do artista que quer seguir carreira. É como se a vida dissesse: "Aqui não haverá garantias! Aconteceu e poderá voltar a acontecer! É isso mesmo que você quer?" Só que o Giba não apareceu, e eu voltei para Porto Alegre, um pouco mais magro e sem mixar o disco.

Esse trabalho foi ficando de lado, aguardando uma nova oportunidade, e eu passei a ver defeitos nele. Comecei a achar que não havia originalidade nas canções. Eu não tinha feito ainda nenhum tipo de síntese própria ou criado nenhum tipo de sistema musical original que me agradasse tanto a ponto de me reconhecer na minha obra. Eram arranjos complexos e bem executados, letras boas, mas nada que me trouxesse a segurança de assumir carreira. Muitas influências, mas nada que pudesse influenciar ninguém. A não ser a faixa que compus com Fabio Mentz, que chamamos *55 Feng*, um anagrama do I Ching, que dava nome ao álbum. Era um outro universo que talvez eu pudesse trilhar junto com o Fabio, mas não sozinho.

Recebi um convite da UFRGS para apresentar o material desse trabalho. Fiquei bastante empolgado, chamei os músicos e fizemos a apresentação. Eram onze músicos, mais o Nico, que até entrou numa música não planejada. Eu estava de olhos fechados, curtindo a parte instrumental, e, de repente, escutei um som de gaita que não tinha nos arranjos. Abri os olhos e era ele. Ficou ótimo. Foi um bom *show*, mas a banda era tão grande e as perspectivas tão pequenas que tudo começou a pesar. Um sentimento de frustração começou a me acompanhar diariamente por não ter conseguido lançar esse trabalho.

ATENÇÃO: UNIVERSO PARALELO

Aí surgiu um convite do Kleiton e Kledir, ícones da música brasileira e heróis do Rio Grande do Sul, para abrirmos um *show* que eles estavam fazendo no Circo Voador, no Rio de Janeiro, com o Tangos e Tragédias. E fomos... de ônibus. Fizemos a abertura com a participação do Dilmar, que acabou ficando muito dispersa, pois, em locais que não eram teatros, o personagem do Dilmar, o Frantz, não funcionava muito bem. Era preciso que houvesse uma plateia formal e uma formalidade entre o espetáculo e a plateia, para que fosse quebrada em mil pedaços no desenrolar do *show*. Em uma plateia sem nenhuma formalidade, não tinha o que quebrar. Ficou um *show* anárquico demais.

A Cida Moreira vinha ao Sul seguidamente e tinha alguma proximidade com o que se fazia em Porto Alegre. Ela estava fazendo *show* no Jazz Mania e nos convidou para fazer um número. Tinha bons *shows* de *jazz* lá, até o Pat Matheny já tinha tocado. Fizemos uma abertura, tocamos duas músicas e, depois, ela apresentou o Nico como um novo compositor brasileiro e eles tocaram *Feito um picolé no sol*. Isso era uma coisa óbvia, e o real interesse era irmos para o centro do país. Nico, um grande compositor de verdade e a fim de abrir espaço para sua obra; isso era mais importante do que nosso trabalho experimental e engraçado. Naquele momento, não tínhamos a menor ideia do que nos transformaríamos. Meu trabalho como compositor e arranjador também era mais importante para mim, mas ainda não havia encontrado minha turma, o pessoal da música instrumental e nem nada que me houvesse apontado um caminho.

No bis, Cida Moreira me chamou para tocar *Summer Time* no violino com ela. O Zé de Abreu, que era meu amigo, foi ver esse *show* e, no outro dia, fomos na casa dele. Foi legal encontrá-lo depois de anos; ele, já um artista consagrado no cinema e na televisão. Lembramos do furacão na Lagoa dos Patos, dos projetos e dos encontros musicais. Ele sacou, entendeu o *show* e sugeriu que devíamos fazer as entrevistas com os personagens. Nós achamos a ideia divertida. Melhor do que explicar a um jornalista que tipo de performance nós fazíamos era mostrar na prática como fazíamos. Adotamos a ideia do Zé de Abreu, a as entrevistas passaram a ser uma extensão de nossas performances no palco. Muito do que criamos do conteúdo sobre a Sbørnia foi improvisando em entrevistas. Elas entrevistas passaram a ser jogos de criatividade, em que nos empenhávamos para nos divertir ao máximo, inventando novas facetas da nossa querida Sbørnia. Com o tempo, nos transformamos em duas partes de um "organismo criativo" com uma imediata abertura para um "universo paralelo". Isso funcionava tanto que a demanda de entrevistas cresceu em São Paulo.

PÃO DE QUEIJO E CHIMARRÃO

Logo após a volta de São Paulo, entramos numa pequena temporada na sala Álvaro Moreyra, com cem lugares, onde pudemos desenvolver mais nossa performance tendo um *clown* de verdade na nossa frente e contracenando com ele. Foi como se fizéssemos um curso avançado de "improviso-cara-dura" e presença de espírito. Mas duro mesmo foi ter que cancelar a temporada por falta de público.

Um outro convite que veio de São Paulo foi para tocarmos no Espaço Off, onde aconteciam alguns *shows* do chamado "*underground* emergente", um lugar bem frequentado pela intelectualidade paulista, artistas, escritores e jornalistas. Um dia antes de nosso *show* tocaria o Luni, a banda em que Marisa Orth começou, e fomos ver. Marisa fazia uma performance arrebatadora, que já deixava bem claro ao que ela vinha. No dia em que tocamos, estava o escritor e, na época, colunista do jornal *O Estado de S. Paulo* Caio Fernando Abreu, que curtiu muito nossa apresentação e fez uma resenha na sua coluna, citando a nossa performance e dizendo que nosso repertório era composto por músicas tiradas da lixeira cultural. Foi a primeira vez que fomos citados em um jornal paulista, e o termo "lixeira cultural" ganhou uma proporção enorme, porque o repertório passou a ter uma origem. Era também uma crítica à falta de memória da cultura brasileira e ao domínio cultural estrangeiro.

Junto a todas essas portas que se abriam ao nosso trabalho, eu andava muito interessado em evoluir no violino e perseguir o que havia começado com a música brasileira, o chorinho e toda a minha herança cultural de família. Então, fiquei sabendo sobre o Seminário Brasileiro de Música Instrumental, que o Toninho Horta estava organizando em Ouro Preto, Minas Gerais. Muitos dos músicos da minha relação se inscreveram. O seminário duraria duas semanas, e o Dilmar Messias tinha marcado outra temporada no Theatro São Pedro da peça *As aventuras de Mime Apestovich, do início ao meio*. Eu não poderia perder aquela oportunidade de estudar com os melhores professores dentro da área que mais me interessava, nem de fazer mais uma temporada no Theatro São Pedro, o mais nobre de nossa cidade. Eram duas grandes oportunidades. Assumi as duas! Final de semana em POA, durante a semana em Ouro Preto. A coisa mais intensa que eu já havia feito em termos de agenda e compromissos assumidos.

Em Ouro Preto foi uma fábula! Lá estavam muitos músicos brasileiros com o mesmo propósito. O Movimento do Clube da Esquina era um estouro, com muitos compositores especialíssimos, uma vertente da música brasileira no mais alto grau de reconhecimento pela excelência das suas produções. O mistério da música mineira se revelava na arquitetura de Ouro Preto.

Lá, tive aulas de orquestração com Roberto Gnattali, sobrinho do grande Radamés Gnattali, que compõe uma página da música brasileira. Tom Jobim dedicou duas músicas a ele no seu último CD. Eu sabia das histórias e da importância de Radamés, mas só há poucos anos soube que ele ia ao Cinema Odeon, no Rio de Janeiro, para ver tocar na entrada ninguém menos que Ernesto Nazaré. Isso equivale a alguém ver Chopin tocar no saguão de um cinema em Paris. Radamés Gnattali e Pixinguinha simplesmente dividiram, se não todos, a grande maioria dos arranjos feitos na Rádio Nacional do Rio de Janeiro nas décadas de 1940/50. Um tocava na banda do outro. Radamés fez seu concerto de formatura no Theatro São Pedro, de Porto Alegre. Muitos anos mais tarde, regeu o concerto de reinauguração do teatro, em 1984, ano em que estreamos Tangos e Tragédias no bar do IAB. Imagine eu sabendo um pouco dessa história e tendo aulas com seu sobrinho. Era uma ponte que me colocava em contato com o próprio Radamés.

Mas o meu grande encontro do seminário foi com Dori Caymmi. Ele já era um grande orquestrador, já havia trabalhado em Los Angeles e ajudado a construir um estilo de música brasileira. Esse cara, de uma família de músicos, filho de Dorival Caymmi, um dos pilares da música brasileira, ficou interessado em ouvir minhas gravações. Marcamos um local e levei um gravador de fitas cassete. Ele escutou tudo com muita atenção e fez comentários muito legais. Curtiu meus arranjos, falou do bom gosto das minhas frases musicais. Saí dali bastante estimulado. Era um período em que minhas convicções musicais se solidificavam. Muitos anos depois, sentei ao seu lado na premiação em que nosso *show* foi escolhido o melhor do ano pela Associação Paulista de Críticos de Arte. Ele tinha vindo de Los Angeles e também fora premiado, em outra categoria. Lembrei a ele dos encontros em Ouro Preto e ele falou que lembrava de mim.

As aventuras de Mime Apestovich estava em cartaz no Theatro São Pedro, e era um sucesso! Num dos finais de semana, lembro de ter chegado muito atrasado por causa do voo de Belo Horizonte para Porto Alegre. A peça já tinha começado. Como era pura pantomima e música, os atores e músicos tentavam entreter o público e as crianças, que estavam aflitas na plateia. Entrei voando no camarim, coloquei meu figurino de Cogumelo (sim, eu fazia papel de cogumelo) e iniciamos a peça. Como eu estava escutando e pesquisando música contemporânea, a trilha que eu havia composto era bastante rebuscada. A pantomima construída em sincronia com a música deixava as crianças ligadíssimas e tinha como mote principal o *Tema do Lunático*, que depois também compôs o filme *A festa de Margarette*.

Luiz Ferré, que era do grupo Cem Modos e tinha feito um cartaz sensacional para a estreia do nosso Tangos e Tragédias, nos convidou pra fazermos um vídeo do nosso trabalho. Eu era muito fã dele e sempre tentava imitar os movimentos dos seus bonecos, que, na verdade, serviam de inspiração para a performance do meu personagem. Fizemos cenas improvisadas na casa, na sala e no banheiro, em que Nico ficava em uma cadeirinha dentro da banheira e eu, sentado no vaso. Cantávamos uma música da Blitz, uma banda de sucesso dos aos 1980, inventando a letra, e falávamos um texto de Freud sobre "a inveja do pênis", que eu havia pesquisado na biblioteca pública, para introduzir as músicas, fazendo uma ponte entre *Coração materno* e *Ana Cristina*, duas canções que abordavam a temática da mãe. Ali, no banheiro da casa do Ferré, enquanto improvisávamos falas nonsense, eu puxava a descarga da patente para seguir a música. Curtimos o vídeo como um improviso engraçado e experimental, mas Ferré mostrou o vídeo para a Cacaia, uma produtora de artistas que morava no Rio de Janeiro e trabalhava nas grandes gravadoras como assessora de imprensa, fazendo *releases* para artistas da época, como, por exemplo, Cazuza.

700 MENOS 695 IGUAL A 500!

Em 1986, ainda fizemos um *show* no Teatro Renascença, em Porto Alegre, que lotou. Um amigo do Dilmar, o ator Miguel Ramos, foi ver o *show* e propôs que fôssemos a São Paulo, onde ele estava morando. Falou que tinha contatos e que gostaria de nos produzir lá. Logo ligou dizendo que tinha conseguido pautas em teatros da prefeitura, e fomos, Tangos e Tragédias, junto com a trupe da Mime Apestovich, que faria apresentações à tarde.

Já que eu e Dilmar fazíamos parte dos dois grupos, fomos juntos, com os dois trabalhos, para São Paulo. Como eu queria me dedicar só ao Tangos e Tragédias, propus atuar no grupo de músicos da peça infantil, para garantir a trilha sonora, que era complexa e de minha autoria. Contratamos músicos de São Paulo para o fagote, *cello* e percussão, e eu ficava coordenando a pequena orquestra.

Consegui um ator/músico que fazia igualzinho tudo que eu fazia na peça: o Eliseu Urdanovsky.

Ocorre que não tínhamos dinheiro para a empreitada. Eu ganhava uma diária por noite, que gastava no mesmo dia com necessidades básicas. A inflação era altíssima e eu precisava deixar dinheiro em casa para poder me afastar durante um mês. Então, Nico pediu dinheiro emprestado ao pai dele, Seu Moisés, que era incentivador dos projetos do Nico desde o Saracura. E fomos de ônibus.

Os teatros eram de baixo custo, mas não tinham estrutura nenhuma de luz, som ou divulgação. O *show business* de São Paulo já era bastante profissional e exigia uma estrutura sólida para que os novos trabalhos fossem lançados com alguma repercussão. O resultado foi que fizemos *shows* em locais grandes para muito pouca gente. O Teatro Paulo Eiró, em Santo Amaro, fica em frente à estátua do famoso bandeirante Borba Gato. Nesse teatro, de 700 lugares, havia cinco pessoas na plateia. Não sabíamos o que fazer, a não ser fazer o *show*, para mostrar que estávamos curtindo muito, com toda a sinceridade, independentemente da suposta humilhação de tocar para cinco pessoas num lugar com capacidade para 700. Aliás, naquele momento, o "aspecto fracassado" dos personagens contribuía definitivamente para o acabamento do trabalho.

O resultado foi inesperado. Uma das cinco pessoas da plateia era Miguel Benedykt, amigo do Nico desde sua juventude, que tinha namorado a irmã do Cláudio Levitan e falava disso como se tivesse sido o melhor período da sua vida. Ele falou que havia curtido muito o *show* e logo foi nos ajudar de forma definitiva em São Paulo, chegando a nos incluir entre os talentos da sua agência internacional de modelos, a Models International Management (MIM), e tornou-se nosso agente em um momento estratégico importante. Teve também um jornalista que quis nos entrevistar. Um público de cinco que valeu por 500.

Esse público minúsculo repetiu-se em toda essa temporada, que passou por outros cinco teatros da Prefeitura de São Paulo, onde a sorte de encontrarmos pessoas como aquelas não se repetiu.

UMA BOMBA V2 SBØRNIANA

Para economizar dinheiro em estadias, fomos parar na casa do Miguel Ramos, que tinha até comprado um sofá-cama com dois lugares para nos abrigar. Estávamos determinados a furar o cerco da mídia com nossa diversão e arte. Uma aparição no Jô Soares dava um gás, mas não definia muita coisa.

Aí decidimos ir ao jornal *Folha de S. Paulo*. Na pura cara de pau, pois não havíamos marcado hora com ninguém. Entramos lá e dissemos que queríamos falar com o Carlos Calado, o mais importante crítico do Brasil no momento. Subimos, vestidos de Kraunus e Pletskaya. Achamos ele na Redação. Nos apresentamos com muita fluência. Ele nos olhou de cima a baixo, disfarçando. Eu havia tomado a frente no contato; não tinha nada a perder. O Nico ficou meio pra trás; ele era do Saracura, uma banda de muito sucesso, não estava a fim de arriscar o que já tinha conquistado. O Calado disse que não poderia nos atender naquele momento.

De alguma forma, nós não aceitamos aquilo e entendemos que ele atenderia mais tarde. Sentamos numa antessala e ficamos a tarde toda vendo ele passar de lá pra cá e de cá pra lá. Passava bem na nossa frente e não falava nada. Quase no final do expediente, perguntei se iríamos conversar, e aí ele foi bem claro e ríspido dizendo que não iria nos atender. Nos entreolhamos, chocados, e fomos embora olhando as fotografias nas paredes dos corredores da *Folha de S. Paulo* sobre a Segunda Guerra Mundial, desejando que uma bomba V2 caísse em cima da mesa dele. As manchetes falavam da Cracóvia, e imaginamos que nossos personagens teriam vindo desse lugar. A Cracóvia destruída e dois astros cracovianos humilhados e recusados pelo principal crítico do principal jornal do Brasil. A carreira de dois dos maiores talentos da Cracóvia morrendo na praia.

Chegamos em São Paulo, mas morremos na sala de espera esperando o Calado. Uma coisa revoltante. Fomos embora pensando que não seria fácil, e nos sentindo muito mal. Voltamos para a casa do Miguel Ramos sem nenhuma perspectiva de retornarmos para o Rio Grande do Sul. Mas queríamos voltar. Depois de três dias, o sofá da casa do Miguel ficou meio ruim.

Naqueles dias, continuávamos com a ideia fixa da Cracóvia e da vingança a ser aplicada no Calado. Mas a Sbørnia começou a invadir nossas conversas.

Logo depois, pintou uma nova entrevista para compensar, no *Jornal da Tarde*, onde fomos muito bem atendidos, e ali começou um processo interessante de criação do nosso trabalho. Uma jornalista começou a nos perguntar sobre a nossa história e sobre o nosso sotaque carregado, e ali começamos a criar o passado de Kraunus e Pletskaya, duas personalidades fictícias que passaram a se confundir com as nossas próprias personalidades.

– Falem um pouco do repertório de vocês.
– Ah, sim... O repertório veio da Grande Lixeira Cultural...
– E que sotaque é esse?
– É do nosso país...
– De onde vocês vieram?
Nos entreolhamos e respondemos com profunda convicção:
– Hmmm... bem... viemos... da Sbørnia!

Nossa felicidade silenciosamente explosiva equivalia a uma bomba V2 na mesa do Calado! Depois de publicada essa entrevista, BUM!, a Sbørnia havia surgido oficialmente! Ainda bem que não foi com o Calado, porque ele não teria capacidade de perceber a história que estava nascendo.

Num desses *shows*, o Nico brigou com o Miguel Ramos, o que não era incomum, pois o Nico tinha um temperamento explosivo. Chegava a ser um artista tempestuoso, e, nos primeiros anos, eu tentei fazer um papel de mediador entre ele e os outros. Bem, tivemos que sair da casa do Miguel. Fomos para um hotel barato no centro da cidade e nos deram um quarto com uma cama redonda. Ah, não deu... Pedimos um colchão. O Nico dormiu na cama, e eu, no colchão no chão. Dormimos mal. No outro dia, Nico caminhava rápido, sem falar nada e decidido a fazer algo que eu não sabia o que era. Estava muito determinado. Deu uns telefonemas para um amigo do Péricles Druck, pai da Andréa Druck, que era o Flavio Scafi, dono de uns empreendimentos imobiliários, e conseguiu um apoio em um *flat* no centro de São Paulo. Assim, ficamos bem melhor instalados.

KEITH JARRET, ROBERTO CARLOS E TANGOS E TRAGÉDIAS

Aquela matéria do Caio Fernando Abreu foi provavelmente o que despertou o interesse em nosso trabalho. Ali, no *flat,* recebemos outros jornalistas, que fizeram matérias, dessa vez, sem os personagens. Perguntavam sobre o conceito, o repertório, etc. O Nico era geminiano com ascendente em Gêmeos também, falava muito bem, eu mais escutava, mas não tínhamos um conceito amadurecido. Fora esses jornalistas que nos visitavam, seguimos com a estratégia das entrevistas com os personagens.

Era tudo muito divertido. Levávamos os instrumentos e dávamos uma palhinha das músicas, fazendo a mesma performance tragicômica do *show.* Isso numa redação de jornal era engraçado. Todo mundo se divertia e aplaudia. No começo, eu achava que essa audiência jornalística estava sendo falsa, que aplaudiam dando sequência à cena farsesca, como nós próprios. Mas depois vi que realmente gostavam e viam nisso algo artístico de verdade. Assim, saímos na imprensa, mas o público ainda não comparecia aos *shows.* Fazíamos nosso trabalho confiando apenas nas nossas convicções, totalmente contra qualquer modelo que vinha dando certo até aquele momento. Até que fomos ficando conhecidos naquele meio artístico.

Quase no final dessa temporada, a Cacaia, para quem havíamos sido apresentados pelo Ferré, nos chamou para uma temporada no teatro da Faculdade Cândido Mendes imediatamente após a temporada de São Paulo. Já estávamos fora de casa há um mês, mas as coisas estavam evoluindo, e não podíamos perder a oportunidade. Seriam mais dois meses no Rio. Mas teria que ser só os dois, eu e Nico. Ela havia visto nossa performance nas fitas do Ferré, em que éramos só os dois, e achava que deveríamos ir sós. Eu fiquei chocado, porque tínhamos ido para São Paulo com o contato do Dilmar, e eu não gostava da ideia de ninguém de fora dando palpites no formato do nosso trabalho, ainda mais querendo tirar um elemento do grupo. Havíamos começado só nós dois, mas o Dilmar, naquele momento, fazia parte do trabalho, embora fosse naturalmente um terceiro elemento na dupla. Depois, ficamos sabendo que, na verdade, a Cacaia tinha algo contra o Dilmar, e preferia só a dupla. Assim, depois de refletirmos juntos e o Nico estar mais de acordo com a Cacaia, fui convencido de que não podíamos perder a oportunidade.

Chegamos no aeroporto Santos Dumont e fomos ao banheiro trocar de roupa, pois já tínhamos uma entrevista marcada no *Jornal do Brasil*. No Rio, a imprensa foi muito mais receptiva. Cantávamos Vicente Celestino durante sessões de fotografia nas redações e todos aplaudiam. As entrevistas passaram a ser sempre uma extensão da nossa performance no palco.

No primeiro dia, dormimos na casa da Cacaia, que era casada com o Mario de Aratanha, dono da gravadora Kuarup na época. Naquele dia, havia um casal de amigos deles lá também, e a Cacaia pediu que nós fizéssemos o *show* ali na sala para eles. O casal era Alina e Paulo Moura. Puxa vida, o Paulo Moura! Eu curtia muito o trabalho dele, desde o tempo em que eu tocava chorinho na noite. Eu o via como um continuador do Pixinguinha, até lembrava ele fisicamente. Já tinha ido numa gafieira com ele no Sesc Pompeia, em São Paulo, e tinha adorado. Ali eu me senti na mais legítima onda brasileira.

Para nós, se tudo funcionasse conforme o planejado, seria um salto gigantesco. A Cacaia era assessora de imprensa da EMI-Odeon, tinha intimidade com o meio jornalístico. Ela planejou uma pré-estreia para a imprensa no início da semana, para que houvesse tempo de sair alguma matéria se alguém fosse escrever. E saiu uma bela matéria do Joaquim Fonseca no *Jornal do Brasil*. que era o principal jornal de cultura no momento.

Durante essa temporada, fomos visitados por vários artistas: Marieta Severo, Os Paralamas do Sucesso, Zé de Abreu, Marisa Monte e muitos outros. Tim Rescala era diretor musical de uma novela e nos convidou para fazermos uma ponta em dois episódios. Interpretamos dois músicos de um cabaré tocando umas polcas de Hoffman. Aparecer numa novela era algo realmente eficaz em termos de repercussão. Ainda é! Nossa produtora em Porto Alegre, Marilourdes Franarin, que também era produtora do Jornal do Almoço, fez repercutir tudo isso na mídia local.

Começamos a desconfiar que nosso trabalho era mesmo bom. Aparecemos em destaque na coluna "Indicados pelo *Jornal do Brasil*: Roberto Carlos e Tangos e Tragédias". Outro dia: "Keith Jarret e Tangos e Tragédias". Estávamos admirados e até mesmo reticentes. Parecia que eles gostavam mais do que nós!

O Luiz Ferré era muito ligado no nosso trabalho e também estava no Rio. Ele disse que tínhamos que cantar *Roxanne*, do The Police. Não sabíamos a letra, mas começamos a tocar como música de despedida no *show*. E saíamos tocando só o refrão. O Nico tinha uma levada de *reggae* genial no acordeom, fazendo os baixos com a mão esquerda e o ataque, que, no *reggae*, é feito com as guitarras, com a mão direita. E eu tirei meu roqueiro da cartola: fazia um solo de violino com ímpeto guitarrístico e gritava "Rooooxanne" mais alto do que o Sting. Botávamos fogo na performance, e aquilo criava um contraste muito bom com tudo que havíamos tocado antes, as músicas de Alvarenga e Ranchinho, Vicente Celestino, e revelava que, na verdade, éramos músicos *pop*. Toda uma intenção de cultura *pop*, que até então vinha escondida nos tangos e nas tragédias que tocávamos durante o *show*, se revelava naquele momento.

BERLIM-BOM FIM

Era um período fértil. Eu havia composto a música *Berlim-Bom Fim* com o Nei Lisboa há pouco tempo.

Entrei no bar Ocidente, reduto *punk/dark* dos anos 1980 em Porto Alegre, e o Nei Lisboa estava em uma mesa com o Fiapo Barth, dono do lugar. Ele falou que tinha uma letra pra nós e a escreveu ali, em um papel pardo que guardo até hoje. Levei a letra, que falava do bairro judeu Bom Fim, em Porto Alegre, e fazia referências ao *punk* alemão, emergente por ali. Nina Hagen tinha passado escandalosamente pelo Brasil, e escutávamos The Cure e Peter Murphy, do Bauhaus. Havia na letra uma clara referência ao livro *O verde violentou o muro*, do Ignácio de Loyola Brandão, que falava da derrubada do Muro de Berlim. O *punk* alemão era realizado no bairro judeu de Porto Alegre. A letra falava também do muro da Av. Mauá, de Porto Alegre, que foi construído com a intenção duvidosa de evitar novas enchentes como a de 1947. Até hoje ele nunca serviu para o seu propósito, levantando suspeitas sobre sua construção. Quem sabe um dia ele ainda nos salve de uma catástrofe e assim poderemos aproveitar a situação para fazer mais uma edição do disco. Enfim, levei a letra pensando que o Nico ia curtir, porque falava do bairro em que ele morava, e que ele, como judeu, saberia dar o trato necessário. Passei ao Nico, que ficou oito meses com a letra. Um dia, perguntei a ele sobre a música, e ele disse que não estava saindo. Pedi licença e compus a música no mesmo dia. Gravamos em uma fita cassete e mandamos para o Nei, que fez um arranjo *pop* e colocou no seu repertório.

No Rio, Nei Lisboa estava gravando o LP *Carecas da Jamaica* pela gravadora EMI-Odeon, com produção do Dudu Trentin. Souberam que eu estava lá e me chamaram para gravar o violino em *Berlim-Bom Fim*. Fui ao estúdio com uma certa apreensão, porque eu ainda estava aprendendo e não me achava pronto. Colocaram a base pra rodar, mas eu nunca a ouvira, porque tocávamos em forma de tango no nosso *show*, e esse arranjo era bem *pop*. Soltaram a fita e saí catando as notas, atirando pra tudo que é lado, e o Dudu Trentin falou: "Bah! Tá ótimo! Toca mais aqui nesta parte!" Soltou a música e lá fui eu, soltando notas num tom tangueiro, mas ainda sem entender o arranjo, até que ele disse: "DEU! Vem aqui escutar". Eu falei respondi que nem tinha entendido o arranjo ainda. Ele estava entusiasmado, mas eu não acreditava que tinha saído algo bom. Fui à cabine técnica pra escutar e o Dudu dizia: "Bah, tá ótimo!", mas eu não entendia onde estava o ótimo e nem o que eu próprio havia feito. O Nei Lisboa não falava nada, mas parecia confiar muito na condução do Dudu Trentin. Escutando hoje, eu confirmo que gostaria de ter feito melhor e que, na verdade, não poderia ter ido muito além, porque eu tocava muito mal mesmo!

NICK (DISAPPOINTMENT) CAVE

Outro momento legal no Rio foi na mixagem do álbum *Tango*, do Vitor Ramil, um clássico do início ao fim. Eu já era fã do Vitor, e nos encontramos na casa do Kleiton. Ele havia visto o Tangos e Tragédias nessa temporada no Cândido Mendes e falou que era uma das melhores coisas saídas do Rio Grande do Sul. Eu achei bacana, mas um exagero, pois achava que ainda não tínhamos feito algo de fato relevante. Eu acreditava que a obra dele era infinitamente mais relevante. Na Odeon, ele estava mixando a canção *Sapatos em Copacabana*, uma invenção originalíssima, mestria plena em composição, conceito e forma. Levada 6/8 que traz na sua essência uma chacarera, mas com uma pegada *pop/jazz*, um poema surrealista, uns vocalizes gauchescos misturados com berimbau, o HiperPampa pulsante na garganta do Vitor.

Fomos à casa do Vitor e o convidei para ver o *show* do Nick Cave, que estava em cartaz no Imperator. Eu curtia o Nick do álbum *Kicking against the pricks*, onde ele aparecia como um *crooner* e cantava algumas canções clássicas com sua banda, The Bad Seeds. Tudo soava como um Tangos e Tragédias feito por um australiano com uma banda *punk*. Havia um "não guitarrista" chamado Blixa Bargel. Isso significa que o cara não sabia tocar como um guitarrista, mas utilizava o instrumento para fazer "ruídos artísticos". E ficava muito interessante! Anos depois, numa conversa com Arto Lindsay (compositor e produtor de Recife que morava nos EUA há muitos anos e produziu o álbum *Circuladô*, do Caetano) em Porto Alegre, descobri que fora ele que inspirara o Blixa a "não tocar guitarra", ou a ser um "não guitarrista". Arto tocava bem assim. Recusava-se a saber as notas e muito menos a tocá-las de forma convencional.

Fomos nesse *show*, e o som era *punk*, muito alto, de forma que mal se conseguia ouvir a voz do Nick Cave, que era o que eu queria mostrar para o Vitor, pois a achava similar à dele. Além disso, o lugar fedia a cerveja quente, o palco era baixo e deslocado e estava calor. Nick Cave parecia um traficante afetado, dançava e se movia com uma teatralidade forçada. Não gostei. Saí bem desiludido. Eu achava que o personagem dele seria mais como os nossos, só que a música era muito barulhenta e tirava o foco do personagem. Fui pra ver um cara que achava que estaria muito acima do que fazíamos e saí achando que nós éramos melhores do que ele.

THEATRO SÃO PEDRO

Longe de casa, sem dinheiro e telefone, era natural que alguns problemas começassem a emergir. Sim, vieram os problemas!

As mudanças na carreira e, consequentemente, mudanças no perfil pessoal trouxeram modificações aos relacionamentos, e o Nico, que era casado com a Marjori, estava se separando. Eu e Heloiza também tivemos que nos afastar, considero que para completar um ciclo de mudanças essenciais e avaliar se queríamos continuar juntos. Lógico que foi uma coisa dolorosa. Junto com as conquistas na carreira vinham as dores das transformações.

Nico ofereceu a casa dele para eu ficar. A construção do nosso trabalho estava fluindo, e o tempo que tínhamos passado juntos em São Paulo e no Rio rendera muito. Nesses dias, estávamos em plena construção do nosso projeto.

Lá na casa do Nico, um apartamento na Marquês do Pombal, tivemos alguns encontros memoráveis. Um deles, com o Cláudio Levitan, que já tinha o seu personagem, Prof. Kanflutz, e que era o artista que mais influenciava o Nico. Desde a sua meninice, Nico frequentava a casa de Cláudio e via seus pais, "Os Pimpinelas", dois gêmeos idênticos, tocando música folclórica junto com sua mãe, D. Alma. Esses gêmeos eram uma história à parte. Os dois construíram em sua casa, no bairro Ipanema, um parque com brinquedos feitos de latas, panelas e todo tipo de restos de materiais. Todos os brinquedos se moviam com um mecanismo ativado por uma roda d'água. O parque ainda existe, e recebe visitas frequentes. Todo mundo quer ver o parque de invenções dos Pimpinelas. Arte e inventividade em alto nível. O menino Levitan, influenciado pelos pais, já compunha e se mostrava muito criativo. Isso deve ter impressionado tanto o pequeno Nico Nicolaiewsky a ponto de, quando nos perguntavam quais eram nossas influências, ele responder: "Cláudio Levitan".

Também o Vitor Ramil esteve lá no apartamento do Nico, e era sempre um mistério observá-lo tocar. Ver suas invenções ao piano sempre foi muito inspirador. Vitor tem inspirado muitas gerações, e ver sua inventividade num momento informal foi um privilégio que trouxe influência para meus padrões de criatividade.

Logo no final dessa temporada no Teatro Cândido Mendes, em Ipanema, surgiu uma desistência de data no Theatro São Pedro, em um final de semana que estava reservado para o Jô Soares. Dona Eva Sopher, que era presidente da fundação que administrava o teatro, gostava muito do nosso espetáculo, e nós assumimos essa data. Foi um golpe de sorte, porque o sucesso no Rio de Janeiro começava a repercutir em nossa cidade. O público passou a comparecer de fato ao Theatro São Pedro para ver os gaúchos que tinham aparecido no programa do Jô Soares. Até que nos ofereceram um horário alternativo, o das 18h, e aceitamos. Ficaríamos no proscênio. Não poderíamos passar da cortina para dentro porque haveria outro espetáculo no horário principal. Uma espécie de teste para uma experiência divertida que tinha potencial para atrair o público. Finalmente, em 1988, nos ofereceram uma semana no Theatro São Pedro, durante os meses de setembro/outubro, e lá gravamos o nosso disco. Queríamos gravar ao vivo, e soubemos de um cara que fazia ótimas gravações. Fomos procurá-lo em um concerto da Orquestra Sinfônica. Era o Marcello Sfoggia.

Marcello era um dentista, gênio da eletrônica, conhecedor e apreciador de música clássica. Havia construído, na sala de sua casa, um ambiente para escutar música junto com seus amigos. Esse equipamento consistia em amplificadores com válvulas especiais, gravadores de rolo e pratos com agulhas especiais, tudo para produção de música em áudio *hi-fi* (high fidelity – alta fidelidade). A experiência com esse tipo de áudio entrou na minha vida através do Marcello Sfoggia. Ali, na sala de sua casa, ele e sua esposa, D. Luizilla, recebiam os amigos para a experiência suprema de escutar música. Suas gravações seguiam os mais altos padrões encontrados na indústria da música. Mais a seguir, voltarei falar de minha experiência com o Marcello Sfoggia.

Combinamos com ele e gravamos três dias. Sua especialidade eram as gravações acústicas, mas nós utilizávamos microfones de amplificação para a plateia na época. Ele colocou dois microfones Neumann 87 em nossa frente e começamos a gravar os ensaios fazendo testes e exercícios. Com isso, descobrimos nossa dinâmica acústica. A partir dessas gravações, eliminamos os microfones dos *shows*, o que também nos ajudou a economizar com os equipamentos. Durante alguns anos, nos apresentamos sem microfones. A performance de caráter teatral e cômica havia ganhado uma grande importância. Éramos agora não mais um *show* de música, mas uma peça de teatro! Estávamos nos divertindo e nos lapidando como comediantes.

JÔ!

Em 1989, nossa produtora Marilourdes Franarin enviou nosso material para o programa Jô Soares Onze e Meia, do SBT, o maior *talk show* do país na época, com 200 milhões de habitantes. Logo nos chamaram. Foi uma vibração. Pela primeira vez, teríamos exposição nacional. Chegamos em São Paulo no dia da entrevista, e eu e Nico estávamos discutindo se nos apresentaríamos como Kraunus e Pletskaya, que era a minha opção, ou como Nico e Hique, que era a opção do Nico. Até o momento de entrarmos em cena no programa do Jô estávamos discutindo isso, e não tínhamos uma definição. Estávamos com as roupas dos personagens. Era nossa primeira apresentação em um grande programa de TV em rede nacional. E o Jô resolveu a questão: "Vou chamar aqui os artistas Kraunus e Pletskaya, do Tangos e Tragédias!"

Depois dessa, estivemos mais sete vezes no programa dele com o Tangos e Tragédias, somando oito vezes no total, sendo sempre muito bem tratados. Como as entrevistas repetiam nas férias do Jô, fomos 16 vezes ao ar. E o Nico Nicolaiewsky foi mais duas vezes lançar seus projetos. Sua última entrevista tem todo o tom de despedida e homenagem, quando ele foi divulgar seu trabalho *Música de camelô* e ficou 34 minutos no ar.

Mas então, voltando à primeira entrevista definidora, seguimos a linha que viríamos a adotar nas redações de jornais, revistas e mesmo em rádios. Falávamos sobre a Sbørnia, fazíamos umas performances das músicas e inventávamos o tempo inteiro. No programa do Jô Soares, ele sacava que estávamos curtindo e botava lenha na fogueira, puxava assuntos fictícios que jamais imaginaríamos. Perguntava sobre as brigas de família, sobre o pai de Kraunus, a avó do Pletskaya, e nós respondíamos inventando a história na ponta da língua. Às vezes transparecia que estávamos inventando, o que tornava a situação mais engraçada para a audiência. Numa dessas vezes, Jô perguntou sobre o pai de Kraunus, e eu falei que ele era jogador de MachadoBoll, o esporte preferido da Sbørnia, algo que havíamos engendrado em sessões criativas junto com o Cláudio Levitan e o Edgar Vasques. Esse assunto evoluiu e virou uma sequência incrível no longa-metragem de animação *Até que a Sbørnia nos separe*, do qual vamos falar mais adiante. Essas entrevistas também permitiam que algumas coisas engessadas entre nós, assuntos que curtíamos, mas que acabavam não entrando no *show,* pudessem vir a público durante os improvisos, como o dia em que Jô perguntou como se falava sbørniano e eu levantei e comecei a cantar o *Hino da Sbørnia* em sbørniano, aquele que eu havia composto no quartel durante uma guarda inspirada e que nunca tinha entrado no *show* porque o Nico não curtia muito. Nossa combinação era que só entraria no *show* o que os dois curtissem, mas, na hora do improviso, um não conseguia segurar o outro, a coisa espirrava pela veia artística, pelo ímpeto criativo e pela aposta no tempo da comédia. Essa coragem de improvisar ao vivo na TV, em rede nacional, transparecia para o público, que curtia muito.

UM CHUTE NOS DÓLARES

O ano de 1989 também foi o ano em que nos ofereceram a primeira temporada de um mês no Theatro São Pedro, numa época em que ninguém fazia nada. Resolvemos assumir porque estávamos duros e não tínhamos trabalho. Nosso custo seria muito baixo; não tínhamos muito a perder. Foi nossa primeira vez depois da reforma do Theatro São Pedro, que ficara fechado durante nove anos para que ela fosse concluída. Não lotou todos os dias, mas tivemos um público muito bom, que não tínhamos tido até então. Sem dúvida, tivemos que admitir que fora um sucesso, e ficamos todos muito surpresos.

Nós ganhamos dez mil dólares. DEZ MIL DÓLARES. O Nico, que já fazia sucesso com o Saracura, nunca havia ganhado uma quantia dessas. Além disso, era o auge da crise econômica no Brasil. Como a inflação era muito alta, a moeda desvalorizava e mudava de nome seguidamente. Uma loucura. O dinheiro que recebíamos da bilheteria era em cruzado novo, de forma que esses dez mil dólares vieram em um monte de notas. Eram muitos pacotes. Levamos tudo pra casa do Nico, e eu nunca tinha visto tanto dinheiro junto. Fizemos as contas e dividimos. No final, peguei um desses bolos e dei um chute pra cima, pra comemorar. A grana se misturou toda e rimos muito dessa ousadia de chutar dinheiro. A mensagem nesta audácia juvenil era: "O dinheiro não vai me chutar! *Eu* vou chutar o dinheiro!". Mas o dinheiro me chutou várias vezes depois. Eu e o dinheiro vivemos aos chutes e pontapés! Era o orgulho de ganharmos dinheiro de forma independente, sem gravadora, sem patrocínio. Era o sucesso de um empreendimento independente. Poucos artistas haviam conseguido essa façanha.

Numa das entrevistas, perguntaram sobre a economia da Sbørnia, e eu respondi que nossa moeda era estável e se chamava scombriø, traçando uma clara relação com a economia brasileira.

Ali, no Theatro São Pedro, gravamos o primeiro programa da série chamada Palcos da Vida pela TVE, a TV estatal. Volta e meia vem gente me dizer que viu de novo uma reprise. Nessas próximas temporadas, o público começou a comparecer. Queriam ver os artistas "prata da casa", que apareciam no Jô Soares num período em que era raro alguém da comunidade artística aparecer na TV em rede nacional representando a cultura local.

SATURNO MAL ASPECTADO

Nico tinha montado seu espetáculo O Poeta Analfabeto, com canções muito lindas que apontavam uma carreira muito promissora para ele. Era um desenvolvimento das músicas que ele havia ou composto ou escolhido e arranjado com o grupo Saracura. Fernando Pesão, que o acompanhava no grupo, fez a direção musical. Eu tocava violino na banda e cantava Berlim-Bom Fim. O HiperPampa ali pulsando forte, como já vinha pulsando no Saracura.

Logo houve um convite e eu também pude montar um espetáculo solo. Estávamos mesmo muito interessados nesse tipo de oportunidade. Nesse espetáculo, havia uma música chamada *Tão estranho quanto somos*, um texto incrível do Nei Lisboa que, na verdade, fora escrito para fazer parte de uma peça teatral chamada *O enigma de Casper Hauser*. Chamei o Fabio Mentz e fizemos uma ambientação musical incrível dirigida por ele, Fabio. Nei Lisboa gravou para a peça e eu gravei para o CD *O Teatro do Disco Solar*. Segue a seguir:

A Luz ilustra a História
E forma formas vivas
Bípedes que clamam a Deus
Passeiam... Existem...
Aqui... e além da grande água.
Além da porta, aonde tudo se esvai.
De lá se vê o pó do tempo.
E vendo assim, como fica estranho o bicho
A comer a própria cauda.
E tudo o que se move se repetir o gesto autômato
A cor disforme,
O mal e o fel desnecessário da sua raça de verdades gastas
Cega... para além das sombras.
De lá se vê o tempo, sem filtros...
Sem relógios...
E os contos da alquimia
Revelando a visão de cem milhões de ratos negros, 17 anos num porão.
Que um dia já viera avisar
Em nome das estrelas...
Que somos... tão estranhos quanto somos.
Quanto o rei que veste vestes invisíveis
Quanto centauros, pássaros e anões.
Tão estranhos quanto a morte.
As mil faces de um mistério
No rosto de um homem só.
(Nei Lisboa)

Esse texto nos deixava vibrantes. A força poética de Nei Lisboa, totalmente dentro do ambiente alquímico que eu e o Fabio tanto frequentávamos através da astrologia e das conversas sobre metafísica. Vibrávamos porque éramos fãs dele. Mais ainda, por termos um poema dele escrito com tanta exclusividade para esse ambiente totalmente fora de suas canções geniais. Um poema original, digno de um Allen Ginsberg.

O espetáculo foi escolhido para encerrar o Porto Alegre em Cena, um festival que começava suas primeiras edições e que hoje é um dos principais do país. Nesse período, eu estava com uma quadratura de Saturno muito grave, uma energia cheia de obstáculos e uma dificuldade muito grande para vencer agendas e organogramas. Saturno é o deus do tempo na mitologia grega. Um Saturno mal aspectado representa todo tipo de dificuldades com as estruturas da realidade. Fluir no tempo é uma dificuldade só. Eu assumi sabendo dessas dificuldades, mas não querendo perder a oportunidade, achando que talvez desta vez a astrologia não funcionasse e que Deus me seria favorável e me protegeria de Saturno, sem me dar conta de que Saturno era uma pequena parte de Deus.

Saturno foi implacável comigo. Os microfones FM eram uma novidade. Os nossos não eram de boa qualidade e entravam e saíam do ar com um estrondo de trovão para a plateia. Pior, captavam o rádio dos táxis que aguardavam na saída do teatro, vazando conversas ora inadequadas, ora ininteligíveis. Eu, em pânico, não conseguia administrar a situação. Foi um pesadelo vívido. A plateia foi complacente e, de alguma forma, me poupou das vaias. Eu teria me vaiado. Eu me vaiei por muito tempo. Foi duro. Uma coisa patética, que seria melhor esquecer bem rápido. Foi a pior coisa que me aconteceu em toda a minha carreira. No próximo final de semana, teríamos mais dois dias. Cláudio Levitan, que me dissera muito sutilmente que "o público havia ficado reticente", veio em meu socorro, cheio de ideias. Ele viu que o conteúdo era interessante e conseguiu me ajudar a dar forma ao roteiro. Trabalhamos mais uma semana nos ensaios e no roteiro e conseguimos, graças a ele, dar um acabamento digno para o trabalho. Saturno continuava a pesar a barra, mas, com a disciplina que Levitan imprimiu ao trabalho, conseguimos nos ajustar às exigências saturninas. Graças à astrologia, que proporcionou o entendimento daquela situação pesadíssima, graças à compreensão astrológica do momento e graças ao Levitan, eu não desisti da carreira.

INESQUECIVELMENTE FELIZES

O Sérgio Mamberti era um ator super conhecido, já consagrado no cinema, teatro e TV. Ele e seus filhos mantinham uma empresa que administrava o teatro do Crowne Plaza, que ficava dentro do hotel cinco estrelas de mesmo nome, um local que tinha um certo *status*, bem pequeno, mas que abrigava *shows cult*. Até a Gal Costa havia participado de um *show* lá, e isso elevou mais ainda o *status* do local naquele momento. Sérgio Mamberti estava organizando um evento político a favor das Diretas Já, na expectativa de que as eleições voltassem e a democracia fosse restaurada. Esse evento contava com muitas performances, e ele nos convidou. Fizemos a performance entre a comunidade artística de São Paulo, que já nos conhecia ou já tinha ouvido algo sobre nós. Era o final da ditadura militar. Estávamos com todo o gás e foi bem legal. Nos sentimos bem acolhidos. Depois da manifestação, Mamberti nos convidou para ir à sua casa e lá mostrou algumas fotos de sua esposa, Vivien Mahr, que havia falecido, junto com outras divas brasileiras, como Dina Sfat. Eram atrizes de grande relevância da sua geração. Entendi que estávamos entre artistas brasileiros consagrados e que faziam a história das artes performáticas brasileiras.

Anos mais tarde, Sérgio Mamberti, no Ministério da Cultura, assumiu vários cargos e trouxe grandes avanços para o país. Foi Secretário de Música e Artes Cênicas, Secretário da Identidade e da Diversidade Cultural, Presidente da Fundação Nacional de Artes (FUNARTE) e Secretário de Políticas Culturais.

Começamos a temporada no Crowne Plaza. Tinha 80 lugares, como no bar do IAB, onde havíamos feito nosso primeiro *show* em Porto Alegre. Mas nossa audiência ainda não tinha sido atingida. Fizemos investidas com nossa produtora de Porto Alegre, Marilourdes Franarin, mas vimos que necessitávamos de um produtor local que nos adotasse de fato e que ficasse atento a todas as oportunidades. São Paulo já tinha 15 milhões de habitantes e uma oferta de *shows* igual à de qualquer grande metrópole do mundo.

Desta vez, saiu uma outra matéria no *Estadão,* do nosso conterrâneo Jimi Joe. Ele foi a alguns *shows* e se emocionava em um texto em que eu falava sobre a Sbørnia: "Nós... viemos da Sbørnia. Nós nascemos na Sbørnia. É da Sbørnia que nos vem toda a nossa inspiração. É da Sbørnia que trazemos toda a nossa bagagem cultural. E é para lá... pra Sbørnia, que um dia... (muito emocionado) um dia... nós hemos de voltar". Jimi fez uma bela matéria sobre o Tangos e Tragédias.

Pode-se imaginar o que significa atingir um jornal como *O Estado de S. Paulo*. Quando a gente faz uma turnê em Portugal, por exemplo, e os produtores falam: "Prrcurremsh o pêish 'ntáiro" (percorremos o pais inteiro), você percebe que o país inteiro, no caso, seria o que sempre fizemos no Rio Grande do Sul. Chegar em São Paulo significava ganhar a mídia nacional, ser conhecidos, não somente citados uma vez ou outra, ter um público que nos frequentava, poder viver do que fazíamos. Era muito difícil, mas estávamos determinados, e chegar ao jornal *Estadão* pela segunda vez foi uma coisa importante.

O Jimi é gaúcho, o Caio Fernando Abreu também, e alguém poderia pensar que, se não fossem, talvez nunca tivéssemos chegado lá. Mas o Sérgio Augusto Andrade (o Arapinha), jornalista formado em Grego e Latim Clássico pela Universidade de São Paulo, era paulista, e a matéria dele na *Folha da Tarde* foi bem maior, bem mais aprofundada e com passagens como a que segue: "Para qualquer pessoa inteligente, esta é uma chance como poucas – uma chance, talvez, como nenhuma outra: assistir a um *show* como quem recebe uma homenagem, ganha um prêmio ou é surpreendido por uma alegria inesperada. Tangos e Tragédias é um *show* que nos faz sentir inesquecivelmente felizes". (Disponível em www.niconicolaiewsky.com.br/work#/tangos-e-tragdias) Na F*olha de S. Paulo* saiu uma rápida entrevista toda equivocada, com perguntas que não respondemos direito e que foram editadas de qualquer jeito, e nunca mais saiu nada. Até o dia em que nos contataram para fazer uma matéria sobre a passagem do Nico. Eu perguntei a eles: "Mas por que querem fazer matéria agora? Nós passamos 20 anos frequentando os melhores locais, os mais nobres teatros, com temporadas de grande repercussão nos melhores programas de televisão, e a *Folha de S. Paulo* nunca se interessou. Ainda bem que não precisamos de vocês para fazer uma carreira e atrair o público paulista!" Me responderam que era da coluna da Mônica Bergamo. Lembrei que ela sim, sempre colocava notas sobre nossas temporadas. Ela era frequentadora da Hebraica e, com sua família, acompanhara algumas das temporadas que fizemos lá. Enfim, fizeram uma matéria bem grande de fato. O editor ficou surpreso com o engajamento dos nossos fãs paulistas, que lotaram a matéria de comentários na internet. Acho que o pessoal da *Folha* tinha curtido a entrevista que eu havia dado para a *Zero Hora* uns dois meses depois da passagem do Nico. Mônica me chamou para uma conversa depois, e estava provavelmente me sondando para uma entrevista em seu programa de televisão, mas ficou desestimulada quando eu falei que havia participado do Festival da Barranca enquanto dirigia o projeto *Rock de Galpão*. Falei para ela que era o tipo de festival em que não entravam mulheres. Ela ficou muito surpresa, reticente, e falou que iria furar o festival e entraria.... Acho que ela deve ter entendido que eu participava "ativamente" de um negócio que não admitia mulheres. Outro dia, após uma viagem de volta para casa, esqueci o meu violino em um táxi. Ele ficou dois dias perdido. Pedi ao mundo ajuda pelas redes sociais. O pessoal da *Folha* ligou pedindo informações e eu falei que achava que aquele taxista não lia o jornal. A moça falou que era da coluna da Mônica Bergamo e que queriam ajudar! Achei simpático!

Ainda naqueles momentos iniciais em São Paulo, alguém me falou do Teatro Mambembe e que devíamos procurar o Marquinho Fentanes. Estivemos lá algumas vezes. Tentei falar com o Marquinho, que, assim como o Carlos Calado, não nos recebia. Até que o Miguel Benedykt, que estivera em um dos cinco lugares ocupados entre os outros 695 vazios da plateia do Teatro Paulo Eiró, voltou para nos ver no pequeno Crowne Plaza. Miguel era um amigo de adolescência do Nico. Uruguaio, se instalou em São Paulo e era dono da *Revista Etiqueta*. Ele foi novamente ver um desses *shows* "vazios" e novamente curtiu muito. Passamos a encontrá-lo e ele começou a ficar entusiasmado com a possibilidade de nos agenciar. Ele estava já montando a MIM, sua agência, cuja primeira modelo contratada, aos 17 anos, fora Ana Paula Arósio. Havia uma sociedade entre Fabrizio Fasano, Miguel Benedykt e o grande fotógrafo Luiz Tripolli. A ideia deles era entrar para o *show business* contratando o Tangos e Tragédias. Fazíamos reuniões em que comentávamos, entusiasmados, que havíamos ganhado dez mil dólares! Até que descobrimos que um deles tinha emprestado 80 mil dólares ao outro, assim, num final de semana, porque eram amigos... Não falamos mais em dinheiro.

Entramos em uma temporada de três semanas com eles no Crowne Plaza mais uma vez. E já sabíamos que teríamos dificuldades para lotar os 80 lugares. Na primeira semana, tudo igual: 12, 20, 40 pessoas... Mas logo pintou mais um convite para o Jô Soares, e foi um marco na nossa carreira. O ano era 1991. A entrevista repercutiu muito bem mesmo, e ficamos mais de trinta minutos no ar, o que significava dois blocos do programa. O Jô se divertia muito com nossas respostas e com as histórias da Sbørnia, que a essa altura já tínhamos prontas na manga. Fizemos o número musical e um bis a pedido do público. Foi um estouro! Assim, passamos a lotar o pequeno Crowne Plaza com uma semana de antecedência. No final da temporada, lotava todos os dias. Logo o Miguel Benedykt conseguiu o Teatro Anne Frank, da Hebraica, com 300 lugares, e ficamos três meses em cartaz.

Foi no início dessa temporada que saiu a matéria de duas páginas do Sérgio Augusto Andrade (o Arapinha) mencionada anteriormente. Depois de lê-la, eu e Nico nos olhamos e constatamos que enfim tínhamos chegado em São Paulo. A gente curtia reler a matéria, porque sempre tinha algo que a gente não entendia. As referências do Sérgio Augusto Andrade eram muito eruditas pra nós: masmorras de Gogol, atrizes do cinema ídiche e dos musicais de cabaré judeus. Nós riamos e repetíamos alto para nossos produtores os trechos que não entendíamos, porque eles também não entendiam. Anos depois, ele fez uma outra matéria para a revista *Bravo* sublinhando *clusters*[3] de Stravinsky no piano do Nico para uma das músicas. E era verdade: mesmo sem intenção erudita, aquele arranjo lembrava esses *clusters*; lógico, para quem já tem essa referência.

A SBØRNIA CRUZA A IPIRANGA COM A AV. SÃO JOÃO

Era Páscoa e estávamos hospedados na casa dos pais do Miguel, um apartamento bem grande. A mãe do Miguel era preparadora de modelos. Passamos o Pessach lá, e foi a primeira vez que vi esse ritual. Achei muito bonito as crianças lendo passagens da fuga dos judeus do Egito pelo deserto, uma tradição de quase seis mil anos. No acordeom, Nico sempre evocava a tradição judaica. Viajei na história e entendi melhor as bases judaicas do meu parceiro, com quem eu começava a construir a parte mais importante da minha vida profissional.

---

3 Notas dissonantes amontoadas.

O Tripolli era o fotógrafo das modelos da MIM. Ele era um grande fotógrafo, estava entre os principais da história da fotografia brasileira. Fizemos uma sessão de fotos com ele, uma das melhores de toda a nossa carreira, e melhoramos enormemente o perfil dos personagens. Desenvolvemos um acabamento melhor nos detalhes de figurino e maquiagem, e isso fez uma diferença considerável, sem mexer na essência das nossas criaturas. Certa vez, o Tripoli sugeriu que eu deveria dar um jeito no cabelo e colocar uma meia tipo polaina para dar um acabamento nas canelas. Sobre o cabelo, concordei, mas sobre as canelas?! Ele queria tirar as canelas do Kraunus de cena, e isso era uma heresia para mim! Achei que ele não estava entendendo que éramos *clowns*, e que *clowns* são ridículos e se vestem com detalhes ridículos. Tivemos uma conversa. Estávamos a fim de seguir as sugestões dos novos parceiros, mas tinha um limite. Me recusei, ele entendeu e passou a dar outros toques importantes. Entre outras ideias, tinha uma em que a Ana Paula Arósio sairia de um bolo gigante no palco. Nem precisamos discutir isso duas vezes, porque não encontrou nenhum eco em nós. Ana Paula transformou-se em uma atriz de sucesso e deixou sua marca nas produções de cinema e televisão das quais participou.

Tripolli passou a fazer o cenário dos *shows*. Havia uma cortina azul drapeada linda que ele mandou fazer, mas nós a achamos muito novinha para nosso clima retrô e pedimos que rasgassem a cortina, para que ela parecesse antiga e decadente como os personagens. Ele olhou para a cortina novinha e linda, olhou para nossas caras de jovens radicais e topou! Ficou bem bacana. Usamos até ela se acabar. Mandamos fazer outra, mas, desta vez, não rasgamos. Já tínhamos conquistas radicais suficientes para rasgarmos uma cortina tão linda. Incorporamos a cortina até a última apresentação. Nesses primeiros *show*s com cenário do Tripolli, ele levou uma iluminação de fotografia, grandes *spots* de lâmpadas de halogêneo com incidência lateral na cortina, e a temporada da Hebraica ganhou uma sofisticação que ainda não tínhamos.

O público da Hebraica se identificou com a história dos sbørnianos: Kraunus tem alguns traços de judeu ortodoxo, e o violino é algo presente na tradição judaica; Nico, um judeu legítimo, com todo um estilo tradicional judaico de tocar acordeom. O teatro lotava ou chegava bem perto disso todos os dias. A Hebraica nos adotou e foi nossa segunda temporada de sucesso.

A carreira começou a decolar, outros contratos começaram a surgir e passamos a ser bem recomendados no meio. Artistas foram nos ver, formadores de opinião, a imprensa e o público começaram a recomendar o espetáculo diferentão e superengraçado. Celebridades do universo paulista apareceram, como, por exemplo, Roberto Justus, que nos contratou para a festa de final de ano da sua agência de publicidade e nos apresentou aos funcionários como um exemplo de ousadia e criatividade. O Marquinho, do Teatro Mambembe, também foi nos ver e adorou o espetáculo. Finalmente conseguimos falar com ele. Foi bom dizer para ele que não poderíamos trabalhar juntos porque agora tínhamos uma agência superqualificada cuidando da nossa carreira e da nossa agenda, depois de eu ter ido umas três vezes no escritório do Teatro Mambembe e não ter sido recebido. Mas ele era uma referência bacana na movimentação cultural de São Paulo, e se dispôs a falar sobre trabalho quando quiséssemos. Mais tarde, faríamos juntos uma linda carreira.

Engatamos na mais longa temporada até então. Três meses. Sexta-feira, saíamos de Porto Alegre lá pelas 15h, chegávamos em Guarulhos e íamos direto para a Hebraica. Em 1987, São Paulo ficava longe de Porto Alegre. A viagem era difícil e muito cara! Mas de repente a distância entre as duas cidades diminuiu drasticamente. Foi de "quem sabe um dia consigamos chegar em São Paulo" para "vou ali e já volto".

Fabrizio Fasano tinha muitos contatos e conseguiu um apoio em um hotel fantástico, no qual nunca tínhamos sonhado nos hospedar até então. Entrei no quarto e era um lugar incrível, com uma decoração finérrima, um ambiente com muito espaço, realmente de primeira linha, e tivemos certeza de que merecíamos aquilo. De fato, tínhamos chegado em São Paulo.

~

EU, OS QUATRO NICOS E O LUIS FERNANDO VERISSIMO

Foi nesse hotel que Nico veio com a ideia de uma ópera para fazermos juntos. Criou uma primeira cena e eu curti muito. Me perguntou como prosseguiria. Eu prontamente meti a mão na massa. Sugeri que poderia ter um *jazz*, um baixo rápido traria a tensão que a cena sugeria. Ele falou: "Não! *Jazz* não!" Entendi que ele queria fazer uma ópera tradicional. Nesse momento, vi que não poderíamos dividir aquela composição e falei que ele deveria conduzir da maneira dele e que eu poderia dar apoio. Alguns anos mais tarde, ele tinha 13 minutos da sua ópera prontos, e combinamos de apresentá-la no Tangos e Tragédias. Eu queria muito um número novo, e ele tinha essa novidade pronta. Era uma peça muito original, e, depois de brigarmos e nos desgastarmos em discussões sobre como seria a formatação do grupo que faria a ópera, desisti de discutir e disse a ele que daria suporte para todas as suas decisões. Decidiu-se que haveria um quarteto de cordas, um percussionista com tímpano (Kiko Freitas) e mais um ator, que, no caso, foi Antonio Carlos Falcão, um grande comediante com um talento vocal bem apurado, que não era um cantor de ópera, mas era bom o suficiente para essa história. Eu fazia um dos personagens principais, o Alencar.

Os 13 minutos da ópera trouxeram um alívio quanto ao fato de termos incluído um número tão significativo no espetáculo. Provamos para nós mesmos e para os detratores que éramos capazes de criar e não estávamos acomodados no sucesso. Saímos com uma sensação de realização. Eu, um tanto contrariado, confesso, por me sentir um pouco excluído das decisões sobre o repertório e ter aberto mão da posição de decidirmos tudo juntos em troca de um número novo no espetáculo. Mas estava também absolutamente decidido a trabalhar no meu repertório e fazer meu espetáculo individual. Se minhas ideias não pudessem ser experimentadas no Tangos e Tragédias, ok! Eu usaria aquele módulo de sucesso que era o Tangos para tocar adiante só o que fosse adequado ali. Nossa associação era vencedora, mesmo com os conflitos, e trazia em si muitas promessas de obras associadas, como HQs, filmes, livros etc. Então, comecei, secretamente, a preparar meu repertório para um novo espetáculo, com novos personagens. Minha angústia criativa chegou ao ápice, e eu precisava provar para mim mesmo que era capaz de ser tão criativo quanto o Nico, porque a ópera era realmente genial, muito original e criativa. Havia uma espécie de "estímulo competitivo", talvez até uma dose de ciúme que eu não seria capaz de admitir na época.

Anos mais tarde, o Nico quis fazer a segunda parte da ópera, e chamou o Luis Fernando Verissimo para ajudar no roteiro de uma montagem. O Verissimo topou e escreveu um monte de ideias muito legais. Achei que realmente desta vez, com essa parceria, o projeto decolaria de verdade. Mas o Nico falou que não tinha curtido o que o Verissimo tinha escrito. Eu fiquei muito surpreso, pensando no que ele iria fazer. Eu duvidava que ele fosse dispensar a parceria com o Verissimo, mas ele dispensou! Eu fiquei chocado com aquilo e escrevi para o Verissimo oferecendo uma participação em um outro projeto muito bacana que eu estava desenvolvendo com o Cláudio Ramires, e ele nem respondeu! Fiquei com isso entalado mesmo e falei que não participaria dessa fase do projeto. Até hoje penso que o Verissimo não fala comigo por causa disso! Todo mundo diz que ele não fala com ninguém, o que piora minha situação, porque eu acho que ele não fala com ninguém por causa daquilo. Dizem que é a Lucia, sua esposa, que fala com todo mundo, e que ele mesmo fala muito pouco. Outro dia, encontramos o casal Verissimo no aeroporto. Ela realmente falou muito, contou histórias, tudo muito interessante. Em dado momento, ele disse: "Viu por que eu não falo? Tô esperando uma brecha!" Fiquei aliviado!

Voltando ao Nico e sua astrologia, ele era de Gêmeos ascendente em Gêmeos. Gêmeos é um signo de duplicidade, e às vezes eu via esse aspecto quádruplo nele. Os gêmeos são dois, e, sendo ele duplamente geminiano, cheguei à conclusão de que ele era quatro! Quatro Nicos! Mas, às vezes, eu mesmo configurava algum de seus quatro gêmeos!

Depois que ele completou a ópera, chamou o Verissimo para escrever o texto de apresentação do CD. Ele topou e ficou tudo bem.

O TEATRO DO DISCO SOLAR

Então, comecei empreender um novo repertório de composições e um novo espetáculo. Chamei Elcio Rossini, o diretor de teatro que havia dirigido o espetáculo Passagem para Java, que a revelara Ilana Kaplan para o grande público. Ensaiamos algumas vezes, fazendo laboratórios, até que ele disse: "Experimente fazer um anão". Foi então que criei um personagem com o qual poderia fluir como faço com Kraunus. Imaginei um instrumento para esse personagem, o serrote, e lhe coloquei um nome tirado de um amigo de infância: Macuco. Sobrenome: Serra. Macuco Serra. Outro personagem seria Laszlo – o Homem-Banda.

Eu tinha a ideia fixa de ter uma bicicleta antiga, daquelas com uma roda gigantesca na frente e outra pequena atrás. Meu sogro, que era engenheiro mecânico, fez o desenho de uma dessas bicicletas, toda calculada pelo tamanho da minha perna, como manda a engenharia. Raios, roda, corpo, guidom, pedais... Ele me enviou o desenho completo, o que foi já uma grande conquista. Por dois anos, procurei quem pudesse construir a bicicleta, sem sucesso. Falávamos seguidamente por telefone e eu sempre reportava a minha dificuldade em encontrar alguém que se dispusesse a montar a bicicleta segundo seu desenho. Até que, um belo dia, o caminhão de uma transportadora bateu lá em casa e faz descer um engradado enorme de madeira. Eu perguntei o que era, disseram que era para mim. Olhei entre a madeira e não estava acreditando, mas era verdade. Seu Vieira havia decidido ele mesmo montar a bicicleta. Ninguém melhor para acompanhar a montagem do que ele, o desenhista do projeto.

Abri o engradado e foi uma dificuldade subir na bicicleta, pois era muito grande. Subi no muro para poder alcançar o assento, sentei e fiquei ali, tomando pé daquelas alturas, imaginando como poderia descer daquilo. Até que tive coragem, dei um impulso e andei por alguns metros. Apeei, me apoiando no próprio pedal, descobrindo uma maneira de descer. Seria uma grande atração para o *show*. Mas também dava para andar na rua. Comecei a praticar, levei dois tombos feios, bati com a cabeça, poderia até ter morrido, porque a bicicleta era bem alta, o banco dela fica na altura do meu rosto. Mas logo vi o potencial de encantamento daquela bicicleta. Na rua, todo mundo buzinava ao me ver andando nela, os pais chamavam a atenção dos filhos, como se fosse a oportunidade única de ver algo vindo do passado, pessoas saíam nas sacadas dos edifícios e abanavam. Uma festa!

Eu já tinha três tipos diferentes para esse novo *show*: o Homem-Banda, o anão Macuco Serra e esse *clown* que entraria no palco com a bicicleta. A isso adicionei o número do Mundinho, e já tinha uma estrutura bem rica de personagens. Juntei um repertório que julgava original e musical o suficiente para dar vazão a uma série de iniciativas artísticas que eu mesmo não sabia nomear. Existia uma diversidade muito grande dessas iniciativas, e um circo seria o ideal para empacotar o *show*. Em 1993, estreei no palco da Reitoria da UFRGS, perfeito para testar o novo *show*. Foi uma ótima estreia, mas era muita coisa para alinhar em uma apresentação só; assim, resolvi cair na estrada.

Antes disso, gravei o CD O *Teatro do Disco Solar*, em cuja produção de estúdio Pedrinho Figueiredo teve um papel muito importante, ajudando na montagem dos arranjos e definindo uma série de fatores essenciais. Ele é um artista que tem uma sensibilidade privilegiada em termos de percepção musical e uma inteligência para escolhas originais que ajuda muito na formatação e finalização de um projeto. Ele tem feito um trabalho importante nessa área, mesclando a área técnica de estúdio com a sensibilidade dos artistas. Pedrinho também me ajudou muito na formatação do meu segundo CD, que ainda aguardo uma oportunidade para compartilhar com o público.

Quanto ao meu primeiro CD, *O Teatro do Disco Solar*, é um trabalho que gosto de ouvir até hoje. Gravado em fita de 24 canais, duas polegadas, em uma mesa transistorizada construída pelo pai do Renato Alscher (que era o responsável técnico pelo disco), o Seu Egon, uma figura muito querida no meio dos músicos por ter dado uma grande contribuição técnica ao meio artístico da cidade. Trazia referências a Calderon de La Barca, o escritor de autos medievais do qual eu havia tirado a ideia de escrever a música *O Mundinho*. Nesse livro, *O Teatro do Mundo*, tem a passagem: "O Mundo entra por uma porta e fala algo!" Imaginei o que o mundo diria, hoje, se entrasse por uma porta. Consegui, então, nesse álbum, dar vazão a tudo que eu imaginava. Ali tinha uma síntese que eu considerava interessante e que não cabia no universo do Tangos e Tragédias. Finalmente eu havia aprendido e vivido um pouco mais para ter minha própria síntese de estilo. Enfim, um trabalho que soa legítimo da primeira à última nota.

Fiz um concerto com o Conjunto de Câmara de Porto Alegre, um grupo de música pré-renascentista dirigido pela Marlene Goidanich, e me apaixonei por aquela sonoridade. Convidei-os a participar das gravações, e criamos uma atmosfera muito interessante. Viela de roda, saltério de arco e alaúdes, *krumhorns*, instrumentos muito antigos. Criamos um contraste muito bom para compor com timbres eletrônicos. Isso contribuiu de forma determinante para que eu sentisse que havia feito algo que considerava uma síntese própria. Também pude contar com a contribuição do baixista Evaldo Guedes, um grande músico. Viajamos um pouco com Michel Dorfman nos teclados e Fabio Mentz nas percussões e no fagote. Logo outro grande baixista assumiu o contrabaixo, Clóvis Boca, e caímos na estrada, com Henrique Kunz nos teclados e Filipe Vasant (na época Filipe Lua) nas percussões e harmônica.

Havia uma cena em que eu adentrava o palco com minha bicicleta antiga, aquela construída pelo meu sogro. Estávamos acostumados com o palco do Theatro São Pedro, onde eu dava duas voltas fazendo vocalizes em uma determinada velocidade e parava na boca de cena no final da música. Em uma das apresentações, num teatro menor, em Caxias, nessa mesma cena, eu já tinha dado duas voltas e a música não chegava ao fim. Fui diminuindo a velocidade e já havia passado da boca de cena, já estava na lateral junto ao pianista Michel Dorfmann, quando a música acabou, e eu, sem ter como sair da bicicleta, só pude deixar que ela se inclinasse para dentro do palco, o que resultou em uma queda lenta em cima do pianista! Foi engraçado, mas doeu um pouco.

Desde então, gravei muito, fiz muitos espetáculos, mas não senti que seria um bom momento para lançar outros trabalhos. Acompanho amigos na epopeia de lançar outro álbum. Eu gostaria de ter feito, mas tornou-se uma área muito ingrata e inóspita para o investimento que se faz. Vejo colegas que têm uma trajetória voltada para canções que podem ser executadas em rádios comerciais atingirem o sucesso e, naturalmente, esperarem um bom retorno, para sobreviverem disso. Outros lançaram álbuns geniais, obras de inegável valor, mas sem a possibilidade de sobreviverem disso. Não sinto que os álbuns possam me trazer sobrevivência e que possam ser tão lucrativos quanto os *shows* que tenho feito. Sobrevivo de *shows*. Meu chão é o palco! Sei compor, mas não sou um compositor muito frequente. Raramente componho sem que haja uma função para essa composição. Ainda cedo, percebi que esse não seria um ramo de atividade possível para mim e que eu não poderia sobreviver apenas dela. Em Tangos e Tragédias, tivemos a experiência de ganhar um bom dinheiro sem ter a obrigação de fazer novos discos para voltar à estrada. Estamos sempre na estrada com um espetáculo, um *show* completo ou uma versão facilitada. Não sou da área do disco, sou da área do espetáculo! Embora as gravações façam parte da minha profissão, não é essa atividade que me traz a sobrevivência, mas sim os *shows*. Isso se dá pelo tipo de nicho criativo que eu percebi ser o mais natural para mim e, é lógico, o que tem mais reconhecimento do público que me acompanha, junto à minha incapacidade de compor *hits*. Minha canção mais conhecida até tocou um pouco em rádios e TVs, mas ela só se completa com a performance, com o figurino do Mundinho. Não é só uma canção, mas uma performance que tem uma canção.

Eu não faria discos de sucesso. Minhas músicas não tocariam no rádio a ponto de me darem um retorno financeiro significativo. Tudo isso no momento em que os estúdios começaram a se tornar mais acessíveis e muitos artistas passaram a gravar de forma independente. As gravadoras perderam o poder de selecionar o que poderia fazer parte do mercado ou não. Sim, eu gostaria de ter lançado mais álbuns, mas, com o tempo, percebi que isso não faz parte da minha natureza e que exige muito esforço para pouco retorno. Se meus álbuns forem como trilhas sonoras dos espetáculos que faço, então estarei mais sintonizado com minha natureza. Foi assim no álbum do Tangos e Tragédias, que avisa na capa: "Trilha sonora do espetáculo".

Em 1995, a MTV estava no auge, e o Aloisio Rocha dirigiu um videoclipe de uma de minhas músicas, que passava nesse canal toda hora. Ocupar um espaço na MTV naquela época era muito legal, e estava dentro da minha linha de performance. O Brasil vivia o auge de bandas de *rock* e *pop*. O Pato Fu tinha vídeos incríveis, Os Paralamas do Sucesso também, e muitos outros! A indústria do disco ainda não havia decaído no formato em que estava operando, a internet era apenas um enigma e não tinha atingido o mercado da música. A Marília Gabriela tinha um programa novo e me convidou pra fazer a entrevista lançando o meu projeto, *O Teatro do Disco Solar*. Depois de nossas aparições no Programa do Jô, ficou uma certa curiosidade da mídia nacional sobre nossas produções. E figurar na programação em rede nacional em um país do tamanho do Brasil é sempre um luxo.

O videoclipe era justamente da música *O Mundinho*. Era engraçado, e o público curtia e pedia bis. Fiz muitos *shows* em teatros e eventos com esse número. Muitas vezes me chamam até os dias de hoje para datas especiais, como o Dia da Terra, ou eventos de preservação da natureza. Em São Paulo, nossos produtores Miguel Benedykt e Fabrizio Fasano queriam incluir a música no Tangos e Tragédias, porque estava na MTV e cabia no *show*. O Nico gostava também, então entrou, e foi sempre bem apreciada pelo público.

UM PEDAÇO DE UM PEDACINHO DE UM PEDAÇO

Aos domingos, depois do *show*, na nossa temporada de três meses na Hebraica, corríamos para o aeroporto de Guarulhos e pegávamos o voo barato da meia-noite pela Transbrasil. Depois de 1h20min de voo, por volta das duas horas da manhã, já estávamos em casa. A semana toda em Porto Alegre, o final de semana em São Paulo, por três meses: essa foi a nossa chegada oficial para o público e para o mercado de *shows* paulista.

Dali surgiram muitos outros contratos, e começamos a nos firmar no mercado. Miguel Benedykt, Fabrizio Fasano e Tripolli não seguraram a onda e resolveram se concentrar na *Revista Etiqueta* e na carreira das modelos. Era um bom dinheiro pra nós, mas não para eles. Miguel ofereceu uma página na revista para fazermos promoção, e fizemos uma matéria exclusiva para a revista. Um texto enigmático e encomendado, que concretizava o estilo que estávamos engendrando e que fora feito por uma jornalista fictícia da revista, chamada Talma Gandu, uma persona do nosso amigo Miguel. Segue abaixo a matéria.

Etiqueta: Estava chegando a hora. Há dias tentava me encontrar com eles para uma entrevista, mas a agenda super-hiperlotada de reuniões e a loucura que é a vida deles tornava difícil esse encontro tão esperado. Mas, enfim, estava chegando a hora.

O local escolhido por eles para a entrevista é bastante insólito – o Instituto Butantã, às quatro e meia da tarde. O dia estava cinzento, e chego meia hora antes do combinado; mas pra minha surpresa eles já estavam lá. Após as apresentações informais, comentários sobre a fantástica entrevista deles no Jô Soares e uma lista de perguntas entregues a mim pela produção, que eles se recusavam a responder (De onde vocês tiraram a ideia para fazer o show? *Como vocês se conheceram?), saímos caminhando pelo Instituto. Meu gravador ligadíssimo captava tudo, inclusive os comentários maldosos dos funcionários do lugar e até mesmo os sibilos das serpentes:*

- Como foi que tudo começou?

Kraunus *- Nós nascemos na Sbørnia. A Sbørnia era ligada ao continente por um istmo. Após sucessivas explosões nucleares, a nossa querida Sbørnia se desgrudou do continente, e hoje é uma ilha navegando pelos mares do mundo. E isso mexeu com nossas cabeças! E nós gostamos.*

Etiqueta *- Mas em que sentido?*

Kraunus *- Gostamos porque as brumas de um pensamento gasoso varreram de nossa memória uma época de dor e desespero, ao mesmo tempo em que fincaram nas profundezas de nossas almas "a estaca pontiaguda da dor", que jaz esquecida no túmulo de nossa agonia.*

Etiqueta *- Mudando de assunto, como explicaria esse sucesso do* show *de vocês?*

Kraunus *- Talvez seja exatamente essa a causa do enorme sucesso de uma de nossas danças folclóricas, o* Copérnico *(você não pode mexer com as pernas, você não pode mexer com as mãos... só cabeça). Mexer com a cabeça das pessoas não é tão difícil quanto se imagina. Principalmente numa época em que a energia sinistra do concreto das grandes cidades tenta, com todas as forças, transferir a dinâmica criativa do sonho que existe no ser humano para dentro de um tubo de imagens.*

Etiqueta *- Metaforicamente falando?*

Kraunus *- Não!!! Pensamento concreto, a velocidade,* time is money, *atropelo, Yoplait, Itaú, Sony, Mega Star, BMG, McSucesso, McDonald's, nós temos pressa, muita pressa. O sinal já abriu, e nós atravessamos a Av. Paulista correndo, passamos repentinamente diante da vitrine de uma livraria que exibe um novo e instigante título:* O tempo é uma ilusão! *Um mútuo olhar semiperplexo, mas deveras dedutivo, encontra uma resposta que de imediato é rascunhada com bafo no vidro da vitrine: T = M, T = I, M = I...*

(Kraunus falava apressadamente, quase sussurrando, enquanto Pletskaya permanecia alheio à entrevista. Caminhava ao nosso lado, mas estava com o pensamento em outro lugar. Estava feliz e se iluminava quando olhava para uma foto que trazia no bolso. Quando eu lhe perguntei algo diretamente, ele tomou um susto e ficou encabulado por não estar prestando atenção na entrevista, quando Kraunus rapidamente recomeçou a falar nesse tom urgente e sussurrando de quem conta um segredo, explicando a equação acima:)

Kraunus - *Ou seja, se "tempo é dinheiro" e se "o tempo é uma ilusão", logo, "dinheiro é uma ilusão".*

Etiqueta - *Ahn?...*

Kraunus - *Bem, passamos para o lado direito do cérebro, o lado intuitivo, o lado criativo, do pensamento abstrato, da não linguagem ou da linguagem simbólica. Sim, adoramos Alvarenga e Ranchinho, desde que achamos suas canções na lixeira cultural de nossa querida pátria natal, Sbørnia. Temos quase certeza de que eles, como William Burroughs, sabiam que a linguagem é um vírus vindo do espaço (vide* O Drama de Angélica*). Sim, adoramos Vicente Celestino. Ele trouxe a tragédia grega na carona da ópera italiana, e encenou toda essa magnitude no sublime cenário do picadeiro de um circo, revelando a todos a quintessência da alma brega brasileira. Assim como o Redentor, que nasce num estábulo, faz incríveis revelações, para logo ser renegado por seu próprio povo. Contudo, não faremos dessa alma brega a bandeira de um partido injustiçado; queremos apensas inseri-la na alma do mundo, onde há lugar para tudo e para todos. Lá no espaço onde singra a caravela dos artistas mortos. Lá onde Alvarenga e Ranchinho fazem graça com Groucho e Chaplin, e Celestino flerta com Marilyn Monroe. Onde o amor e o ódio, a verdade e a mentira, o instante e a eternidade, onde o tudo e o nada são pedaços de um pedaço de um pedacinho de um pedaço.*

Etiqueta - *Como assim? Poderia deixar mais claro?*

Kraunus - *Sim! É lá onde tudo é possível, Jimi Hendrix e Celestino (isso já ficou provado quando Edgard Scandurra nos acompanhou em* Coração materno*). Obras eternas. Seres eternos. Estamos vivendo "tudo ao mesmo tempo agora", é a "Grande Síntese", estamos a um passo da unidade final...*

(Neste instante, Kraunus bateu com a cabeça nos galhos de uma árvore e caiu de costas no chão. Eu fiquei assustada, porque Kraunus, agora deitado no chão, continuava falando como se nada tivesse acontecido. Chamei Pletskaya, que estava longe, olhando algum tipo de cobra, e não me escutou. Enquanto isso, Kraunus continuava a falar:)

Kraunus - *Estamos encontrando aldeias selvagens que nunca tiveram contato com a civilização, ao mesmo tempo em que os primeiros androides tornam-se uma realidade saída dos contos futuristas. Enquanto isso, um sopro místico, que parece vindo das eras primordiais do Big Bang, nos* *arremessa definitivamente para uma nova realidade, onde as novas leis da física quântica parecem tolerar, com a bondade dos sábios, todas as antigas e ingênuas teorias, desde "a Terra é plana" até "o átomo é indivisível"... Já sabíamos que algo estava para acontecer quando a União Soviética começou a se desmembrar. E continuamos a sentir essa sensação de que algo está para acontecer. Algo está para acontecer, está para acont...*

(Neste momento, acabou a fita do gravador. Kraunus continuava falando deitado no chão. Pletskaya se aproximava correndo em câmara lenta, assustado por ver Kraunus deitado no chão, e eu, atônita com a cena absurda, resolvo encerrar a entrevista antes que aquelas nuvens que fecham o céu numa velocidade impressionante chovam sobre minha cabeça.) Fim.

A revista tinha até uma boa circulação, mas mais restrita para a área de moda. Ajudava bastante quando mostrávamos para os contratantes que tínhamos inclusive uma página de HQ em uma revista muito fina.

⁓

NÃO TE METE COM MINHA BUNDA

Com a saída da MIM do *show business*, fomos procurar outras pessoas. O Sérgio Ajzemberg (chamávamos ele de Sérgio Iceberg) tinha ido ver o *show* e estava interessado em conversar. Ele era um cara muito conhecido na época, já havia produzido outros espetáculos de sucesso, mas logo foi chamado para ser Secretário de Cultura de São Paulo e depois morreu. Aí resolvemos ver o Marquinho Fentanes, que já tinha tido a oportunidade de nos ver na longa temporada da Hebraica e se oferecera para trabalhar conosco. Fechamos com ele, finalmente. Era o cara que precisávamos para cair na estrada definitivamente.

O Marquinho era também agente do quinteto do Programa Jô Soares. Com essa proximidade, nossos pedidos de pauta para a seleção dos artistas convidados ao Programa do Jô chegavam direto na mão dos produtores. Fomos em muitos outros programas também, mas o Jô foi o nosso padrinho midiático. Sempre depois de uma ida no Jô, nossa bilheteria se movimentava sensivelmente.

Havia um figurão da TV chamado Clodovil, o estilista e, mais tarde, deputado federal que, depois de um tempo na TV com programas próprios, transformou-se em um sujeito cruel que muitas vezes tratava mal os convidados. Fomos convidados a ir em seu programa, mas não queríamos fazer a entrevista, e sim apenas a parte do número musical, pois não gostávamos dele naquele momento. Precisávamos divulgar uma temporada que estávamos fazendo em São Paulo e queríamos ocupar espaço no maior número possível de programas, mas sem termos que passar por desgastes na nossa imagem, e lá seguidamente alguns convidados passavam algum aperto e saíam queimados. A produção falou que ele tinha topado que não fizéssemos a entrevista, somente o número musical, mas ele era um sujeito muito perspicaz. Com certeza nos conhecia das entrevistas em outros programas e queria a nossa performance integral. Fizemos o número musical, ele gostou muito e começou a elogiar. E do elogio, começou a conversar conosco... e começou a nos entrevistar. Era um sujeito espontâneo, e nos vimos encurralados ao vivo! O Nico, que era um sujeito que tinha uma presença de espírito fantástica e uma prontidão de resposta impressionante, ficou bem chateado com aquilo, o que nos pareceu um sequestro ao vivo! Então, ele e Clodovil começaram uma discussão, com algumas provocações sutis. Em um momento, Clodovil perguntou ao Nico se ele tinha algum problema com a mãe, e o Nico respondeu: "Não te mete com a minha mãe que não me meto com a tua!" Assim, o Clodovil aliviou, fez mais alguns elogios e chamou mais um número. Fizemos uma apresentação forte e, no final, ele se rasgou em elogios. Foi uma daquelas vezes em que as tensões de uma situação ao vivo transparecem, mas acaba tudo bem e transforma-se em mais um ponto ganho.

Voltei ao programa do Clodovil nos bastidores, acompanhando Clara Averbuck, quando ela lançou seu primeiro livro. Quando ela foi chamada e entrou em cena, a caminho de sentar na poltrona dos entrevistados, Clodovil falou: "Sua bunda está meio grande, hein, Clara!" Clarinha, que adorava o tio Nico, replicou: "Não te mete com a minha bunda que não me meto com a tua!"

O primeiro desses programas em que estivemos foi o do Fausto Silva na TV Bandeirantes, chamado Perdidos na Noite. Era muito "lado B" e quase experimental, quase *underground*. Foi quase legal, porque fizemos nossa performance sem interferência, mas pouca gente assistia. Mais gente do meio artístico, o que contribuiu para a curiosidade dos artistas sobre o nosso trabalho. No programa do Faustão na Globo fomos mal... Ele ficava falando no meio da nossa performance e atrapalhava. Quando íamos ao Jô, ele nos tratava diferente, e a bilheteria estourava. Depois do programa do Faustão, recebemos um pedido de *show* de uma boate do Acre. Só! Numa outra oportunidade, fomos convidados novamente e fizemos questão de recusar! Os produtores do programa ficaram estarrecidos, dizendo que tinha uma fila de pessoas que queriam pagar para aparecer no Faustão. Nós confirmamos a recusa e ficamos em paz. Não era a nossa linha e não fazíamos o estilo de aparecer só por aparecer, para ocupar um espaço enchendo linguiça. As pessoas tinham que ter um mínimo de interatividade com nosso conteúdo. O Marquinho falava que teve o prazer de recusar o convite do Faustão, porque nunca ninguém havia recusado. Os produtores do programa não acreditavam que alguém recusaria. "Não! Eles disseram que não querem ir porque o Faustão é muito chato e atrapalha a performance deles!" A gente também achava engraçado recusar o Faustão.

Com a Xuxa deu problema! Não no programa... lá foi tudo ok. Embora tenhamos mostrado nossa dança folclórica da Sbørnia e, um ano depois, ela tenha lançado uma música com uma dança igual a nossa, isso também não foi o problema. O problema foi que a Xuxa estava fazendo um filme chamado *O gaúcho negro*. Fomos chamados para uma reunião com o produtor que nos convidou, até aí ok! Mas quando ele falou que queria fazer um movimento como a Tropicália ou Clube da Esquina com os artistas convidados, aí eu dei pra trás, porque achei que ele não tinha noção do que estava falando. O Nico ficou muito bravo; queria muito aceitar, e decidiu fazer sozinho. Cantou a sua música *A trágica paixão de Marcelo por Roberta*. Eu nunca vi o filme, mas vou procurar, porque agora fiquei curioso.

No programa da Angélica, cantamos *O Drama de Angélica*, mas ela não curtia muito a gente. Nos acenou de longe, com a seriedade de um muro. Entendemos a mensagem e não nos aproximamos. No programa do Ronnie Von, fizemos uma receita da culinária sbørniana. Colocamos fogo na cozinha depois de jogarmos ovos inteiros numa panela com álcool recitando palavras em sbørniano arcaico, que fariam diferença na receita. No Programa do Gugu, enquanto cantávamos, eu via ele brigando com a equipe de produção. Falava e apontava pra nós, mexendo a cabeça negativamente. Um grande estimulo para nossa performance ao vivo em rede nacional. Mas não agradar ao Gugu era uma vitória para nós.

Marquinho tinha um assistente chamado Ricardão. Era uma cara diferente. Engraçado, cuidava da mãe e ajudava o Marquinho nas viagens. Ricardão tinha um Voyage antigo, herdado da família, e fizemos algumas viagens com ele, sempre no risco de ficar na estrada. Era uma figura felliniana/sbørniana. No fim dos *shows*, ele se vestia de homem-sanduíche sbørniano para vender os CDs. Ficava muito bem!

Logo fizemos outra temporada no Paladium, uma casa de *shows* no Shopping Eldorado. Tinha *shows* legais lá. À tarde tinha um *show* infantil de uma dupla que estava estourada: Sandy e Junior. Duas crianças filhas do Xororó, da dupla Chitãozinho e Xororó. Depois, soubemos que eram netos do Ranchinho, da dupla Alvarenga e Ranchinho, de quem tínhamos duas músicas muito marcantes no nosso *show*: *O romance de uma caveira* e *O Drama de Angélica*. Uma dinastia de artistas. Estávamos neste contexto: Alvarenga & Ranchinho, Chitãozinho & Xororó, Sandy & Junior, Kraunus & Pletskaya!!! Jamais pensamos ocupar um espaço como esse no cenário da música brasileira. Num desses *shows*, a viúva do Alvarenga foi nos ver. Contou algumas histórias das temporadas de sucesso que a dupla fazia no Cassino da Urca, no Rio, com as quais nós nos identificamos. Também falou da relação deles com o meio artístico e nos agradeceu, porque nosso espetáculo era o único do qual ela ganhava direitos autorais.

Começamos a girar por São Paulo, Campinas, Santos, Piracicaba, Ribeirão Preto, Americana, Campos do Jordão, e o público aumentava.

NICO, MÁRCIA E AS ÁGUAS QUENTES

Esse foi um período bastante próspero. Nico e Márcia começaram a namorar em 1987, num período em que eu e Nico estávamos morando juntos. Um dia, entrei rápido no quarto dele em busca de algo e estavam e eles estavam bem íntimos... muito íntimos! Senti que eu deveria liberar o espaço na casa dele, e o fiz no mesmo dia. As coisas melhoraram entre mim e Heloiza, e logo voltei para casa, no apartamento da Av. América.

Márcia e Nico se apaixonaram rápido, e isso trouxe uma coisa boa para todos nós, porque Nico estava muito bem. Eles quiseram se mudar para o Rio de Janeiro. Primeiro, moraram no mesmo apartamento que alugamos em Copacabana e, depois, mudaram para o Jardim Botânico, onde me abrigaram algumas vezes para fazermos as demandas do Rio de Janeiro. Márcia é uma ótima atriz. Havia feito parte de peças de sucesso, como *Bailei na curva*, que, junto com Tangos e Tragédias, bateu recordes de permanência. Nico e Márcia estão na história das artes do Rio Grande do Sul como um casal de sucesso. No Rio, ela participou de novelas e outras montagens. Lá também, Nico produziu a segunda temporada do Tangos e Tragédias no Teatro Cândido Mendes. Sempre tinha um grande interesse por parte dos jornais no Rio, saíam matérias boas, mas o grande público não se interessava. A comunidade artística nos acolhia muito bem, mas nossa bilheteria era fraca. São Paulo começou a se confirmar fortemente na nossa agenda. Nico morou dez anos no Rio, e foi quando nós mais trabalhamos em São Paulo. Eu em Porto Alegre e ele no Rio. Era uma ótima convivência. A distância nos protegeu do desgaste da relação e permitiu que ele aprofundasse sua relação familiar e expandisse seu espectro de contatos no meio artístico carioca. Nos encontrávamos em São Paulo, em Brasília, no interior do Rio Grande do Sul ou onde quer que fosse o *show*. E, é claro, nas temporadas de janeiro no Theatro São Pedro, que começaram a se confirmar como um início de ano no grande ciclo de 30 anos que completamos.

Eu assumi a produção no Rio Grande do Sul por aproximadamente um ano. Havia alguma demanda de *shows*. No momento, havíamos dado um tempo com nossa produtora mais constante, Marilourdes Franarin, porque ela ainda trabalhava na RBS e estava dedicada à sua carreira no jornalismo. Começamos a atender a demanda de *shows* em Porto Alegre e em São Paulo, mas logo Marilourdes voltou a nos dar suporte, quando saiu da RBS e foi para a assessoria de imprensa do Theatro São Pedro. Outros produtores nos ajudaram a estabelecer carreira em grandes cidades como Santa Maria, aonde voltamos por muitos anos com a Cida Herok, que tornou-se uma parceira constante.

Logo, Marquinho Fentanes já estava marcando *shows* pelo resto do Brasil. Estávamos no Mato Grosso para uma apresentação em um evento corporativo e lembro bem do sorriso com que o Nico chegou naquele dia. Era um sorrisão muito aberto, de plena felicidade, que eu ainda não tinha visto. Ele havia conseguido comprar o seu primeiro apartamento no Rio. Ele tinha uma capacidade extraordinária de guardar dinheiro, e a transformara em uma grande realização. Achei isso uma coisa muito boa, e compartilhamos aquela felicidade com a equipe toda na beira da piscina do Águas Quentes, um hotel de águas termais no interior do Mato Grosso. Algum tempo depois, Nico estaria alugando um outro apartamento para ter como local de trabalho e teria até um motorista.

Eu não sabia quando isso iria acontecer comigo. Esse talento de guardar dinheiro era um dom nato dele, e rendia incrivelmente. Eu não tinha essa habilidade, e sigo não tendo. Eu também não estava muito preocupado com isso, porque era bem provável que um dia eu tivesse a minha casa. Nós comentávamos sobre a nossa formação familiar em relação às finanças e ele dizia que os judeus têm que estar sempre com uma boa reserva, porque, na história do povo judeu, há muitas perseguições, e a sobrevivência nas fugas sempre favoreceu quem tinha mais reservas. Da minha parte, eu lembrava dos meus pais e avós. Ninguém tinha essa preocupação muito aparente. Meu pai guardava algum dinheiro para um propósito, como fazer uma reforma na casa ou viajar com a família. Não existia essa história de guardar para um caso extremo, de guerra ou de perseguição. Eu penalizei a mim mesmo algumas vezes por não ter guardado dinheiro, mas logo passava. Nunca foi um drama de vida, nem quando fiquei sem! O foco dos meus dramas não está na falta de dinheiro. Talvez por ver que meus pais sempre superaram esse aspecto, e foram extremamente felizes. Talvez por conviver com meus amigos da Vila Brasília, que tinham tão pouco que não focavam sua felicidade no dinheiro. Mas era um talento natural do Nico, que eu admirava e às vezes tentava emular, sem sucesso.

Nico fez alguns trabalhos muito legais no Rio. Um deles, uma peça criada e dirigida por Aderbal Freire, chamada *O tiro que mudou a História*, contando os últimos dias de Getúlio Vargas. Tudo se passava no Palácio do Catete, justamente onde tudo ocorreu de verdade. Um público de umas 60/80 pessoas por sessão (eram algumas sessões durante o dia) seguia os atores por todas as peças do palácio, e tudo culminava com o suicídio de Getúlio no próprio quarto onde ele suicidou-se de verdade. Uma experiência incrível de entendimento do Brasil. Saí emocionado. Nico compôs músicas lindas.

CLARINHA E AS FOCAS

Clarinha já tinha uns oito anos. Um ano antes, ficara muito tocada com cenas que havia visto na TV de um massacre/assassinato de bebês focas para confecção de casacos de pele. Ela descobriu que poderia fazer uma campanha recolhendo assinaturas para o Green Peace. O editor do caderno semanal infantil da *Zero Hora*, Carlos Urbim, era nosso vizinho. Ele se encantou com a preocupação da Clarinha e publicou uma matéria bem grande sobre o caso das focas, e a campanha da Clarinha decolou. Ocorre que ela deu o telefone lá de casa, e ele publicou. Passamos uma semana atendendo telefonemas de pessoas perguntando se era das focas. Depois de um tempo, mal tocava o telefone, a gente atendia com voz cansada: "Alô, aqui é das focas!" Foi a primeira publicação da Clarinha na mídia, aos sete anos.

Urbim era "aquele cara fantástico", escritor de livros infantis, com um espírito de criança. Nas datas festivas, ele conseguia que fechassem a rua para que as crianças pudessem brincar livremente, e ele mesmo comandava as brincadeiras, soltava pandorga e abria o peito dizendo poesias. Era lindo de ver. No dia da sua despedida, no seu velório, sua esposa, a nossa querida amiga Alice Urbim, vestiu ele com uma camisa de "melancia sorrindo", e ele próprio estava sorrindo. Na minha vez, vou querer uma camisa assim também.

VICENTE CELESTINO

A internet demorou para chegar, mas quando veio, mudou tudo muito rápido. Em 1996, Gilberto Gil havia lançado um *site* que já tinha cara de portal, onde colocava muitas informações sobre a história da Tropicália. Uma delas fabulosa! Tanto que a imprimi e levei ao Theatro São Pedro pra mostrar ao Nico durante uma de nossas temporadas.

Era sobre a morte de Vicente Celestino, aquele que servira de sustentáculo para nosso repertório. Ele tinhaa sido convidado para ir ao programa da Tropicália gravado pela TV Tupi. Em um ensaio à tarde, Vicente Celestino estava lá, onde acontecia uma performance da Santa Ceia Tropicalista. Gil interpretava Cristo, e distribuía bananas aos outros participantes do programa, que, supõe-se, seriam os apóstolos. Ocorre que Celestino, que era muito religioso, levantou-se e disse: "Não posso admitir! Um Cristo negro ainda vá, mas bananas em vez da hóstia não dá!" Levantou-se e foi embora para o hotel. Chegando lá, teve um ataque cardíaco e morreu!!!

Essa era uma revelação forte para nós, que tínhamos Vicente Celestino como um inspirador primordial do nosso trabalho. Qualquer um se admiraria com essa história, mas nós estávamos mais fascinados ainda, pois, com nossas reinterpretações, levávamos a obra de Celestino para o rádio e a TV já nas bordas do século 21.

O Tárik de Souza, jornalista de *O Globo* na época, escreveu sobre o nosso disco falando que achava exagerada a nossa interpretação do Celestino e que a boa era a do Caetano no disco da Tropicália, que invertia o signo. Ele estava errado, porque quem inverteu o signo fomos nós. Caetano cantava dramaticamente, assim como o Vicente! Mas nós, de uma tragédia, fizemos uma tragicomédia. Tenho a imagem do Caetano cantando essa trágica canção na TV e chorando. Hoje, entendemos melhor a profundidade daquela lágrima.

O CENTAURO DOS PAMPAS

Em 1988, o escritor Moacyr Scliar também veio nos procurar. Ele tinha visto o *show* e estava fascinado com o desempenho da dupla. Eu ainda não havia lido nada dele, então comprei o livro de contos *A orelha de Van Gogh*. Li e não me chamou muito a atenção. Eu queria saber que tipo de coisa ele escreveria para nós. No nosso encontro na casa do Nico, ele falou que tinha tido uma ideia de um texto cômico que seria para Marx e Hegel. Eu não sabia do que se tratava. Sabia que Marx era o cara do comunismo, mas sobre Hegel não sabia nada, nem qual seria nosso papel nesse trabalho. Saímos da reunião sem grandes perspectivas.

Até que eu li *O centauro no jardim*, e só aí fui ver o calibre do grande escritor que ele era. Logo li todos os outros, e o Scliar se transformou no meu escritor favorito. Eu tinha um pouco até de vergonha quando encontrava ele, não sabia como me comportar direito. A sua inventividade e imaginação eram sempre surpreendentes. Eu "viajo" em todos os seus livros. Imediatamente me transporto para dentro de suas histórias. Sempre sou um de seus personagens. Fui lendo um por um de seus livros e, inclusive, tive a ideia de fazer um musical baseado em cinco deles. Marcamos uma reunião na sua casa, ele me recebeu e conversamos. Os livros seriam: *O exército de um homem só* (o Comandante Birobidjan e suas trapalhadas), *Guerra no Bom Fim* (uma roda Gigante se desprende e sai pela cidade enquanto um garoto flutua quando toca violino), *A estranha nação de Gabriel Mendes* (situações insólitas dentro de uma história de família), *Cenas da vida miúda* (um homem encontra uma tribo de seres minúsculos na Amazônia e se apaixona por uma mulher dessa tribo enquanto evoca a história bíblica de Habacuc) e, é claro, o meu preferido, *O centauro no jardim* (um centauro nasce de pais humanos, aprende a tocar violino, foge e toca pelas coxilhas do Rio Grande do Sul). Ele ficava intrigado, tentando descobrir qual a ligação que havia entre essas histórias. Mas, quando eu falei o título do projeto, ele riu e gostou muito: MOACYRCUS.

Ocorre que, depois, ele ainda lançou outros livros esplêndidos, como *A mulher que escreveu a Bíblia* (uma mulher sem muitos atrativos físicos é oferecida ao harém do Rei Salomão, acaba encantando-o pela sua inteligência e escreve a Bíblia) e sua genial autobiografia, *O texto ou a vida,* a autobiografia mais inventiva de que já tive conhecimento. E também no meio disso ocorreu o caso sobre o plágio de *Max e os felinos* (Max naufraga em uma fuga junto com animais de um zoológico e salva-se num bote junto com um tigre) pelo escritor americano de *A vida de Pi.* Os editores americanos de Scliar o notificaram sobre o plágio e foi um escândalo internacional. Saiu até no *Times.* Falei pra ele: "Nossa, que destaque no *Times,* hein?". Ele falou: "Ah, isso é bobagem... Um dia tu também vai estar nessas páginas". Eu pensei: esse cara é pura gentileza! Mas eis que um dia eu também estive lá! Na estreia do filme *A festa de Margerette,* que foi em Nova York, logo ao chegar no aeroporto, liguei para o Renato Falcão, que mora lá, e ele disse: "Compra o jornal aí, o *New York Times,* e veja que saímos na programação do festival!" Não era nenhum escândalo, mas estávamos lá, como o Moacyr havia dito, e logo lembrei da voz dele falando: "Ah, isso é bobagem..."

A música que compus inspirado no livro *O centauro no jardim* se chama *Guedali,* que é o nome do personagem central. Sempre introduzo essa música nos meus *shows* contando uma síntese da história do livro, que segue: uma família judaica imigra para o Rio Grande do Sul, para a colônia de Quatro Irmãos, no norte do estado, perto da cidade de Erechim. Lá eles têm um filho, uma criança muito estranha, completamente diferente das outras. O casal esconde a criança no galpão da casa, mas dão-lhe carinho e ensinam a ler e a escrever. Muito inteligente, ele logo aprende a ler e a tocar violino. Foge e fica tocando violino nas coxilhas gaúchas. Neste momento em que ele aprende violino, neste exato momento, eu me transporto para a pele do personagem. Sinto todas as angústias da sua prisão e todo o sentimento de liberdade que o atinge quando ele foge e toca violino ao luar pelas coxilhas. Um centauro tocando violino pelo Pampa. Sou eu... que tenho a Lua em Sagitário, o centauro, em conjunção com Júpiter, o próprio regente de Sagitário. Não há uma identificação com o personagem; há mais do que isso. Há o *insight* de que o meu aspecto energético animal está ali plenamente realizado. Me identifiquei com o animal. Eu sou Guedali! A história se desenvolve no mais puro realismo fantástico, e encontra ecos na mitologia grega e também dos Pampas. A mistura do cavalo com o homem.

Certa vez, ele deixou um bilhete na bilheteria do Teatro Guaíra. Ele estava em Curitiba dando palestras, e nós, com o *show*. Nos encontramos no saguão do hotel e tivemos uma amistosa conversa. Ele sempre comentava algo sobre nosso trabalho em sua coluna. E sempre perguntava com interesse pela Clara Averbuck, certamente vislumbrando nela uma colega de profissão nas artes literárias.

Depois, Moacyr ainda foi chamado para a Academia Brasileira de Letras. Foi quando eu falei pra ele: "Pô, Moacyr, tu já eras um imortal, hein? Agora mesmo que ninguém te mata!" Ele respondeu: "A minha sorte é que eu posso contar com os amigos por toda uma eternidade".

Bueno, o projeto MOACYRCUS permanece na gaveta, à espera de parceiros a fim e de oportunidades.

DEPRESSÃO PÓS-TEMPORADA E JUNG

Nossa preferência nas temporadas de janeiro do Theatro São Pedro foi se confirmando, e um fenômeno diferente começou a acontecer comigo. Ao final de um mês de temporada, eu entrava em uma fase de depressão psicológica. No começo, eu não sabia que era depressão. Eu não conseguia dormir e às vezes chorava. Estava tudo ok, eu tinha um grande sucesso, uma grande realização profissional. Mas uma confusão energética se instalava em mim justo uma semana depois do término da temporada.

No primeiro ano, sofri esse período e passou. Mas, no segundo ano, a coisa se repetiu. Nico já fazia terapia e me indicou uma terapeuta que era esposa do seu próprio terapeuta. E comecei a fazer terapia junguiana. E comecei a ler os livros de Jung. E foi um encontro de ouro. Estudar Jung e praticar o seu ponto de vista foi uma das maiores descobertas da minha vida. Logo Heloiza também começou na terapia junguiana, e passamos a compartilhar aquele ponto de vista, o que nos trouxe uma expansão de visão e entendimento dos traços do ser humano revelados por esse grande cientista. Não era tudo o que precisávamos, mas era bastante para o que podíamos entender naquele momento.

Quanto às temporadas, elas eram tão eufóricas, tão festivas, ríamos tanto e criávamos um ambiente tão alegre e criativo para o público que, quando acabava e não voltávamos ao teatro na próxima quarta, nem na quinta e nem na sexta, com o final da temporada, ia me dando uma coisa horrível. Eu não dormia e ficava me rolando no chão da sala, procurando saber o que era aquilo. Durante a terapia, descobri que eu tinha "depressão pós-temporada". Depois de tanta euforia, tanta alegria, acontecia uma queda brusca aos porões da existência.

UM FADO PARA NINA

Márcia e Nico, morando no Rio de Janeiro, anunciaram que estavam grávidos. Nina Nicolaiewsky estava a caminho.

Naqueles dias surgiu um convite da Secretaria de Cultura do Rio de Janeiro para levarmos o Tangos e Tragédias a Portugal. Seria nosso primeiro *show* fora do país. Sabíamos que poderíamos fazer uma linda carreira por lá. Portugal tinha entrado na União Europeia há somente dois anos. Havia obras em muitos lugares, mas Lisboa era uma cidade cinzenta, antiga e triste, parecida com Porto Alegre. Um diplomata brasileiro, adido cultural, nos recebeu com alegria. Jantamos em um restaurante moderno, que devia ser uma das novas construções da cidade. Uma janta excitante para quem estava chegando na Europa pela primeira vez. Fomos para um hotel grande e ficamos em um apartamento cheio de quartos, eu, Nico e Marilourdes. Na volta, passamos no Teatro Trindade, onde nos apresentaríamos, só pra ver onde era. Um teatro lindo e antigo, provavelmente com a mesma idade do Theatro São Pedro... um ambiente que dominávamos perfeitamente. Sabíamos que poderia dar muito certo. Voltamos ao hotel, e havia um recado para o Nico ligar para casa. Ele ligou e veio nos contar que Márcia tinha ido para o hospital com um sangramento, e que ele deveria voltar. Ficamos todos surpresos com a notícia. Havíamos chegado antes para acompanhar as atividades do festival, e faltava uma semana para nosso *show* em Lisboa. Nós o apoiamos para que voltasse ao Brasil, para ficar perto da Márcia, e, se possível, retornasse a tempo de fazer o *show*. Sabíamos da importância da presença do Nico nesse momento da gestação de sua primeira filha. Ficamos eu e Marilourdes, na expectativa de que ele voltasse para fazer o *show*.

Nico voltou ao aeroporto pela manhã, fez a troca da passagem e embarcou. Quando chegou ao Brasil, fez o comunicado ao pessoal da organização do festival por parte da Secretaria de Cultura do Rio. Eles imediatamente ficaram contrariados, falando que daríamos o pior exemplo, dos brasileiros que não cumprem contratos. Explicamos que era uma questão de vida ou morte, mas eles começaram a nos tratar muito mal. Não nos atendiam e eram ríspidos. Até fizemos divulgação do *show*, na expectativa da volta do Nico, mas Márcia não estava passando bem e ele decidiu ficar. Eu e Marilourdes nos desvinculamos do festival e fomos providenciar nossa volta, mas o valor da multa por não cumprirmos os dez dias de estadia em Lisboa era tão grande que resolvemos ficar. Vimos *show*s muito legais naqueles dias: Ray Charles e sua orquestra, em alto estilo, em uma arena de touros, e o excelente *Circuladô*, do Caetano Veloso, no Centro Cultural Belém, que era algo novo naquela época. Também fizemos muitos passeios pela velha Lisboa. Tudo triste e cinza, e o sonho do primeiro *show* em Portugal naufragado. Só mesmo o Fado para aliviar. Deixa estar, haveriam outros!

No Brasil, havia bastante demanda de *show*s. Nas conversas que antecipavam a nossa entrada no palco, Nico, entusiasmadíssimo com a chegada de Nina, que já se aproximava, falava que cada *show* significava a possibilidade de comprar mais um item do enxoval do bebê: bercinho, roupinhas etc. Eu curti essa felicidade dele. Finalmente, Nina nasceu, no Rio de Janeiro, e ele ligou num estado de felicidade sem tamanho. Nina, para felicidade geral da nação, era uma criança normal. Foi um alívio gigantesco. Nas viagens, nós gostávamos de ver o Nico receber ligações dela para dizer como estava o jogo do Grêmio. Nico tinha cadeira cativa na Arena do Grêmio e eles curtiam ir aos jogos.

É muito legal ver Nina no movimento artístico da nova geração da música brasileira. Já dividimos o palco algumas vezes, e é sempre uma sensação boa vê-la em atividade. Vemos nela uma artista com potenciais genuínos.

O GNOMO DA AV. SÃO PEDRO

A vida tinha melhorado. Decidimos nos mudar para a Av. São Pedro, para uma casa antiga e bem maior do que o pequeno apartamento da Av. América. Tinha um pátio e algumas árvores, duas goiabeiras, uma ameixeira, um mamoeiro, uma cerejeira que dava aos borbotões e uma parreira de uvas. Alguns dias antes da mudança, fui ver uns detalhes e resolvi fazer uma pequena meditação no pátio. Foi quando, pela primeira vez, um serzinho tipo um gnomo entrou no meu campo de visão interno e fez uns barulhos guturais com a boca. Eu achei muito engraçado e fiquei surpreso. Foi como um sinal positivo para nossa mudança.

Algumas pessoas temem esse tipo de percepção, que é como um tipo de "imaginação forte", mas tão destacada da categoria de imaginação que a gente não consegue esquecer. Há quem consiga ter essas experiências de olhos abertos mesmo. É um evento importante quando acontece. Não é tão raro, e não são ilusões nem delírios. Sei como acontece! São seres em outra dimensão, outra faixa vibratória, fora do espectro de luz que estamos programados para enxergar. Na série *Harry Potter*, as pessoas que não conseguem perceber essa realidade são chamadas de "trouxas". Isso ajudou muito aqueles que foram ridicularizados e chamados de lunáticos por relatarem suas visões. Os "trouxas" não acreditam que é possível. Somos fãs da série, e conseguimos aplicar muitas das metáforas propostas pela escritora.

Depois de doze anos no apartamento da Av. América, um pouco de espaço e natureza nos fazia muito bem. Aquelas árvores fizeram parte da nossa família durante os 11 ou 12 anos que moramos naquela casa. Havia um escritório para o trabalho, onde coloquei meu computador, armários, arquivos, telefones e, é claro, meu piano.

UM CALDEIRÃO DE ARTISTAS

Ao completarmos cinco anos, fizemos um *show* para comemorar no Theatro São Pedro, com alguns convidados. Cláudio Levitan tinha um personagem que escrevia cartas para a coluna do Luis Fernando Verissimo, e algumas foram publicadas. Era o Prof. Ubaldo Kanfluz, arquiteto, urbanista e gênio. Ele tinha até um carimbo com esses atributos, quer dizer, era uma coisa oficial! Nos divertíamos muito com a sua convicção no personagem. Convidamos ele para participar. Também tinha a Ilana Kaplan, que fizera um sucesso estrondoso com a sua peça *Passagem para Java*. No nosso *show*, ela fazia a secretária do Prof. Kanflutz, a Débora Mental, ou simplesmente Deb Mental. Convidamos o Vitor Ramil também, que tinha um personagem que nunca havia feito no palco: o Barão de Satolep, uma figura absolutamente *dark* e surreal.

O Vitor é um ator de alto calibre. A resolução de tudo o que ele faz tem uma consistência muito grande. Quando um artista dessa qualidade se une ao seu projeto, isso fortalece suas convicções artísticas de uma maneira muito positiva. Ele já tinha uma qualidade muito acima de tudo que eu achava excelente pelo mundo afora. E acho ainda que o ambiente de inspirações que ele frequenta me sugere uma faixa de sua consciência, em que ele flui com grande liberdade e propriedade. É mágica, porque consideramos magia tudo aquilo que é impossível para todos, menos para aquela pessoa em especial. Trata-se de uma realização interna, que vem para fora como uma coisa tão fluida e tão natural que fica a questão para quem observa: como é que essa pessoa chega a alturas tão magníficas em termos de realização artística? Ter trocado um mínimo de influência com o Vitor Ramil é um ponto forte entre as minhas realizações. A consistência da sua abordagem artística ajuda a fortalecer todo um contexto artístico no Brasil. Era também o que eu pensava sobre o Fabio Mentz, com o seu universo tão particular de inspirações, mais voltado à música instrumental, com um pensamento matemático e metafísico. Eles têm um conjunto de qualidades que se fazem presentes nos artistas que mais admiro. Vitor chegou a comentar comigo que esses exercícios de diversão no *show* com o Barão de Satolep foram importantes para o desenvolvimento de sua performance de palco e para o próprio prazer de estar no palco. Ele chegou a escrever isso no seu *Songbook*, o que é uma coisa que me alegra grandemente.

Também entraram nesse *show* o Fabio Mentz com seu personagem Mestre Zin, um fagotista zen, e o Fernando Pesão como Janczura - o Bumbeiro, responsável pela perda da bagagem cultural. Ah, e, claro, Dilmar Messias com seu personagem Frantz, o primeiro a contracenar com a dupla. A Sbørnia começava a ganhar um perfil de realidade. Uma turma espetacular! Um caldeirão de artistas que poderia até ter se transformado em algum tipo de movimento. Era o que eu vislumbrava, uma possibilidade, mas não tinha consenso sobre isso. Às vezes parecia que as coisas se configuravam, para logo chegar-se a conclusão de que não haveria amálgama entre as pessoas. Não estava nos planos do Nico. Outras pessoas falaram isso. Havia, sim, ao menos a configuração para essa possibilidade. Um coletivo de artistas dentro de um contexto, cada um fazendo o que lhe convinha, mas limitados por esse contexto. Mas não era uma coisa sobre a qual falávamos.

Logo nos outros anos, também participou Antonio Villeroy com seu personagem Jean BondiBar, um sbørniano com sotaque francês. Ele gravou uma música do Cláudio Levitan no seu disco de estreia, chamada *Fado do bebum*. Uma interpretação genial! Antonio Villeroy é um dos grandes compositores brasileiros nascidos no Rio Grande do Sul. Já aos 16 anos, a gente se encontrava em festivais colegiais. Não nos rotulávamos ainda, mas ele era reconhecido pelos amigos como "o compositor da turma" – como, de fato, o destino o revelou. Concorreu ao Grammy Latino e teve suas músicas gravadas pelas principais intérpretes brasileiras, incluindo Maria Bethânia e Ana Carolina, com quem bateu recordes de venda e execuções. Estivemos juntos em várias oportunidades e dividimos visões e simpatias, embora não fôssemos amigos tão próximos. Totonho, como é conhecido entre os amigos, é um grande contador de histórias. Estivemos juntos no Seminário de Música Brasileira. Nós dividíamos a nossa veneração pela música dos mineiros. Cantávamos em bares aquele repertório inteiro. E, no ano de 2018, tive a alegria de ver Totonho e Toninho Horta juntos no mesmo palco cantando *Beijo partido,* do Toninho Horta, uma canção que embalou nossa saga juvenil pelas noites de Porto Alegre e do Rio enquanto tocávamos nos bares da vida pela sobrevivência. Chorei! Sempre tem uma canção dele que estou tocando. Assim como as músicas do Nelson Coelho de Castro, outro grande compositor, que coloca Porto Alegre em suas canções de uma forma única.

Eu e Nelson compusemos um samba-enredo para o projeto *Legalidade – o musical*, que contava a saga de Leonel Brizola frente ao golpe militar de 1962. Roteiro do Rafael Guimarães, direção do Luciano Alagares e produção de Carla Joner. Foi uma grande experiência, ritualística até. Sempre que são revisitadas cenas de dramas coletivos, isso passa a ter um papel ritual. Através da oportunidade de se reviver esses dramas, podemos reprocessar o sentido da vida naquele momento. Uma cena com o ator Carlos Cunha, que estava muito parecido com Getúlio Vargas, fazendo o mesmo discurso que ele fez, com as mesmas palavras, na mesma sacada do Palácio do Governo, de frente para a mesma Praça da Matriz, quase cem anos depois, trouxe revelações bombásticas sobre o nosso percurso pelo tempo e sobre as estruturas sociais que fomos capazes de construir. O próprio drama de Leonel Brizola na época do episódio, conquistando a assinatura de mais de cem mil voluntários que se dispuseram a defender a Constituição em 1962, evitando ou retardando um golpe militar em dois anos. Foi uma grande demonstração de capacidade de liderança na história do Brasil. Hoje, novamente, nos deparamos com uma situação muito similar, com escândalos que desmontam a legalidade, com pessoas no poder quebrando o código de leis e rebaixando o nível da política brasileira. Sobre isso, vale citar uma das canções que gravamos para o musical: *Quais são os sonhos*.

Quais são os sonhos do homem
Que tem o destino dos homens na mão?
Quais são os sonhos do homem
Que sonha o destino de uma nação?
Crê este homem no sonho
De uma criança, mulher, ancião?
Crê este homem em si mesmo
E traz alegria no seu coração?…

Gravamos com um coro de crianças, e essas palavras, na voz delas, reverberava com força pelo espaço da Praça da Matriz, saindo de caixas de som colocadas em frente ao Palácio do Governo, onde ocorreu a performance do musical.

PONTO COM

A internet, em poucos anos, se instalou de modo definitivo, provocando uma revolução nos meios de comunicação. Nico não era muito chegado nas comunicações cibernéticas, assim como muitos outros amigos meus. Ele demorou para ter um *e-mail* e se integrar. Já eu estava mesmo fascinado com a internet. Era um telefone misturado com uma televisão em que você poderia ter o seu próprio canal, mais o telex, o fax e uma máquina de escrever, tudo acoplado em um só aparelho. Eu comparava a internet com os arquivos akáshicos. Na mitologia religiosa indiana, esses arquivos são os registros de tudo que ocorre em todas as vidas. Há uma faixa vibracional que guarda a memória de tudo que passou. Essa ideia fascinante de poder acessar um arquivo com tudo que já aconteceu estava se configurando nessa espécie de "Biblioteca de Alexandria Virtual". Naquela época, pesquisávamos nesses arquivos pelo Alta Vista - uma ferramenta de busca. Ainda não era o Google, mas já dava pra achar muita coisa.

Logo, encomendei um *site* para nós de um fã que trabalhava com programação. Como ele também era *web designer*, começou a desenhar os personagens. O nome dele era Alcermindo Litunda – na verdade, seu nome sbørniano. Seu nome de nascimento era Salomão. Algumas pessoas se identificavam tanto com nosso trabalho que imediatamente achavam nomes alternativos para seu alter ego. Uma legião de sbørnianos começava a se formar.

Então, graças a Litunda, tínhamos um *site* já sbørniano, com fotos, mapa da Sbørnia, entrevistas, informações e umas brincadeiras bem legais.. O Gilberto Gil já tinha o seu *site* cheio de padrões, caminhos e subsites dentro do *site*. Uma coisa estilo Gil mesmo, um arauto das novas eras, sempre à frente. O Caetano Veloso, por outro lado, ainda não tinha um. Nico se alinhava mais com o perfil do Caetano, e eu, com o perfil do Gil.

Um dia, mostrei para Clara um instrumento de conversa chamado IRC, o primeiro *chat* da internet. Ela tinha uns 13/14 anos. Ela sentou no computador, teclou algumas palavras com alguém e... 25 anos depois, nos dias de hoje, segue teclando com alguém.

Foi como se aquela ficha de telefone que ela havia engolido na infância tivesse validade permanente no mundo da internet.

Clara é do signo de Gêmeos e tem a Lua em Gêmeos. É filha única, mas, assim como o tio Nico, são quatro Claras, pois Gêmeos é um signo duplo – uma dupla de gêmeos pelo Sol e uma dupla de gêmeos pela Lua. Com 12/13 anos, Clarinha estava se mostrando criativa nas letras, e começamos a dar uma mesada para ela, mas ela gastava tudo no mesmo dia. Então, tivemos a ideia de fundar a Secretaria de Cultura da Família. Se ela produzisse algum texto interessante, poderia ser contemplada com algum dinheiro. E ela produziu algumas coisas bem legais para a idade dela. Logo foi convidada a produzir para o *Jornal Não* com caras da minha geração, Giba Assis Brasil, Jorge Furtado e outros bem conhecidos. Valeu a pena dar os subsídios da Secretaria de Cultura da Família.

Voltando ao IRC, Clara se ligou de forma tão intensa nas conversas que passou a virar noites. E, naquela época, a internet era discada, por telefone. Gastava-se muito numa conexão muito lenta e de longa duração. Então, em uma das noites em que, depois de alertá-la de que deveria desligar computador e, pela madrugada, ter percebido que ela não o fizera, peguei um alicate, entrei no escritório onde ela estava e cortei o fio do telefone sem ela perceber. A ligação caiu. Quando ela se deu conta do que tinha acontecido, ficou puta e se mudou para a casa da avó, minha mãe. Mas só por uns três dias, porque lá não tinha internet.

Logo, ela e um grupo de novos escritores lançaram uma plataforma chamada Cardoso On-line. Me pediram uma força como patrocínio para pagar as mensalidades do *site*, e eu topei. Lançaram o fanzine eletrônico, um dos primeiros da internet brasileira. Dois anos mais tarde, Clara lançou o *blog* "brasileira!preta", que evoluiu para seu primeiro livro. Os textos tiveram seus direitos adquiridos pelo grande cineasta carioca Murilo Salles e se transformaram no filme *Nome próprio*, que ganhou os prêmios de melhor filme e melhor atriz (Leandra Leal) no Festival de Gramado. Leandra ficou muito amiga de Clara no processo de construção do filme e, como grande atriz que é, aproveitou para estudar a personagem Clara Averbuck. Ela construiu uma versão assustadora de nossa filha para o cinema, porque, em algumas sequências, eu tinha certeza de que Clara havia feito alguma participação especial, tal a precisão com que Leandra representava as tensões no corpo da personagem. As linhas psicológicas refletidas naquela tensão corporal transmitiam tal similitude entre Clara e Leandra que acreditávamos que era nossa filha na tela. Eu perguntava: "Mas, Clara, nesta cena é tu mesmo que aparece, né?" "Não, pai... eu não participei do filme". No lançamento, em Gramado, eu disse à Leandra que ela tinha trazido luz para nossa família. A Clara podia se enxergar naquela personagem tão fielmente construída por Leandra para o filme.

MÉTODO STERNEGÔNICO DA SBØRNIA CENTRAL

Em 1990, houve interesse da editora Sulina – através do Sérgio Ludke, numa sugestão da Marlourdes Franarin – em lançar um álbum em quadrinhos. Seria algo super-refinado, na linha dos álbuns do Tintim. Os cartunistas seriam Edgar Vasques e Cláudio Levitan. Como o Nico já estava morando no Rio, eu ajudei o Cláudio a montar o roteiro.

A história se passa toda em Porto Alegre, mais especificamente dentro do Theatro São Pedro. O vilão, chamado W&W, criado pelo Levitan quando não havia internet, pode no mínimo ter sido uma intuição para o futuro WWW. Esse vilão vê a possibilidade de ficar rico com Kraunus e Pletskaya, e tenta sequestrá-los. Um traço primoroso do sbørniano Ed Gar Waskes (Edgar Vasques), como Levitan colocou na introdução, que traduz muito bem a alma dos personagens. E há a história muito louca do Cláudio Levitan, em que Kraunus e Pletskaya acham um tomo perdido da Grande Enciklopédia da Sbørnia que ensina o Método Sternegônico da Sbørnia Central de Como Fazer o Theatro Voar, incluindo o fenômeno da Bomborgátzia, a força de retenção, que deve ser eliminada sem, no entanto, eliminar a força de flutuação, chamada de Dovedróika. "O fenômeno da Dovedróika era muito conhecido pelos construtores da Sbørnia Central. O poder de elevação que sofre um Theatro com a magia do espetáculo", diz o Tomo II da Grande Enciklopédia da Sbørnia. Uma fórmula mirabolante, mas totalmente razoável e consistente, até para o entendimento do sbørniano médio. Eu achava o delírio criativo do Cláudio Levitan uma coisa extraordinária, que, assim como o Barão de Satolep do Vitor Ramil, vinha fortalecer todo o universo que havíamos proposto.

O lançamento, na Feira do Livro em Porto Alegre, foi um estouro, com uma fila enorme para os autógrafos e uma multidão querendo nos ver. Subimos no pedestal da polícia militar, daqueles que ficam um só policial, e fizemos uns números um de costas para o outro, pois era a única forma de o Nico poder tocar acordeom. Entre o povo, estava o Paulo Lumumba, amigo de meu pai, centroavante do Grêmio, da época em que meu pai jogava. Eu ia, ainda adolescente, ver os jogos do grupo de ex-atletas do Grêmio, que meu pai tinha fundado junto com outros jogadores, e achava o Paulo Lumumba uma elegância de jogador. Os gols que ele fazia eram pura arte, o jeito que ele corria e enfiava o corpo na frente do adversário, sem bater, mas com muito vigor. Eu não esperava que ele estivesse entre o povo que nos prestigiava, mas reconheci nele a presença do meu pai, que já havia falecido.

Não esperávamos virar heróis de revista em quadrinhos, mas tinha a expectativa de uma continuação da história, já que ela terminava chamando um próximo capítulo. No fenômeno da Dovedróika, criado pelo Cláudio Levitan no roteiro, o Theatro São Pedro se desgruda das fundações e sai voando. A história, então, evoluiria para um outro capítulo, que se passaria durante este voo. Uma ideia do Levitan que eu curto muito e espero que ainda possa ser realizada, já que segue na gaveta e um dia, em outra encarnação, terminaremos e lançaremos. Um capitulo em cada encarnação, porque ninguém é de ferro. O tema voltou à tona só em 2018, quando fizemos, eu e Levitan, uma música falando da Bomborgátzia e a apresentamos juntos, em temporadas, com o Coro Jovem da Ospa, que passou a integrar o *show* quando nos apresentamos em Porto Alegre.

JUNG E O TEATRO HIPERBÓLICO

Em 1990, nós tínhamos seis anos de existência e estávamos começando a pegar no tranco. Nico seguia morando no Rio, e seguíamos nos encontrando na estrada. Marilourdes Franarin era responsável pelo Rio Grande do Sul e Santa Catarina, Clodoaldo Costa pelo Paraná e Marquinho Fentanes por São Paulo e demais regiões do Brasil, todos eles interconectados.

Em São Paulo, seguíamos fazendo de tudo. Todos os programas de TV. Acordávamos com uma agenda de divulgação, colocávamos as roupas de Kraunus e Pletskaya e íamos à luta. Fizemos isso muitas vezes! Seguidamente, entravamos em restaurantes vestidos com as roupas dos personagens. Uma vida dupla. Personalidades dissociadas? Quem sabe?! Oficialmente, éramos somente dois artistas dando vazão a seu alter ego. De qualquer forma, o mergulho para dentro de nossas psicologias, em busca da forma mais radical de nossa criatividade, trazia questões difíceis de solucionarmos por nós mesmos. Na terapia junguiana, eu tinha que anotar os sonhos para interpretá-los na sessão, e isso passou a ser um costume, um elemento de extrema importância no entendimento dos meus processos psicológicos. Foi um período de grandes descobertas. Hoje, quando acordo lembrando de um sonho, imediatamente o mecanismo de interpretação entra em atividade, refletindo sobre quais são as possíveis ligações simbólicas que os eventos oníricos podem ter com minha vida. Muito raramente saio de uma reflexão sobre meus sonhos sem fazer ligação direta com um fato da minha vida prática.

A terapia psicológica deveria fazer parte dos direitos humanos. Cada ser humano deveria ter o direito de, ao menos uma vez na vida, fazer psicoterapia. Depois de milhares de anos de evolução, finalmente existe um alívio para angústias, traumas e distúrbios em geral. Muita gente ainda não sabe disso. Muitos, mesmo sabendo, têm preconceito e se negam a fazer psicoterapias. Outros, mesmo sabendo e se dispondo a isso, não podem pagar. Os grandes psicoterapeutas construíram e seguem construindo diversos sistemas, que se configuram em verdadeiros manuais de funcionamento da vida humana. Imagine antes disso, a dificuldade que tínhamos (e às vezes ainda temos) em discernir transtornos psicológicos de padrões comportamentais. As terapias trouxeram grande alívio às tensões humanas. Eu recomendo sempre, porque na minha experiência trouxe grandes resoluções evolutivas.

Começamos, eu e Heloiza, a estudar toda a obra de Carl Jung. Jung trouxe a alquimia para o ambiente da linguagem científica.

Muitos livros dele só são plenamente compreendidos à luz da alquimia e da intuição. Incluir astrologia e oráculos não era um costume da ciência racional do século XX, mas ele teve coragem e toda a propriedade para falar abertamente sobre esses temas como cientista, dentro do viés científico, abrindo uma porta para eles junto à comunidade científica e despertando interesses nos leigos.

Um dos assuntos que mais me interessou nos livros de Jung foi o estudo de um aspecto da psicologia humana que ele denomina "A sombra". Nos anos seguintes, passei a desenvolver uma "teoria fictícia" sobre uma escola de arte, uma corrente de estilo artístico da Sbørnia chamada "Teatro Hiperbólico".

O TEATRO HIPERBÓLICO (O CLOWN E O EU FRACASSADO)

O pessoal da Secretaria de Cultura de Porto Alegre me chamou para dar uma palestra na Casa de Cultura Mario Quintana, e eu resolvi ir com meu personagem Kraunus. Foi então que oficializei a Teoria do Teatro Hiperbólico, ao menos para mim, pois poucos ficaram sabendo dela, embora tenhamos falado a respeito muitas vezes em programas de rádio e TV. Trata-se de uma corrente artística fictícia baseada em um "esquema matemático fictício".

Traçando uma linha horizontal e uma linha vertical, teremos uma cruz equilátera. Logo, tracei uma hipérbole, uma linha curva, partindo do braço esquerdo da cruz, com ápice no ponto alto da linha vertical, e caindo para findar ao lado direito da linha horizontal, criando, assim, uma hipérbole para o lado superior do gráfico. Depois, fiz o mesmo para o lado inferior do gráfico, criando uma espécie de ovo matemático. Ora, no centro de um ovo, o que temos? "A gema, a essência do ser". O futuro "Eu"! Havendo posse do "Eu", teremos, como seu próximo passo, a sina e o destino do indivíduo, e logo: o "Eu Fracassado".

"A Sombra", aquele aspecto das teorias de Jung tão interessante para mim, tornou-se uma ótima referência para o estudo do *clown*. Até então, tudo que eu sabia sobre isso vinha de minhas observações sobre a comédia e os comediantes, das minhas referências familiares, de Chico Anysio, o gênio das caracterizações, o verdadeiro herói de mil faces, de Jô Soares, seus personagens, seus textos incríveis, seu carisma gigantesco e seu elenco de apoio, e mesmo de Renato Aragão na fase dos Trapalhões, personagens que se misturavam com as personalidades dos artistas. Havia também o programa Bronco Total. Bronco era capaz de colocar fogo na audiência com o seu improviso e sua cara de pau. Uma espécie de Groucho Marx, centralizando a cena e colocando todo o elenco em função de seu estilo. Por vezes, notava-se que o elenco ficava perdido, mas não tinha como deixar a peteca cair, eles tinham que encontrar uma saída, afinal, era um programa de auditório. Era um jogo de vida ou morte. O ator que não tivesse capacidade de entrar naquele jogo de improvisos certamente não seria convidado. Ou se fosse e não correspondesse, certamente não voltaria mais. O público percebe quando o jogo de improviso está valendo. A espontaneidade dos comediantes é algo que mobiliza a audiência. É exatamente como um *reality show*, só que com artistas com talento e experientes. O risco de uma piada não funcionar é grande, mas, quando funciona, é a glória.

E, claro, havia o rei de todos para mim: Chaplin, o genial vagabundo, que encarnava o "Rei dos Fracassados". Um personagem que, acima de tudo, sabia aceitar a sua condição e fazer graça de sua desgraça. O verdadeiro humor: a graça a partir do erro. Utilizar o erro como tomada de consciência. Mostrar o erro traz a graça de sabermos o que é certo e o que é errado. Graças à nossa consciência, sabemos identificar o erro, e isso nos faz rir. "A graça é sempre divina!"

O termo "hiperbólico" denota um exagero. A forma de cantar as canções de Vicente Celestino, o tom farsesco que usávamos para interpretá-las criavam situações hiperbólicas, exageradas. Juntar Celestino com Alvarenga e Ranchinho só seria possível em um futuro distante de sua época. "Moça hiperbólica morreu de cólica" era o final da genial canção de Alvarenga e M. G. Barreto que fechava uma sequência do Tangos e Tragédias.

A partir de um certo momento, estávamos tão confiantes das decisões que nossos personagens tomavam que não nos pareciam decisões nossas. Kraunus e Pletskaya éramos nós mesmos em uma outra dimensão. Eram nossos "Eus Fracassados" fazendo mais sucesso do que nós. Insólito, mas absolutamente revigorante e infinitamente mais divertido. Um exercício de entrega a outra personalidade. Na verdade, uma flexibilização do ego que trazia a única possibilidade de sobrevida para a nossa relação.

Os psiquiatras e psicólogos começaram a frequentar o *show* e a expressar curiosidade por nossa performance. Kraunus, um violinista delirante, com os olhos esbugalhados, deixando transparecer que a realidade jamais o tocaria, interpretando canções com as tripas na mão, usando seu corpo e seu gestual como instrumentos de expressão. E Pletskaya, com seu acordeão de efeitos fantásticos, seu bigodinho cabotino, sua vaidade exacerbada, seu olhar apertado, como a querer seduzir todas as moléculas de oxigênio ao seu redor, e sua poesia cotidiana, trazendo um lirismo encantador às coisas mais pueris da vida, como "jornal, leite e pão". Esses dois personagens aparentemente contraditórios, mas donos de um universo próprio, onde o conflito terminava quando os dois se reconheciam como sombras fracassadas que traziam à tona todo o potencial criativo de dois seres humanos que jamais seriam qualquer coisa interessante enquanto não sucumbissem totalmente ao aspecto criativo que haviam provocado. Delegávamos tanto aos personagens e a seus estilos pessoais que declarávamos: "Não éramos nós que fazíamos o Tangos e Tragédias, mas sim o Tangos e Tragédias que nos fazia".

Ao lado disso, víamos outros fenômenos semelhantes ocorrendo, como o Professor Kanflutz, personagem de Cláudio Levitan, também composto por fragmentos da personalidade dele. Um *clown* legitimo. Arquiteto, urbanista e gênio! Escritor, compositor de canções originais e dono de um humor tipicamente judaico. O inspirador de Nico, como declarado repetidamente por ele. Com o Barão de Satolep, de Vitor Ramil, passava-se o mesmo. Vitor, com sua concisão artística, deu vida a um personagem até mais intenso do que os nossos. É uma maravilha vê-lo com sua corcunda, seus grunhidos, sua voz de catacumba e sua máscara facial que o torna irreconhecível, mas também com sua voz absoluta e suas canções com poemas de estilo original, de um rigor e uma profundidade únicos. Cantávamos *Joquim*, sua versão genial para uma música de Bob Dylan, e seu tango *O coveiro,* com letra de Augusto dos Anjos. O compositor de *Milonga das sete cidades*, que prega "rigor, profundidade, clareza, concisão, pureza, leveza, melancolia", usou esses mesmos elementos para construir seu personagem. Eu ficava impressionadíssimo com a presença do Barão de Satolep, e via traços do Vitor Ramil naquela criatura. O mistério do Teatro Hiperbólico se multiplicando.

Chegamos a fazer uma dupla de *freaks*, "o Anão e o Barão", em uma das temporadas do Teatro do Disco Solar. Éramos uma dupla e tanto. O Barão de Satolep, uma figura saída das catacumbas do Castelo da Baronesa, do casario clássico de Satolep, tão sinistro quanto um Frankenstein, com tendências ultracruéis, adentra o palco com seu ursinho de pelúcia e canta *Pimpão*, música da turma do Balão Mágico. E o anão Macuco Serra, com sua autoestima exagerada, sua verve para o improviso, seu repertório sempre escrachado, mas lírico (como eu havia aprendido com o Nico Nicolaiewsky), e seu serrote musical, lembrando uma soprano de ópera. Poderíamos ter feito sucesso! Poderíamos ter rebentado a boca do balão mágico! Poderíamos ter ganhado rios de dinheiro! Mas teria sido muito óbvio. Um dia... quem sabe... Às vezes, tudo o que importa é fazer sucesso com coisas improváveis.

Houve um dia em que circo internacional da música *pop* se revelou dentro do Teatro Hiperbólico na minha cabeça. A figura de Robert Smith, do The Cure, era certamente inspirada nos *clowns* ingleses do universo preto e branco. Ele teve alguma influência sobre a construção do meu personagem hiperbólico, assim como o Gordo e o Magro, Chaplin e a galeria de *clowns* de seus filmes, e o próprio Bronco (Ronald Golias). Logo, uma epifania brilhou no meu entendimento sobre o que exatamente estávamos fazendo, percebendo as figuras que me impressionavam na minha primeira adolescência, quando eu estava vislumbrando quais seriam os grandes interesses que a vida me despertaria. Na adolescência, a gente começa a examinar a vida de acordo com os nossos interesses, porque logo vai ter que assumir os próprios caminhos. E o que me interessava de verdade era o circo da música *pop*. Todos esses personagens do circo *pop*, desde os artistas do cinema mudo até os artistas das correntes mais futuristas das artes performáticas; naquele momento, para mim, se revelavam todos descendentes dos primeiros bufões italianos, aqueles que viajavam em carroções e, de vila em vila, repetiam os enredos, que diziam muito àquelas populações, ajudando-os a processarem os mais diversos temas coletivos, assim como os dramas individuais. Aliás, desde minha infância, tal como todos os interessados em artes performáticas, me encantei com personagens como os Beatles vestidos de soldadinhos no *Yellow Submarine*, ou no *Sargent Peppers*. Dentre os mais versáteis, Elton John e David Bowie. E ela, Rita Lee, seus figurinos e suas performances, seu humor! Caetano e Gil também, quando vestiam figurinos extravagantes. A onda tropicalista era uma versão brasileira da contracultura, dos *hippies*. Estava no comportamento daquela geração! Eram pessoas que se permitiam vestimentas com um traço divertido, clownesco e até extravagante, para encontrarem um estilo próprio e criativo.

Além disso, tinha as performances de Alice Cooper lembrando os personagens da Família Addams, que foi uma das primeiras séries inglesas para a televisão. Humor negro com uma sofisticação inglesa. Aliás, aqui está outra das grandes inspirações para minhas incursões performáticas. Os hábitos da Família Addams eram absolutamente deliciosas quebras de tabus. Ali havia a esperança de que a vida não precisava ser tão previsível, tão chata, mas sim divertida, livre e, acima de tudo, cheia de amor para com seus filhos estranhíssimos e seu tio Funéreo. E tinha o Gomez! A paixão que ele mostrava por sua mulher, Mortícia, era absoluta. Uma mulher sensual, diferente de todas as mulheres da época, que exercia sobre Gomez Addams um fascínio absoluto. Este, um encanto de personagem, absolutamente puro na sua absoluta estranheza. Gomez também serviu de inspiração para a troca do meu nome artístico. Meu Gomes é com s, mas este Gomez era mais ligado ao meu universo artístico e, ao mesmo tempo, com o z, me aproximava da cultura hispânica do sul do Brasil. Aliás, uma grande descoberta foi a de que o ator que fazia o tio Funéreo na série era o mesmo que fez "O Garoto", quando criança, no filme do Chaplin!

Um espectro de personagens se multiplica no cinema, nos espetáculos e na televisão, oferecendo referências criativas para todos os que querem assumir esse importante papel social. São artistas, com a missão de representar dramas e situações individuais para que, no plano coletivo, haja um processamento psicológico dos temas, como costumes coletivos ou como estilos pessoais. É claro, para além da beleza plástica, da mensagem filosófica, comportamental ou humorística, os artistas trazem "padrões de criatividade", para que todos possam aplicá-los a sua maneira. Por isso, os artistas influenciam a vida de todos nós. Por isso, nos ligamos a eles.

O SEGREDO É QUE NÓS NÃO COMBINAMOS!

Fazer um personagem só, e um só espetáculo, com o passar dos anos, trouxe a preocupação de que isso poderia indicar alguma limitação artística. Mas, olhando Bronco, o personagem de Ronald Golias, por exemplo, ou mesmo o genial personagem de Chaplin, junto à certeza de que estávamos nos divertindo e seguros de que nosso trabalho era absolutamente original, toda a minha ansiedade criativa se acalmava. Chutar o destino pra lá é um estilo de vida!

Eu havia escrito um texto de introdução para uma música minha chamada *Hino ao Destino*, que compus com 16 anos, a partir de um sonho. Nele, eu estava galopando um cavalo cinza com uma sensação de liberdade absoluta. Acordei com aquela sensação e compus a canção. Esse texto de introdução à música era pretensiosamente filosófico. Nico o leu e escreveu outro texto muito melhor, e a canção entrou no *show*.

Kraunus entra com um cavalo de pau de brinquedo, simula uma cavalgada e fala: "Vejo o futuro... Parece como num sonho... Sinto o galope numa velocidade vertiginosa, que rasga o tempo e me joga numa zona sem fronteiras, onde o princípio e o fim se encontram. Onde o passado e o futuro, a verdade e a mentira, o amor e o ódio, o instante e a eternidade são pedaços de um pedaço de um pedaço de um pedaço (até aqui, texto do Nico. Aí, acrescentei:) de um pedacinho de um pedaço!" Nico soltava acordes orquestrais no acordeom como as trombetas dos arautos da anunciação, e eu soltava "lá-lá-lás operísticos" ao estilo de Vicente Celestino (está no LP e a cena do Cavalinho de pau está no livro em quadrinhos).

Esse texto serviu em muitas entrevistas para que explicássemos aos ouvintes em rádio ou TV o que era o Teatro Hiperbólico. É o tipo de texto lacônico e reticente que ninguém entende, mas que faz muito sentido para quem alcança reflexão! São os opostos complementares, especialmente "o princípio e o fim, o instante e a eternidade", que poderiam indicar que estávamos falando de estéticas. As estéticas de Vicente Celestino e de Chaplin, que marcaram um momento no tempo e tornaram-se referências de uma época ou de uma geração, agora voltando e mostrando-se resistentes ao tempo, fluindo pela eternidade. Assim como os *hippies,* claramente inspirados na vida natural e nas comunidades indígenas americanas; os ingleses, ligados às suas origens na música celta; os brasileiros, voltados aos valores da Semana de Arte Moderna de 1922, em que as referências à "antropofagia" traduziam a influência da música popular norte-americana na linguagem brasileira. No nosso trabalho, isso aparecia também na forma folclórica com que Nico se expressava através dos ritmos de seu acordeom. As polcas se tornavam muito atrativas dentro de uma intenção *pop*, e traduziam a música dos imigrantes europeus do sul do Brasil. A genética europeia que Nico trazia, sendo descendente puro de judeus imigrantes da Bessarábia, se traduzia na nossa usina de reciclagem, chamada Recykla Gran Rechebuchyn, (criada desde que Caio Fernando Abreu publicara aquele artigo no *Estado de S. Paulo* falando da lixeira cultural). Aliás, a polca é uma forma ancestral, que deu origem aos ritmos brasileiros ao ser misturada com os ritmos africanos, como no caso do choro.

E nós tínhamos um prazer especial em nos russificar. Os estilos de língua inglesa já tinham sido exaustivamente explorados, e o *groove* natural do Nico nas polcas era muito especial mesmo, algo muito legítimo e orgânico. Um ritmo que chamávamos de Schnitzel, sem saber o significado da palavra. Hoje, sabemos que, em alemão, quer dizer "bife à milanesa". A intuição da língua é uma forma de globalização inconsciente. "Puxa um Schnitzel aí!", eu pedia, e ele puxava imediatamente aquele *groove*. Gravamos o clássico de Herbert Vianna, *Meu erro*, com esse *groove*, completamente estranho a tudo que se possa classificar como música brasileira. Isso dava, e segue dando, muita realidade ao universo da Sbørnia.

A Sbørnia sempre pintou como algo completamente fora da moda, algo anacrônico, que não interessavam nenhum pouco às dissertações do mundo moderno. Ainda que *clusters* jorrassem do acordeom de efeitos fantásticos e ocorressem choques entre as personalidades musicais, provocados intencionalmente entre o violino de Kraunus e o acordeom de Pletskaya, nada aparecia sem fazer sentido, sem ser a nossa verdade, dentro do que poderíamos classificar como "nonsense nosso de cada dia". E, em verdade vos digo: o choque de personalidades era o verdadeiro sentido de nossa ligação e o segredo do nosso sucesso! Eu falava para Nico e já disse em diversas entrevistas: "O segredo do sucesso... é que nós não combinamos! Vivemos um constante choque de personalidades". Isso aparecia no conflito entre os personagens. Ocorre que esse conflito ficava muito bem no palco!

Todo ser humano tem conflitos inconscientes, e, quando vê esses conflitos estampados no estilo dos dois personagens no palco, imediatamente projeta-os neles. Aliás, esta é a magia dos filmes e das histórias, do teatro e da literatura: nós nos transportamos para as situações apresentadas. É algo inerente ao ser humano. Quando eu e Heloiza assistíamos a um filme com nossa neta Catarina, ela imediatamente se transportava para a história e escolhia um personagem, dizendo: "Eu sou a fulana!" Até hoje brincamos de escolher um personagem quando começa um filme. É uma forma divertida de se transportar para a história e aprender algo ao longo da trajetória do personagem, como um mecanismo de processamento de vida. Não é à toa que o Oscar é uma cerimônia mais importante do que o Prêmio Nobel: apesar da glamourização das celebridades que o cinema propõe, na exploração do carisma dos artistas, influenciar fortemente nisso, o mais importante é que muito do sentido da vida se revela também nos filmes.

No nosso caso, definíamos juntos todas as questões do projeto, mas, na hora do *show*, cada um fazia a sua parte, do seu jeito. Certa vez, em uma entrevista, eu explicava ao jornalista qual era o conceito do trabalho. O Nico olhava e escutava, até que resolveu se manifestar, dizendo que achava que não era nada daquilo que eu estava falando. Talvez fossem dois *shows* num só, um visto pela perspectiva do Pletskaya e outro, pela de Kraunus, que se complementavam pela natureza. Nenhum diretor, por mais genial que fosse, conseguiria harmonizar duas personalidades tão diferentes. Só mesmo a natureza. A natureza humana dentro de nós!

RITUAL

Mais do que entretenimento, o teatro nasceu de rituais e da forma interpretativa de se contar histórias. Eu, como espiritualista de formação, aprendi a fazer do nosso ofício de atores um ritual. Todo e qualquer movimento, gesto, olhar, palavra ou música tem a intenção direta e imediata de criar uma "atmosfera" na qual o público estará envolvido. Essa atmosfera é o "nutriente" de um espetáculo, um campo psíquico e emocional sem o qual nada se sustenta. Temos um público consumidor de espetáculos. As pessoas saem de casa, abandonam seus ninhos, seus confortos, suas tecnologias, com o único propósito de entrar em uma atmosfera diferente, que lhes traga algum nível de transcendência. No meu ponto de vista, o artista deve estar preparado para isso. Trazer à tona, dentro de uma representação teatral, a forma com que duas pessoas processam seus conflitos pessoais, como no nosso caso, pode se tornar algo muito atrativo para um público que encontra nisso uma forma de processar seus próprios conflitos pessoais e, acima de tudo, aprender a rir de si mesmos.

Evidentemente, nós fomos lapidando nossa performance, e contracenar com o Nico criando *gags* engraçadas passou a ser uma tônica do trabalho. Ao mesmo tempo, tinha um desafio permanente em melhorar na performance musical. No início, eu desafinava muito no meu instrumento! Normal para quem está aprendendo a tocar esse instrumento ingrato e rebelde que é o violino. Mas os personagens, como figuras totalmente desajustadas e enlouquecidas, justificavam toda a desafinação. Estava na estética. Quando comecei a estudar mais e encontrar professores que me ajudaram muito, como o Fredi Gerling, que é verdadeiramente um mestre, que traz consciência para a musculatura e para a neurologia do aluno, só aí comecei a ser mais afinado. Nico passou a notar isso. Um dia, ele me falou que eu estava tocando muito afinado e que ele gostava mais quando era desafinado, porque fortalecia o aspecto clownesco do personagem. Senti que eu realmente havia evoluído, e partimos para uma fase de amadurecimento musical.

Eu gostava – e ainda gosto – de escutar concertos de violino, e também peças para orquestras de cordas. Durante um grande período da minha vida, escutei *Enigma variations*, de Sir Elgar, todos os dias. Aquela peça tem um tempo exato e um tipo de desenvolvimento que cabia certinho na parte final de minhas meditações. Começa com calma e ternura, vai crescendo de uma forma circular e atinge um ápice de harmonia e força que me trazia uma paz enorme. Uma sequência harmônica com uma progressão que se repete de forma espiralada, que poderia ficar tocando para sempre, mas então entra na parte final e vai para a conclusão de forma grandiosa e inexorável, para finalizar em algumas voltas de mais um grandioso espiral musical de grande inspiração. Uma obra que demonstra a grandiosidade da experiência humana e o quão serenamente tudo acaba com um último suspiro. Se eu conseguisse compor algo com essa qualidade de obra de arte, aí estaria minha grande realização. Em *Pompa e cincunstance*, do mesmo autor, sente-se a força da nação inglesa. Hoje, você pode ver as pessoas cantando isso e balançando a bandeira inglesa em concertos do Royal Albert Hall com magníficas orquestras. Eu ficava pensando: o que pode se alinhar a isso na música brasileira? E descobri que é a *Aquarela do Brasil*, de Ari Barroso, com o arranjo orquestral de Radamés Gnattali. Ali temos o ritmo brasileiro e as palavras de exaltação da natureza que tanto nos encantam e que se tornaram uma peça musical representativa internacionalmente.

Eu e Nico compusemos nossa única parceria em 30 anos e não tínhamos nome pra ela. Como era uma exaltação à Sbørnia, logo vimos as similaridades com a caótica política brasileira a batizamos de *Aquarela da Sbørnia*. Temos o sistema político da Sbørnia, que é o Anarquismo Hiperbólico. O governo é sempre provisório; fica enquanto aguentar, até que alguém o derrube.

PROKOFIEV

Sobre o *Hino da Sbørnia*, que compus lá durante minha guarda, com o desejo de trazer ao público um sentimento de redenção da experiência humana, fizemos um arranjo pra ela no concerto A OSPA vai à Sbørnia, que ocorreu em 2018 e foi uma glória. Muitas pessoas que foram ao *show* lembram e comentam sobre o quanto ficaram envolvidas com a energia do *Hino da Sbørnia*, que trazia inclusive uma salva de tiros de canhão, uma delas em homenagem ao Nico. Nunca tocamos no Tangos e Tragédias. Ele teria gostado se tivéssemos tocado dessa forma épica e grandiosa, incluindo o Coro Sinfônico da OSPA. Mais tarde, voltaremos a falar desse concerto.

Voltando às minha referências, também os concertos para violino no. 1 e 2, de Prokofiev, me traziam uma sensação de equilíbrio entre tudo que eu conhecia e tudo que gostaria de conhecer. Mergulhei incontáveis vezes dentro desse concerto, e decorei cada compasso. Comprei as partituras, persegui cada naipe, cada sessão, tentando descobrir as intenções de um compositor genial desse calibre. Embora ainda siga sem saber como executar eu mesmo a partitura toda, pela dificuldade técnica, é uma peça que eu conheço de fato. Naquele período, escrevi um texto sobre minhas viagens dentro desse concerto para um ensaio chamado *A árvore dos violinos*, quem sabe um próximo livro...

Durante nossas temporadas, comecei a tocar o primeiro movimento desse concerto, fazendo fundo musical para um texto do Nico dava no Tangos e Tragédias. Era o texto original, gravado por Vicente Celestino para introduzir a sua canção mais famosa, *O ébrio*, mas o Nico trocava algumas palavras, e ficava muito engraçado. Nesse dia, ele foi me perguntar que música era aquela que eu havia tocado. Falei que era o *Concerto para Violino nº.1*, de Prokofiev. Ele disse que eu nunca tinha tocado uma música tão adequada para o momento! Senti que tocara sua alma russa, sua ancestralidade Nicolaiewsky. Somente nas entrelinhas e leituras internas, nosso trabalho, Tangos e Tragédias, poderia revelar o seu nível de sofisticação. Na aparência, ele era só engraçado, lírico e inteligente. Mas havia uma série de referências na sua construção, que o caracterizavam como uma obra com um grande nível de detalhamentos.

Um dia, encontrei o Vitor Peixoto, grande pianista, integrante da banda do Borghetinho. Falamos sobre esse concerto de Prokofiev e ele começou a solfejar, e eu também. Solfejamos juntos um longo trecho e descobrimos que curtimos esse concerto da mesma forma, decorando os mínimos detalhes. Era como o disco da Rita Lee cujas notas de todos os instrumentos eu tinha decorado. Prokofiev passou a ser um dos meus preferidos.

CÉREBRO COLETIVO

Hoje, dia 13 de junho de 2017, eu, como responsável pelo setor de gravações dos concertos da OSPA, gravei, junto a esta, esse concerto de Prokofiev. É uma alegria conhecer um concerto com tal complexidade nos seus mínimos detalhes. Isso é algo que só a experiência de ouvinte pode trazer. O prazer do conhecimento não é vão! A capacidade de fluir mental e emocionalmente junto com uma Orquestra Sinfônica confere ao indivíduo um exercício único na experiência de estar vivo. São cerca de 80 musicistas promovendo um exercício neuronal espetacular. São redes neuronais em sincronia, formando o "cérebro coletivo" que é uma orquestra. A pessoa que vai a uma sala de concerto participar dessa experiência, vai em busca desse exercício e dessa experiência! Quando um maestro, com um grupo desses, consegue colocar os movimentos neuronais dos musicistas em sincronia com os movimentos neuronais do público, acontece a "mágica da transcendência". É justamente o que o público vai buscar nos teatros, a conexão criativa com quem está propondo o exercício, no caso, os artistas. O nível de fluência é sempre crescente para quem aprecia. Ouvir com os ouvidos é apenas um princípio; permitir que a obra interaja com nosso ser é um passo no aprendizado de deixar-se penetrar por uma sinfonia ou mesmo por uma canção. Escutar com a consciência, e vibrar da mesma forma que um diapasão ao perceber vibrações ao redor de si, é uma forma de apreciação pouco explorada. Nós também podemos vibrar em sincronia com uma obra para a qual nos abrimos, até sentir essas vibrações nas entranhas das nossas células.

A apreciação musical deveria fazer parte atuante dos currículos escolares em todas as idades. A capacidade de apreciar uma obra de arte em seus mínimos detalhes, segundo estudos da neurociência, confere aos apreciadores um aumento da percepção como um todo, mas não só isso. O cérebro humano é levado a criar novas redes e conexões neuronais, para que o entendimento de uma nova obra de arte se dê de forma integral. O que ocorre é que o cérebro que se envolve nessa atividade ganha mais e mais capacidade de análise e compreensão. Isso explica muito em termos de comparação entre as comunidades humanas, que se envolvem mais ou menos com as formas mais complexas da apreciação musical. Por isso fala-se que a bossa nova foi o salto quântico da música brasileira, porque se tornou muito popular e nos permitiu expandir a capacidade de expressar nosso folclore de uma maneira mais complexa. Por essa razão, pode-se dizer que, em uma comunidade onde a música é mais rústica e menos elaborada, teremos igualmente uma organização social mais rústica, enquanto que uma sociedade cuja população cresce aprendendo a apreciar a música na suas formas mais complexas se desenvolve com maior capacidade de elaboração. É claro que sempre haverá exceções. Há quem analise as complexidades da música tribal. A música tribal de Bali, por exemplo, é, às vezes, de extrema complexidade, e essa comunidade não chega a ser um exemplo de organização social. O mesmo acontece na Índia, mas por motivos diferentes.

Entretanto, há que se considerar também que civilizações supostamente progressivas em termos de confortos artificiais têm se provado cada vez menos autossustentáveis e agressivas aos sistemas naturais que sustentam a vida. Ou seja, a inteligência promovida pela apreciação musical nem sempre é utilizada quando o caráter humano é posto à prova. Há exemplos de pessoas que têm acesso ao que de melhor a música pode prover a um ser humano em termos de enriquecimento cultural e inteligência, pessoas que são encontradas nas mais altas esferas do poder, sem que, com isso, utilizem sua capacidade de discernimento para fazer o papel que lhes cabe em um governo e prover bem-estar e avanços sociais. Pelo contrário, negam à sociedade que lhes escolheu e lhes sustenta a oportunidade do conhecimento, para que novos seres com poderes de discernimento não lhes ameacem o *status* e o poder adquirido. A cultura confere poder ao ser humano. Por isso, é negada às massas.

O MOMENTO DE AGORA

Em uma apresentação de artes performáticas, o artista deve, obrigatoriamente, estar no "momento de agora". Se ele estiver desconectado do momento de agora, então o seu público também estará. O *performer*, como um sacerdote, conduz o público para "o momento de agora". Em um concerto qualquer, é importante que os instrumentistas estejam "no momento de agora". E este talvez seja o maior benefício das artes em geral: que o artista e sua audiência estejam no momento de agora. Essa é uma tarefa muito difícil para qualquer adolescente, mas as artes podem proporcionar isso a ele. Um *show* de música *pop* que magnetize o seu público pode colocar toda uma plateia no "momento de agora". Além, é claro, da apreciação estética e da experiência coletiva de um envolvimento emocional – esse talvez seja o principal exercício de uma plateia.

KOELLREUTTER

Lapidar a pedra bruta sempre foi uma tônica do nosso processo. Quero comentar sobre nosso contato com o professor Koellreutter, de quem Nico Nicolaiewsky foi aluno.

Hans-Joachim Koellreutter foi um compositor, professor e musicólogo brasileiro de origem alemã. Mudou-se para o Brasil em 1937, e tornou-se um dos nomes mais influentes na vida musical no país. Regente e flautista, Hans-Joachim Koellreutter foi, antes de tudo, um professor. Em 1941, contratado pelos pais de Tom Jobim, começou a lecionar piano e harmonia para o futuro criador da bossa nova, que só tinha 13 anos. Foi seu primeiro professor de música. Além de Jobim, Koellreutter ensinou e influenciou, durante toda a sua vida, uma legião de músicos populares e eruditos, entre eles: Caetano Veloso, Tom Zé, Moacir Santos, Clara Sverner, Antonio Villeroy, Nelson Ayres, Paulo Moura, José Miguel Wisnik, Júlio Medaglia, Isaac Karabtchevsky e... Nico Nicolaiewsky! Também soube misturar a tecnologia eletrônica, o serialismo e a harmonia acústica aprendida com Paul Hindemith às influências da música brasileira, criando um estilo de composição próprio.

Nico convidou o professor Koellreutter para ver o Tangos e Tragédias, que estava fazendo uma temporada no Teatro Opinião, no Rio de Janeiro, e o professor foi com alguns alunos. Ele ficou realmente muito excitado. Nos convidou para irmos à sua casa no outro dia. Chegamos lá e estavam outros alunos na casa dele. Ele começou a falar coisas muito legais sobre o *show,* inclusive que não tinha conseguido dormir de excitação. Eu fiquei surpreso com o entusiasmo que ele demonstrou pelo nosso trabalho e pedi-lhe que escrevesse alguma coisa para nós, alguma crítica, para que pudéssemos lapidar alguma parte do *show.* Ele voltou ao espetáculo com o Silvio, um aluno. No decorrer do *show,* de tempos em tempos, pedia para Silvio acender uma lanterna e escrevia algo. De um certo ponto em diante, parou de escrever. Eles estavam sentados bem na frente, e nós podíamos vê-los. Alguns dias depois, recebemos esta carta do professor:

Sobre Tangos e Tragédias

Meus caros amigos,

Não sei quantas vezes assisti a Tangos e Tragédias, no Rio e em São Paulo, o belo espetáculo de vocês. Sempre uma experiência que não se esquece. Não só isso, mas, acima de tudo, uma aula de arte, de psicologia e de conduta humana.

Raramente, muito raramente, assisti a um espetáculo ecoante que, num nível alto como o de vocês, funde crítica e humor, ironia e seriedade. Com outras palavras, a rica paleta da sensibilidade humana, numa escala de expressão simples e, ao mesmo tempo, profunda. Um conjunto de qualidades que, em última análise, só cheguei a ver na arte de um artista como o grande Carlitos.

O que se sente em Carlitos e em Tangos e Tragédias também não é aquilo que se vê e se ouve, mas justamente aquilo que não se vê e nem se ouve, ou seja, silêncio ou pausa.

Um magnífico trabalho de conjunto, precisão e disciplina e... de improvisação inteligente e hábil. É que o espectador deixa de ser um observador para tornar-se um coautor, um participante de um espetáculo.

Primorosa apresentação métrica, uma inteligente distribuição daquilo que ocorre como se espera e daquilo que surpreende. Disciplina e muita musicalidade.

Com outras palavras, uma verdadeira harmonia a duas vozes, um espetáculo atrativo e fascinante, de ótima dicção, um clima de unidade e contraste, de repouso e movimento, que não se esquece...

Um grande abraço do amigo de sempre,
Hans-Joachim Koellreutter

Desde então, o professor sempre aparecia em nossos *shows* quando estávamos no Rio ou São Paulo. Tempos depois, ele foi diagnosticado com Alzheimer, entrou em processo degenerativo e ficou por um longo tempo sem lembrar de nada. Um dia, Margarida, sua esposa, contou que ele acordou e começou a lembrar de muitas coisas. Ela perguntou se ele queria escutar música, sugeriu Bach ou outro compositor, mas ele pediu para escutar o CD do Tangos e Tragédias. Logo o professor veio a falecer, em 2005. Margarida nos contou que o disco que tocou na cerimônia de sua cremação foi o do Tangos e Tragédias. A leitura que o Prof. Koellreutter fez da nossa performance é algo muito valioso para nós, que chegamos aos 30 anos com a certeza de que podíamos melhorar.

Dois anos depois, foi inaugurada a fundação com seu nome em São João del Rey, Minas Gerais. Muitos artistas e compositores de todo o Brasil foram convidados. O *show* que marcou a inauguração da fundação foi do Tangos e Tragédias, num teatro antigo de São João del Rey. Na fundação, estão em constante exposição toda a sua obra e também um "diamante" feito a partir de suas cinzas, um processo realizado na Suíça, o que tornava tudo ainda mais curioso. O Prof. Koellreutter agora é um diamante.

A VERDADEIRA MAIONESE

Entre os conflitos que vivíamos, estava a questão de que eu achava que devíamos incluir mais números novos, e Nico achava que não. Na verdade, os números novos entravam quando era algo irresistível, quando faltavam argumentos para dizer não. Como, por exemplo, a versão do *Trem das onze* para o inglês, que fiz com ajuda de Heloiza. A primeira vez que mostrei, lembro que ele não curtiu. E eu estava tão entusiasmado que não parava de tocar isso nos ensaios e passagens de som. Até que ele entendeu, em um *show* em um navio no porto de Santos. Era um navio francês, cujo convés era cênico, e tinha uma rua, do tamanho de uma rua mesmo, com bares cênicos. No final da rua ficava o palco. Lembro de convencê-lo a tocar essa música. Havia um piano Fender Rhodes. Lembrei de Lupicínio Rodrigues vivendo sua boemia no cais de Porto Alegre. A música foi muito bem, sendo bastante aplaudida.

Um dos critérios levados em conta para um novo número entrar no *show* também era este: que agradasse o público em cheio. Mas podia acontecer do público adorar e um de nós argumentar: "mas eu não gosto!" Nesse caso, não entrava. Se percebêssemos que o "eu não gosto!" era só pra não dar o braço a torcer, o novo "número irresistível seria realmente irresistível" e passaria a figurar no repertório nos próximos *shows*.

Nico era muito dado ao "populacho". Estávamos em Santa Catarina. Entrei no seu quarto no hotel e ele estava chapado e cantava sem parar, debochadamente. Eu achei genial, mas resisti, como uma forma de me vingar pelas vezes que sugeri novos números e ele não topou. Mas depois ele começou a cantar no final do *show*, sem que eu pudesse interferir. Simplesmente saía cantando, e não havia como impedi-lo. O público adorava, e ele ria debochadamente da minha cara por eu não poder fazer nada em cena aberta. Eu não tinha outra alternativa, a não ser me divertir e me entregar.

Tratava-se de uma colagem que Nico fez entre o *jingle* da Varig e a assinatura da Hellmann's, a Verdadeira Maionese. Para acirrar a competição, criei uma frase de violino atonal que parecia feita de trás para frente, como as incríveis frases dos concertos para violino de Prokofiev. Aí sim!!! Eu também queria me divertir, e a coisa que nascera de um *jingle* publicitário ganhou uma sofisticação erudita e um ar absurdamente engraçado. Outro golaço nascido de um conflito.

Aliás, este era um tema recorrente de nossa relação: conflitos como mola propulsora! Mais tarde, percebi, em uma sessão de psicoterapia, que esse era um dos meus grandes prazeres. Resolver problemas, contornar obstáculos, vencer dificuldades, tudo isso são coisas pelas quais eu me atraio grandemente. Não no sentido de me meter em problemas gratuitamente, mas de encarar um problema como um desafio pessoal, provocando minha habilidade em resolvê-lo. Também tenho a habilidade de ver se o problema que estou assumindo não trará grandes resultados. Pequenos resultados só me interessam se forem parte de um processo para chegar em um grande resultado. Resolução de problema para pequeno resultado não me atrai de forma alguma.

Nico foi um parceiro ideal, me apontando com precisão quais seriam as dificuldades que eu teria que transpassar.

VAI QUEM QUER!

Demoramos muito a reconhecer a natureza do nosso trabalho. A grande maioria dos artistas necessita de um novo disco, um novo DVD, um novo sucesso nas rádios para voltar à estrada, voltar às cidades que frequentavam. Nós não precisávamos disso. Voltávamos todo ano às mesmas cidades sem precisar lançar algo novo. Enquanto achávamos que todo mundo já tinha visto o *show*, o público só crescia. Até que começamos a nos divertir com isso.

Em 2012, contratamos uma agência de publicidade para criar junto conosco uma campanha interessante. Lucas Levitan, filho de Cláudio Levitan, menino criativo que cresceu entre nós, se formara em Publicidade e fundara uma agência chamada República das Ideias, que já havia ganhado um prêmio internacional num salão de publicidade em Londres com uma peça promocional do seu próprio escritório. Tratava-se de uma moeda cunhada com dados para contato, fone e endereço, como se fosse o dinheiro de um país chamado República das Ideias. Lucas e Flávio Brasil estavam entusiasmados em preparar nosso material. Eles criaram um *slogan* original, que adoramos e nos fez sentir que estávamos em absoluta sintonia. E tinha um certo orgulho por conhecê-los desde crianças. "Nós não mudamos – quem muda é você!" era o *slogan* da campanha. Uma alusão ao fato de que "não mudaríamos" a cada ano, e que todos tinham que saber disso, porque não iríamos mudar para satisfazer os críticos. Mudaríamos somente se quiséssemos, ou melhor, se conseguíssemos!

Eu e Nico fizemos a música a partir de um *jingle* antigo que eu havia feito para a nossa primeira temporada no Theatro São Pedro. Ficou incrível, e cantávamos entre nós como se fosse uma música. Estávamos reciclando nosso próprio material de publicidade para fazer outro de qualidade superior. O que seria um absurdo para qualquer agência de publicidade convencional, para nós tratava-se da "delícia de ser o que se é". Começamos reciclando material dos anos 1940, e seguimos reciclando nosso próprio material. O ritmo da música era marcial, e o arranjo, orquestral. Eu fiz o arranjo e Nico cantava apertando o nariz com os dedos, para ficar com som de megafone. O refrão estourava com um grande coral. Aqui vai a letra:

A socialite muda de nariz,
o cachorrinho muda de ração
O Ronaldinho muda pra Paris
Devagarzinho tudo muda então
Refrão coro: Nós não mudamos - quem muda é você!

Uma peça criativa de trinta segundos às vezes era suficiente para que nos sentíssemos totalmente renovados para mais uma temporada do velho espetáculo.

Esse tipo de tratamento midiático começou quando Nico morava no Rio e eu assumi a parte de mídia, para que ele não precisasse vir de lá. Num desses anos iniciais, estávamos selecionando as imagens nos estúdios da RBS, em Porto Alegre, quando alguém veio e nos disse: "Mas de novo?! Não é possível! Vão entrar em cartaz de novo?!" Nossa produtora Marilourdes Franarin respondeu: "Ué... vai quem quer! Você não é obrigado a ir!" Rimos bastante. Achei a resposta muito boa. Mas rimos mais ainda quando resolvi assumir este *slogan* em uma de nossas primeiras campanhas: "TANGOS E TRAGÉDIAS – vai quem quer!" Para qualquer outro espetáculo, isso poderia soar ininteligível, mas, no nosso caso, o público sabia que era uma resposta a quem pensava: "Nossa... de novo?" Nossa pequena cidade não estava acostumada com espetáculos de longa duração. Fomos os primeiros a ficar tanto tempo em cartaz. Logo vieram as comparações com os espetáculos da Broadway, que ficavam muitos anos em cartaz. No caso da nossa campanha, o público entendeu a brincadeira e compareceu em massa.

As temporadas se confirmaram durante trinta anos, e o que realmente mudava eram as campanhas publicitárias. De ano para ano, um novo *jingle*, para o qual nos esmerávamos, porque tínhamos certeza de que isso sim iria tocar no rádio. Nós mesmo pagávamos pelas campanhas publicitárias em rádio quando não tínhamos um apoiador para isso. Primeiro, gravávamos em estúdios de amigos ou emprestados; depois, no estúdio que tive em sociedade com Fernando Pesão, o Pop Club. Depois, no meu próprio estúdio. Mas o Nico não curtia muito a forma improvisada com a qual eu manejava os meus equipamentos, e voltamos a gravar em outros estúdios. Anos depois, o Fernando Meirelles dirigia uma série de TV da Globo chamada *Som e fúria* e nos pediu uma música para a cortina de abertura da série. Gravamos uma demo no meu estúdio, que consideramos apenas uma amostra que depois poderia ser produzida e finalizada em algum estúdio do Rio. Logo em seguida, vimos a nossa gravação rodando nas chamadas para a série na programação da Globo, e depois rodando como cortina oficial da série. Eles haviam achado bom. Foi quando o Nico decidiu que valia a pena ter um estúdio em casa, e providenciou o seu próprio equipamento.

Assim, por várias temporadas, nos dedicamos mais à publicidade e a manter o negócio do que com o novo conteúdo a ser apresentado. O *show* estava garantido, nós sabíamos que funcionava lindamente. As dificuldades em selecionar novas peças abriam um espaço enorme para o improviso. Cada dia era um *show* em que alguma coisa nova e bastante significativa poderia acontecer.

Nessa temporada fizemos algumas sessões com narração descritiva, para que os cegos pudessem comparecer, que consiste em um especialista numa cabine fazendo a descrição do espetáculo para os cegos, que a recebem em fones de ouvido. Houve uma cena comovente, quando uma cega linda chegou ao Theatro São Pedro com seu cão-guia. Ambos se acomodaram e curtiram o espetáculo até o final.

Até que a diversão das campanhas publicitárias criativas começou a virar estresse, mas não podíamos deixar desandar tudo que havíamos conquistado. Começamos algumas temporadas já em completo estresse devido às disputas para resolver questões das peças publicitárias. O gosto de cada um variava, divergia muito, e havia um custo alto nisso. O processo todo era muito desgastante.

No entanto, houve campanhas primorosas: um *outdoor* com uma vaca cujas malhas no couro eram nossas imagens; com frases de efeito inteligentes, como "O pior cego é o que não quer ver"; com um enorme cachorro de óculos escuros e Kraunus e Pletskaya, cada um de um lado dele. Em 2010, o *slogan* foi "Os reis do bah, bah, bah", uma alusão aos Beatles, que eram os reis do "ié,ié,ié". Durante a música *Aquarela da Sbørnia*, cantávamos os refrões com o público gritando "Bah!", uma interjeição gauchesca tradicional, diminutivo de "barbaridade". Todas essas campanhas foram criadas pela República das Ideias. Tivemos também uma igualmente boa criada pelos amigos da 10 Publicidade.

❧

COM DONA LEOPOLDINA NAVEGUEI E DESEMBARQUEI NA SBØRNIA

Em 1998, André Machado, o carnavalesco, nos procurou com o convite para sermos tema do carnaval do ano seguinte da escola de samba Imperatriz Dona Leopoldina, de Porto Alegre, em comemoração aos 15 anos do Tangos e Tragédias. Foi uma surpresa! Aceitamos o convite, e eles elegeram como tema "A visita de D. Imperatriz Leopoldina ao Maravilhoso Reino da Sbørnia".

Nico estava morando no Rio, mas eu acompanhei o processo de construção do samba-enredo contando tudo que havíamos criado até então, para que eles municiassem os compositores da comunidade com essas informações. No dia da apresentação dos sambas-enredos, foram mostradas oito opções. Comecei a ir nos ensaios, e era uma volta a um ambiente familiar para mim. Meu pai não estava presente, já havia falecido há 16 anos, mas eu o via em tudo naquele ambiente. Eu sabia a batida do samba porque ele tinha me ensinado a bater na mesa.

Eu entrava na quadra com muita propriedade. Embora meu samba no pé não fosse o melhor, eu tinha sim! Os passistas vinham perto e mostravam-me o seu samba, como se estivessem fazendo uma gentileza, para que eu pudesse ajustar o meu passo ao deles, e eu entendi! O meu passo de samba era muito aberto, na verdade um passo clownesco e desajeitado. E eu achando que estava arrasando na quadra! Eles riam e me ajudavam. Peguei fácil, e nos divertimos pra valer. O Nico, com sua herança genética absolutamente caucasiana, russo de pai e mãe, ficava meio deslocado no meio do povo do samba. Suas polcas eram impecáveis, e nós fazíamos questão de nos russificar cada vez mais, em vez de nos americanizar. Íamos aos ensaios e ele curtia o samba, com toda a ginga russa que lhe era característica. Éramos figuras engraçadas na quadra, eu achando que estava arrasando e o Maestro Pletskaya totalmente perdido no samba, procurando onde estaria sua "TchuTchórnia!"

Entre os oito sambas apresentados, um deles começava com um chamamé, um ritmo 6/8, nada amigável ao folclore afrossambista. Uma coisa saída dos galpões gauchescos, que também fazem parte do folclore local, mas é melhor ficar cada um na sua; a música gauchesca no galpão e o samba na quadra. Normalmente, não se misturam, mas muita frequenta ambos espaços e reconhece os dois folclores como seus. É quase como o pessoal que se diz católico, mas frequenta a umbanda, e vice-versa. Quando iniciou esse samba com introdução em chamamé, uma forte onda subiu pela minha coluna, vindo do calcanhar, e me arrepiou até o último fio de cabelo da sobrancelha, depois de ter percorrido a nuca e o topo da cabeça. E a reação da comunidade foi igual. Foi uma onda espontânea, e todos aplaudiram e gritaram. Logo depois, alguns que torciam para os outros compositores gritaram que aquilo era uma valsa, e não um samba. Criou-se o conflito, mas logo o samba pegou e, de imediato, mobilizou a comunidade. Não havia dúvida, o samba escolhido seria aquele.

Nico estava lá nesse dia, e fazíamos parte da comissão julgadora. É lógico que divergimos; ele achava que outro samba era o melhor. Mas acabou vencendo este mesmo, de Nego Izolino e Nego Paródia:

Bravoriginalíssimo!
São quinze anos de sucesso, eu sou feliz
Só alegria no São Pedro
Com tangos e tragédias
Na passarela vou sambar com a Imperatriz

Zumbiu, oi, zumbiu, e numa grande explosão
Virou dia da kapunga, oi!
Nasceu uma nação, eu naveguei
Com dona Leopoldina naveguei
E desembarquei na Sbørnia

Com a comitiva dessa minha imperatriz
Um ancoradouro no Guaíba eu achei
Kranus Sang, o embaixador
Organizava nossa recepção
No grande baile da irmandade
Entre personalidades
Apresentava Satolep, o barão

Essa mistura de raças em profusão
O gringo, o negro, o gaúcho e o alemão
Descobriram que a Sbørnia é aqui
E num repente aportaram no Lami

Celebrando a amizade entre as pátrias
Fazendo a corte balançar de emoção
Pletskaya já dançava o copérnico
Nos lares da Sbørnia emocionava essa canção
O povo vivia na mais santa paz
Com as novelas mexicanas na TV
Vivendo dia a dia o lixo cultural
E tudo é festa neste nosso carnaval

"Bravoriginalíssimo" foi uma expressão criada por João Barone, o baterista dos Paralamas do Sucesso, e assinada por eles, quando pedimos para algumas pessoas notáveis uma frase de apresentação sobre Tangos e Tragédias para a mídia carioca. Uma palavra difícil de encaixar num samba-enredo, mas os compositores foram mestres! Eu estava em estado de graça. Era como se todas as rodas de samba que fizemos em nossa casa, comandadas pelo meu pai, voltassem à tona e transbordassem em rodas de samba oficiais da cidade de Porto Alegre.

Durante os preparativos para o carnaval, há o costume de as comunidades se visitarem e mostrarem algo do que estão preparando, umas nas quadras das outras. E nós lá, recebendo as comunidades, agora como legítimos embaixadores da Sbørnia. Ou embaixadores do sonho, da criatividade, do delírio, ou ainda Embaixadores de Porra Nenhuma. Jamais imaginamos que, com aquele repertório baseado em tangos de Vicente Celestino, polcas russas e outras adaptações de um espetáculo chamado Tangos e Tragédias, seríamos reconhecidos pela comunidade da periferia e do samba como uma cultura sua também. Mas sim, havíamos chegado e dialogado com todas as comunidades.

No dia do desfile, fizemos uma concentração na casa do Nico. Bebemos um pouco, nos vestimos e fomos para a avenida. desfile aí foi um sonho. Eram seis carros alegóricos com temas que havíamos criado. No abre-alas, o Rei e a Rainha da Sbørnia: um conhecido narrador de futebol chamado Wianey Carlet e a deputada progressista Ester Grossi. Depois, "O Castelo Gótico do Barão de Satolep", com Vitor Ramil pulando e dançando como um monstro gótico, em busca de paz e silêncio. No outro, as "Universidades de Ciências Fictícias", com o Prof. Ubaldo Kanflutz (Cláudio Levitan) fazendo uma palestra sobre metafísica e dando as dicas de como fazer o teatro voar durante o desfile. No terceiro, "A Grande Orquestra da Sbørnia", composta pelo Mestre Zin, fagotista zen e multi-instrumentista Fabio Mentz, tentando meditar durante o desfile, e o não menos insólito Jancsura - o Bumbeiro (Fernando Pesão), tocando seu bumbo com raiva por ter sido apontado como o responsável pela perda da bagagem cultural da Sbørnia. Noutro carro, vinha a "Recykla Gran Rechebuchyn", a Grande Lixeira Cultural da Sbørnia, cheia de pneus, livros e discos.

No final, Kraunus e Pletskaya, os embaixadores da Sbørnia. Dançávamos com as mãos entrelaçadas no ar, rodopiando sobre nós mesmos, como se fôssemos forças complementares que se atraem e se repelem, como *yin-yang*. Nossa dança era uma demonstração de forças naturais, como duas partes de um dínamo composto por forças opostas, mas que movimentam algum tipo de mecanismo, que ativavam as "forças teatrais" que éramos capazes de mobilizar.

Várias alas ainda complementavam o desfile. Nossos amigos e familiares estavam todos envolvidos na folia sbørniana. E é claro, tinha a bateria com sua rainha, que, naquele ano, era Lucivera, uma negra lindíssima de uns dois metros, jogadora profissional de basquete, com um corpaço e um sorriso arrasa-quarteirão. Namorava o mestre de bateria Jorge Tarol. Depois casaram e tiveram filhos. Enfim, uma escola de samba movida pelo amor.

No dia seguinte aos ensaios na quadra da escola de samba, eu acordava com um zumbido nos ouvidos, tal o volume dos instrumentos. Sempre fui fascinado pelo ritmo do samba, e sei tocar todos os instrumentos, mas o repenique me encantou, talvez pela vocação de instrumento solista, que nos permite dar asas à criatividade, diferente dos surdos ou dos chocalhos, que fazem parte da grande engrenagem do samba. Claro, é possível ser criativo em todos os instrumentos, mas os sons do repenique me mobilizavam muito. Eu ia para o ensaio e entregava minhas energias para aquela bateria, querendo ter uma visão transcendental do meu pai tocando balde em algum canto da quadra, por entre as pessoas. Eu ficava pensando: se ele estivesse aqui, se não tivesse morrido, então... acho que seria a hora de ele morrer de emoção e honra. Afinal, parecia que tudo aquilo que ele queria me mostrar fazendo com que eu acertasse o samba ali, batendo sobre a mesa da sala, era isso, aquela comunidade tribal, cada um se esquecendo de si mesmo para ser parte de um organismo maior. Como um time de futebol cujos jogadores têm contrato exclusivo com o samba e com a harmonia do grupo.

Ele não sabia que tudo isso ia acontecer, mas intuía ser possível. Ele não sabia, mas agia como se soubesse, promovendo todos aqueles encontros semanais, me mostrando todos os sambas de sua geração, fazendo com que eu o acompanhasse nas canções do Lupicínio Rodrigues, nos sambas de breque do Kid Morangueira ou Jorge Veiga, me fazendo entender a identidade do Brasil e a força da nossa música. Com certeza todas as conquistas da minha carreira seriam eventos bem menores comparadas a essa homenagem do carnaval do ponto de vista do meu pai, jogador de futebol brasileiro, volante do Grêmio, tocador de balde, agitador cultural do bairro ou da cidade (se não fosse muito grande), pai do Ike, da Márcia e bem mais tarde soubemos que pai também da Anelise, marido da Flávia, a deusa que havia concorrido a Rainha do Grêmio e por quem todo o resto do time era apaixonado. Às vezes parecia que ele, tendo ganhado o amor da Flávia, não precisava mais ganhar campeonatos de futebol. Ganhar a Flávia, ter filhos com ela e tocar balde nos churrascos musicais era o suficiente. Aquilo de defender um monte de barbados, dar porrada em centroavante já estava ficando chato, e não rendia muito dinheiro.

Um ou dois dias antes, eu havia brigado com a Clara. Uma briga feia. Eu estava me sentindo muito mal. Uma espécie de experiência

"Fisher King",[4] uma dor emocional muito forte. Não estávamos nos falando. E nessas condições eu teria que desfilar diante da minha cidade, do meu público, da minha família; acima de tudo, diante de mim mesmo.

Eu estava encarnando o símbolo da Sbørnia Records, a companhia que criamos para lançar o nosso disco. Roberto Silva criou o ícone tendo como referência o a RCA Victor, que era aquele cãozinho diante do cone de um gramofone. Ele tinha trocado o cãozinho por um homenzinho ajoelhado, e eu sugerira que ele cravasse uma faquinha no homenzinho, como um símbolo sbørniano de que a música era boa de morrer! Ele fez uma faca gigantesca atravessada no bonequinho. Achamos engraçado e adotamos.

Bem, eu, naquela noite, era o bonequinho da Sbørnia Records, brigado com minha filha e terrivelmente ferido. Esse desfile me fez entender muitas facetas da fama e do *status* de celebridade. Um ser humano ferido sendo homenageado por sua cidade. O ápice de uma carreira revelando, em desfile público, um fracassado na família. Grande vitória. Grande derrota. O Teatro Hiperbólico mostrando as duas facetas da vida. Uma euforia triste. Uma celebração pelo nada. Um sonho, nada mais do que um sonho. Mas, de repente, de cima do carro alegórico, eu a vi passando. Se ela estava ali, era porque talvez quisesse fazer as pazes. Fiquei um pouco aliviado.

O samba-enredo fora incrivelmente bem construído e fazia total sentido dentro do nosso espetáculo, tanto que, naquele ano, começamos a fazer as apresentações da nossa temporada no Theatro São Pedro com a escola de samba D. Imperatriz Leopoldina; uma minibateria de 12 elementos, dois passistas, a porta-bandeira e o puxador da escola. Eles ficavam escondidos atrás da cortina e começavam a tocar na música anterior, a versão em inglês que fizemos do *Trem das onze*. Depois de fazerem uma série de evoluções ensaiadas, eles entravam em cena e levantavam a plateia. O Theatro São Pedro tem aquele perfil clássico, meio elitizado. Não é um local que o povo afro-brasileiro e de periferia frequenta em grande número. Mas, nesse ano, via-se muitas famílias negras curtindo o *show*, conhecendo e apoiando nosso trabalho. Também fizemos o *show* na quadra da escola, para a comunidade.

---

4 O mito do Rei Pescador faz parte do Ciclo Arturiano. É uma figura que padece de ferimentos que ninguém consegue curar.

Depois da temporada, começamos a viajar com eles, e mantivemos essa participação por aproximadamente dois anos. Incluindo no Olímpia, em São Paulo, que era uma das mais importantes casas de *show* na época, onde o produtor Marco Fentanes nos levou para duas sessões lotadas. Havia, em uma das paredes internas, uma lista dos artistas que tinham passado por lá, na qual, para nossa surpresa, passamos também a constar, entre nomes como Scorpions, Rita Lee, Sting e Chitãzinho e Xororó.

RITA LEE BIGBAGDÁBUM

Falando em Rita novamente. Em 1998, encontrei o *site* da Rita Lee na internet e escrevi uma mensagem contando minha história, o quanto ela, Rita, me inspirara a seguir a carreira de artista e o quanto eu estava feliz em poder dizer isso. Falei que era do Tangos e Tragédias e tal. E ela respondeu!!!! Levei um choque quando recebi. Meu coração estava na boca. Ela disse que nos conhecia da televisão e nos convidou para fazer uma participação no *show* que ela faria em Porto Alegre, no Teatro do SESI. Caramba!!! Não dormi por uma semana! Começamos a trocar *e-mails* criativos, muito engraçados, até que ela disse: "Epa! Isso dá uma música". E pá! Fizemos uma.

Chama-se BigBagdáBum, em referência ao filme *O quinto elemento*, quando a personagem Leeloo fala a expressão "BigBadaBum". Rita falou para colocarmos o g no meio, e ficou BagdáBum, retomando a guerra do Iraque, que se desenrolava naquela época. Ela estava com aquele cabelo vermelho, e eu a associei à personagem de Milla Jovovich no filme e comecei a chamar Rita de Leeloo, "o quinto elemento". E ela não se incomodava.

Então, depois de alguns adiamentos, a data se confirmou. Rita, naquele tom de deboche, em um dos *e-mails*, falou que estava sem dinheiro e que não poderia nos pagar. Eu respondi dizendo que diretoria da Sbørnia Records estava decidida a investir nela e pagaria nossos cachês astronômicos. Ela falou para irmos ao ensaio à tarde ensaiar com a banda, e pronto. Deu algumas opções entre suas músicas e escolhemos *No escurinho do cinema*. Ensaiamos eu e Nico, e chegamos bem ensaiados ao teatro à tarde. Aguardamos um pouquinho e fomos superbem recebidos por ela e pela banda toda: Roberto de Carvalho, Beto Lee e, veja só... o velho sempre jovem baixista da banda do álbum *Atrás do porto tem uma cidade*, cujo *show* me desvirginara para o *show business*, Lee Marcucci! Ensaiamos com a banda e ficou joia.

À noite, como de costume, o teatro estava lotado. O *show* deles fluía lindamente, com o público cantando seus *hits*. Até que chegou a hora e ela fez uma introdução, falando que tinha topado na rua com dois vagabundos que talvez o público conhecesse e que nos convidara para dar uma palhinha no *show*. Ao entrarmos, aplausos, e eu embevecido olhando para ela. Ela me olhava e fazia sinais com os olhos, e eu procurando saber o que ela tentava sinalizar, até que olhei para a plateia e vi que todos estavam de pé. E ela, aproveitando a cena, atirou-se debochada e dramaticamente aos nossos pés. Ficou muito engraçado! Tocamos a música, e o arranjo com violino e acordeom ganhou ares de Sbørnia. Mudei um pouco a letra: quando falava "eu sou o Dick Valentino", troquei para "eu sou o Quentin Tarantino", e ela curtiu. Eu estava, claro, meio nervoso, e esqueci de tirar o crachá para entrar no palco. As fotos mostram isso. Foi tudo lindo e, novamente, como num sonho.

No final do *show*, celebramos no camarim, quando ela disse: "Preciso me ajoelhar para que venham amanhã?" Uau! Mais uma chance de viver um delírio de tal gravidade! No outro dia, estávamos no teatro à tarde, passando a música mais uma vez. Novamente, teatro lotado, e ela desfilando seus sucessos. Na hora de nos chamar, Rita contou outra história. Em vez do encontro com dois vagabundos, a história mencionava dois príncipes que ela havia visto enquanto cavalgava por Porto Alegre. Nós estávamos nos nossos cavalos e ela, no dela, e aí deu-se o encontro, terminando no convite para o *show*. Entramos e novamente o público se levantou para nos receber. Dois representantes da comunidade junto à maior estrela do país. Um pouquinho do orgulho da comunidade transparecia. Novamente, a música foi um número bem simpático. Ela, de uma simplicidade orgânica e uma generosidade sem fim. Fizemos fotos, e ela fez uns olhares que achei-me fizeram pensar que a Carmen Miranda estava encostada nela. Sim, ela era a nova Carmen Miranda, numa outra missão; traduzindo a cultura *pop* de língua inglesa e fazendo tudo soar absolutamente legítimo no Brasil. Sim, Carmen, que havia gravado "Disseram que voltei americanizada", agora dizendo "Hellooo... Eu sou filha de Carmen Miranda, e se você achava que mamãe havia voltado americanizada, prepare-se, porque agora eu sou a rainha do *rock*! Se você não dançar esse *rock*, se não ouvir a *Ovelha negra*, você não vai entender nada do que virá nos próximos tempos!"

Vivi momentos como aqueles do dia em que vi o primeiro *show* dela, o primeiro *show* da minha vida. Meio em estado de graça e meio achando que não merecia tanto.

OLÍVIO DUTRA E BIGBAGDÁBUM

Sobre nossa música, BigBagdáBum, não gravamos, mas ainda a toco eventualmente. Iríamos colocá-la em um *show* para levantar fundos para o Fórum Social Mundial, e eu pedi autorização de Rita por *e-mail*. Ela respondeu: "Ok. Este torpedo é nosso! Vai que o Bin Laden queira se creditar..." A música fala sobre corrupção, e a letra saiu no jornal *Zero Hora*. Nessa mesma edição do jornal, havia acusações sobre uma suposta corrupção do governador do estado, meu amigo Olívio Dutra, para quem havíamos feito campanha eleitoral. Fiquei chocado. Teria sido um tiro no pé? Uma canção falando sobre corrupção, feita para atingir os corruptos de verdade, atingindo justamente um amigo em quem depositávamos nossa confiança, que sabíamos ser honestíssimo e que estava sendo atacado na disputa política. Na edição, parecia que a música se referia a ele. Mas não tinha nenhuma ligação. Não sei se os editores tiveram intenção... acho que não, mas enfim... Pensei: se você quiser usar a sua música como arma, ok! Mas esteja preparado, pois a vítima pode ser você!

Hoje, estou escrevendo estas páginas depois de ler uma notícia bombástica na mesma *Zero Hora*. Dezesseis anos depois, a Justiça considera Olívio Dutra inocente daquelas acusações. Sim, 16 anos depois!

Em uma de nossas aparições no programa do Jô Soares, Jô ficou sabendo que havíamos feito uma música para cantar nos comícios do Olívio na campanha para governador e perguntou como era a música. E nós tocamos! Em plena rede nacional, no horário de maior ibope. Márcia do Canto havia dado uma ideia inicial e nós a desenvolvemos rapidamente, tendo como base o clássico da música americana *Only you*. Ficou assim:

Oliviúúúúúúú
A estrela vai brilhar
Oliviúú
E o povo vai gostar
Oliviúú, você já foi tão bom[5]
E só será melhor
Meu amor, Olívio pra governador...

Olívio é uma das pessoas mais respeitadas no cenário político do Rio Grande do Sul e merece todas as nossas reverências.

Logo fomos convidados para um *show* patrocinado pela NET, em que teríamos como convidados dois Titãs: Branco Mello e Nando Reis. Uma dupla de Titãs lado a lado com os titãs da Sbørnia. Foram dois *shows*: um em Porto Alegre, no Teatro do SESI lotadão, e outro em Curitiba, em uma casa noturna. *Flores* ("As flores de plástico não morrem"), *Sonífera ilha* (no refrão, o Branco Mello falava "Sonífera ilha... Sbørnia...") e outros sucessos dos Titãs mais o nosso repertório. Foi bacana receber os integrantes de uma das principais bandas do Brasil, compartilhar com eles mesclando nossos repertórios diante do nosso público.

DEMÔNIOS DA GAROA

Em 2006, fizemos uma temporada de um mês no Teatro da Universidade Católica, o "Tuca", em São Paulo. Nosso cartaz ainda figura na galeria dos espetáculos que passaram por lá no *site* deles.

---
[5] Na época, Olívio Dutra já tinha sido prefeito de Porto Alegre, cumprindo, no total, quatro mandatos.

Entre 1965 e 1974, o espaço voltou-se para a apresentação de artistas como Elis Regina, Caetano Veloso, Jô Soares, Gal Costa, Os Mutantes, Vinicius de Moraes etc., e tinha um alto significado para a resistência no período da ditadura militar. Nós estivemos ali em outro período. O espaço, que havia pegado fogo, já estava apto a receber novos espetáculos, mas ainda tinha sinais do incêndio no teto.

Na última semana, fomos chamados ao Jornal Hoje de sábado, da TV Globo de São Paulo, onde estaria também o grupo Demônios da Garoa. Na ocasião, eles estavam recebendo o prêmio Símbolo da Cidade de São Paulo, para eles, um merecido reconhecimento. Esse grupo sintetizou o espírito paulistano e brasileiro por longos anos. Estar na presença deles nesse momento foi uma grande honra, sem dúvida. Havíamos sido chamados para tornar o programa mais divertido. Já tínhamos feito muitas vezes o programa do Jô Soares, e os jornalistas confiavam na nossa presença para fazer algum improviso que tornasse tudo mais atrativo. O programa foi bem bacana, mas nosso prêmio foi a presença dos Demônios da Garoa em nosso *show* no Teatro do Tuca. No meio da nossa versão do *Trem das onze* em inglês, eles entravam no palco de surpresa, com suas roupas tradicionais, anos 1950, tocando a versão original deles, e fazíamos um *mix* das duas versões.

Foi uma associação muito feliz, porque confirmou que estávamos mexendo nesse repertório de maneira muito digna e que os próprios autores da versão original curtiam não só nossa versão, como também todo o nosso trabalho. Isso sempre nos levava adiante, mesmo que a dúvida da criatividade nos assaltasse junto à ideia de que não merecíamos tanto sucesso por não sermos tão criativos quanto os outros artistas, que lançavam novos discos todo ano. Era um outro tipo de criatividade. Para mantermos nosso trabalho, e especialmente a nossa associação por tanto tempo, era necessário um certo tipo de inteligência criativa. Aí residia um dos talentos da dupla, a administração dos conflitos e dos estilos pessoais. Também estávamos aprendendo a manter um negócio lucrativo e a promover nossa marca e nossos nomes.

ARTISTA X EMPREENDEDOR

Um artista normalmente custa muito a se dar conta de que o seu trabalho é um empreendimento, um negócio. Mas Nico já sabia muito bem disso, por ter um tino muito apurado para negócios, e eu aprendi rapidinho com ele. Embora eu atuasse de forma profissional desde os 15 anos, foi com Nico que aprendi a abordar essas questões de forma mais objetiva. E eu também sabia que lhe proporcionava algo que ele não tinha até então. Talvez ele soubesse o que era, talvez não. Mas eu suponho que possa ter sido a objetividade de entrar no universo do humor e da performance de forma radical, e assumir uma performance que não deixasse dúvida sobre o grau de comunicabilidade que queríamos alcançar. Aliás, depois de um curto período juntos, ainda no início do projeto, comecei a dar opiniões sobre a nossa área financeira; ele se surpreendeu, mas aceitou, porque sempre partia dele esse tipo de assunto. Como no dia, lá pelo nosso quinto ano, em que falei que deveríamos aumentar os valores dos ingressos e dos nossos cachês, pois havíamos chegado a um grau bastante óbvio de reconhecimento público. Ele riu, como se iniciativas desse tipo devessem partir dele, que tinha mais habilidade econômica no nosso grupo, mas logo aceitou.

Eu havia aprendido rápido e já há algum tempo estava sabendo me posicionar a esse respeito. Nico tinha despertado em mim um certo talento para a administração do nosso empreendimento na área do entretenimento cultural. E essa talvez seja a maior dificuldade que os jovens artistas enfrentam. O mundo onírico do artista raramente permite que o lado do empreendedor e do administrador de carreira se manifeste. Mas, quando se manifesta, podemos ver carreiras de sucesso na comunicação com o público, na construção de uma obra de arte e na geração de recursos.

UM ALIEN EM ERECHIM

Erechim-RS. Não lembro o ano, mas lembro que estava quatro graus. Normal para o inverno da região. Estávamos no teatro da cidade com Tangos e Tragédias. Até que, depois da entrada do público no teatro, Marilourdes veio ao camarim e disse: "O Hermeto Pascoal está aí". Rimos! Pensei que fosse piada. Seria mais provável uma nave alienígena pousar em Erechim do que o Hermeto aparecer. Mas ela disse que era verdade. Eu pensei que devia ser alguém parecido; velho, albino, de barba comprida... Fui por trás da cortina e coloquei um olho pra ver a plateia, e lá estava ele! Erechim, com quatro graus centígrados e Hermeto Pascoal esperando para ver Tangos e Tragédias! Entramos e fizemos o *show* normalmente, embora eu estivesse totalmente desconcentrado, pensando o que ele iria achar do nosso trabalho. Eu olhava para o Nico e ele parecia estar bem seguro com a onipresença do Hermeto ali. Nico sempre me pareceu seguro quanto ao estado de arte que ele havia alcançado, e tinha mesmo muita excelência no seu trabalho. Mas o estado de arte que Hermeto atingiu era uma coisa que muitos de nós almejávamos.

Entenda que, quando se fala de Hermeto, as pessoas geralmente pensam naquela figura curiosa que veem pela televisão, mas, para mim, ele é o cara de quem Miles Davis roubou uma música, o cara que ultrapassou todos os limites em termos de criatividade musical, que elevou a música brasileira ao máximo da sofisticação e que criou um estilo internacionalmente reconhecido, um dos seres humanos mais inspirados que eu já escutei. Acima de tudo, ele também era engraçado, uma espécie de *clown* músico. Completamente maluco, mas um gênio musical. Uma espécie de duende-gênio-da-música do Nordeste brasileiro. Um cara admirado em todo o planeta. O tipo de pessoa capaz de colocar o seu país inteiro numa categoria superior de possibilidades criativas, porque o que ele faz é música brasileira. Hermeto é o arco-íris da música universal. Não tem o mesmo *status* de um Villa-Lobos porque, com sua grande habilidade com os instrumentos, voltou-se para o *jazz* e para a música de improviso, mas, em vários aspectos, superou o maior representante da música de concertos do Brasil. Conhecido por suas excentricidades, como tocar chaleira soprando no bico ou por ter pedido dois porcos, um grave e um agudo, ao americano que produziu um de seus álbuns mais criativos, uma de suas obras-primas, o *Slaves Mass* (e, nessa faixa, você escuta os porcos!), quem conhece sua obra sabe que suas invenções musicais aproximam-se da inventividade de um Frank Zappa, outro *clown* músico.

A esposa de Hermeto na época, Aline, que fazia parte de sua banda, era de Erechim, e eles tinham ido visitar a família dela. Quase no final do *show*, Nico falou: "Hermeto, vamos fazer um som!" Ele hesitou meio segundo, levantou e foi até o palco! Estávamos tocando *Trenzinho caipira*. Hermeto sentou-se ao piano, começou a fazer uns *clusters*, foi aumentando a velocidade da música e passou para um ritmo russo. Ele sugeria uma czarda, e fomos na onda dele. No final, nos abraçamos e ele disse que eu tocava bem. Foi generoso. Depois, a TV de Erechim fez uma matéria com ele, em que ele disse que havia gostado muito do *show*, que o tinha achado muito criativo e, acima de tudo, brasileiro, o que achei o máximo, pois muita gente nos considerava meio argentinos. Ele sacou a brincadeira que fazíamos com o estilo tangueiro, que, no Brasil, é um pouco *démodé*.

Hoje, eu fico pensando que, se isso aconteceu de fato diante de uma plateia de umas 500 pessoas, então certamente não causaria grande surpresa se descobrissem que Erechim esconde uma base alienígena! Sem esquecer que a cidade também abriga a colônia judaica de Quatro Irmãos, o local onde se passa a história do centauro tocador de violino do Moacyr Scliar.

CRISE DOS 10 ANOS

Antes de Tangos e Tragédias completar dez anos de existência, entrei numa crise danada. Eu pensava que nossa capacidade de criar outros espetáculos tinha chegado ao fim. Talvez eu não conseguisse fazer mais nada além do Tangos e Tragédias. Meu disco individual anterior ao Tangos, por não ter sido lançado, se transformou em uma grande frustração acumulada no fundo do meu ser. Eu achava aquele trabalho bom, bem gravado, bem mixado, sentia prazer em escutá-lo, mas não via um lugar para ele na relação com o público. Meus amigos gostavam, escutávamos e comentávamos. Me senti até mais respeitado diante dos meus colegas pela grande realização artística, pela direção do trabalho. Mas eu ainda não havia feito uma síntese, e Tangos e Tragédias dragou minha alma para o universo da performance. Ali, eu me entregava totalmente, dissolvia meu ego no personagem e criava uma obra de arte mais radical. Isso era óbvio para o público. Mas eu queria mais! Dez anos fazendo isso era muito tempo.

Jamais imaginamos que chegaríamos a 30 anos, e, sem perceber, estávamos fazendo uma síntese de arte enquanto nos divertíamos, achando tudo uma espécie de sacanagem ao driblarmos a crise econômica fazendo um *show* de cabaré que rendia dinheiro. Fomos construindo uma obra de arte cada vez mais sofisticada e, ao mesmo tempo, popular. De qualquer forma, ainda estávamos construindo também o nosso conceito de "espetáculo de longa duração". Ao lado dessa conquista, tinha a preocupação de estarmos nos entregando aos confortos do sucesso, em detrimento dos desafios da criatividade. Termos criado um sistema original e criativo para o qual havia uma demanda crescente de público nos protegia da baixa autoestima artística, mas tanto eu quanto Nico sabíamos que podíamos mais!

VIVER É VOMITAR-SE

Depois de uma temporada muito bem-sucedida no Theatro São Pedro, fomos convidados a ocupar o teatro da Gávea, no Rio de Janeiro. Eu estava bem contrariado com isso, porque a temporada em Porto Alegre foi perfeita e, no Rio, não tínhamos a mesma estrutura e sabíamos que o público seria fraco. Mas as grandes capitais sempre oferecem a possibilidade de crescimento, mesmo com *shows* em teatros pequenos, porque há sempre a chance de se receber convites para programas em rede nacional ou parcerias com outros artistas.

Almocei em um restaurante chinês, e o sol estava forte. Comemos um sorvete verde de pistache, e o sol do Rio me parecia o sol do Saara. Uma leve dor de cabeça se instalou. A tarde foi pesando na minha vida, e o Rio de Janeiro foi se tornando mais denso. À noite, a dor migrou para trás do globo ocular. Entramos em cena, e tinha uns poucos artistas conhecidos na plateia. Começamos o *show*, e o esforço que eu fazia para cantar começou a realimentar a dor de cabeça. Tocamos *Eram duas caveiras que se amavam*, quando eu simulava o suicídio do caveiro e babava no palco, e o Nico acabava a sequência explicando a diferença entre a baba e o cuspe. Eu dizia a alguém da plateia que havia presenciado a cena de perto: "Se assustou, né, senhora? Pensava que era baba, não? É cuspe!" Nico complementava: "É como a vida e o teatro. A baba escorre como a vida e é mais ralinha... e o cuspe é proposital e tem bolinha!"

Na terceira música, comecei a salivar de verdade. A dor de cabeça se tornava insuportável a cada nota que eu emitia com minha voz e, de repente, não mais que de repente, uma golfada verde lavou o palco! Vomitei! Eu, pálido, saí de cena. A servente do teatro levou um balde com água, um pano e uma vassoura. Nico pediu a ela que limpasse o palco, mas ela respondeu que não entraria em cena porque os artistas éramos nós. Então, Nico pegou a vassoura com o pano na ponta e entrou em cena. Com a mão direita, limpava o palco com a vassoura e, com a esquerda, tocava ao acordeom um ritmo daqueles que só ele fazia, um bolero circense e cabotino, o Maestro Pletskaya! Enquanto ele fazia a limpeza performática do palco, me refiz em poucos minutos e continuamos o *show*.

No outro dia, os atores que haviam visto a cena comentavam: "Nossa, que domínio! Primeiro, ele respingava saliva na plateia propositalmente enquanto forçava as silabas com t e p. Depois, ele salivava como se estivesse morrendo de verdade, em uma cena de suicídio, e, por fim... ele vomitou... de verdade!!!"

Como esperado, tivemos pouco público novamente no Rio, depois de uma temporada gloriosa em Porto Alegre. No entanto, o José Wilker esteve na plateia, um ator muito *top*, que admirávamos. Muito conhecido pelo seu trabalho em novelas e no cinema, era um dos administradores do local, que se chamava Casa dos Artistas.

Entre as tantas experiências em cena, tem essa, da "vez que vomitei em cena aberta". Tenho certeza de que não farei uma música sobre isso (enquanto não houver uma boa melodia!). Muitos anos antes, eu escrevi um pequeno texto sobre isso:

Vomitar:
No primeiro momento, seus pais tiveram espasmos de prazer e vomitaram, de dentro deles, substâncias primordiais, para que, a partir de um esperma e um óvulo, tu pudesses te desenvolver.

Dentro do universo interno, onde tu te multiplicas, células... vomitam outras células de dentro delas.

De repente, tu existes... e está tudo quente e em harmonia... mas logo tua mãe te vomita de dentro dela.

Então tu passas uma primeira infância vomitando, num grande período de adaptações com a atmosfera e com o funcionamento do teu corpo.

Durante a adolescência e a maturidade, tu vomitas uma série de situações intragáveis, e logo começa a ter espasmos vomitando os líquidos do prazer. E assim, de espasmo em espasmo, cronologicamente, vai se livrando de partes da tua psicologia que não te servem mais.

E por fim tu vomitas a ti mesmo... no espasmo final... Livrando-se da carcaça inútil e fétida que não terá mais nenhum significado para o próximo passo da tua evolução.

UHAAA!!! Viver é vomitar-se.

SEQUESTRO

Depois de dez anos no Rio de Janeiro, com Nina ainda pequena, longe da família, que poderia dar apoio, e com uma experiência de sequestro bastante traumática, Nico e Márcia decidiram voltar a Porto Alegre, para perto da família e num momento em que a cidade era mais tranquila.

No Rio de Janeiro, dois ladrões abordaram Nico em um caixa eletrônico e o obrigaram a sacar dinheiro. Depois, levaram-no até o carro e o sequestraram. Ele, na posição do carona na frente, aproveitou quando baixaram a velocidade em uma sinaleira para se jogar do carro em movimento. Os caras não pararam pra persegui-lo porque vinha gente atrás. Ele se arranhou um pouco, mas nada grave. O carro foi recuperado logo, mas o trauma ficou. Logo, decidiram voltar a Porto Alegre.

A dupla morando na mesma cidade poderia trazer muitas vantagens em termos de oportunidades para criarmos juntos, mas isso não se realizou. O problema do "conflito de estilos pessoais", e o artista genial e tempestuoso não cabia nos meus planos de ter ideias criativas durante a ioga e a meditação. Começamos a nos encontrar para fazer planos de carreira e tocar, aprimorando nosso trabalho. Mas uma tensão sempre emergia à medida que divergíamos em algum aspecto qualquer, até virar um ciclo vicioso. O ambiente tenso de criação, que era um estilo natural para o Nico, me travava, e não íamos a lugar nenhum. Isso trouxe um sentimento de frustração de encontro para encontro. Até que minha terapeuta sugeriu que fizéssemos terapia juntos. Achei uma grande ideia e propus ao Nico, pois achei que, se não conversássemos no ambiente adequado, não conseguiríamos prosseguir. Já íamos completar 15 anos de parceria.

O CONFLITO COMO MOLA PROPULSORA

Elegemos o terapeuta Jaime Betts e começamos a fazer as sessões. Os temas variavam, mas voltavam sempre para a nossa incapacidade de concordar na maioria dos assuntos, desde como conduzir nosso projeto até quais seriam os procedimentos para que pudéssemos crescer e desenvolver nossa performance. Um dos problemas era que Heloiza, que havia feito um trabalho excepcional de iluminação para nós, tinha voltado a trabalhar conosco, e, sendo Nico um artista superexigente, mas com pouca paciência para explicar o que desejava, seu estilo tempestuoso seguidamente atingia uma ou outra pessoa da equipe. Nesse período, quando viajávamos, em nossas conversas normalmente aparecia um ponto de divergência. E é importante que se diga que nós nunca nos ofendemos, em nenhuma situação. Mas um mal-estar emergia dessa parceria conflituosa, e preferíamos fazer programas separados nas viagens.

Ocorre que, no palco, quando nos transformávamos em Kraunus e Pletskaya, todas as tensões e conflitos se transformavam em mola propulsora para nossa performance. Não digo que tudo se dissolvia, mas nosso humor criativo se transformava na máquina de reciclagem de nossa energia vital. Tudo era motivo para uma piada, tudo se descontraía. Invariavelmente, saíamos dos *shows* absolutamente realizados por proporcionar ao público um momento de celebração, que era o que o espetáculo se transformava no final. Então, tudo valia a pena! Zerávamos nossa relação a cada espetáculo, com um admirando o que o outro tinha sido capaz de fazer durante aquele *show*. E isso também virou uma espécie de competição. Sim, para ver quem seria mais eficaz no espetáculo. Mas, quando um fazia algo excepcional, o outro sempre se rendia ao reconhecimento. Ou seja, havia competição, mas também reconhecimento.

Esse foi um mecanismo natural durante todos os 30 anos em que estivemos juntos. A energia que produzíamos no palco era tão contagiante que uma atmosfera se criava imediatamente ao entrarmos em cena. O público se ligava nos trejeitos dos personagens e se entregava para a história da Sbørnia, que era algo que abordávamos só no final dos espetáculos. A Sbørnia se revelava como uma justificativa para todo o comportamento dos personagens. Como se o público pudesse pensar "Ah, sim, eles vieram de um país chamado Sbørnia, agora tudo faz sentido!"

Na terapia, o foco do conflito começou a girar em torno de temas pessoais Até que descobrimos quais eram as minhas ações que causavam suas reações tão explosivas e quais eram as ações dele que me forçavam a retornar as ações que causavam reações explosivas nele. Os círculos viciosos se formam nas relações de forma inconsciente e de repente já se está dentro deles, sem termos a menor controle sobre isso. Eu entrava em pânico ao vê-lo entrar em pânico e vice-versa!

O complexo de pânico tem sido algo recorrente na vida de muita gente. Pessoas próximas já me relataram situações de pânico. A vida moderna tem deixado estes sintomas. Não se ouvia falar nisso antes. Mas veja quantas pessoas podem se beneficiar com um relato desses. Quantos podem estar sofrendo disso sem saberem.

Comecei a entender muito melhor tudo o que tínhamos passado. De posse desta informação, todos os conflitos que surgiam desta faceta em nosso relacionamento agora passavam para uma nova etapa de entendimento. Sob a luz desta explicação, tudo se acomodava bem melhor e poderíamos seguir dentro de uma outra perspectiva. Quer dizer, aquilo tudo que nos conferia um ar conflituoso não passaria de impulsos inconscientes, gerados em um patamar de nossa psicologia na qual nem ele e nem eu teríamos acesso e que certamente estava fora do nosso controle. Aí ficava bem mais fácil de conviver, nada em nossos conflitos era intencional.

E o melhor de tudo era perceber que isso aparecia na riqueza de nossa contracenação, emprestando um alto grau de verdade aos personagens. Num certo nível era tudo verdade! Os olhares espantados de Kraunus, em pânico, por ver o maestro perder o controle em reações exacerbadas e hiperbólicas diante da plateia, e as reações espantadas e teatralmente histéricas do maestro Pletskaya em pânico por ver as reações de Kraunus, como simulando um suicídio durante a canção *O Romance de uma Caveira*. Revezarmos os papéis era uma estratégia natural de nossa performance.

OS CÍRCULOS

O grande ganho de nossa terapia foi que descobrimos uma coisa óbvia, mas que para muitos é um dos temas mais difíceis de se solucionar em relacionamentos de todo tipo, pais e filhos, esposos, mas especialmente entre parceiros ou sócios: o estilo pessoal de cada um.

Descobrimos em quais pontos nossos estilos pessoais entravam em conflito traçando dois círculos, que representavam nós dois. O território interno de cada círculo eram nossas vidas. Quando sobrepuséssemos um círculo sobre o outro, saberíamos qual era o território desses dois círculos que nós dois compartilhávamos. Seria uma ótima tomada de consciência. Isso poderia trazer à tona muito das potencialidades do nosso trabalho, ao mesmo tempo em que poderíamos perceber as travas que nos impediam de curtir mais a nossa relação. Acabamos descobrindo que nosso ponto de intersecção nos territórios internos dos nossos círculos era bem pequeno. Essa descoberta, ao mesmo tempo que trouxe um grande relaxamento, também fez surgir a dúvida de quanto tempo seríamos capazes de manter nossa relação com tão pouco contato nos nossos círculos internos.

Algum tempo depois, Heloiza deixou o grupo; primeiro, para diminuirmos o peso dos conflitos, e depois, por causa da Clarinha, que estava dando muito trabalho para minha mãe, que ficava com ela durante as viagens. Mas sua criação do desenho de iluminação para o espetáculo permaneceu. Outros técnicos ocuparam o lugar de Heloiza para executarem sua criação. Primeiro foi o Prego, que viajou para o nosso primeiro *tour* em Portugal, Colômbia e Equador. Depois, foi Batista Freire, que nos acompanhou por vários anos, no final revezando com Marga Ferreira, ambos ótimos parceiros de viagem que mantiveram o alto padrão técnico do projeto. Ao lado deste aspecto tínhamos uma sintonia artística, que se impunha enormemente.

De tudo isso, emergiu o entendimento de que o conflito não é o mal. Na verdade, o mal é a "ignorância administrando conflitos". Na medida em que os conflitos ganham a luz de um certo entendimento, eles passam a ser administrados conscientemente e a gente para de jogar sobre o outro questões que na verdade são nossas.

Hoje, vejo que esse pequeno território que compartilhávamos com tanta intensidade, com tanta propriedade, à custa de alguns conflitos, mas também de um prestígio crescente, já estava sendo compartilhado com o território interno do nosso público. Incontáveis pessoas, em todo o território nacional, haviam se conectado com o pequeno território que ligava as nossas vidas. Agora, aquele nosso pequeno território de conexão multiplicava-se com um número tão grande de outros círculos pessoais que não fazíamos nem ideia.

25 ANOS: COMO VAMOS PROSSEGUIR?

Nos 25 anos fizemos um release que revelava a forma como conduzimos nossos conflitos. Era uma forma consciente e de tal maneira que o conflito passava para matéria-prima e servia de conteúdo humorístico depois de passado por nossa usina de reciclagem. Segue o texto:

Lembro claramente a primeira vez que nos encontramos às margens da Recykla Gran Rechebuchyn, a Grande Lixeira Cultural da Sbørnia. Nossa querida pátria natal, a Sbørnia, tinha sido invadida. Nossa cultura estava ameaçada de extinção. Nós fugimos e viemos parar no Brasil.

Já se vão muitos anos... Lembro muito bem, na canoa de refugiados. Ele queria ir pra lá, eu queria ir para lá... Eu fui para lá e ele foi para lá... como estávamos na mesma canoa, contrariadamente viemos parar aqui. Foi a primeira vez que percebemos que não combinávamos, e pensei "como vamos prosseguir?".

Minha memória guarda transparente os dias da crise em que chegamos no Brasil. O dinheiro era o Cruzado... a valorização dos produtos nos supermercados era por hora, a desvalorização do Cruzado era por segundo.

Lembro que hoje de manhã senti saudades daquela crise financeira. Aquilo sim é que era crise. Os problemas aumentavam desde que ficou claro que não haveria como trabalhar com música no meio daquela crise, e eu pensava: "como vamos prosseguir?".

Fizemos alguns *shows* vazios em Porto Alegre e decidimos ir para o centro do país, onde fizemos muitos e muitos *shows* vazios. É claro, eu pensava, não combinamos... Como vamos prosseguir?

Até que um golpe de sorte no jogou no programa do Jô Soares no SBT. O público adorou ver dois sujeitos que não combinavam contando suas histórias e cantando músicas antigas que não combinavam com o que se fazia na época.

Desde aí os teatros começaram a lotar. Daí surge para nós a maior definição de nossa carreira. Quando perguntavam qual o segredo do sucesso, nossa resposta era: "o segredo do sucesso é o fracasso!" Como vamos prosseguir se o segredo do sucesso da dupla é o fracasso?

Enfim fazíamos algum sucesso, mas como seguíamos não combinando, eu pensava: "como vamos prosseguir?"

Os teatros começaram a lotar invariavelmente. Já tínhamos uma carreira, uma trajetória. Seria importante mantê-la, e esta questão foi crescendo dentro de mim. Eu buscava uma solução, não seria fácil. Como vamos prosseguir? Nossas diferenças seguiam aumentando, continuávamos remando em direções diferentes.

Até que em meados do dia 15 de maio de 1991, às 15 horas e trinta minutos, ele me mostrou uma música que falava na busca da Verdadeira Maionese. Isso me trouxe uma esperança muito grande de que talvez nós conseguíssemos convergir.

Mas não, cada um foi procurar a Verdadeira Maionese da sua própria maneira. E a questão recrudesceu. Como iríamos prosseguir, se nossas verdadeiras maioneses tinham ingredientes tão diferentes?

Bem, aí mesmo que a coisa ficou impossível. Como iríamos prosseguir se tudo conspirava contra? Bom... Fizemos uma versão do espetáculo para espanhol, fomos a outros países sem nenhuma perspectiva de continuar. Um certo sucesso está começando a estabelecer raízes na Europa, e a pergunta que não quer calar fala todos os dias na minha cabeça: Como vamos prosseguir?

No ano em que completamos 25 anos, seguimos sem nenhuma perspectiva de continuar, mas fizemos uma arte incrível para celebrar a data. Como vamos prosseguir se chegamos a um ápice de excelência tão absoluto.

Ficamos amigos, cultivamos respeito mútuo. Enfim, começamos a remar na mesma direção... Mas minhas manhãs são premiadas com a questão: Como vamos prosseguir, se as divergências que nos trouxeram até aqui não estão mais presentes? Agora ficou realmente difícil. Como... Como vamos prosseguir?

Ass.: Kraunus Sang

Eu lembro disso tudo que o Kraunus lembra, igualzinho, mas completamente diferente.

Nós nos conhecemos na Faculdade de Ciências Fictícias da Sbørnia, num evento de divulgação do Teatro Hiperbólico. O Professor Kanflutz estava tentando explicar a criação do universo sbørniano, o Kraunus não calava a boca falando sem parar dum projeto de fazer sei lá o quê. Nesse momento eu vi a Ana Cristina. O tempo parou. Lembro do primeiro beijo e depois não lembro de mais nada.

A primeira coisa que me lembro depois disso foi, não sei quanto tempo depois, quando estávamos apresentando o Tangos e Tragédias no Theatro São Pedro e eu vi na plateia a Ana Cristina. Eu disse pra ela umas verdades ali na frente de todo mundo. Ela saiu correndo envergonhada e eu me vinguei. Como diz o ditado sbørniano "fuigança ...vingança".

Lembro da primeira vez que saímos tocando do teatro para a rua. Nós íamos terminar o show, como sempre , saindo do palco e entrando no camarim. Acontece que o camarim estava trancado e nós não tínhamos para onde ir (o palco nesse teatro – Teatro Cândido Mendes no Rio de Janeiro – dava direto para o camarim, não tinha corredor), então começamos a sair do palco pela única saída que restava, que era a saída para a rua, e o povo nos seguindo e cantando. Aí nós continuamos a tocar e fomos até a praça. E o povo nos seguindo. A partir daí fazemos igualzinho em todos os *shows* como se fosse pela primeira vez.

Lembro da primeira vez que tocamos em Cádiz, na Andaluzia, e na saída o povo bateu palmas com o ritmo flamenco. Confesso que fiquei um pouco assustado no início, depois fiquei curtindo. É lindo! (Dizem que eles só fazem isso quando gostam muito de um espetáculo).

Lembro da primeira e única vez que um casal subiu da plateia para dançar o Copérnico e no meio da dança ele parou e pediu ela em casamento. Ela aceitou. O público adorou e eu também.

Lembro da primeira vez que os Paralamas do Sucesso nos convidaram para abrir um show deles no Morro da Urca. O show deles tava marcado para a meia-noite, já era uma hora da manhã quando eu e o Kraunus entramos no palco para tocar. Foi a primeira vez que fomos vaiados no Rio de Janeiro.

Lembro da primeira vez que me pediram um autógrafo na rua. Lembro da segunda vez que me pediram um autógrafo na rua. Lembro de todas as vezes que me pediram autógrafo na rua.

Lembro da primeira vez que brigamos e quase paramos com o show. Da primeira vez que resolvemos continuar com o show. Da primeira vez que pensamos em parar porque já estávamos fazendo o mesmo show há três anos. Da primeira vez que não fizemos um espetáculo por que tinha muito pouco público. Da primeira vez que escreveram no jornal que não tínhamos feito o espetáculo em desrespeito aquele pouco público que estava ali e mandou uma carta pro jornal.

Lembro da primeira vez que completamos 10 anos. Da primeira vez que completamos 20 anos, 21, 22, 23, 24 ... 25 anos de TANGOS E TRAGÉDIAS.

Lembro tudo isso, mas "... parece como num sonho... eu sinto o galope numa velocidade vertiginosa que rasga o tempo e nos lança numa zona sem fronteiras, onde o princípio e o fim se encontram. Onde o amor e o ódio. a verdade e a mentira, o instante e a eternidade são pedaços... de um pedaço... de um pedaço... de um pedacinho de um pedaço."

Ass.: Maestro Pletskaya

Com Léo e Flávia no Mosqueteiro, restaurante do Grêmio.

Foto do Léo. Performando um jornaleiro.

Hique e Clara.

Matérias na Gazeta Esportiva e Última Hora.

Hique e Sabrito.

Hique
Nico e Cláudio Levitan.

A Pota. Sergio Vilanova, Paulo Abreu e Jorginho.

A Grande Orquestra da Sbornia. Fernando Pesão, Nico Nicolaiewsky e Fabio Mentz.

No Filme A Festa de Margarette.

Tangos e Tragédias na Praça da Matriz.

Tangos & Tragédias show de 20 anos.

Tangos & Tragédias show de 20 anos.

15/20 mil pessoas no show de 20 anos.

Anão Macuco.

Kraunus Sang.

Hique, Nico e Nina. Recebendo a medalha de Porto Alegre.

Tãn Tãngo com Letícia Sabatella.

Heloiza e Dona Eva.

Capa de Cultura da Zero Hora. A Festa de Margarette.

Sonho gaúcho em Nova York

"A Festa de Margarette" é o primeiro longa de Renato Falcão, diretor radicado nos EUA

Em "A Festa de Margarette", Hique Gomez interpreta um sonhador que não tem dinheiro para celebrar o aniversário da mulher, vivida pela atriz Ilana Kaplan

Com o clã Averbuck: Catarina, Clara e Heloiza.

Com Dom Raul Smania.

O Mundinho.

Com Renato Falcão em N.Y.

Laszlo o Homem Banda.

Com Heloiza Averbuck e Marilourdes Franarim.

(Foto de Daniel Rodrigues)

TänTãngo.

(Foto de Diego Costa)

Com Heloiza Averbuck.

Pás na Terra.

Theatro São Pedro Tangos e Tragédias.

Simone Rasslan.

Com Dunia Elias no Gramado Jazz Festival.

Kraunus e Nabiha.

Kraunus, Nabiha e Kanflutz.
Em busca da Sbørnia.

Jungst Khoral Sborniani (Coro Jovem da Ospa) e Prof. Kanflutz.

O SHOW QUE TERMINA NA RUA!

Nosso trabalho foi sendo acrescido por um tipo de interatividade orgânica. Quem estivesse ali sentia-se convidado a participar. Primeiro da atmosfera e logo das lacunas que deixávamos propositalmente para serem preenchidas se naquele momento conviesse a uma pessoa qualquer da plateia. Certo dia, um casal subiu ao palco para dançar nossa dança folclórica, O Copérnico. No final da dança ele pediu a palavra. Paramos para ouví-lo. Ele falou que eles tinham se conhecido no nosso show. Tirou uma caixa de alianças no bolso e disse que queria pedi-la em casamento. A plateia adorou o pedido no meio do nosso show. Ele se ajoelhou e a pediu em casamento. Então ela falou: "Em casa nós conversamos". Casaram e foram ao show inúmeras vezes e até produziram algumas peças promocionais para nós, como canecas com imagens do nosso show e outras lindas peças. É a isso que o maestro Pletskaya se refere no texto anterior no release de 25 anos.

Quanto à saída para a rua, começou espontaneamente em uma das primeiras temporadas no Theatro São Pedro. O Show acabou. Fomos saindo pelas laterais da plateia. Sentimos que queríamos continuar tocando. Estávamos curtindo. Fomos até o saguão do teatro e encontramos o púublico saindo, continuamos a tocar e a plateia respondeu na hora. Fomos saindo para a rua e o fogo do show, que aparentemente havia se extinguido, entrou em combustão espontânea novamente. Saímos muito contentes com o que tinha acontecido. E resolvemos repetir nas próximas apresentações. Em cada lugar isso se transformava em algo muito especial. Em Curitiba era no Shopping Center Batel. Teatro Fernanda Monte Negro. Saíamos e ficávamos rodando com o público subindo e descendo do pelas escadas rolantes. No Teatro Cândido Mendes no Rio, Saíamos para a rua atravessávamos a Av. Marques de Sapucaí em Ipanema com o público todo cantante pela rua e ganhávamos a Praça da Paz. Em Porto Alegre fazíamos experiências acústicas com o público fazendo corais e observando os sons reverberarem por paredes e ruas. Em Campinas diante de um pequeno lago na frente do Centro Cultural, acabamos o show dentro do lago do chafaris.

Eu havia visto o show do Hermeto que também acabava na rua e o nossa saída seguia com a mesma espontaneidade. Por isso permaneceu até hoje. Por isso as pessoas voltam para participar.

Como vemos no depoimento anterior assinado pelo maestro Pletskaya, Nico tinha outra lembrança. Ele lembrava que as saídas tinham começado no Teatro Cândido Mendes. Enfim... cada um tinha um registro e construía a sua história do projeto independente do outro e isso não era mais importante do que o "show-nosso-de-cada-dia". Se isso não interferisse no resultado do show, não importava qual tipo de registro cada um trouxesse. Era até muito interessante! Cada um na sua! A única condição era que os dois tinham que estar tocando a mesma música na hora do show! Se tivéssemos chegado em um tipo de decisão em que cada um estivesse tocando músicas diferentes, talvez tivesse sido mais difícil chegar onde chegamos...

MUI BIEN RECEBIDOS

Depois que você faz uma aparição bem-sucedida em um *talk show* como o do Jô Soares, sua vida pode mudar. No nosso estado, sempre tivemos uma grande cobertura. Jornais e canais de TV sempre tiveram interesse em nós, e isso fortaleceu nossa imagem como artistas. A RBS teve um papel importantíssimo na difusão de nossas temporadas, sempre abrindo espaço para entrevistas nos horários e espaços mais nobres, o que rendia ótimas performances ao vivo e entrevistas engraçadas para o jornal. Jornalistas, âncoras, editores e mesmo os diretores sempre demonstraram apreço pelo nosso trabalho, assim como todos os jornais locais, o que ajudou a fortalecer a relação com o nosso público. Mas não frequentamos apenas programas do Brasil; também estivemos em atrações fora dele.

Tive uma grande sensação de conquista em Quito, no Equador. Participamos de um programa nacional muito assistido, às sete horas da manhã. Fizemos exatamente o que fazíamos no Brasil, só que falando espanhol. O homem que nos entrevistou era um jornalista conhecido, aqueles que dá as primeiras notícias do dia. Ele sacou que tipo de trabalho fazíamos e começou a fazer perguntas sérias sobre a Sbørnia, sabendo que tínhamos um conteúdo engraçado. Ele estava dentro da performance, fazendo de conta que estava nos entrevistando seriamente para criar o contraste favorável para nós. Ele era muito esperto. Pensamos que ficaríamos três minutos no ar, mas acabou sendo uns dez minutos. Fechamos o programa dançando o *Copérnico* com ele. Todos os técnicos do estúdio e os outros âncoras do noticiário nacional riam muito. O jornal da manhã terminou num clima sensacional, com todos rindo e desejando um bom dia à população de Quito. Foi maravilhoso. Tive a certeza de que poderíamos ganhar a América do Sul e todos os países de língua espanhola, incluindo o mundo latino nos EUA. Mas eu estava viajando! Foi só uma boa performance numa metrópole estrangeira. Precisaríamos de muito mais pra isso.

De qualquer forma, estávamos bem longe de casa, falando uma língua estrangeira, e estava funcionando muito bem. A mesma atmosfera anárquico/criativa e a sensação de estarmos ligando a pequena área de conexão dos nossos círculos individuais às vidas de comunidades muito distantes da nossa foram experiências de expansão.

Na Colômbia, tocamos uma versão sbørniana de uma música da Shakira, que ficou linda, e o *show* foi superaplaudido. Era a prova de que podíamos fazer o mesmo que fazíamos no Brasil.

Estávamos na Cordilheira dos Andes, no Festival Internacional de Teatro de Manizales. Fomos visitar o Pico Ruiz, a 5300 metros acima do mar, aquele tipo de experiência de estar na atmosfera rarefeita, dar dez passos e ter que parar para retomar o fôlego por causa da altitude. Ao final dos 5000 metros de altitude, começava a camada de gelo. Segui sozinho até o topo. Alguns turistas voltando e eu subindo, até um ponto em que me vi sozinho. Parei e meditei sentado em uma pedra de gelo. Sozinho, em um dos picos mais altos do Andes. Lembrei de um trecho da minha canção *Escola de Sagres*: "Pelos Andes ando só, tudo branco ao redor...", uma realização poética literal. Tanto a hiperoxigenação quanto a falta de oxigênio no cérebro pode provocar alguma percepção extrassensorial. Pensei sobre minha vida, minha família, meus pais, meu país, minha trajetória, meus pendores, minha espiritualidade, minhas metas.

No final da meditação, levantei e caminhei, enterrando os pés na neve. De repente, minha perna direita inteira entrou numa fenda entre as pedras. Consegui tirar a perna, pensando que poderia ter sumido inteiro naquela fenda, onde o gelo já estava derretendo. Não era o que pensávamos sobre "estar por cima" no *show business*. Era, literalmente, sobre estar no topo do mundo físico. Foi o ponto mais alto que conseguimos chegar com os pés no chão. Desci a montanha num estado de espírito bem diferente. Quando cheguei na *van*, todos estavam preocupados com minha demora, mas notaram que eu havia vivido uma experiência especial.

Entre Porto Alegre e Buenos Aires, as caravanas culturais estavam começando a configurar uma fusão entre culturas de fronteira. Aqui e na Argentina, Luciano Alabarse e Carlos Villalba promoveram grandes encontros entre artistas dos dois países, por sucessivos anos. Na primeira vez já fomos com uma versão integral para o espanhol de todas as músicas e todos os textos, feita por Nestor Monastério. Ao chegarmos lá, fomos mui *bien* recebidos pelos *hermanos* para o Festival Internacional de Tango de Buenos Aires: "Mui bien, mui bien, bienvenidos! Y que tangos ustedes tocam?" Nos olhamos, assustados, e perguntamos: "Mas temos que tocar tangos para estar aqui?" Sim! E deveriam ser tangos tradicionais! Carlos Villalba, que era o organizador e promotor do Festival Internacional de Tango, tratou no mesmo instante de nos apresentar ao incrível quarteto de sax argentino Cuatro Vientos, que prontamente se dispôs a tocar dois tangos em uma participação especial, justificando, assim, a nossa participação no prestigioso Festival Internacional de Tango de Buenos Aires!

Para o final do *show*, ensaiamos alguns números, incluindo aquele em que saíamos para a rua tocando com o público. Deu supercerto! Saímos para a rua com o público do teatro Casa Cubierta, do Centro Cultural Martín Fierro, como fazíamos em todos os espetáculos. O público, que lotava o teatro, interrompeu a Calle Corriente, a avenida que abriga uma série de teatros em Buenos Aires. E ouvíamos dizerem: "Esses brasileiros... Tudo acaba em carnaval!" No Brasil, o *Correio Brasiliense* noticiou: "Dupla brasileira interrompe o trânsito em Buenos Aires", enquanto a imprensa argentina noticiava: "Espectaculo mui gracioso, mui elegante, mui inteligente. Pero de tango no hay nada!"

Em outra oportunidade, no Teatro Alvear, mais uma vez tudo se confirmou. Sim, poderíamos ter tido uma carreira em língua espanhola. O público entendia e curtia. Mas atender à enormidade de possibilidades no Brasil da forma que escolhemos fazer, respeitando nossas próprias limitações, não deu muita chance ao estabelecimento de nossas carreiras internacionais. Atendíamos a convites esporádicos para o exterior, e já era o suficiente.

Outra passagem extraordinária foi pelo Festival de Teatro de Cadiz, na Espanha. Depois de termos exercitado nosso texto e as músicas em espanhol na Argentina, e até improvisarmos em conversas com o público, fomos convidados a participar daquele festival. Fizemos o *show* no Teatro Gran Falla, uma construção claramente representativa da cultura da Andaluzia. Um prédio antigo, de tijolos avermelhados, com grandes portas e janelas em estilo árabe e um grande *hall*. Na saída à rua com o público, que fazíamos sempre, fomos saudados com uma salva de palmas andaluza em sincronia, uma demonstração de apreço. Saímos tocando e cantando um arranjo nosso de um grande sucesso da Shakira e, de repente, estávamos numa praça medieval. Cadiz é conhecida como a primeira cidade do Ocidente, com mais de três mil anos. Tinha uma fonte grande no meio da praça e a lua estava cheia. Tudo isso era uma paisagem de sonho para nós. Começamos a cantar *Aquarela da Sbørnia*, que tinha a participação do público gritando "Bah!", e, nesses momentos, assustadas com o impacto do som do coral das pessoas, as pombas faziam uma revoada em espiral contra a lua cheia. Uma espécie de delírio! Saímos dali muito aplaudidos.

Depois do *show*, fomos a uma praça onde havia um grande movimento, com pessoas se encontrando e conversando. Muitos fumavam algo que eu não identificava o que era; parecia marijuana, mas não tinha o mesmo cheiro. Alguém me disse que era haxixe, e eu resolvi experimentar pela primeira vez. Foi uma experiência ótima, que eu poderia comparar à experiência dos melhores vinhos. Uma pessoa me disse que aquele haxixe era puro, vinha do Marrocos e era realmente de uma qualidade superior. Imagens vívidas e criativas me vinham à imaginação, uma dormência nos joelhos me dava a sensação de flutuar, como se a gravidade não exercesse nenhuma força de atração sobre meu corpo, uma espécie de intersecção magnética entre as articulações dos meus joelhos e o resto do corpo. No outro dia, estava tudo superbem, nenhum sintoma de efeito colateral, somente a lembrança de uma noite revigorante. Entendi os surrealistas! Entendi o catalão Salvador Dalí, que vivera há alguns quilômetros daquele lugar.

Noutra oportunidade ainda, com nossa produtora do Rio de Janeiro, Maria Helena Alvarez, a mesma que tinha feito Colômbia, Equador e Cadiz, fomos a San Sebastian, nordeste da Espanha, no chamado País Basco. Lá, encontramos uma cultura muito próxima do que imaginávamos que fosse a Sbørnia. A língua basca é completamente estranha a tudo que eu havia escutado. Trouxe postais de arte do folclore basco, e era tudo muito sbørniano. Lá, encontrei um maravilhoso disco de música celta. Me dei conta de que aquela é uma zona de fronteira e que o folclore de lá é muito similar ao da França, exatamente como o folclore se assemelha ao de Argentina e Uruguai.

Quanto às línguas faladas na Espanha, o basco, de provável origem celta, tem um sabor sbørniano especial, porque realmente não entendíamos absolutamente nada. O catalão, por sua vez, revela algumas expressões em português e espanhol, o que torna a língua engraçada para nós. Mas também não se entende nada, ao contrário do espanhol, que os falantes de língua portuguesa conseguem entender quase perfeitamente. Na minha estada em Barcelona, curti um pouco de televisão vendo os jogos do Barcelona com nosso conterrâneo porto-alegrense Ronaldinho Gaúcho, a quem eles chamavam "Ronaldiós", e passei um bom tempo vendo noticiários, comerciais e programas sem entender uma só palavra, apenas pelo prazer de ouvir a língua catalã. Tentamos fazer negócios, entrar no circuito dos festivais, mas, naquele momento, a Europa ainda não havia se recuperado da grande recessão de 2008.

Conhecer o Montjuic de Barcelona, com seus monumentos e seus funiculares e teleféricos servindo de cenário para festivais de arte, me fez imaginar algo semelhante no Parque Natural do Morro do Osso, para o qual sonhei projetos de turismo de grande impacto para a área da indústria criativa do nosso estado. Não só para este local; também imaginei projetos para vários locais importantes, como o Vale dos Vinhedos e a região das Missões. Mas imaginar situações é bem diferente de criar projetos. Ao criar um projeto, você estabelece metas e prevê estágios a serem atingidos. Alguns desses estágios já foram percorridos, mas ainda falta muito para que esses projetos se tornem realidade.

As viagens fortalecem o sentido de humanidade. Ver onde os povos chegaram em termos de desenvolvimento civilizatório nos coloca junto à onda de desenvolvimento desses povos. Na volta dessas viagens, a gente sempre acha que poderia ter feito mais por nossas comunidades, que poderíamos ter nos empenhado mais em dar uma contribuição mais efetiva. Supõe-se que não foi ninguém estranho à comunidade deles que os levou a tal ponto de desenvolvimento, mas sim eles próprios. Assim como nós estamos nesse ponto por responsabilidade exclusivamente nossa. Sim, há questões de manipulação de massas, de domínio cultural e econômico, assim como houve em outras nações que despertaram para isso, mas é 2019 e nós ainda não despertamos!

ABU

Em 2007, eu estava em Pelotas fazendo parte do elenco do filme *Concerto campestre*, do Henrique de Feitas Lima. O Antônio Abujamra estava lá também. Havia um *trailer* para descanso dos artistas e, como ele era o mais velho da turma, tinha preferência para usar a cama, mas outras pessoas o utilizavam também. Minhas coisas, por exemplo, estavam lá. Eu tinha levado o primeiro livro da Clara, nossa filha, chamado *Máquina de pinball*, que ainda não tinha sido editado, para mostrar a ele. Ela era uma escritora em ascensão na internet.

Antônio Abujamra ficava o tempo todo conversando num ajuntamento constante de pessoas em volta dele. Ele contava histórias e fazia performances o tempo todo. Em uma das sequências do filme, ele tinha que entrar em cena e dirigir-se ao maestro da orquestra, que, na história, era ele que financiava, perguntando por que ele, o maestro, dera a um negro chances de tocar percussão na sua orquestra. Havia um texto determinado e Antônio deveria dizer exatamente aquelas palavras do roteiro. O cenário era uma capela cênica construída para o filme. O diretor deu o "ação!", ele entrou impetuosamente, pronto para falar, e... esqueceu o texto. O elenco ficou esperando por um segundo e ele improvisou, apontando para o maestro: "Você anda dando o cu para esse negro?!" O diretor teve que dar uma pausa na sequência para que todos parassem de rir. Em outra sequência, havia muitos figurantes no Teatro Sete de Abril para uma cena que ocorria lá. Antônio recém tinha feito muito sucesso com um personagem em uma novela da Globo, o Ravengar, mas ele era avesso a grandes sucessos. Ele tinha um grupo de teatro chamado Os Fodidos Privilegiados, carinhosamente chamado de Os Fodidos. Então, quando ele entrou para a gravação, todos levantaram e o aplaudiram. E ele gritava: "O Ravengar só me fudeu!"

Eu ficava inibido de ir até ele para mostrar uns escritos da minha filha, mas esperava que, em algum momento, ele pudesse estar mais livre para me receber. Então, saí para uma sequência de filmagens. Quando acabamos a cena, voltei ao *trailer*, e ele me chamou e perguntou: "Hique, quem é esta mulher, Clara Averbuck?" Eu respondi: "Pois é, eu trouxe um livro dela que eu queria que você lesse em algum momento, quem sabe..." "Sim, eu já li!", disse ele. Pensei: como, se não foi lançado ainda? E ele explicou: "Desculpa, é que eu fiquei sem nada para ler e fui futricar nas malas que estavam aqui para ver se achava algo interessante, e achei isso na sua mala!" Daí em diante, ele queria saber tudo sobre ela, e falou que iria montar aquele texto. Demorou, mas ele cumpriu a promessa. Alguns anos depois, Clara já morava em São Paulo e estava no Rio para a encenação da peça baseada nos seu primeiro livro, *Máquina de pinball*, dirigida por ninguém menos que Antônio Abujamra.

CATARINA

Nessa época, fui ao Rio encontrar Clara. Eu ia para Portugal e ela estava grávida, quase ganhando. Provavelmente o neném nasceria antes da minha volta.

Finalmente surgiu uma oportunidade de voltarmos a Portugal. Uma rede de produtores da América Latina que nos conhecia de projetos na Argentina nos chamou para um festival em Almada, cidade vizinha de Lisboa. Era a chance de nos redimirmos daquele episódio fracassado de anos atrás.

Como era um festival internacional, jornalistas especializados de vários países estavam por lá. Fizemos um lindo *show* em um palco grande para uma plateia muito especial, acostumada a ver espetáculos europeus que passavam por lá. Havia uma arquibancada para cerca de mil pessoas, e ela estava lotada. No meio do *show*, caiu uma garoa, mas ninguém arredou o pé! Pensei: estamos com o jogo ganho! A chuva passou e o *show* continuou lindamente, com aquele povo nos acompanhando pelo pátio do prédio antigo onde estava ocorrendo o festival. No próximo ano, voltamos lá como espetáculo de honra, escolhidos pelo público para ganhar o prêmio.

Na volta, quando chegamos em São Paulo, liguei para Porto Alegre dizendo que já estava no Brasil e confirmando a hora de nossa chegada a Porto Alegre, e Heloiza me disse: "É melhor trocar a tua passagem porque Catarina acabou de nascer". Catarina é nossa neta. Ela nasceu no dia em que eu cheguei. Será que me esperou chegar? Acho que sim! Clara havia dado à luz de parto normal em casa, com parteira. Chegando no apartamento deles, pudemos ver a Catarina, que deu um sorrisinho dormindo. Fiquei contente em poder ajudar com as despesas do parto deixando uma nota de 500 euros como presente. Os primeiros euros a gente nunca esquece, especialmente se for para investir no amor familiar!

Dois anos antes, e já há alguns anos fazendo economias para investirmos num imóvel próprio, comecei a pensar em algo que antes era impensável: construir! Ter um terreno, imaginar uma obra e preparar-se para a empreitada durante algum tempo. Começamos a nos empenhar na ideia. Logo achamos um lugar incrível, e aí tudo começou a fluir. Com o dinheiro que tínhamos economizado, erguemos a estrutura da casa. Paramos a obra cerca de dois meses para dar conta de um financiamento que precisaríamos para acabá-la e, quando nossa neta nasceu, já morávamos há um ano na casa nova, ao lado da reserva natural do Morro do Osso, no bairro chamado Sétimo Céu. É alto, tem uma vista bonita do lago Guaíba e é cerca de dois ou três graus mais frio do que o resto da cidade. Já que tínhamos uma casa nossa, decidimos casar!

Convidamos D. Raul para oficiar nosso casamento religioso no dia em que completamos 25 anos de união. Levamos esse "tempinho" experimentando, pra ver se ia dar certo. A cerimônia foi em cima de uma grande pedra que há em nosso terreno. Deu para configurar um altar ali, com espaço para toda a família celebrar o ritual. Casamos na Casa de Deus, que é a Natureza. A bênção de D. Raul é forte, ele nos abençoou mais uma vez e deu sua bênção também para Catarina que aos 16 anos assina-se "K8", começou a gravar e canta muito bem.

OS TEMPLÁRIOS E O VIOLINO ROUBADO

Voltando a Portugal em 2007, depois do festival de Almada, fizemos *shows* no Teatro Tivoli, de Lisboa, que era muito antigo e tinha uma arquitetura neoclássica. O *show* também foi muito bem acolhido pela imprensa de Lisboa no jornal de grande circulação *O Público*. A impressão que os produtores nos passaram foi que era bem difícil tocar o "jornalismo português lisboeta" com espetáculos como o nosso. Mas nós já havíamos sido surpreendidos de muitas formas pelo jornalismo brasileiro.

Depois, partimos para uma turnê em cidades de norte a sul, quando conhecemos praticamente toda a pátria portuguesa. Desde as lindas praias do Algarve, no Sul, incluindo a Escola de Sagres, nome de uma de minhas músicas, composta muitos anos antes, até o Norte, em Braga e Guimarães, onde eventualmente pode nevar e onde visitamos castelos e cidades muradas. Na Escola de Sagres, bem ao Sul, eu e Nico descemos por uma escarpa gigantesca de frente para o mar, ao lado do prédio histórico de onde partiam as caravelas fazendo a história das navegações portuguesas. Eu gostava de ver a satisfação dele por estarmos naquele lugar histórico. Ele já estava com os cabelos brancos e compridos. O vento era forte, um local um tanto inóspito, e o cabelo dele ficava revolto e combinava com uma jaqueta de *nylon* amarelo-vivo.

No meio de Portugal, na cidade de Estareja, mais um episódio dramático marcaria minha vida. Fizemos um *show* mui gracioso, em cujo final duas crianças da plateia subiam ao palco e, com os programas do *show* enrolados em suas mãos, faziam de conta que estavam tocando flautas. Saímos dali e deixei meu violino, que tem mais de 100 anos, na *van*, coisa que nunca faço, pois sempre o levo comigo. Ao lado dele, havia uma outra caixa, com um violino elétrico que levei nem sei por que, talvez porque pudesse surgir uma oportunidade de tocar com bandas portuguesas, como da outra vez, em que conhecemos os integrantes da banda portuguesa mais *pop* na época, os Xutos e Pontapés. Só uso esse tipo de violino quando toco com bandas. Fomos jantar e, depois, direto para o hotel. Pela manhã, alguém me acordou trazendo minha mala e perguntando se estava faltando alguma coisa, porque tinham aberto nossa *van*. Conferi minhas coisas e vi que não faltava nada. Perguntei sobre meu violino, o assistente indagou: "O da caixa preta? Está lá!" Fiquei aliviado.

Seguimos de Estareja para Braga em duas *vans*, uma com a equipe e outra com os equipamentos. Chegando lá, fui até a *van* dos equipamentos para conferir e... surpresa! A caixa preta que havia ficado era a do violino elétrico. Meu violino de mais de 100 anos tinha sido roubado! Um violino inglês que eu comprara de um restaurador. Um violino de autor, que eu jamais acharia em loja nenhuma. Quer dizer, você pode encontrar determinados instrumentos em lojas, pode até mandar fabricá-los, mas dificilmente ficarão iguais a um destes instrumentos que você consegue por força do destino. Ele estava, até então, em minhas mãos há mais de 20 anos. Eu já havia imprimido as minhas vibrações mais essenciais nele. Ele... era eu! Fiquei estupefato, sem palavras! E com um *show* para fazer no dia seguinte. Quanto a isso, não haveria problemas, alguém providenciaria um violino para o *show*, mas aquele era o meu violino de 100 anos! Não me conformei. Começamos a pedir ajuda na cidade de Estareja através dos produtores portugueses. Muita gente foi ativada para procurar o violino. E eu entrei em estado de meditação profunda. Não existia outra solução para o momento. Eu pedia, com toda a minha fé, para Deus, o Universo ou... os Templários!

Lembrei que os Templários foram sido extintos há muito tempo (depois pesquisei e descobri que o ano exato foi 1312), mas foram absolvidos em Portugal por terem lutado contra os mouros, ajudando na fundação do país. Me retirei para dentro de mim e comecei a invocar os Templários para me ajudarem a escanear toda aquela área do território português. Imaginava aqueles cavaleiros altivos, com suas armaduras de guerra, em cavalos lusitanos, fortes e decididos, andando em grupos por aquelas paisagens atrás do meu violino. Logo à tarde, um dos produtores trouxe a notícia de que haviam encontrado a caixa do violino em frente a uma loja... sem o violino dentro! SEM O VIOLINO! A situação piorou bastante. Pensei que o violino poderia estar quebrado, mas não desisti das minhas mentalizações, e passava o dia em silêncio, mesmo quando estávamos em grupo. Durante o almoço, eu ficava todo o tempo de olhos fechados ou olhando para um ponto fixo, onde pudesse me concentrar. Em um momento, abri os olhos e o Nico me olhava, sabendo que algo estava acontecendo comigo e que seria melhor não interferir. Ele me olhava, apreensivo, como se soubesse que eu estava passando por algo dramático e que ele próprio não poderia ajudar.

Então, no outro dia pela manhã, encontraram o violino! VIBREI!!! Mas a notícia era preocupante: ele estava em uma delegacia! Achei que deveria estar bastante avariado, por estar fora da caixa. Ocorre que Estarreja fica no meio de Portugal, e Braga fica no Norte. Era domingo, e não havia ônibus Estarreja-Braga nesse dia. Então, enviaram o violino dentro da caixa para Lisboa, que fica ao Sul. E, de Lisboa, enviaram ao Norte, para Braga, onde estávamos. Era um longo trajeto. O *show* seria às 21h. A produção já tinha me conseguido um outro violino, bem ruinzinho. Estávamos no palco revisando tudo e dando os últimos retoques para o *show* quando, perto das 20h, uma pessoa da produção entrou com minha caixa e colocou o violino no palco. Eu abri a caixa esperando que ele estivesse todo arranhado ou quebrado. Abri lentamente! E, para minha surpresa... sem nenhum arranhão! Ele estava intacto! "Eu"... estava intacto! Corremos para o camarim, trocamos os violinos e fiz um dos *shows* mais incríveis da minha carreira!

O próximo *show* seria o último da turnê, em Faro. Era nossa despedida de Portugal naquela temporada. Na saída com o público, que sempre fazíamos, havia um *hall* tipo um corredor grande, e eu via na minha imaginação os Templários marcando presença, acima das pessoas, assistindo à saída do público. Não foi uma visão; foi só uma imaginação forte. Eu estava curtindo, agradecido por ter meu violino de 100 anos de volta. Mas lembro daquelas figuras muito bem!

ZONA DE COMPARTILHAMENTO

Em outra oportunidade, estávamos eu e Edu Coelho, nosso técnico de som, no Bairro Alto, em Lisboa, um bairro antigo, cheio de restaurantes e bares. Já era madrugada, mas ainda tinha aquele monte de gente entrando e saindo daquelas tabernas de fado. Tivemos a ideia de ir a Sintra, que é uma cidade turística medieval cheia de castelos e ruelas, que talvez tenha ficado mais conhecida no Brasil porque o Sarney comprou um palacete lá, escondendo a propriedade do fisco. Estávamos com um carro alugado e decidimos ir. Passamos pela cidade de Estoril e vimos o grande Cassino Estoril, onde sonhávamos fazer temporadas. Passamos por Cascais e paramos em uma escarpa para ver o sol nascer, onde provavelmente é o Cabo da Roca. Um alvorecer deslumbrante no Atlântico Norte. Portugal tem muitas escarpas. Há um livro do José Saramago chamado *Jangada de pedra*, em que Portugal se desgruda do continente e sai navegando como uma ilha flutuante, e algumas pessoas nos perguntavam se a Sbørnia era inspirada nessa história, , mas nós não havíamos lido o livro ainda.

Chegando em Sintra, fomos direto à Fortaleza dos Mouros, um local de quase mil anos que fica um uma colina muito alta e ainda estava fechado para visitação, pois era muito cedo. Sentamos em um banco na frente da construção e esperamos abrir a bilheteria. Deu tempo até de tirarmos uma soneca rápida. Logo quando abriu, fomos os primeiros a comprar ingressos e entrar. Eu estava meio flutuante, porque não havíamos dormido. E, na entrada, enquanto descíamos para as dependências do castelo, já num ambiente totalmente medieval, eu tinha a sensação de ouvir, em nossos próprios passos, barulhos de metal, como se estivéssemos vestindo aquelas antigas roupas medievais cheias de metais. Eu e Edu exploramos o local como crianças em uma aventura medieval.

Depois de uma volta pela cidade de Sintra, fomos à Quinta da Regaleira, um local que sempre indico a todos. Não é muito badalado, mas vale a visita. Um palacete estilo gótico, um lugar místico que foi propriedade de um magnata português alquimista – inclusive há um laboratório de alquimia na casa, que é aberta a visitação – que contratou um arquiteto italiano que trabalhava também em cenários de óperas no século 19 para fazer pátios com símbolos e monumentos místicos por toda a quinta. Nela, existem túneis, e você pode percorrer longos percursos por baixo da terra. Pode-se até supor que esses túneis tenham sido construídos pelos Cruzados, ou Templários, na época em que estavam a expulsar os mouros na dominação da Península Ibérica, que durou 800 anos. Contar descobertas de viagem com entusiasmo deve ser uma das melhores coisas da experiência de estar vivo. É como entrar em outras dimensões não acessíveis a todos e contar o que é que tem lá. Ou como ir a outro planeta e fazer relatos para quem não foi. Ou como morrer e voltar pra contar o que viu.

Nosso último *tour* por Portugal incluiu a Ilha Terceira, nos Açores, onde conheci os Impérios do Espírito Santo. Novamente, eu me encontrando com os ícones da minha mitologia familiar. Os Impérios são pequenos templos, para 10 ou 20 pessoas, que se espalham por toda a ilha, coordenados pelas comunidades ou grupos de pessoas que decidem administrar um império desses, feito com caraterísticas muito próprias da cultura açoriana. Os Açores em si são um mistério. Um conjunto de ilhas bem no meio do Atlântico, entre Lisboa e Nova York. Se alguém dissesse que o continente de Atlântida existiu e que ficava bem ali, eu acreditaria. Ninguém me disse isso e eu nunca li em lugar nenhum, mas parece tão óbvio!

O mito do Espírito Santo me chega iluminado pelos estudos da obra de Jung. Entendo esse reino encantado do Espírito Santo como o Reino da Consciência. A nossa espécie precisa construir uma metáfora quando não consegue entender objetivamente certos aspectos da sua natureza. Os poemas metafóricos das religiões nos serviriam muito mais se não estivessem coloridos pelos dogmas, que sempre acabam na tomada do poder pelas instituições religiosas. O Espírito Santo pessoal não poderia estar longe da nossa consciência. Como temos consciência parcial sobre tudo, supostamente utilizando apenas 10% de nossa cabeça animal, no momento em que temos acesso a 1% a mais que seja de nossa consciência, isso se nos apresenta como uma abertura de luz consciencial milagrosa. Podemos supor também que o ser humano que passa a fazer uso de 20% de sua cabeça animal já é um avatar utilizando o dobro da consciência que está destinada à maioria. De nossa consciência vem a luz do entendimento sobre muitos aspectos da vida. Sendo assim, a consciência passa a ser uma "zona de compartilhamento", pois se alguém tem consciência sobre um aspecto qualquer e eu também tenho, isso quer dizer que estamos compartilhando a consciência sobre aquilo. Trata-se da "mesma consciência" sendo compartilhada entre duas ou mais pessoas. A consciência sobre aquilo que está sendo compartilhado não é exclusivamente minha, eu apenas tenho acesso a ela, assim como qualquer pessoa que se habilite a acessá-la.

UM GRANDE RESPEITO

Na volta desse nosso último *tour* em Portugal, eu tinha um contrato a cumprir no Mato Grosso, enquanto Nico, Marilourdes e nossa equipe voltava para Porto Alegre. O Maestro Leandro Carvalho, fundador da Orquestra Sinfônica do Mato Grosso, havia visto meus vídeos performáticos com orquestra e me chamou para um concerto em Cuiabá com a Orquestra Jovem. Chegando lá, ao desembarcar do avião, senti a grande diferença de temperatura. Faziam 42 graus centígrados. Cheguei no hotel e meu corpo começou a inchar de tal forma que eu não conseguia tirar minha aliança do dedo para tomar banho. As moléculas de água do meu corpo haviam se expandido com o calor, e eu fiquei todo inchado. À noite, o efeito passou. No outro dia, fomos aos ensaios. Estava um pouco menos calor, e meu corpo foi se habituando às altas temperaturas. Lá fizemos dois ótimos concertos com regência do Maestro Murilo Alves. Saiu uma matéria grande sobre isso na capa do principal jornal, com uma ilustração de Cláudio Ramires. O concerto tinha alguns dos meus arranjos, arranjos de amigos e minhas performances.

Eu havia começado a participar de concertos com orquestras através de um convite do Maestro Ernani Aguiar com a Orquestra de Câmara Theatro São Pedro. Minhas anarquias musicais finalmente convidadas a um concerto oficial. O concerto começava com arranjos para violino e orquestra e evoluía com arranjos para Laszlo – o Homem-Banda, um dos meus personagens. E depois, números com outro personagem, Macuco Serra, o anão tocador de serrote. Ele adentrava o palco interrompendo um concerto sério, querendo avisar ao maestro que tinham riscado seu carro, de cujo cuidado ele ficara responsável mediante pagamento de uma gorjeta. Depois de o maestro, muito chateado, falar: "Mas eu paguei!", Macuco respondia: "Um real! Por um real eu cuido um lado só!" Logo Macuco pedia para tocar uma canção, argumentando com o maestro e colocando a plateia contra ele. Assim, o maestro permitia que ele tocasse apenas um número. Então, tocávamos um concerto de contrabaixo de Henry Eckles com acompanhamento de serrote, o instrumento preferido de Macuco Serra. O tamanho do contrabaixo ao lado do anão, o som grave do baixo e o agudo do serrote criavam um contraste engraçado. Ao ter comprovado sua competência musical, Macuco pedia para tocar mais um número, o que era permitido, depois de a plateia, junto com ele, convencer o maestro, já muito contrariado. Saía do palco depois de engendrar uma briga com o maestro, que chamava os seguranças para tirá-lo de cena.

Depois disso, em alguns outros concertos, fomos incrementando o repertório com vários outros maestros. Os maestros Borges-Cunha, também com a Orquestra de Câmara Theatro São Pedro; José Pedro Boéssio, com a Orquestra Unisinos; Manfredo Schmidt, da Orquestra Sinfônica de Caxias; Leandro Carvalho, da Orquestra da Universidade de Brasília; e Tiago Flores, da Orquestra da Ulbra. Finalmente eu estava conseguindo fundir minhas experiências com música e performance. Um concerto divertido, incluindo até música clássica ou arranjos complexos, especialmente o personagem Macuco Serra. Com ele, eu conseguia fluir na área da comédia e arrancar gargalhadas do público, como acontecia em Tangos e Tragédias.

Tangos e Tragédias nos proporcionou tantas coisas maravilhosas, e havia um respeito pelas diferenças dos estilos pessoais. Com certeza, um grande respeito, suficiente para manter a associação. Mas nossa terapia chegou a um ponto muito desconfortável. Descobrimos que ir adiante poderia prejudicar nossa associação. Era muito doloroso levantar novos pontos de desconforto. Até que decidimos parar. E nosso terapeuta falou: "Está aí um tema em que os dois concordam!" Paramos a terapia e seguimos com uma nova base de pressupostos sobre como proceder um com o outro, sabendo que seria uma longa jornada para estabelecermos outra linha de relacionamento.

A FESTA DE MARGARETTE

Renato Falcão é meu conhecido de Passo Fundo, onde estudamos no mesmo colégio, o "I.E." Seu irmão Humberto era da mesma turma do Chini, baterista/guitarrista de nossa banda na época, o Filtrasom. Na década de 1980, Falcão mudou-se para Porto Alegre e nos encontramos algumas vezes em rodas de música. Ele era um tecladista que fazia trilhas para peças de teatro e logo enveredou para o cinema, fazendo um curta chamado *Presságio*, baseado no texto *O homem da flor na boca*, que discorre sobre um homem a caminho da morte sofrendo de câncer. O ator principal, Manoel Aranha (sobrinho do Osvaldo Aranha), estava com AIDS, numa época em que não havia tratamentos reversíveis. O curta é visceral e conta com uma sequência incrível com o celebre pintor Iberê Camargo, que pintava o Aranha enquanto ele recitava partes do texto. Iberê é tomado pela emoção e chora enquanto pinta. Isso impactou Renato Falcão de forma igualmente visceral.

Logo Falcão mudou-se para Nova York com sua família e começou a perseguir sua carreira no cinema. Às vezes entrava em contato dizendo que tinha um roteiro de cinema para compartilhar comigo. E ficou alguns anos dizendo que estava desenvolvendo o projeto. Um dia, recebi o roteiro. Seria um filme mudo e em preto e branco. O roteiro contava com algumas quebras entre sonho e realidade, e eu acabava me perdendo no entendimento das sequências, mas respondi que não haveria problema, desde que ele me dissesse o que fazer. Nico e Márcia também estavam confirmados no elenco, mas era tudo muito nebuloso. O roteiro era de difícil entendimento e seria a primeira experiência em longa-metragem do Renato Falcão.

Alguns dias antes de iniciarem as filmagens, Nico e Márcia resolveram não fazer o filme. Renato me ligou apavorado, porque morava nos EUA e tinha vindo com tudo planejado para as filmagens. Eu logo lembrei da Ilana Kaplan no lugar da Márcia do Canto, e, para o papel que o Nico faria, foi indicado o ator Jeferson Silveira. O dois toparam. Iniciamos as filmagens e tudo se ajeitou muito bem. O roteiro era uma loucura porque a proposta do Falcão era de um filme mudo e em preto e branco, cuja personagem delira e entra em sonhos. Eu seguidamente me perdia e comecei o filme sem entender a história, mas confiava no Falcão.

Falcão sabia o que queria. O roteiro, baseado em um sonho seu, tornava tudo mais particular ainda. Ele tinha uma câmera 16mm, e eu faria a trilha, já que havia iniciado a sociedade com o Fernando Pesão num estúdio que chamava-se Pop Club. Durante as filmagens, utilizávamos trilhas de referência, para nos inspirarmos na cena. Regina Datria, a esposa do Falcão na época, assumiu a produção junto com Dimitri Lucho. Falcão tinha um patrocínio praticamente acertado através das leis de incentivo ao cinema, mas o roteiro foi recusado pela comissão de análise, que julgou-o incompreensível. Assim, o filme ficou impedido de utilizar verbas públicas. Mesmo assim, Falcão decidiu que o faria com verbas próprias e, para isso, arregimentou praticamente metade dos atores da cidade, todos trabalhando de graça. Para mim, não era exatamente um filme; tudo não passaria de uma experiência de cinema. Então, com esse perfil de obra de arte radical/experimental, nos entregamos à experiência cinematográfica, na certeza de que não tínhamos compromisso nenhum com absolutamente nada.

O prazer de ver Falcão com sua câmera 16mm na mão, dirigindo as cenas malucas que ele havia concebido, uniu-se ao nosso prazer de radicalizar na performance. Seria um filme de pura música e pantomima. Charles Chaplin na veia, Vicente Celestino, *O ébrio* (um filme em PB), o chorinho, a música seminal do Brasil, cujas origens eram em PB. Pouco a pouco, fomos nos entregando ao mistério do cinema. Até que começamos a nos emocionar realizando as sequências. E aí comecei a entender esse mistério. A profundidade da comunicação de um filme está intimamente ligada à capacidade de os atores se entregarem à carga emocional que as cenas exigem. E o mistério só acontece quando o *cinematógrafer* interage nesse campo de emoções. O diretor de fotografia, o câmera, o diretor, o editor, as cabeças humanas por trás da máquina (neste caso, todas elas eram o próprio Falcão), se tiverem capacidade de se envolver com a cena e de se emocionar com aquilo que estão captando, vão entregar ao público toda a essência emocional daquela cena. Foi uma revelação para mim. Só por isso já tinha valido a experiência. Certamente há muito mais a se revelar sobre o cinema.

Falcão tinha um roteiro bem delineado, mesmo nascido de um sonho dele, montava as sequências com um cenário bastante convincente e a cima de tudo nos incentivava a improvisar, a darmos nossa contribuição criativa. Sequências inteiras nasceram de um contexto sólido, mas com muita liberdade para o improviso. Houve sequências em que nós estivemos totalmente entregues à história de Pedro, um operário lunático e imaginativo que sonha em dar uma festa de aniversário à sua esposa justo no momento em que perde o emprego. Ele ganha um dinheiro de fundo de garantia que considera uma fortuna, mas tudo não passa de delírio. Uma temática absolutamente brasileira. Duas famílias pobres que dividem uma casa cheia de crianças. Apesar das diferenças, todos se dão bem e há harmonia. As situações inusitadas se dão diante da dificuldade do personagem em encarar a realidade, e isso faz com que surjam brechas para o imaginário do personagem. A mistura entre realidade e sonho torna mais contemporâneo, ousado e inusitado o que era para ser mais um filme convencional em preto e branco. Um final muito triste, um *bitter end*, como noticiaram os jornais e revistas americanos, como *New Yorker* e *Variety*.

Os intervalos entre as filmagens eram cheios de criatividade e performances extras. Ilana Kaplan foi uma parceira extraordinária nesse trabalho e uma companhia adorável durante toda a filmagem. De uma criatividade espontânea, ela não parava um minuto de inventar, inventar e inventar. Conhecíamos Ilana dos grandes sucessos *Passagem para Java* e *Buffet Glória*, dirigidos pelo Élcio Rossini, em que ela havia se revelado. Além de tudo, é prima do Cláudio Levitan. Uma atriz absoluta, com uma veia cômica maravilhosamente natural. Jeferson Silveira foi um parceiro ideal em cena, com um jogo de olhares cheio de significados e muita sutileza. E a dama do cinema e das novelas brasileiras, Carmem Silva, a anciã do grupo, dando permanentemente uma aula de expressão. Um corpo emocional pronto para todas as emoções propostas pelo diretor, da tristeza para o desapontamento, da desconfiança para a mais pura alegria, tudo com muita, mas muita carga emocional nos olhos. Isso foi transformando o filme em uma sequência de cenas que acabava por envolver as pessoas. Falcão havia construído a história de uma família e, por isso, tinha muitas crianças no *set*, entre personagens e figurantes, todas muito importantes para a construção lírica e lúdica que ele pretendia. Tudo isso trouxe uma atmosfera criativa e descontraída para o filme que foi essencial. Em poucos dias de filmagem, estávamos o tempo todo tomados pelo espírito criativo. Uma aventura e tanto, que não tínhamos a menor ideia onde iria dar. Tudo o que sabíamos é que estávamos empenhados em fazer uma obra de arte radical.

À medida que fomos entendendo o contexto em que Falcão situou a história, fomos nos apropriando e dando sentido a ela. Em uma certa altura, todos os atores, que eram cerca de cem, estavam absolutamente envolvidos. Todos eram células de um organismo cheio de sensibilidades humanas. Afinal, como não havia uma palavra sequer, foi um trabalho de pura expressão interna e muita sensibilidade. Isso, aos poucos, estabeleceu uma cumplicidade entre todos, que transparece no resultado do trabalho. A escolha do *cast* foi superadequada, e eu, como protagonista, encontrei parceria e cumplicidade em todas as sequências, especialmente com Ilana, mas também com Jeferson Silveira, Gil, Carmem Silva e com as crianças. Foi mais do que uma experiência, foi uma grande lição. Entender os fundamentos do cinema foi a parte mais importante. Contar uma história com a qual as pessoas podem se identificar tem sido, desde os tempos primordiais, a maneira mais instintiva de processarmos as questões da vida coletiva. Saber contar uma história é tão fundamental para o entendimento do ser humano nas suas inter-relações que o domínio dessa arte significa o domínio cultural. Então, estávamos ali fazendo um filme de verdade. No final, com um grande número de cenas, sentíamos que havíamos construído algo significativo, mas ainda não sabíamos o que exatamente.

No começo das filmagens, transpareciam os trejeitos das minhas performances para teatro, de onde vinha a minha experiência, tudo muito exagerado para o cinema. Mas entendi rápido como deveria ser, conforme o Falcão me dirigia. Ele tinha uma câmera 16mm e faria a transcrição para 35mm depois. Tínhamos dois meses para acabar as filmagens. Falcão, Regina Datria e Dimitri Lucho, arrebanharam umas cem pessoas como figurantes, escolheram as locações e começamos a filmar. As sequências estavam fora de ordem por causa da disponibilidade das locações, que eram muitas, e tivemos que começar com cenas que não faziam sentido para mim dentro da história, mas eu confiava na direção do Renato. Ele esboçava a cena e dizia: "Aqui acontece isso e isso, o contexto é tal..." Eu imaginava algo e seguia suas dicas. Fazíamos algumas tomadas até ele estar satisfeito, mas eu próprio não entendia as sequências dentro do filme. Quando o personagem começava a delirar, eu sempre me perdia. Mas, conforme outras cenas foram se realizando, comecei a entender melhor e tudo fluiu muito bem. Parece engraçado eu não entender um roteiro, mas é que não havia indicações sobre o que era delírio e o que era realidade. Na verdade, o espectador deve fazer sua escolha, ou seja, o espectador interage com o filme. Só que o leitor de um roteiro não é exatamente como um espectador do filme. Enfim, o trabalho estava mais na cabeça do Renato Falcão do que no roteiro. E ele parecia saber exatamente a contribuição que poderíamos dar.

Depois dos dois meses de filmagens, eu assumi a trilha sonora do filme, e começamos a buscar referências: Nino Rota, Ennio Morricone, Pixinguinha, Ernesto Nazaré, Chiquinha Gonzaga e outros. Durante um ano, nos entregamos à edição e construção da trilha sonora, que teria uma importância especial por tratar-se de um filme mudo. Trabalhamos com muito afinco no estúdio Pop Club, com a grande contribuição do Edu Coelho, o técnico de som que passou a ser também nosso técnico nos *shows* do Tangos e Tragédias. Falcão voltou para Nova Jersey, onde morava já há uns dez anos, e nos enviou uma primeira montagem do filme, ainda totalmente sem sentido, mas já com algumas sequências prontas. Então, começamos a escolher, sincronizar, gravar, compor e arranjar as músicas. Seria um trabalho enorme, que eu não havia quantificado ainda, de cerca de 80 minutos de música.

Mostrei ao Falcão um CD produzido pelo Arthur de Faria chamado *A música de Porto Alegre: as origens*, uma seleção de partituras compostas no começo do século passado, cuja música mais antiga datava de 1912. Disco espetacularmente gravado por Marcello Sfoggia e executado por ninguém menos do que a Orquestra Geriátrica, liderada pelo também historiador Hardy Vedana. Uma orquestra de velhinhos tocando músicas antigas servia como uma luva em um filme mudo e em PB. Vibramos quando as sequências começaram a se encaixar. Todos nos envolvíamos profundamente com o trabalho. Especialmente Edu Coelho, que vinha de longe para avançarmos todos os dias. Chegamos a compor uma sequência juntos, um flamenco. Edu tem formação como violonista clássico e sabe fazer aqueles solos *à la* Paco de Lucía. A faixa chama-se *Torreando el diablo*.[6] Edu saiu com os dedos sangrando do estúdio, tal a energia que aplicou nas cordas do violão. Esse foi um ótimo título para a música, que animava uma sequência em que pastores fingiam exorcizar pessoas em uma igreja evangélica chamada Igreja Universal da Ciência de Deus e depois colhiam muito dinheiro dos fiéis.

Eu tinha alguns chorinhos que havia composto na época em que estava muito envolvido com o bandolim e gravei um deles tocando todos os instrumentos: piano, violão, bandolim, pandeiro, surdo, repenique e contrabaixo. Foi uma alegria saber que aquelas composições poderiam ter uma serventia. Em se tratando dos meus chorinhos, eu tinha uma certa tristeza por tê-los abandonado já há muitos anos. Foi a oportunidade ideal para recuperá-los. Fiquei feliz com isso. Logo começamos a gravar meus choros e adaptá-los às sequências. Aproveitei uma dessas gravações para usar com o quarteto de sopros argentino Cuatro Vientos em um concerto que fizemos juntos na abertura do Centro Cultural Santander, em Porto Alegre, para o qual havíamos sido convidados pelo jornalista Juarez Fonseca, que foi quem fez a curadoria desses *shows*.

Recuperei uma gravação que o Sfoggia fez com a Orquestra da Unisinos e o Maestro José Pedro Boéssio, de uma música do meu ídolo argentino Antonio Agri, que eu tinha levado para concerto que havia feito com as orquestras do Theatro São Pedro, Ulbra e Unisinos. Vagner Cunha compôs uma linda e absolutamente contemporânea abertura, que chamávamos "*Ponte para a Ilha de Agri*. Tudo se adaptou perfeitamente às sequências do filme.

E então, precisávamos de um tema, e foi quando recuperei uma música que compus com 16 anos. Já a havia utilizado como tema na peça *As aventuras de Mime Apestovich*, do início ao meio, minha primeira e inesquecível atuação como ator. Assim, chamei o grande compositor e orquestrador Daniel Wolf, professor da UFRGS, com formação nos EUA e na Europa. Ele topou fazer a orquestração da minha pequena *Tema do Lunático*, e isso teve um resultado fantástico. O filme começou a fluir com uma sincronia de balé. Os movimentos cênicos e a música na mesma batida, como os filmes do Chaplin, uma referência de base para mim.

O entusiasmo pelo trabalho voltou à tona, embora soubéssemos que havíamos apenas achado um jeito de concluir uma obra

---

6 Clara Averbuck inspirou-se no título desta faixa para o seu 7º livro, *Toureando o diabo*.

de arte radical, sem nenhuma expectativa comercial, somente com o olho na realização artística, mas é claro que com um forte componente de comunicabilidade. Discutimos ainda algumas sequências e chegamos ao fim com a sensação de que nada no filme nos incomodava, mas sem a noção exata do que havíamos feito.

A FESTA DE MARGARETTE EM NOVA YORK

Até que Falcão inscreveu o filme, ainda em VHS, no Havana Film Festival New York, um festival de filmes latino-americanos promovido por cubanos que se exilaram nos EUA desde a revolução promovida por Che Guevara e Fidel Castro e que queriam promover a integração entre americanos e cubanos. Para nossa surpresa, o filme foi selecionado e escalado para a abertura do festival. Eu ainda não entendia o que os programadores haviam visto de tão especial para nos colocarem na abertura de um festival em Nova York. Talvez não tivesse muita coisa boa nesse festival, ou talvez eles fossem muito amigos do Falcão e estivessem dando uma chance a ele.

Precisávamos de um cartaz para o filme, e chamamos o Cláudio Ramires, que estava trabalhando em um cenário virtual de um outro trabalho que estávamos desenvolvendo, ou melhor, estamos desenvolvendo desde aqueles dias até hoje. O cartaz ficou lindo. Mostrava uma cena em preto e branco com uns balões coloridos. Tivemos alguma dúvida se, com os balões coloridos, ficaria claro que o filme era em preto e branco. Ramires falou que, de fato, o filme era em preto e branco, mas o emocionara tanto que parecia ter cores emocionais. E nós gostamos da explicação dele. Fizemos umas impressões em Porto Alegre, que eu levei para a estreia. Cheguei em Nova York, desci com malas e cartazes e fui para a casa do Falcão em Hoboken, Nova Jersey. O festival seria em alguns dias. Logo fomos para um hotel em Nova York provido pelo festival. Nenhum de nós havia visto o filme em tela grande. Ele havia chegado da revelação e expansão, de 16mm para 35mm, no mesmo dia em que seria projetado. Eu estava um pouco nervoso.

Na noite anterior, havíamos jantado com o grande diretor de cinema cubano Humberto Solás em uma cave subterrânea em Nova York, cuja dona – que se chamava justamente Donna – nos contou sobre o local, dizendo que era frequentado por Lord Byron e que ele escrevia ali frequentemente. O cubano Solá nos contou sobre um sonho que ele tivera como quem compartilha uma vivência surrealista, como se o sonho em si fosse uma obra de arte, com detalhes vívidos e lisérgicos. Imaginei que a língua espanhola havia permitido que a experiência surrealista dos que deflagraram o movimento se instalasse na vida de certos artistas de língua espanhola, como Solás. Ele havia feito os grandes filmes históricos sobre a revolução cubana, como o incrível longa-metragem *Lucía*, contando a história de uma camponesa daquele período, filme que também passou nesse festival. Enfim, entendi o trabalho de Solás como uma estética humana única, em tomadas incrivelmente fortes e com uma concisão narrativa que eu ainda não havia visto no cinema até então. Falcão já vira um de seus filmes e declarou que fora profundamente tocado pela força da expressão de Solás. Hoje, revendo seus filmes, entendo perfeitamente o quanto Falcão foi tocado por aquelas imagens.

Esse grande cineasta mundialmente reconhecido fez a apresentação do nosso filme. Eu estava meio nervoso e não entendia o que o cubano falava naquele inglês com sotaque espanhol. (Alguns dias depois, confirmei o que suspeitava que ele tivesse dito. Soube, pela *Zero Hora*, que dissera sobre mim: "O mais brilhante ator de sua geração no Brasil".) Vimos o nosso filme pela primeira vez no cinema, mas eu já o tinha visto tantas vezes na telinha do computador que nada me surpreendia nem incomodava. Quando saímos da sala do cinema, no saguão, algumas pessoas estavam tão admiradas, mas tão admiradas, que eu custava a acreditar que estavam falando do nosso filme. Eu pensava comigo: vou ficar quieto porque não estou entendendo muito bem o inglês e nem o espanhol dessas pessoas. Havia uma mulher que estava tão encantada que eu tive que perguntar se era mesmo do nosso filme que ela estava falando, e ela confirmou. Eu, na verdade, não o considerava um filme tão bom. Só achava que nada me incomodava, e isso já estava bom para a nossa experiência radical de fazer um filme mudo em PB, a 18 quadros por segundo, o que dava aquele aspecto chapliniano, e que o Falcão tinha tido a "cara de pau" de inscrever em um festival internacional e eu, a cara de pau de sempre, de fazer coisas sem pensar nas consequências. Eu pensava: como me meti nisso, nunca fui a Nova York com um trabalho meu e agora isso! Ou seremos ignorados (o que será ótimo!) ou seremos execrados, o que encerra minha carreira internacional antes mesmo de eu pensar em ter uma.

Saímos dali e encontramos um grupo de artistas em um clube noturno, onde fui apresentado a Pablo Ziegler, o pianista do quinteto do Piazzolla. Uau!!! Falei que era fã dele, contei da minha ligação com Antonio Agri, violinista do quinteto, que tinha uma música no filme. Pablo me disse que estava chegando da Coreia e que estava com muito sono atrasado. Ele, como artista latino, havia sido recebido por um grupo de pessoas que estava trabalhando no festival do qual nosso filme fazia parte. A Coreia é exatamente do outro lado do planeta em relação a Nova York, e ele disse que tinha certeza que dormiria no cinema, mas foi se ligando na história e na música do nosso filme e ficou ligado até o final. Se até o Pablo Ziegler tinha gostado do filme e não dormira ao assisti-lo depois de chegar de viagem da Coreia, talvez nosso filme não fosse tão ruim, afinal.

❧

A FESTA DE MARGARETTE NO MOMA

Em 2003, Renato Falcão recebeu outro convite. Através de pessoas da sua relação, o filme chegou ao projeto Global Lens, da Global Iniciative em parceria com o departamento de educação do MoMa – Museu de Arte Moderna de Nova York. O projeto se chamava Cross Cultural Understanding Through Cinema (Entendimento da Diversidade Cultural Através do Cinema, em tradução literal) e era dirigido a *teenagers*, pois considerava-se que os adolescentes americanos eram alienados em relação a culturas estrangeiras. Então, nesse projeto, escolhem cinco filmes de cinco países diferentes por ano, para serem estudados em algumas escolas e centros culturais. Nosso filme, além de entrar para o acervo do MoMa, circulou por 14 estados americanos, sendo exibido em centros culturais importantes, como na sala Red Cat do Walt Disney Concert Hall, em Los Angeles.

Escolheram nosso filme para a abertura daquela edição do projeto, e foi incrível! Recebemos o convite em casa, no Brasil, escrito "Black and white tie required". Puxa! Já pensei que seria tipo Oscar, superchiquérrimo, mas era só o convite. Chegamos na festa e, como nosso filme fora escolhido para abrir o projeto, toda a decoração era inspirada em *Margarette's Feast*. Havia uma mesa com um bolo igualzinho ao do filme e balões preto e branco. Descobri que o "Black and white tied required" era porque queriam seguir a estética do filme, dando uma festa em "preto e branco". Havia uma banda brasileira, e eu dei uma canja, é claro. Um sonho dentro de um sonho em Nova York.

Ser homenageado em uma festa no MoMa é uma situação rara, mesmo para americanos, e pouca gente me dá crédito quando eu conto. Um *manager* de artistas me convidou para participar de uma performance fazendo algo em cinco minutos em um bar. Eles me apresentavam como "MoMa guy" (o cara do MoMa). Não dei importância para aquilo, mas, para eles, era um diferencial. Eu até havia desistido de contar essas coisas, porque vejo a reação das pessoas e parece que estou mentindo. Eu fico pensando: puxa, será que eu não pareço ter a capacidade para passar por uma experiência dessas? Mas deixo aqui estes escritos para a posteridade. E tem as fotos, que acabei de achar!

Isso me lembra um episódio que Nico contava. As pessoas não o reconheciam tão facilmente, porque o personagem dele era muito diferente do Nico da vida real. Um dia, ele estava em uma festa e um grupo de pessoas falava sobre o Tangos e Tragédias, contando trechos do *show* umas para as outras. Ele se aproximou do grupo, um pouco tímido, dizendo que era do Tango e Tragédias. As pessoas não acreditaram, deram as costas pra ele e seguiram contando os trechos do *show*. Ríamos muito quando ele contava isso.

Voltando à experiência do filme em Nova York: dali, fomos convidados a ir em duas escolas para encontrar os alunos, que já haviam visto o filme, e fazer comentários sobre seus estudos, já que o projeto publicara um *study guide* (guia de estudos) para que os alunos aprendessem sobre o Brasil através do filme. Quando vi esse livro, na casa do Falcão, comecei a entender a envergadura do projeto. Logo no começo do *study guide*, havia uma longa entrevista com o Renato Falcão. Mais adiante, informavam tudo sobre a trilha que eu havia assinado, e um dos itens dizia: "Pesquise sobre João

Gilberto, Gilberto Gil (Ministro da Cultura na época) e Hique Gomez". É lógico que eu fiquei muito admirado com aquilo e fui ver na internet quais era as fontes que eles pesquisavam. Prometi fazer um *site* de conteúdo para a pesquisa deles, e fiz, já que, na época, havia bastante coisa na rede sobre o Tangos e Tragédias, mas pouco conteúdo acerca do meu trabalho fora dele. Foi uma experiência realmente fantástica. Ainda tenho comigo os estudos incríveis produzidos pelos alunos dessa escola, enviados pelo professor americano, que havia se encantado com o filme.

ALGUMA COISA DEU ERRADO, ISSO NÃO ESTAVA NOS PLANOS

Em 2003, Renato Falcão me ligou de Nova Jersey dizendo que nosso filme, *A festa de Margarette*, fora selecionado para o Festival du Film de Paris. A essas alturas, eu já havia entendido o tamanho da curiosidade e o *frisson* que o nosso filme causava em festivais. A ousadia de um diretor em fazer um longa-metragem mudo, em preto e branco, com uma narrativa super-humana e, acima de tudo, uma fotografia muito incisiva, em total sincronia com a música, que leva o trabalho para a categoria de "filme de arte". Um filme totalmente despretensioso em termos de mercado, mas absoluto na sua proposta artística. Radical na estética, mas também emocional e envolvente.

Nesse festival em Paris, fomos superbem recebidos pelos organizadores, como um filme de estima. Sempre havia uma grande simpatia pelo nosso trabalho, pela ousadia da proposta, pela despretensão e pelas qualidades humanas que conseguimos imprimir. Na abertura do festival, o responsável pela condução da cerimônia era Malcolm McDowell, o célebre ator de *Laranja Mecânica* (de Stanley Kubrick). No saguão do cinema, fui cumprimentá-lo e o convidei para ver o nosso filme. Ele respondeu simpaticamente: "But I kââân't, I'm pfârt of the jury for another category..." ("Mas eu não posso, porque eu sou parte do júri de outra categoria"), com seu forte sotaque inglês demonstrava que realmente era de outra categoria. Outro ídolo que passeava pelos corredores do festival era

John Malkovich. Muito bem; Malcolm McDowell, John Malkovich, Renato Falcão e... eu.

Tinha um filme coreano, e nos ofereceram a opção de assistir ao filme com legendas em inglês. Assim como eu, Malcolm e sua esposa não sabiam francês. Então, fomos conduzidos a uma outra sala de cinema, eu, ele e sua esposa, com algumas meninas vestidas com roupas tradicionais coreanas. Sentamos lado a lado, e o filme começou a rodar com legendas em inglês. Naquela época, os filmes ainda não eram digitais, mas sim de películas, divididas em quatro latas. Devem ter sido os últimos anos da película. Mas enfim, no meio do filme, colocaram uma lata errada, e entrou toda uma parte sem legendas. As meninas coreanas saltaram ao lado do Malcolm para explicar o que estava acontecendo, mas nós, que não entendíamos o coreano falado na tela, tampouco conseguíamos decifrar aquele inglês com sotaque coreano.

No final, eu e Malcolm tivemos uma curta e profunda conversa. Nos entreolhamos, e eu falei uma frase de William Burroughs: "Language is a virus from outer space!" ("A linguagem é um vírus vindo do espaço") Ele me olhou, surpreso, e disse: "Oh, yeah!" E fim! Foi a mais profunda conversa que tive com um ídolo hollywoodiano. A frase tinha sido musicada por Laurie Anderson, e eu e Nico já a havíamos tocado nos finais de Tangos e Tragédias.

Estávamos num período de folga do Tangos e Tragédias, e eu não havia avisado o Nico que iria viajar. Ele ligou pra minha casa, Heloiza atendeu e falou que eu havia viajado. Logo falamos, ela avisou que ele tinha ligado e eu retornei para ele dizendo onde estava. Ele curtiu que eu estava ligando de Paris, não esperava que eu estivesse lá, e rimos. Nenhum de nós acreditava que aquele filme de baixo orçamento chegaria sequer a ser lançado. Mas Tangos e Tragédias também era um trabalho de baixo orçamento que nós próprios não acreditávamos que chegaria onde chegou. Nico nunca deixou transparecer se havia se arrependido de não ter feito o filme. Ele foi na estreia e não elogiou nem criticou. Pareceu ter aprovado. Ele sabia reconhecer uma realização artística, embora pudesse ter restrições ou críticas ao conteúdo. O que sei é que teria sido um parto mais difícil se ele estivesse envolvido, porque o seu nível de exigência era muito grande.

A festa de Margarette participou da seleção oficial de diversos outros festivais internacionais, como o Rotterdam Film Festival,

Tribeca Film Festival (NY), Toronto Film Festival e Festival Del Nuevo Cine Latinoamericano, em Havana. Em agosto de 2003, recebemos o prêmio da FIPRESCI (Federação Internacional de Críticos de Cinema), durante o Motovun Film Festival, na Croácia. O país terminara a guerra com a Sérvia há muito pouco tempo, e, segundo Falcão e a matéria da revista *Variety*, que acompanhou o festival, as pessoas aplaudiam com muito entusiasmo o filme, que contemplou as carências afetivas daquele povo naquele momento. Os valores humanos demonstrados no nosso filme, o desprendimento, a ousadia criativa falaram mais alto ao coração dos croatas.

Mas houve um fato inusitado: o presidente do júri escreveu uma carta aberta a Lars von Trier explicando por que o filme dele não tinha sido escolhido para o prêmio da FIPRESCI naquele ano em que vencemos. Muito curioso! Segue a tradução da carta:

Carta aberta a Lars von Trierby Jacob Wendt Jensen

Você consegui de novo, Lars.

Você fez um filme que ultrapassa os limites do cinema moderno. Em outras palavras, você ignorou as limitações da indústria cinematográfica comum e, assim, fez o futuro da história do cinema parecer diferente. Este é um privilégio de apenas um em cada mil diretores de filmes, por isso você merece os elogios críticos que recebe, por exemplo, na Dinamarca e na França.

Vi "Dogville" no festival de cinema de Cannes e vi novamente aqui no Festival de Cinema de Motovun, na Croácia. Nessas duas situações, o mais distante possível de cada uma, eu tive aproximadamente as mesmas três horas de experiência com seu ousado experimento. Atores de quatro gerações diferentes se fundem para se tornarem habitantes de uma pequena cidade americana. Uma das maiores atrizes do novo milênio, Nicole Kidman, é mais bem-sucedida do que o habitual com a nova abordagem 'menos é mais'.

Você nos mostra que adereços nem sempre importam. O caráter humano está sob seu microscópio em uma investigação completa e elegante. Cuidadosamente planejado, realizado meticulosamente e colocado em um formato de três horas com o cuidado de um cientista. Alguns diriam de "um cientista louco", mas, por Deus, não são eles o tipo mais interessante?

Apesar dos muitos méritos de "Dogville", o filme não ganhou um prêmio em Cannes e não ganhou um prêmio em Motovun. Na minha opinião, os membros do júri tinham cabeças claras e fizeram as escolhas certas nos dois eventos. Obviamente, eles não deixaram seus corações em "Dogville", como eu agora falhei em duas ocasiões.

Nas entrevistas, você afirmou que "Dogville" está mais próximo de você como ser humano do que "Breaking the Waves" e "Dancer in the Dark". Os filmes anteriores foram mais calculados e projetados para nos fazer chorar de uma maneira muito deliberada, e você não deseja repetir isso. Tudo bem, mas você me perdeu no processo. "Dogville" foi impressionante, mas nem perto de arrancar minhas lágrimas.

Embora em um sentido amplo você tenha feito um filme importante na história do cinema, não era tão importante para esse espectador. Sei que outras pessoas tiveram o mesmo sentimento, mas não se atreveram a dizer isso em voz alta por medo de não entender um filme rotulado como uma obra-prima quase por convenção desde o dia da primeira exibição.

Por mais que admire seus genes loucos de cientista, temo que eles corram o risco de impedir que você mova o público.

Boa sorte no futuro, de qualquer forma...
Atenciosamente,
Jacob Wendt Jensen

MoMa, Humberto Solás, Malcolm McDowell, Kiera Chaplin, FIPRESCI, von Trier... Alguma coisa deu errado. Não havíamos mirado em nada disso.

O FBI NA FESTA DE MARGARETTE

Logo depois, Falcão começou a receber propostas de negociações para o filme, e uma delas nos deixou pasmos. Foi a da Limelight, empresa administrada por Eugene Chaplin, filho de Charles Chaplin, e sua família. Kiera Chaplin, a neta de Charles, filha de Eugene, estava à frente da empresa. Ela é uma modelo sueca muito bonita e com um sorriso muito parecido com o do Chaplin. Tem uma tatuagem de caveira rodeando o braço e fazia umas poses de jovem desafiadora, *outsider*. *A festa de Margarette*, ou *Margarette's Feast*, era anunciado no *site* da Limelight junto com um pacote de filmes inéditos! Era uma série de curtas inéditos de Charles Chaplin, que faziam parte do legado dele para sua família. Nosso filme aparecia com um tributo a Chaplin. Isso era um outro sonho. Um

Para além da Sbørnia

filme cheio de sonhos dentro de uma realidade cheia de sonhos. Uma coisa muito insólita. Sabíamos que, na casa de Chaplin, na Suíça, onde morava Kiera, havia uma sala de cinema familiar, e imaginávamos a família vendo nosso filme.

Mais tarde, essa bolha de sonho explodiu, de forma cada vez mais insólita. A Limelight passou a ser investigada pela Interpol, e o noivo de Kiera, o Conde Ale de Basseville, foi preso, acusado de tráfico de *ecstasy* e armas. Bruno Declavelles, o cara com quem Falcão negociava o filme, chefe do escritório da Limelight, também foi preso. Ficamos chocadíssimos! Do sonho flutuante de ser apresentado ao mundo do cinema pela família Chaplin, passamos a um pesadelo paranoico, com a possibilidade de a produtora em questão estar envolvida em tráfico internacional de armas e drogas! Nem eu nem Falcão sonhávamos com tal montanha-russa de expectativas. É lógico que ele deve ter sido investigado também... Afinal, o que esses descendentes de Charles Chaplin escondiam atrás de um filme barato da América do Sul?! Drogas?!

Por um tempo, achamos que estávamos sendo monitorados pelo FBI. Uma vez, numa conversa pelo IRC, o primeiro *chat* da internet, eu brinquei com o Falcão, que é um cara totalmente avesso às drogas, dizendo: "Sim, é lógico que tu dever estar envolvido com drogas...", pois isso seria um absurdo! Ele parou a conversa no mesmo instante e eu vi que ele estava realmente tenso. Não entrou mais no IRC. E, por um bom tempo, ficou essa tensão. Depois, ficamos acompanhando o caso. O *site* da Limelight, fotos de Kiera, tudo foi removido da internet e ficou uns três anos fora. Aos poucos começaram a voltar as fotos dela.

Foi um escândalo internacional, do qual nós não queríamos fazer parte, porque poderíamos nos sujar de graça. Quem diria... nosso inocente filme envolvido, sem saber, em falcatruas de um conde na Europa. Insólito!

A REVOLUÇÃO FICTÍCIA

No Cine Ceará, ganhamos o prêmio de melhor trilha sonora e conhecemos o Nelson Hoineff, que era editor do *Jornal do Brasil* e havia se apaixonado pelo filme. Ele me perguntava: "Vocês não têm noção do que fizeram, certo?" Não tínhamos, ou tínhamos uma noção parcial. Nós gostávamos do nosso trabalho no filme, mas sabíamos das limitações que tínhamos e que se refletiram no produto final. De qualquer forma, é um trabalho radical que foi além da nossa expectativa.

Nelson se tornou um amigo, e é sempre uma festa reencontrá-lo, onde quer que seja. Quando estamos no Rio, ele sempre comparece aos *shows* rodeado de amigos. Fomos recebidos em sua casa e, nessa ocasião, levei a ele um projeto de um espetáculo que estava desenvolvendo com o Cláudio Ramires. Mostrei as imagens e ele imediatamente falou que aquilo deveria ser um filme e que colocaria o seu escritório no Rio de Janeiro à disposição.

Cláudio Ramires também é um cara que se transformou em um dos meus melhores amigos, daqueles com quem a gente não precisa falar muito, mas que está sempre na nossa cabeça, trocando mensagens telepáticas. Na primeira vez que o encontrei, ele estava pendurado em uma tirolesa, num despenhadeiro do Parque da Ferradura, em Canela. É um vale vertiginoso, com uma paisagem de tirar o fôlego, onde passa um rio em forma de ferradura. Falamos rapidamente. Meses depois, ele já tinha me chamado para uma experiência naquele início da internet: para promover os serviços da Net, onde ele trabalhava, ele queria fazer um teatro virtual.

Fizemos um roteiro de interação entre duas pessoas de cidades diferentes interagindo dentro do mesmo cenário virtual. Para essa representação, elegemos o Arrigo Barnabé, um artista também voltado para performance. Ele estaria em Curitiba, onde ficava a outra sede de equipamentos da Net, e eu em Porto Alegre. Estávamos em cartaz com o Tangos e Tragédias no Tuca, em São Paulo, e convidei o Arrigo para assistir. Ele foi e curtiu. Depois, fui à casa dele, mostrei o roteiro e ele falou que havia achado meio "bobinho" e que tinha uma ideia para um novo roteiro, que seria de um Papai Noel sinistro! Imaginei crianças correndo do experimento, como a Clarinha, nossa filha, corria de medo ao ouvir a faixa dele *Tubarões voadores*, do disco homônimo. Era engraçado, mas o estilo visceral do Arrigo talvez não fosse o ideal para o experimento que a Net queria fazer para promover seus serviços. Não chegaria à reunião com os executivos da Net.

Contudo, eu havia curtido muito o estilo do Cláudio Ramires. E pedi a ele um cenário para uma história que eu estava construindo, que se chamava *A Revolução Fictícia*. Ela se passava em um período não determinado de um futuro próximo, quando um grupo de "comandantes gauchescos" que viaja em um zepelim em forma de baleia decide fazer uma revolução, mas não sabe muito bem por onde começar.

A BALEIA CONTINUA NO CÉU

Eu havia escrito um conto que serviu de base para o argumento, então já tinha um repertório relativo a esse tema. Tratava-se de um novo espetáculo musical. Começamos a nos reunir, e o Ramires passou a interagir com esse conteúdo, criando mais e mais pressupostos, mais cenários, mais personagens e mais elementos de cena, e o projeto virou um superprojeto de cinema. Ele é um cara com uma inteligência aguda e uma grande habilidade e capacidade de resolver problemas. Se eu considerava o Nico um artista muito exigente, bem... eu tinha encontrado outro parceiro com a exigência triplicada.

Era para ser algo possível de ser articulado no Brasil com pouco ou nenhum patrocínio, mas nos apaixonamos tanto por aquele universo que ficamos sem limites. Ramires fez desenhos, esboços e testes de animação que provavam que tudo era possível e dependia só do dinheiro para a execução. Então, saímos em busca de patrocínio, mas foi difícil. Ainda é difícil, depois de 20 anos. VINTE!!!

Eu e Ramires, com ajuda da sua equipe de técnicos, havíamos feito um *trailer* de *A Revolução Fictícia*, a pedido do Nelson Hoineff, e ele se transformou num sucesso de apresentação. Todo mundo curte e pede para ver de novo. Mas ainda não foi o suficiente para vender o projeto! Nelson sugeriu que tivéssemos nomes conhecidos no projeto que pudessem fortalecê-lo. Convidei meu amigo Zé de Abreu para um papel-chave, e ele topou na hora. A segunda pessoa que convidei foi Letícia Sabatella, porque sabia que, além de ser uma grande atriz, muito conhecida na TV e no cinema, ela também canta muito bem. Eu nunca havia falado com ela, e o nosso amigo Carlos Careca me conseguiu seu telefone. Liguei e ela prontamente me atendeu. Me apresentei e comecei a descrever o filme, contando a história do grupo de comandantes malucos que viaja num zepelim em forma de baleia.

Conforme comecei a discorrer, descrevendo os aspectos delirantes do projeto, me dei conta de que eu mesmo duvidava que ela embarcasse nisso, e comecei a me sentir o próprio artista "viajandão", que liga para uma estrela superconsagrada com uma ideia maluca e inconsequente. Tive receio e achei que ela logo me dispensaria. Mas, para minha surpresa, ela viajou durante o telefonema, fazendo comentários do tipo: "Ah, que lindo isso, nossa... muito poético!" Fiquei feliz com a adesão dela. No outro dia, enviei-lhe um DVD com o *trailer*, e ela me ligou dizendo: "Nossa, é igualzinho como você falou no telefone!"

Logo surgiu a ideia de convidarmos Os Paralamas do Sucesso para serem os comandantes. E decidimos aproximar a história toda da história pessoal do Herbert. Não como uma biografia, mas como uma história de máquinas voadoras que tangenciasse, de forma lúdica, o acidente do Herbert, drama vivido coletivamente e acompanhado passo a passo por todo o Brasil.

Fizemos uma reunião com o José Fortes, empresário dos Paralamas, o Bi Ribeiro e o João Barone. O Herbert já havia voltado a fazer *shows*, mas ainda estava a caminho de um novo patamar na recuperação. Mostramos o *trailer* e, como de costume, todos ficaram encantados. Depois, eles comentaram que seus filhos tinham curtido tanto que pediam para ver o *trailer* repetidamente, como se fosse um filme de cinco minutos. Falei que haveria uma música do Nico, que faria uma participação no filme. A música era *Só cai quem voa*. José Fortes achou que seria um pouco "forte" para o Herbert cantá-la, e eu argumentei que sim, Herbert é um artista que voa e vai continuar a voar, ao menos artisticamente, já que o projeto tem esse fundamento totalmente lúdico. Isso tocaria no drama, mas seria transformador no sentido de que tudo passaria para um patamar de sonho. E eles toparam!

Com nomes como os deles, o *status* do projeto crescia vertiginosamente. Os Paralamas teriam uma posição de muita visibilidade nele, o que poderia levá-lo a ser conhecido como "o filme dos Paralamas". É muita responsabilidade. E, até o momento, não achamos parceiros brasileiros dispostos a realizá-lo.

Enquanto gravávamos o seriado *Som e fúria*, da Globo, cheguei a comentar sobre o projeto com o Fernando Meirelles em um encontro na 02 Filmes, sua produtora, a maior do Brasil. Eu lhe enviara um *e-mail*, que ele respondeu com muita gentileza, disponibilizando sua equipe para uma reunião. Apresentei o projeto para o pessoal da 02 e deixei o *trailer* com eles. Eles leram o roteiro e enviaram uma avaliação cheia de entusiasmo, comentando passagens da história que haviam curtido, mas dizendo que não poderiam assumir nenhuma produção no momento porque a grade estava completa e com muitos projetos na fila.

Logo depois da passagem do Nico, recebemos, em nossa casa, a visita de Daniela Procópio e seu companheiro, Gustavo Cortês, que "cortesmente" vieram nos consolar e mostrar o seu suporte. Daniela é uma das melhores cantoras brasileiras, e é também compositora. A primeira vez que a vi cantando foi durante a gravação do DVD de Antonio Villeroy, um dos mais lindos que tenho. Chorei! Era uma música em italiano que ambos haviam composto juntos. Suas vozes se mesclavam de maneira sublime. Daniela estava buscando o desenvolvimento para seu segundo CD, o qual acabei criando e desenvolvendo com ela todo o conceito para este Álbum chamado *Gueixa Tropical*. O álbum é uma fusão da música oriental, especialmente a japonesa, com a música brasileira, provavelmente o único nesse estilo.

O Álbum é lindo e Daniela soube conduzir o processo todos dirigindo o trabalho e buscando parcerias de alto nível como Moraes Moreira e Carlinhos Brown. Recomendo porque é muito bom e muito original.

Nesta visita eles viram as artes de Cláudio Ramires para nosso projeto *A Revolução Fictícia* e nos colocaram em contato com um produtor inglês que ficou super interessado no projeto. Assim começamos a trabalhar no roteiro em inglês, o que é uma arte muito específica.

Por isso resolvi parar o trabalho com este roteiro para dedicar-me a escrever as páginas deste livro. Quando pessoas muito próximas morrem, a gente sabe que todos somos vulneráveis e podemos ser os próximos a deixar este plano também. No caso nossa história pessoal passou a ser mais importante do que esta *Revolução*

Fictícia. Mas assim que eu terminar este livro, retornamos *A Revolução Fictícia*, que é o único tipo de revolução que eu seria capaz de estar envolvido.

⌇

HARRY POTTER E O SENHOR DOS ANÉIS E A SBØRNIA

No caso do nosso trabalho com Tangos e Tragédias, havia uma busca incessante por estabelecer um diálogo com nosso público. Isso fez com que construíssemos toda a história da Sbørnia e permitiu que colocássemos ali todo um universo de símbolos e metáforas que as pessoas pudessem relacionar tanto à sua realidade pessoal quanto à realidade coletiva. Sinto que tem sido uma "aventura funcional", um "sistema aberto", uma "obra aberta", como fala Humberto Eco, em que as pessoas interagem e constroem conceitos juntando as peças e chegando a conclusões por si mesmas. A Sbørnia como espelho crítico social e como mitologia moderna. *A Revolução Fictícia* e *A festa de Margarette* também trouxeram isso. O nosso estilo de entretenimento é reflexivo.

Cada comunidade engendra a mitologia que for capaz de engendrar. Por exemplo: os ingleses engendraram *Harry Potter* e *O Senhor dos Anéis*. Nós fizemos a Sbørnia e um filme mudo de 200 mil dólares. Muita gente boa produziu coisas de alto nível por aqui. Mas a escala segue sendo parecida com esta!

O processo civilizatório chegou a uma escala de desenvolvimento da qual nós, latinos, ainda não participamos integralmente, ou participamos principalmente como consumidores, escravos do processo fomentador. Como resultado disso, somos uma sociedade retardatária no processo evolutivo. Poderíamos estar muito além do que já conquistamos como sociedade planetária. Dentro da análise das forças que nos levam a essa realidade, pode-se até dizer que é natural que seja assim, mas, no momento em que oficializarmos uma sociedade global, quem dirá que os conceitos de justiça tenderão a se estabilizar em detrimento do que vem sendo praticado desde sempre? As escalas de poder dentro da pirâmide social saberão utilizar as virtudes para fazer mais justiça social aparente e efetiva? Será um longo processo. E valerá a pena assistir às novas gerações assumirem o poder, uma espécie adaptada à constante transformação e em constante ebulição. Uma vida mais animada do que a que tivemos.

VINTE ANOS

Em 2004, Tangos e Tragédias completou 20 anos, e, para isso, planejamos um *show* ao ar livre. Dezoito anos de temporadas no Theatro São Pedro, sempre levando o público para a rua no final do *show*. Isso havia se transformado em uma marca do nosso trabalho; "o *show* que termina na rua". Durante a administração de Tarso Genro como prefeito, ele sugeriu que entrássemos para o calendário de eventos da cidade, tipo: Natal, Ano Novo, Tangos e Tragédias, Aniversário da Cidade etc. Declinamos da ideia, pensando que seria muito *mainstream* para o que pretendíamos. Já tínhamos ultrapassado há muito o selo de trabalho alternativo, pela farta exposição na mídia e pelas temporadas de sucesso. Mas, na verdade, nunca perdemos esse traço, pela inventividade e pela cara de pau de fazer coisas que trabalhos do *mainstream* jamais ousariam. E o evento dos 20 anos provou isso. Nico propôs a seu amigo Zé Pedro Goulart, que, na época, era um dos sócios da Zeppelin Filmes, que fizéssemos um registro do evento.

Diariamente, durante nossas temporadas em Porto Alegre, contávamos com cerca de 700 pessoas, lotação do Theatro São Pedro. Às vezes, fazíamos *shows* em pequenos ginásios e feiras para três ou cinco mil pessoas. Para este evento aberto ao público, ao ar livre, não tínhamos a menor ideia de como seria, quantas pessoas estariam dispostas a ir. Apostamos no acaso, e tivemos a presença de cerca de 20 mil pessoas! Foi uma coisa muito especial. Montamos um palco diante das escadarias da Praça da Matriz e o público nos assistia em todas as alamedas do centro histórico de Porto Alegre. Uma massa de pessoas, uma quantidade para a qual nunca havíamos feito o *show* inteiro. Olhávamos para o Theatro São Pedro da praça e as sacadas e janelas estavam lotadas.

Eu havia preparado um vídeo que, em um minuto, rememorava toda a nossa carreira em fotos engraçadas, utilizei uma trilha pulsante de uma música do disco do Cláudio Levitan. Após o vídeo, entramos com o jogo ganho. Tínhamos domínio absoluto do que estávamos fazendo. Quem vê o DVD pode perceber que estávamos muito à vontade. O público estava ali para ver o que sabíamos fazer, e não tivemos nenhuma dificuldade em corresponder a essa expectativa. O *show* correu magnificamente. Improvisamos e nos demos bem. No final, saímos pelo meio do público, tocando, e fomos para a sacada lateral do Theatro São Pedro, onde muitas vezes acabamos o *show*. Uma multidão excitadíssima nos acompanhava, fazendo tudo que sugeríamos: gritos ritmados, coros delirantes e sons onomatopaicos sem sentido algum. Puro divertimento infantil e massivamente coletivo. Vinte mil sbørnianos brincando de PUM-CHICK-PAK-PUM. Os registros estão no DVD e no Youtube também.

Acabamos o *show* e fizemos uma celebração com convidados e nossa equipe no *foyer* do Theatro. Ficamos muito bêbados, como nunca antes. Falamos mais bobagens do que normalmente falávamos. Cientes de que poderíamos estar fazendo história, preferíamos trafegar na contramão da celebração. Nosso perfil não nos permitia nos vangloriar. Preferíamos a isenção de quem pode criticar o sistema do que nos inserirmos nele de forma a não poder criticá-lo. Uma grande algazarra com 20 mil pessoas, uma espécie de manifesto pela anarquia e pela alegria na Praça da Matriz estava mais de acordo do que um *show* pela celebração dos 20 anos de sucesso do projeto. Tanto fracasso no começo da carreira, tanto teatro vazio, algumas temporadas canceladas e, finalmente, a sensação de termos encontrado um lugar próprio no *show business* brasileiro, isso tudo já havia calibrado nosso senso de realidade o suficiente para que não deixássemos que qualquer tipo de sucesso nos subisse à cabeça. Para começar, Kraunus e Pletskaya eram artistas fracassados. Muitas vezes, a falta de público ou a presença de alguns gatos pingados na plateia fortalecia incrivelmente a nossa performance e a convicção dos personagens. Isso dá um senso de realidade ao artista. Muitos *shows* incríveis que fizemos contavam com cinco ou dez pessoas na plateia. Seja para cinco ou para 20 mil pessoas, a entrega artística tem que ser a mesma.

Os registros estão no DVD que foi lançado pela Orbit/RBS somente quatro anos depois. Nico tinha receio de que se fosse lançado ninguém mais iria ao show. Depois foi renegociado com outra empresa de distribuição que nunca nos deu relatório. Muita gente tem o DVD e nunca soubemos o quanto vendeu.

Vale dizer que aquele era foi o primeiro *show* integralmente patrocinado de Tangos e Tragédias. Nós sempre tínhamos alguma verba de apoio de empresas para publicidade, ou, quando não tínhamos, nós mesmos bancávamos. A essas alturas, já sabíamos que teríamos um bom público. Mas o primeiro patrocínio integral e oficial foi neste evento de 20 anos.

Estreamos em 1984. Não havia leis de incentivo, nem muitos teatros. Tivemos que passar o roteiro pela Censura Federal nos últimos dos anos de chumbo. Não tínhamos a menor esperança de tocar no Theatro São Pedro, pois lá se apresentavam artistas como Tom Jobim, Radamés, Paulo Autran, Bibi Ferreira, Jô Soares. Muito menos no Teatro Leopoldina, onde o Nico até já tinha feito *show* com o Saracura, mas nosso projeto não cabia lá no início. Quando começamos a fazer sucesso de bilheteria, tudo foi se ajustando. Nosso trabalho virou uma experiência de economia sustentável,. Então, curiosamente, começamos a ter mais patrocínios do que precisávamos para pagar todas as despesas. Nós ríamos, dizendo: "Agora que não precisamos mais..." Foi como quando recebemos aquele prêmio da Associação Paulista de Críticos de Arte, em 2011. No *show*, com alguns críticos na plateia, tivemos que agradecer, é claro, muito consternados: "Senhores críticos aqui presentes, queremos agradecer muito. Agradecemos muito mesmo... mas, agora, não precisamos mais! Precisávamos 15 anos atrás, quando estávamos aqui fazendo o mesmo trabalho e sem nenhuma visibilidade". Eles riram junto com a plateia... mas era verdade!

SEDONA NOS EUA

Em 1995, eu e Heloiza estávamos novamente separados. Considere que, numa relação de longo prazo, alguns períodos de afastamento são muito saudáveis, embora igualmente dolorosos, pois nunca sabemos, durante os períodos de separação, se voltaremos. Era mais certo que não continuaríamos juntos, mas as profundas transformações pessoais permitiram que retomássemos, não sem os longos períodos de cura para o relacionamento.

Nessa época, depois de mais uma temporada exitosa no Theatro São Pedro, fui conhecer os EUA. Eu andava lendo uma revista mensal que saía no Brasil e tinha encontrado alguns artigos que haviam me interessado muitíssimo. Essa revista chamava-se *Sedona Journal of Emergence*, era editada em Sedona, no Arizona, e trazia uma série de assuntos ligados à espiritualidade. Em especial, eu lia os textos de uma senhora chamada Iris Gradys Knight. Ela falava sobre um livro chamado *As Chaves de Enoch* e também sobre entidades bíblicas, como Melchizedek. Tudo com uma linguagem absolutamente moderna com a qual eu ainda não tinha tido contato. Havia também gente canalizando seres interestelares, e eu adorava. Eu lia com muito interesse, pois aqueles assuntos me tocavam muito. Também falavam muito sobre essa cidade, Sedona. Vi fotos da cidade e a achei linda. Quis ir pra lá.

Chegando em Los Angeles, eu estava numa fila grande para fazer a escala para Phoenix, capital do Arizona, quando o pessoal da Varig, uma companhia aérea da época, veio chamando o meu nome: Luiz Henrique Gomes. Fiquei um pouco preocupado. Será que iam bloquear minha entrada nos EUA? Me tiraram da fila e me levaram para outro local. Enquanto caminhávamos, consegui ver, na planilha da moça, escrito ao lado do meu nome: –"Músico famoso". Pensei: uau, eu sou famoso em Los Angeles! Estava tudo certo com o meu visto, afinal. Era só o jeito da Varig de tratar os conterrâneos.

Cheguei em Phoenix e logo peguei um micro-ônibus para Sedona. Chegando lá, me hospedei em um hotel e logo resolvi procurar essas pessoas que escreviam na revista. A primeira para quem liguei foi Iris Gladys Knight. Para minha surpresa, ela mesma me atendeu. Achei, pela voz dela, que tinha uma idade avançada, mas não parecia tão velhinha nas fotos da revista. Disse a ela que acompanhava os seus textos que eram editados no Brasil, e ela me disse que eu seria muito bem-vindo em sua casa. Fui até lá, e ela foi incrivelmente hospitaleira ao me receber. Permitiu que gravássemos a nossa conversa, o que fiz com uma pequena câmera digital. Ela não sabia que seus textos eram traduzidos e publicados no Brasil.

D. Iris me convidou para participar de um grupo de estudos sobre *As Chaves de Enoch*. Voltei lá no dia dos estudos, como havíamos combinado, e tinham aproximadamente 12 ou 15 pessoas. Meu inglês era de iniciante. Eu conversava moderadamente com as pessoas e acompanhava os estudos do grupo com alguma dificuldade. Eu sabia o conteúdo por ter acompanhado os textos dela em português na revista. Nesse grupo, conheci outras pessoas que me convidaram para outras rodadas de estudo naquela semana em outras casas. O clima era muito amistoso, e eu sentia que estava me aproximando de algo no qual eu tinha muito interesse desde sempre.

Eu estava num conflito muito grande, separado pela segunda vez de Heloiza e vivendo uma espécie de terremoto emocional. A carreira ia perfeitamente bem, mas os ajustes pessoais que tínhamos que fazer na nossa relação não permitiam que as coisas se acomodassem como estavam. Precisávamos romper com padrões antigos para dar lugar a uma consciência mais ampla. Eu estava devastado, mas essas viagens tiram a gente do ponto de vista usual.

Durante o dia, eu conhecia as belezas naturais da cidade enquanto me inteirava sobre a história local. Havia uma clara cultura indígena, com pessoas com traços indígenas, brancos miscigenados e música indígena sendo vendida em lojas de artesanato. Logo soube que lá era uma terra aonde os índios iam para se curar depois de guerras. Tinha sinais de locais onde os navajos viveram, e eles pareciam ser a tribo que prevalecia. Um sem número de terapeutas e terapias na cidade, confirmavam sua vocação para local de cura. Era mesmo o que eu estava buscando.

A paisagem de Sedona é incrível, um Velho Oeste americano, justo onde fizeram muitos filmes de bangue-bangue, os chamados *westerns*, uma espécie de gauchada que se cagava a tiros. Uma região árida, com árvores que crescem se contorcendo por falta de água, alguns lindos cânions, muitas colinas com camadas geológicas que mudam de cor o dia inteiro, de acordo com a posição do Sol e das nuvens. Uma atmosfera totalmente diferente de tudo que eu conhecia.

Eu havia lido muito na revista sobre os "vórtex" de Sedona, que são pontos de grande concentração de energia telúrica, e resolvi buscá-los. O pessoal do local os chamava de "medicine wells" (poços medicinais), e ali os indígenas operavam rituais de cura. "Casualmente", parei num bar e perguntei se sabiam a localização dos vortéx. As pessoas fizeram troça de mim, como se fosse algo que não existisse, uma bobagem em que ninguém ali acreditava. Riram e me ridicularizaram um pouco. Saí dali meio com cara de trouxa, de "outro estrangeiro que acredita no que aquelas revistas falam, atraído por assuntos mágicos". Fui em outro local, uma loja, e perguntei de novo, agora mais sutilmente, sobre os vórtex de que tanto falavam. O cara foi muito simpático e me deu um mapa com alguns locais onde teriam vórtex. Perguntou se eu queria um guia. Eu, já bem desconfiado, falei que não e que iria outro dia.

Peguei o mapa e me toquei pra lá. Era uma colina próxima a um pequeno aeroporto. Chegando lá em cima, logo encontrei o poço medicinal. Era um círculo feito de pedras, com outro círculo de pedras menor por dentro. Tinha uma vista bem bonita da cidade, dava para apreciar toda a região. Havia também muralhas naturais de pedras vulcânicas, tipo pedras de rio, perto de um córrego chamado Oak Creek. Essas muralhas de pedras empilhadas pela natureza mostravam uma multidão de rostos indígenas, como se a natureza se encarregasse de guardar em sua memória uma enorme quantidade de indivíduos. Eu já tinha visto formas na natureza que lembravam rostos humanos, mas essa muralha de pedras naturais era um verdadeiro museu de cabeças indígenas. Não é incrível pensar que a própria natureza tenha plasmado em suas formas imagens que lembram seres humanos que viveram naquela região?

Sentei ali, fiquei admirando e fiz uma meditação. Tirei os sapatos e entrei no círculo. Caminhei um pouco dentro dele. Parei perto do centro e, de repente, uma onda eletromagnética percorreu meu corpo como um choque elétrico! Me assustei, mas permaneci. E outra onda elétrica veio, mais forte. Eram choques elétricos! Me assustei e saí de dentro do círculo. Choques elétricos vindos da terra! Certamente havia uma concentração de algum minério que conduzia eletromagnetismo até a superfície.

Mais tarde, voltei à casa de D. Iris, que me convidara para o seu aniversário. Comentei com ela sobre os choques elétricos dentro do vórtex, e ela me disse que eu tinha sido louco de entrar ali sem um guia e que poderia ter morrido. Achei um pouco exagerado. Fiquei um pouco com ela e logo chegou a sua família, que me convidou para me unir a eles na celebração, que seria na casa de um amigo fotógrafo chamado Jim. Ela estava completando 99 anos, e eram incríveis o vigor e a forma como ela se movimentava; levantava e sentava na poltrona sem nenhuma dificuldade, ao mesmo tempo em que conduzia o grupo de estudos com muita lucidez.

Eu gostei da atenção que as pessoas dedicaram a mim. Todos eram muito amistosos, tinham interesse na conversa que eu poderia propor, se abriam ao saber que eu era brasileiro e queriam descobrir que tipo de curiosidade eu poderia agregar à vida deles. Contei-lhes sobre o choque que tinha tomado no vórtex e todos confirmaram o perigo que eu havia corrido, mas ninguém me confirmou se alguém já morreu nessa condição. Pensei que, se isso ocorresse com alguma frequência, esse perigo seria um fato bem conhecido.

Depois, visitei um outro participante do grupo de D. Iris, o Masson. Esse cara dava assessoria a uma construtora de "domes" (casas no formato de iglus). O nome da empresa de consultoria dele era Massonry, o que pode parecer uma referência à maçonaria, mas, no caso, era um jogo de palavras com o nome dele. Fui visitá-lo, e ele próprio morava em um "dome". O diâmetro do círculo interno da área da casa tinha 13 metros, o que fazia dela uma casa bem grande e confortável, com dois andares e uma sacada muito bacana nos quartos. Eu, que estava já há alguns anos guardando dinheiro e pensando em construir nossa casa no Brasil, fiquei muito interessado naquilo. Ele me deu um vídeo que mostrava todo o processo de construção: um iglu de lona é inflado com ar; depois, um material sintético, como um tipo de cimento, é borrifado nas paredes, por dentro e por fora. Nas instruções de construção, a casa era caracterizada como "earthquake resistant and wind resistant" (resistente a terremotos e ventos fortes). Um local acostumado a furacões e terremotos precisava produzir uma casa bastante resistente a esse tipo de intempérie. Masson dizia que o grande *boom* dos "domes" seria em grandes empreendimentos na Lua, e eu me achava bem atrasado por nunca ter pensado nisso.

Eu estava decidido a ter uma casa dessas! Mas não foi assim que construímos nossa casa alguns anos depois. Hoje (2017), sentimos que realmente nossa casa poderia ter sido daquele tipo. Os ventos que estamos enfrentando em Porto Alegre já justificariam uma construção assim. Os "domes" são construídos sem paredes quadradas e superfícies que bloqueiam o vento e que podem sofrer danos decorrentes disso. As formas arredondadas são aerodinâmicas e fazem com que o vento flua por sua superfície, enquanto nossas casas quadradas formam barreiras para o vento. Eu já vi uma árvore cair dentro do nosso pátio pela força do vento. Enquanto via essa cena, pensava nos "domes" do Masson e no quanto teria sido mais seguro construir daquela forma nessa época de mudanças climáticas, especialmente no Sul do Brasil, onde, em Porto Alegre, no ano de 2016, uma tempestade derrubou cinco mil árvores de ruas e parques da cidade.

Outra pessoa que me recebeu em sua casa foi um cara chamado "Ben". Ele e sua esposa, Lidia, me convidaram para almoçar. Eu havia ido a uma livraria chamada Golden Books e comprado *As Chaves de Enoch*, de J. J. Hurtak, que eles utilizavam nos grupos de estudo. O autor, um judeu americano, cientista, arqueólogo e espiritualista, conforme narra em seu livro, recebeu uma revelação em forma de êxtase durante três dias em 1973, o que o levou a escrever o livro, que contém 64 capítulos como chaves. Ele fundou uma academia chamada Academy for the Future Science (Academia para Ciência Futura), lançou muitos livros e viaja mundo afora fazendo conferências. Comecei a folhear o livro enquanto Ben e sua esposa falavam de seus afazeres, e eu, dos meus. De repente, vi um mapa do mundo com alguns pontos marcados. Perguntei o que era aquilo, pois havia uma marca daquelas em cima de minha cidade, Porto Alegre. Ele falou que eram lugares onde a Fraternidade Branca tinha algum tipo de atividade. Eu falei para ele que aquela era minha cidade. Ele pegou um outro mapa do mundo, uma impressão grande, e quis saber mais detalhes sobre Porto Alegre. Fiquei intrigado por essa coincidência. Nunca tinha ouvido falar desse livro nem desse autor nos círculos que eu frequentava. Nossos amigos e pessoas de nossa relação sempre tinham muitos dados sobre essas coisas, mas ninguém havia falado sobre J. J. Hurtak.

Participei de encontros de estudo sobre *As Chaves de Enoch* em várias casas diferentes e com pessoas diferentes. Deduzi que em Sedona devia haver vários grupos desse tipo. Gravei os estudos, para assistir depois e confirmar o que havia sido dito, porque julgava que meu inglês não era suficiente para acompanhar a linguagem técnica que eles usavam. Tinha muitos dados sobre ciência, genética e física, e eu fiz o que pude. Um dos caras me disse pra tentar entender com o coração e não dar muita atenção para a linguagem racional. Eu tentava fluir no entendimento subjetivo, mas pensando que deveria ser mais objetivo, pois o assunto em si já era subjetivo o suficiente.

ON THE ROAD

Voltei à casa de D. Iris, e ela ficou tão contente em me ver com o livro que me deu uma foto dela com o autor J. J. Hurtak em algum momento em que ele próprio fora visitá-la. Fiquei na cidade dez dias e consegui penetrar naqueles mistérios da maneira que me foi possível. Eu teria muita coisa para processar sobre essa viagem para o resto da minha vida.

Estive em Phoenix também e, na volta, peguei uma nevasca forte. Eu estava sozinho dirigindo um carro alugado, passei da entrada de Sedona e fui parar em outra cidade, Flagstaff, na beira do Grand Canyon. Peguei instruções de volta para Sedona querendo voltar lá no outro dia, e voltei. Uma sensação de liberdade grande me atingiu quando me dei conta de que estava na famosa Route 66, dirigindo rápido, escutando *rock* clássico em uma rádio americana, em que de repente o locutor falava: "This is… Radio (não me lembro o nome), the new and the classic rock!", e soltava um Jimmi Hendrix. Essa estrada cruza os EUA de ponta a ponta e é famosa também por aparecer nos livros de Jack Kerouac, o meu escritor *beatnik* preferido. Dali pra frente, passei por outras surpresas para um marinheiro de primeira viagem.

Depois de uma curva acentuada na estrada, estar de frente para uma montanha nevada pela primeira vez é uma sensação que não se esquece. Era o Pico Humphreys, no condado de Coconino. Quando a gente não está procurando nada, o acaso se apresenta muitas vezes. O acaso é soberano na construção e na organização desta dimensão. Tudo parece ter sido planejado organizadamente pelo acaso.

Todos esses lugares ficam bem próximos do deserto de Sonora, mais a sudoeste, e do deserto do Mojave, mais a noroeste. O Arizona já fez parte da Espanha, do México e só depois depois passou a ser parte dos EUA. É um lugar muito árido (Arizona = zona árida). Embora digam que o nome tem outras origens, para nós, de língua latina, o significado é obvio.

Dirigir sem destino escutando música em uma estrada desconhecida, sem prazo para voltar ou sem ter onde chegar, me proporcionou a maior sensação de liberdade que já vivi. Um momento sem destino é algo muito precioso na construção do nosso próprio destino, porque estamos aqui, empenhados em construir o nosso destino, em perseguir a construção de um futuro, baseados na sensação de que somos obrigados a construir a nossa história, sofrendo na prisão da obrigatoriedade da busca pela felicidade. Depois de tudo acabado, depois de viver uma vida, depois de cumprirmos a missão, aí ficamos "sem destino", ou seja, livres de missões, livres de perspectivas futuras. Mas ainda com o dever de cuidar do corpo e amenizar os efeitos da sua decrepitude. E só depois da morte estaremos livres da decrepitude do corpo. Aí sim, tudo é o aqui e agora para sempre. Como naquele dia na Route 66 no Arizona, como *Os vagabundos iluminados* do Jack Kerouac.

De qualquer forma, aquela região dos EUA me levava para a literatura de Kerouac, John Fante (que eu só conhecia através das citações da Clara Averbuck), Carlos Castaneda, de quem lemos todos os livros, e de Aldous Huxley e seu *As portas da percepção*. Uma realidade literária. A luz dos ambientes naturais, as paisagens, os temas, as pessoas, as histórias de cada um e a música indígena ou *new age* de inspiração indígena que tocava em muitas lojas ajudavam a compor aquele ambiente de pura magia.

Lá, comprei um livro sobre os aspectos energéticos da cidade, e o autor distribuía esses vórtex energéticos em uma linha, como se fossem os "chacras da cidade". Os chacras, para quem não sabe, são pontos energéticos ligados à atividade de certas glândulas distribuídas pelo corpo. Se considerássemos os cinco chacras principais do corpo humano como 1) o chacra da base, ligado às gônadas; 2) o chacra do plexo solar, ligado ao pâncreas; 3) chacra coronário, ligado ao timo; 4) chacra da garganta, ligado à tireoide; 5) chacra da coroa, ligado às glândulas pituitária e pineal.

Imaginei que, se aplicássemos esse conhecimento tentando visualizar os pontos energéticos pelo Brasil em um conjunto de vórtex, poderíamos ter alguma coerência no entendimento da distribuição das qualidades energéticas do país. O chacra da base seria mesmo o Rio Grande do Sul, com sua vocação política voltada ao poder e sua história escorpionina de guerras e violências. O segundo chacra, ligado ao plexo solar, seria na altura do Rio e de São Paulo, onde a nação se reconhece. O terceiro seria em Brasília, o chacra do coração, justo no centro país. O quarto seria na Bahia, o chacra da garganta, a música, onde o Brasil canta! E o quinto, o chacra da coroa: nossa Amazônia. A conquista do chacra da coroa, o mais alto, equivaleria à conquista da nossa Amazônia, saber o que há lá, quantas plantas medicinais, quantos minérios e, acima de tudo, quantos mistérios ela abriga. Para mim, faria muito sentido olhar para os países sob essa perspectiva energética, pois isso poderia até explicar as diferenças entre as nações, ou mesmo dentro das regiões de um país.

Saí de Sedona com a sensação de ter estado em outro planeta.

GINSBERG NO CARNEGIE

Dali, fui para Nova Jersey. Iria ficar na casa do Falcão e, pela primeira vez, em Nova York. Outras coincidências maravilhosas aconteceram. Eu queria conhecer o Carnegie Hall. Comprei um *ticket* para um *show* coletivo que pretendia levantar fundos para a Tibet House. Artistas simpáticos à causa fizeram um *show* com a casa lotada. David Byrne apresentou-se com uns músicos brasileiros, um deles tocando zabumba. Depois, um violinista irlandês tocou, dançou e pulou justo como eu fazia no Tangos e Tragédias, e a maior surpresa de todas: a dupla Philip Glass e Allen Ginsberg. Ginsberg, ao ser apresentado, entrou e tirou de uma malinha um bongô, que ele tocou como um *hippie* velho, cantando uma canção cujo refrão era "generosity". Depois, começou a recitar um poema dele, chamado *Wichita Vortex Sutra*, com Philip Glass no piano ao fundo. No Carnegie Hall cabem umas três mil pessoas. O ambiente se encheu com a energia da voz dele. Era um poema vigoroso, que eu, como estudante de inglês, não entendi todo, mas senti a energia, que saturou o espaço do Carnegie Hall naquele dia. Foi uma coisa esplêndida! Por fim, monges tibetanos entraram e fizeram sua música tradicional e seus cantos sagrados e graves como a vibração de um terremoto com efeitos de *overtone*.

Saí chapado com o *show*, e com vontade de entender todo o poema do Ginsberg. Chegando no Brasil, fui buscar nos livros dele, que tínhamos em versões editadas pela L&PM na década de 1970. O Peninha Bueno havia feito traduções e edições de muitos escritores *beatniks*, e a Amanda Costa, nossa amiga, trabalhava, nessa época, na distribuição dos livros. Muitos desses livros de bolso se tornaram fonte da iniciação literária da Clarinha Averbuck, que, com 13 anos, já folheava os livrinhos dos pais, e também já escrevia coisas interessantes.

Uma vez, fui chamado a recitar textos e poemas no tradicional Sarau Elétrico, conduzido pela jornalista e radialista Katia Suman, no *pub* mais tradicional de Porto Alegre, o Ocidente. Na ocasião, li esse poema longo que tanto tinha me impressionado na voz do próprio autor ao vivo, o *Wichita Vortex Sutra*, desta vez em português. Eu tentava emular a força da voz do Ginsberg, querendo encher o ar do Ocidente. O bar, localizado no Bom Fim, bairro judeu de Porto Alegre, era um ótimo local para tentar canalizar aquela experiência, já que Ginsberg também era judeu. A voz dele na minha garganta, reverberada em português, num bairro judeu, no Brasil. Foi legal! Senti a força das palavras de Ginsberg na minha voz. Ler esse texto em casa já é uma experiência incrível, mas ler em voz alta para o público, tendo já visto o seu autor praticar um milagre da oratória diante de três mil pessoas no Carnegie Hall, é inexplicável.

Minha primeira experiência nos EUA foi bem rica, mas confesso que, embora eu já desejasse me conectar com a comunidade artística americana, não esperava um dia estar envolvido com um trabalho em locais tão representativos da cultura americana, como o MoMa, como já contei no capítulo sobre o filme *A festa de Margarette*.

Para além da Sbørnia

MONTANA

Heloiza havia encontrado livros da Summit University, o braço educacional da Summit Lighthouse, organização fundada por Mark Prophet e desenvolvida por sua esposa, Elizabeth Prophet, e foi um achado para nós, que já praticávamos exercícios da Ponte para a Liberdade desde o início dos anos 1980. A Ponte para a Liberdade é um desenvolvimento do Movimento Eu Sou dos anos 1930, voltado à meditação e ao desenvolvimento espiritual. Os interessados podem pesquisar sobre isso. Indico esse estudo, mas não falo sobre ele porque não sou instrutor, apenas sigo as instruções que considero adequadas para o meu desenvolvimento pessoal. A segunda vez que estive nos EUA foi junto com Heloiza e Clarinha, no Royal Teton Ranch, em Montana. Desembarcamos em Helena, capital do estado de Montana, e havíamos alugado um carro, o mais barato, para ir ao rancho, que fica ao lado do Parque Yellowstone. A empresa nos informou que o carro em questão não estava mais disponível e que teríamos que pegar um outro, bem maior, mas que não haveria custos adicionais. Achamos uma sorte, porque no outro, as malas teriam que ir dentro do carro também, e ficaria bem apertado pra quem fosse atrás. Pelo mesmo preço de um carro barato, pegamos um Cadillac. Cada vez que parávamos em um posto, alguém falava: "Oh... this is a Cadillac!", ou "Ok, sir, you're driving a Cadillac". Assim, soubemos que estar em um Cadillac, nos EUA, nos conferia algum *status*.

Estávamos indo para a Summit University. Havíamos conhecido a Summit em Porto Alegre, através das leituras de Heloiza, que estava interessada em mantras e meditações. Ficamos dez dias em uma pequena cabana dentro de um hotel de cabanas na cidade de Gardiner, fronteira com o Parque Yellowstone. Dez dias estudando mantras em línguas ancestrais, como sânscrito, hebreu, tibetano, chinês e novos mantras em inglês ou escritos por Mark e Elizabeth Clare Prophet. Havia cerca de cinco mil pessoas por lá, vindas de todas as partes do planeta. A dona do hotel dizia que, se ouvíssemos barulhos à noite, poderiam ser ursos. Eles são protegidos no Parque Yellowstone e às vezes aparecem procurando comida.

Havia toda uma questão com a música, que eles chamam de "notas-chave". Músicas que dão acesso a uma esfera mais elevada para o início dos trabalhos espirituais, que abrem portas para dimensões mais elevadas. Ali, escutei o Flower Duet, da ópera *Lakmé*, de Léo Delibes, pela primeira vez. Não há dúvida nenhuma de que essa música abre portas para dimensões superiores em qualquer situação. Imagine agora essa música sendo executada com o exclusivo propósito de abrir portais para outras dimensões em um encontro internacional em que cinco mil pessoas aguardam esse momento para receber instruções de vida e palavras de conforto vindas dessas dimensões superiores.

Outras tantas músicas eram executadas por meio mecânico em alta fidelidade com esse propósito, e era muito clara a sua eficácia. Se o propósito era colocar aquelas pessoas num estado de encantamento e entrega, então foi cumprido! O entendimento de o quanto aquela música era extasiante para o fim que se propunha é algo que levo comigo para sempre.

Nossa visita ao Parque Yellowstone também foi bacana, e a revelação de que todo aquele conjunto de gêiseres naquelas terras vulcânicas formam um supervulcão foi aterradora. Ver as águas termais brotando de pedras vulcânicas em solos instáveis, com a crosta que se aproxima do magma, é uma experiência incrível! Na verdade, aquele território todo pode ser considerado um grande vórtex pela quantidade de energia que produz. Perto das montanhas nevadas de Montana, com rios formados pelo degelo da neve, há um fabuloso lençol freático cheio de magnetismo e águas termais. Clara, adolescente, chamava aquelas águas termais emergentes de "lençóis frenéticos"!

Antes de irmos a Montana, participamos de uma série de palestras que Elizabeth Clare Prophet estava fazendo no Brasil. Na verdade, fomos parte do grupo que a trouxe para nossa cidade. Ofereci minha experiência com mídias e conseguimos fazer o mesmo que fazíamos para os *shows*, atraindo uma excelente audiência de pessoas interessadas no assunto. Tivemos a oportunidade de falar com ela, promovendo a divulgação dos eventos. Em um momento, estávamos em um elevador, e ela, olhando para o chão, me falou: "Oh, nice booths you have!" (belas botas você tem). Eu respondi: "This is to climb the highest moutain" (é para subir a mais alta montanha), numa referência a um de seus livros, *Climbing the highest moutain*. E um ano depois, estávamos lá entre as montanhas nevadas de Montana, aprendendo a escalar os mais altos planos de nossas próprias consciências.

DE MULETAS

Imagino que, "para o enriquecimento de minha experiência humana", lá andava eu de muletas, pois havia torcido o tornozelo, de bobeira, enquanto corria no pátio de casa fazendo preparo físico. Talvez um claro sinal de que eu ainda precisaria de um bom tempo para subir a mais alta montanha da minha consciência.

No Brasil, estávamos saindo de uma série de *shows* no Centro Cultural São Paulo e em um festival na cidade de Santos com O Teatro do Disco Solar. E eu sem tempo para me recuperar, fazendo o *show* com o pé torcido.

Pela primeira vez, sofri preconceito, com pessoas me evitando por eu estar andando de muletas, como se eu tivesse feito algo errado para merecer estar naquela condição. Certamente devo ter feito algo. Sim, eu fiz algo. É, fiz sim! E certamente estava pagando com dor física e uma vergonha pública, por todos saberem que "algo devo ter feito para merecer aquele castigo". Um dos americanos que viera à nossa casa na ocasião da visita de Elizabeth Clare Prophet à nossa cidade, ao me ver de longe de muletas, fingiu não me conhecer. Me senti bem mal com isso. De forma geral, eu era bem tratado, mas minha culpa multiplicava toda sensação de desprezo quando alguém me evitava por eu estar de muleta.

Posso dizer que a pior sensação que tive foi a de sofrer rejeição por preconceito. Alguém presume que você está numa posição inferior e trata de evitar qualquer contato mais profundo. Há uma rejeição explícita, mas velada. A pessoa às vezes tenta ser simpática, mas você sente a rejeição no campo vibratório das emoções. Depois de passar por isso, comecei a imaginar o preconceito como algo psíquico e energético, que sentimos no campo vibratório. Imagino que o preconceito racial deve ser sentido da mesma forma. Foi uma ficha que caiu, um entendimento que tive.

Sempre procuro reagir a toda e qualquer pessoa com muita reverência. Seja quem for, de mendigos a autoridades, passando por amigos e pessoas com quem não tenho nenhuma simpatia. E guardo um texto que Nico escreveu para a *Zero Hora* em uma ocasião, falando sobre lugares. Em determinado momento, ele fala sobre seus amigos e cita alguns, eu entre eles, dizendo que "pessoas são lugares onde Deus habita", algo que guardei como um ensinamento.

NOSSA SENHORA DAS ARTES

Hoje é dia dez de fevereiro de 2018. Há quatro dias, postei nas redes algo celebrando a data que marca quatro anos da passagem do Nico Nicolaiewsky. Algumas horas mais tarde, recebi a notícia da morte de D. Eva Sopher. No mesmo dia em que Nico nos deixou. Houve homenagens idênticas, é lógico. Na ocasião da passagem do Nico, estávamos em plena temporada, e sua despedida foi no palco, justo como D. Eva. A diferença é que ela, com 94 anos, estava em cartaz há 41 anos como presidente da Fundação Theatro São Pedro. A coincidência da data espantou a todos.

Nascida em Frankfurt, D. Eva veio para o Brasil na adolescência com a família, fugindo do nazismo. Casou-se com um industrial e teve condições de dedicar-se à promoção da cultura e das artes no Brasil. Uma mulher de estatura média, magra e que, com a idade, se tornou mais magra ainda, mas demonstrando sempre muita força interna, muita determinação. Uma pessoa que sempre inspirou respeito, com um sorriso franco pelo qual transparecia uma responsabilidade enorme, mas ela também sabia se divertir. D. Eva dedicou-se à restauração do Theatro São Pedro, que, hoje, com 160 anos, é um dos principais teatros do país, recebendo atrações locais e internacionais durante o ano inteiro, com uma programação de extrema qualidade.

Eu sou um artista formado sob a batuta de D. Eva Sopher. Minha primeira apresentação como ator e *performer* foi lá, com Dilmar Messias, como já relatei. E todos os meus trabalhos foram apresentados lá: a primeira peça, o primeiro *show* individual para teatro, o primeiro concerto como solista de orquestra, os primeiros arranjos para orquestra e esse grande evento em nossas vidas que foi o Tangos e Tragédias, contando com o desafio de segurar as pontas com o espetáculo A Sbørnia KontrAtraka depois que Nico nos deixou, administrando a nossa jornada com a continuidade do trabalho.

Quando D. Eva completou 80 anos, fui chamado pelo pessoal da Associação dos Amigos do Theatro São Pedro para fazermos um espetáculo em homenagem à data. Escrevi um texto resumindo a trajetória da D. Eva e fiz o papel de São Pedro (o apóstolo) para conduzir a homenagem. Era um São Pedro pós-moderno, com cabelos brancos e arrepiados, tipo *punk*. Acima de tudo, tivemos a grande alegria de ver D. Eva caminhando pelo Multipalco, um dos grandes complexos culturais da América Latina, com plena consciência de que seu grande legado estava mais de 70% concluído, de que não haveria mais volta e que em breve tudo estaria funcionando. Isso lhe dava um sentimento de satisfação muito aparente. Ela pisava no concreto da obra como se pisasse nas nuvens, tal a sua felicidade.

Para a homenagem, convidei Pedro, um senhor ator, conhecido pelos seus longos cabelos e barba brancos. Ele fez o papel de Deus. Ficava sentado em um trono acima de nós, mortais, por trás da orquestra, fazendo algumas intervenções. Tinha também vários depoimentos em vídeo.

Na primeira parte, havia o concerto *As Quatro Estações*, de Vivaldi, com a Orquestra de Câmara Theatro São Pedro, regida pelo Maestro Borges-Cunha, e jovens solistas. A cada estação, celebrávamos as 80 primaveras, os 80 verões, 80 outonos e 80 invernos de D. Eva.

A segunda parte do texto segue transcrita abaixo.

80 ANOS DE D. EVA SOPHER. 2ª parte
São Pedro entra em cena e o maestro pergunta: Quem é?

São Pedro: *Ora, não me reconheces? Eu sou São Pedro! Fiz este visual para que Eva não pensasse que sou antiquado.*

O pessoal nem tentou pegar o meu depoimento em vídeo, de forma que resolvi vir pessoalmente! Os porteiros não queriam nos deixar entrar, então nós desaparecemos e aparecemos aqui... no ladinho.

Maestro: *Nós quem?*

São Pedro: *Ah... é que quando eu perguntei quem viria, me disseram: "Ora, vai Deus e todo mundo...", e aí resolvemos vir juntos. Eu, São Pedro, e meu melhor amigo... DEUS.*

Mas meu depoimento vai ser rápido... Maestro...

(Orquestra toca um compasso dramático)

São Pedro: *No princípio, criou Deus os céus e a terra.*

(Orquestra toca mais um compasso)

São Pedro: *A terra era sem forma e vazia, e havia trevas sobre a face do abismo, mas o Espírito de Deus pairava sobre a face das águas.*

(Orquestra...)

E Deus disse: "Haja luz..."

(Orquestra)

São Pedro: *E houve luz, e viu Deus que a luz era boa, e fez a separação entre a luz e as trevas.*

(Orquestra)

E disse Deus: *"Haja um firmamento no meio das águas, e haja separação entre águas e águas..."*

(Orquestra)

São Pedro: *Fez, pois, Deus, o firmamento, e separou as águas que estavam debaixo do firmamento das que estavam por cima do firmamento. E assim foi.*

(Orquestra)

E disse Deus: *"Ajunte-se num só lugar as águas que estão debaixo do céu, e apareça o elemento seco. E assim foi."*

(Orquestra)

São Pedro: *Chamou Deus ao elemento seco terra, e ao ajuntamento das águas mares. E viu Deus que isso era bom.*

(Orquestra)

E disse Deus: *"Produzam as águas cardumes de seres viventes; e voem as aves acima da terra no firmamento do céu..."*

(Orquestra)

São Pedro: *Criou, pois, Deus, os monstros marinhos, e todos os seres viventes que se arrastavam, os quais as águas produziram abundantemente segundo as suas espécies; e toda ave que voa, segundo a sua espécie. E viu Deus que isso era bom.*

(Orquestra toca até o fim da primeira parte)

São Pedro: *E então Deus criou o homem, e esse homem primordial foi chamado de Adam Cadmon. Deus criou o homem e viu que era bom, e de uma só costela desse homem Deus criou a mulher. E assim como tudo que criou, logo viu que era das boas.*

(Vídeo Scliar)

Eva viu o mundo e não tardou a maravilhar-se com ele. Eva até que tolerava esse Adam Cadmon, mas o achava americano demais, tinha muito orgulho por ser o nº 1. E o que ela amava de verdade era ver os artistas do Paraíso... Foi então que Eva "viu a uva..." ou melhor, Eva viu o Wolf. Casaram-se e viveram uma vida bem feliz.

(Vídeo Marli – Sra. Gastal)

Até que Deus tirou o w da língua portuguesa e chamou Wolf para perto Dele novamente. Eva voltou a encontrar-se com este Adam Cadmon, mas logo aborreceu-se novamente. Eva então foi a Deus e disse: "Senhor, bendita seja Tua obra, o mundo é fabuloso, esse ser humano é que não é legal... Eu sei que saí de uma costela dele, mas ele é muito... lento..." E foi nesse dia entediante que Eva ofereceu todas as suas costelas pra restaurar o Theatro São Pedro. Deus aceitou as costelas, e deixou para ela só uma costela flutuante, caso tivesse outro pedido.

E assim, das costelas de Eva, Deus restaurou o Theatro São Pedro... e viu que era bom.

Os artistas do Paraíso estavam maravilhados e, em torno dela, logo criaram a primeira orquestra privada do Paraíso, que todos os domingos fazia concertos gratuitos (exceto neste último, mas estamos providenciando a retomada do patrocínio). Enfim, concertos de jazz, chorinho, música de câmara, música ao meio-dia, balés do mundo todo, orquestras, solistas, artistas, peças de teatro (clássicas e contemporâneas); o Paraíso virou uma lou-cu-ra!!!

Durante algumas eras, Eva se divertiu abrigando artistas de todas as partes do planeta e cuidando deste Theatro como sua própria casa. Eva realmente proveu entretenimento a seu povo, e, em meio a esse entretenimento, a consciência de seu povo se expandiu e sua alma se reconheceu no contato com a sua e com outras culturas.

Passado algum tempo, Eva até que estava bem satisfeita, mas havia algo que lhe incomodava profundamente... Em janeiro, em pleno verão, seu povo debandava para as praias, e o Theatro, pelo qual ela havia doado todas as suas costelas, ficava vazio.

Foi então que Eva foi a Deus novamente e disse: "Oh, Deus... se tens poderes sobre a terra, se és todo-poderoso, onisciente, onipresente, onipotente... duvido que consigas lotar o Theatro São Pedro em janeiro! Ofereço-te, para isso, esta minha última costela flutuante". Deus olhou bem para aquela pequena costela flutuante e replicou: "Olhe, Eva... com essa sua oferta, não vou poder fazer grandes coisas..."

E foi assim que Deus deu a Eva Tangos e Tragédias, e viu que... enfim... era bem bonzinho...

(Vídeo Kraunus e Pletskaya – Kraunus impede Pletskaya de falar algo que ele está decidido a falar, cochicham um pouco e o vídeo corta abruptamente. Até que, depois de três tentativas de falar, Pletskaya toma a cena enquanto Kraunus aparece amarrado a uma cadeira e com a boca tapada com um lenço. Pletskaya então se revela apaixonado por Eva. Uma característica forte do personagem)

Passadas algumas eras... Eva já não estava mais satisfeita com o Theatro São Pedro, e então foi novamente a Deus. Antes de Eva falar qualquer coisa, Deus pensou: "Ih... lá vem ela..." Deus já sabia da encrenca na qual havia se metido.

"Muito bem, Eva... esqueceste que sou onisciente, onipresente, onipotente... já sei o que queres... De tuas costelas fixas, eu reformei o Theatro São Pedro, de tua última costela flutuante, eu te dei esses sbørnianos que flutuam. Agora, o que me ofereces para que eu crie assim, do nada, esse tal de 'Multipalco...?'"

Bem, Deus havia pedido uma contrapartida, e, para tanto, Eva, sem hesitar, ofereceu a Deus "as costelas de Gilberto Gil", o atual Ministro da Cultura.

E Deus disse: *"Mas essas eu já possuo..."*

Eva, então, que não tinha mais costelas nem nada, lembrou que tinha algo mais precioso ainda para oferecer a Deus, e assim lançou sua mais alta oferta: Eva ofereceu a Deus o seu livro de contatos, para que Deus convencesse alguns políticos e empresários a patrocinarem a construção do Multipalco.

"Impossível!", disse Deus a Eva, e escondeu seu rosto com a mão, deu uma viradinha e piscou para a plateia. Estava feito... Deus, além de concordar, havia entrado no jogo, adicionando à cena um pouco de drama.

Mas Deus enganou-se pensando que Eva estaria satisfeita... Aproveitando o momento em que Deus estava entretido no jogo, Eva lançou mais um pedido: que fosse trazido do passado o original auditório Araújo Vianna (vídeo Multipalco), que já havia sido destruído há quase um século. Com isso, Deus ficou muito aborrecido, com toda a sua ira, lançou cinco raios na Praça da Matriz e disse, com sua voz de trovão: "Eva, tu não és santa... Como tu enches! Não me peças mais nada! De hoje em diante, tu terás todos... todos os poderes para fazeres o que quiseres!"

E desde aquele dia, Eva reina absoluta entre os mortais, onde é conhecida como Eva... D. Eva... a senhora Eva Sopher! "A Nossa Senhora das artes." (fim)

Também tinha esta música que compus para encerrar o espetáculo, que foi cantada por Laura de Souza, uma excelente soprano, acompanhada pela Orquestra de Câmara Theatro São Pedro. Recitei este texto na sua despedida. A música havia se perdido depois de ter sido executada uma só vez, há 14 anos.

Ave Eva

Eva, Eva, Eva
Doce paraíso
Eva, Eva, Eva
Sobre teu sorriso
Eva, Eva, Eva
Pousa nossa sinfonia.

Neva, neva, neva
Sobre tua guarida
Leve, leve, leve
Tu, nossa querida
Desce o ouro da infância
Sobre nossa vida.

Graça tamanha
Nossa Alemanha
Nossa fortaleza
Nosso grão do Velho Mundo

Flor europeia
É Dulcineia

É também seu Dom Quixote
Neste fino trote... neste fino...

Leva, leva, leva
Este meu pedido ao
Deva, deva, deva
E eu serei ouvido
Pelos deuses da ribalta
Serei surpreendido.

Fera, fera, fera
Tua primavera é
Bela, bela, bela
Toda a minha era
É mera, mera, mera
Luz de tua aquarela.

Se não é santa
Isso é que encanta
É só uma senhora
É fé e estende sua manta
Todos os clowns
De todas as partes
Vêm pra receber a nossa senhora das artes... senhora das...

Arte, arte, arte
Arte minha vida é
Tela, tela, tela
Tela e tua mão revela
Vela, vela, vela
A minha harmonia...

Eva, Eva, Eva
Ave brasileira
Ave Eva, ave
Doce guerrilheira
Fera, doce fera
Quebra de nossa fronteira.

Ave Eva!

Fiquei bastante emocionado enquanto a recitava, e depois cantei ao piano a mesma música que cantei para o Nico na sua despedida, uma música que eu havia composto na casa dele em 1987, no período em que moramos juntos. Ele gostava, e até sugeriu uma palavra que acabou ficando, "Urge voltar pra Sbørnia", mas era uma música que ele resistia em cantar. Cantamos duas vezes em toda a nossa carreira... coincidentemente, na nossa última temporada, sem que nenhum de nós absolutamente soubesse que seria a sua última.

Eu quero voltar pra Sbørnia

Eu quero voltar pra Sbørnia
Aqui eu não sou feliz
Preciso voltar pra Sbørnia
Fazer o que sempre fiz
Urge voltar pra Sbørnia
Já não posso suportar
A Sbørnia é que é a pátria minha
A Sbørnia é que é o meu lugar
Prometo que no retorno
Saudades irei levar
Num souvenir delicado
Memórias de algum lugar
Do bafafá da Ladeira
Das estátuas da Matriz
Eu volto pra minha Sbørnia
Eu volto pra ser feliz.

D. Eva, logo que chegou ao Brasil, no Rio de Janeiro, conheceu Hans Joachim Koellreutter, que também havia fugido da Alemanha pelo mesmo motivo. Nós brincávamos sugerindo que alguma coisa devia ter acontecido entre eles, porque sempre que falávamos do professor, ela reagia de forma estranha.

D. Eva também escreveu uma carta para nós:

Hique e Nico,

Ao longo destes 25 anos, vocês conseguiram aperfeiçoar o seu espetáculo a tal ponto que torna-se difícil compará-lo a qualquer outro. Ao mesmo tempo em que vocês comandam o público, e o fazem rir, empolgando-o do começo ao fim, criam momentos de extrema beleza musical. É um trabalho seríssimo, que merece todos os aplausos recebidos, incluindo os meus. Com profundo respeito, toda minha admiração e muito afeto.

Eva Sopher. (Janeiro, 2009)

D. Eva veio da Alemanha, assim como nossa professora de astrologia, D. Emma de Mascheville, que era de Haimhausen, município da Baviera. Às vezes as figuras das duas se fundem em minha imaginação. Duas professoras de vida. Dois legados enormes.

CURITIBA

Durante a trajetória de Tangos e Tragédias, Curitiba foi um local que conquistamos tanto quanto Porto Alegre. Depois de começarmos realmente a levar público aos teatros, em Curitiba houve um período em que fizemos, por alguns anos, temporadas de um mês no Teatro Fernanda Montenegro, dentro do Shopping Novo Batel, onde cabiam 500 pessoas, e lotava sempre. Durante um final de semana, éramos capazes de levar cerca de seis mil pessoas ao teatro. Estávamos tão firmes e seguros de que nos daríamos bem com essas temporadas que, depois de anos, eu propus que passássemos a fazer no Teatro Guaíra, em que cabiam 2.200 pessoas. Assim, poderíamos fazer em um único final de semana o mesmo público que fazíamos em quatro. Nico e Maurício, um dos sócios da produtora que nos atendia em Curitiba, a Banalíssima Arte, achavam que não daria certo, e que o público não se transferiria automaticamente. Eu e o outro sócio, o Clodoaldo Costa, achávamos que daria certo. Planejamos tudo para fazer a migração, mas, antes de confirmarmos, constatamos que havia algo que ainda faltava para nos dar segurança no salto que pretendíamos. Cancelamos a temporada por um ano porque queríamos ter absoluta certeza de que daria certo. No ano seguinte, apostamos no Guairão, e foi um grande acerto. A partir daí, passamos a fazer as temporadas de Curitiba no Guaíra. Três dias no Guaíra equivaliam a um mês no Fernanda Montenegro. Foi uma grande conquista da nossa carreira. Poucos espetáculos brasileiros faziam dois dias no Guaíra, mas nós conseguíamos fazer três!

Estávamos pensando em fazer o mesmo em Porto Alegre: ocupar um local maior e fazer menos dias. Contemplaríamos o mesmo número de público e teríamos mais tempo livre para outros projetos. D. Eva Sopher ficou sabendo do nosso intento, nos chamou para uma reunião e nos disse: "Eu soube que vocês estão pensando em mudar de teatro, como fizeram em Curitiba". Nós tivemos que concordar. "Pois é... isso não vai acontecer!", foi o que ela disse. Nós nos entreolhamos, surpresos. Ela desfiou um monte de argumentos e encerrou dizendo que nós não iríamos encerrar as temporadas no Theatro São Pedro só por causa de dinheiro. Em um momento, o Nico disse: "Bem, D. Eva, então quem sabe a senhora nos abre a agenda e a gente fica em cartaz por seis meses?" Ela sorriu e respondeu: "Isso eu não posso, mas vocês podem fazer eventualmente uma semana no meio do ano" e encerrou a conversa. Ficamos bem reticentes com a determinação e mudamos de opinião instantaneamente: "É isso aí, vamos é ficar no São Pedro! Pra que mudar para um local maior? É isso mesmo que nós queremos! Vamos ficar!"

Lembrei que havia visto o Blue Man, aquele espetáculo que está há décadas em cartaz em Nova York. Eles ficam porque querem, pois poderiam estar num grande teatro da Broadway, mas não, eles preferem "off-off-Broadway". Os 700 lugares do Theatro São Pedro equivalem a um teatro off-Broadway em Nova York, mas, em Porto Alegre, são a própria Broadway, pelo tamanho da cidade e pelo número de atrações que ela oferece. De qualquer forma, desde então, esquecemos a ambição de irmos para espaços maiores em Porto Alegre. Depois daquela conversa com D. Eva, descobrimos "espontaneamente... por nós mesmos" que era aquilo mesmo que queríamos! Uff... Ave Eva!!!

MENTE ABERTA

A gargalhada de D. Eva não era algo muito frequente. Eu mesmo ainda não tinha escutado sua risada franca, até que ela soube que eu tinha sido internado em um hospital por conta de um hematoma cerebral. Bati a cabeça em casa, em uma quina pontiaguda de uma escada de ferro. Estávamos em temporada, que é uma atividade bastante física. No final da temporada, passadas duas semanas da batida, comecei a ter dores de cabeça muito intensas. Numa madrugada, levantei e fui para o hospital, porque desconfiei tratar-se de algo mais grave. O enfermeiro que fez o raio X perguntou se eu tinha tido algum acidente. Eu disse que não, porque pensei que a pergunta era sobre acidente recente. Ele respondeu que então se tratava de um AVC e que eu deveria ficar no hospital. Acatei a sugestão e fiquei. No outro dia, o neuro-cirurgião veio com uma tomografia e perguntou se eu tinha tido um acidente. Respondi que há duas semanas havia batido a cabeça. Ele, então disse que era isso. Fiquei em observação e a dor aumentou. Neste dia eu entendi como as pessoas morrem. A dor estava insuportável. Fizeram uma intervenção com uma furadeira cirúrgica e colocaram um dreno, porque o cérebro precisava desinchar. Fiquei 10 dias no hospital e 30 dias em recuperação, quando não poderia fazer força nem para ir ao banheiro. A batida na cabeça aliada às atividades do show, incluindo a dança do Copérnico, "você se pode mexer com as pernas, você não pode mexer com as mãos (só com a cabeça, e fortemente!) que mostrávamos todos os dias da temporada, aprofundou o hematoma. Quase morri. Quando contei a D. Eva que minha estada no hospital foi por causa do Copérnico, ela riu alto e solto, mas logo segurou o riso e foi rir em outro lugar. Não era de bom tom...

Fiquei com um furo no crânio que demorou para fechar. Mas não me arrependo de ter a mente cada vez mais aberta!

OS LAPARAMAS DO SESSUÇO

Em São Paulo, fazendo *shows* no Palace (hoje Directtv Music Hall), no Olímpia, no Palladium, no Teatro Sérgio Cardoso, na Sala Arthur Rubinstein, na Sala Anne Frank, da Hebraica, em muitos eventos especiais da capital paulista e, mais tarde, no Canecão, no Rio de Janeiro, a gente sabia que podia ir além.

No Canecão, tivemos uma história interessante. Os administradores não queriam abrir a agenda para nós porque não nos conheciam ainda. Tentamos por alguns anos, e nada. Houve uma ocasião em que nossa amiga Ana Almeida, dona da Babel Produções, que já havia excursionado conosco pelo interior de São Paulo e com quem até havíamos dividido um estande na feira de negócios do *show business* internacional em Sevilha, o WOMEX, resolveu fazer uma ponte, e convenceu Os Paralamas do Sucesso a participarem do nosso *show*. Dessa forma, ela conseguiu abrir a agenda do Canecão para nós. Quando chegamos ao Rio, alguns dias antes, para a divulgação do *show*, já havia um cartaz enorme na frente do Canecão, que ainda era a casa de *shows* mais tradicional do Rio de Janeiro desde a década de 1960: "Tangos e Tragédias – Part. especial Os Paralamas do Sucesso".

Nesse *show*, tive a ideia de envolvê-los no contexto e criar um possível nome sbørniano para a banda, e o Nico, é claro, topou! Levei uns adereços, uma barba e um bigode que eu tinha de outro personagem, compramos um bumbo e recebemos Herbert, Bi e Barone para uma grande noite de diversão. Na hora de apresentá-los, Kraunus, sempre um homem reticente, pediu a palavra: "Reticências.... Senhoras... senhores... hoje... teríamos aqui conosco, para uma grande apresentação, e está bastante anunciado isso, teríamos... Os Paralamas do Sucesso". (Aplausos, gritos.) Kraunus se agitou, Pletskaya largou o acordeom e dirigiu-se ao piano, onde estava sua taça de conhaque. Tudo parecia ficar mais nervoso. Kraunus retomou: "Mas os Paralamas não puderam vir. Alguém da plateia veio aqui para ver os Paralamas?" (Algumas mesas levantam os braços.) "Pois é..." (Kraunus visivelmente chateado.) "Eles não puderam vir... e a gente entende, porque são grandes estrelas e podem ter compromissos de carreira de última hora, nós entendemos isso. Mas... tem uns primos nossos que estão de passagem aqui no Rio e nós convidamos eles! E eles sim, vieram! Eles são de uma parte da Baixa Sbørnia, uma região pantanosa chamada Sessuço. E são descendentes da tribo dos Laparamas. Senhoras e senhores, com vocês... OS LAPARAMAS DO SESSUÇO!!!" Então Herbert, Bi e Barone entraram a caráter, vestidos de sbørnianos. Foi algo extraordinário na nossa trajetória.

Bi vestia uma calça curta com elásticos logo abaixo dos joelhos e seu borzeguim tradicional, uma barba farta, um colete antigo e seu baixo acústico. Barone levou sua roupa de sbørniano e um chapéu de aviador da Segunda Guerra que ficou ótimo. Levei um bigode grande, que ele topou usar na hora, e comprei um bumbo e uns pratos de banda marcial. Para Herbert, com sua roupa sbørniana, uma calça preta com suspensórios, levei uma barba comprida até o final do pescoço, sem o bigode, que ficou incrivelmente bem, combinando com seus cabelos raspados. Fizemos um ensaio rápido à tarde, e tudo fluiu lindamente no *show*. Tocamos *Uma brasileira*, e Herbert trocava por "uma sbørniana". Tocamos três músicas deles com arranjos sbørnianos e Herbert cantou *Ana Cristina*, *Roxanne* e *Meu erro*, que havíamos gravado. Daí em diante, os administradores do Canecão perceberam o nosso potencial, viram que tínhamos público e começaram a abrir a agenda por mais alguns anos, até o fechamento da casa.

Algum tempo antes, a esposa de Herbert, Lucy, nos chamara para fazer uma surpresa a ele, dizendo que haviam se mudado recentemente para uma casa no Recreio dos Bandeirantes, que Herbert estava de aniversário e que um dia sugeriu levar o Tangos e Tragédias para tocar em determinado local da casa. Ela nos convidou para irmos surpreendê-lo e, claro, topamos. Entramos pelos fundos e ficamos escondidos em uma sala até o momento certo, quando todos os convidados já haviam chegado. Entramos tocando e foi uma grande surpresa para ele. Ele olhava para Lucy como quem tinha certeza de que fora um presente dela. Tocamos muitas músicas, e todos improvisaram danças medievais que combinaram muito bem. Uma noite cheia de criatividade num clima sbørniano. Talvez tenha sido o último aniversário deles juntos, antes do acidente que levou Lucy.

RÁDIO ESMERALDA

Em 1999, eu estava na Festa da Música, em Canela, uma reunião anual que fazem com a presença de muitos artistas brasileiros. Havia um encontro no saguão do Hotel Laje de Pedra, onde, num piano de cauda, artistas se revezavam num animado sarau. De repente, duas artistas que eu já conhecia tomaram conta da cena. Eram Adriana Marques e Simone Rasslan. As duas, afinadíssimas e numa brejeirice total, cantavam coisas do repertório da MPB antiga. Já tinham feito parte de formações de outros grupos daqui, como a Simone do Grupo Quebra-Cabeça e a Adriana do Grupo Bando Barato pra Cachorro. Este último já havia participado do Tangos e Tragédias cantando músicas dos anos 1940. Elas duas iriam na Festa da Música junto com uma banda da qual faziam parte na época, mas a banda não foi! Ficaram só as duas, e decidiram fazer uns números. Eu fiquei encantado de cara! Era muito legal ver as duas sozinhas, e imaginei que eram mesmo uma dupla, mas nunca haviam tocado somente as duas. Fui até elas e propus uma participação no Tangos e Tragédias. Escolhemos uma música para fazermos a quatro vozes à capela. Elas fariam o papel de duas tias de Kraunus e Pletskaya vindas da Sbørnia, Elza e Ilza. A entrada delas foi um sucesso. O público aplaudiu muito, e eu continuava encantado com a ideia da dupla de meninas comediantes.

Durante aqueles dias, fiz uma proposta a elas de um espetáculo em que elas seriam duas personagens radialistas em um programa de rádio de auditório, no qual cantariam, além da programação musical, também os *jingles*. Atenderiam ligações de ouvintes, algumas gravadas e algumas ao vivo. Ao comprarem os ingressos, o público deixaria os números dos celulares, que seriam sorteados no decorrer do *show*, e a conversa seria ouvida pela plateia. Logo compramos um conversor de áudio, desses utilizados em programas de rádio, que levam as conversas pelo telefone ao ar – no nosso caso, a saírem no equipamento de som.

O *show* começou lentamente a ser lapidado e, com o tempo, surgiram, de dentro das meninas, duas fantásticas personagens. Uma era Cat Milady, uma linda gordinha cheia de graça e sensualidade.

A outra, Erotildes Malta, uma pianista e cantora com um sorriso encantador, muito recatada, que dava toda a harmonia musical ao espetáculo. Aos poucos, elas dominaram totalmente o trabalho. Não foram poucas as vezes em que eu me emocionei durante os ensaios, ouvindo a harmonia das vozes delas. Um encanto total. O *show* percorreu, além de Rio e São Paulo, vários estados do território nacional. Foi gravado no Theatro São Pedro e resultou em um belo disco, com o repertório da mais pura musicalidade brasileira. Alguns vídeos foram produzidos também, e há registros dos *shows* no Youtube. As meninas foram muito felizes nessa empreitada, e eu também.

Muitos viam nelas uma espécie de versão feminina do Tangos e Tragédias: duas mulheres comediantes com alta performance em arranjos musicais e uma capacidade de fazer arranjos complexos que pareciam muito simples e harmônicos, mas que só poderiam ser executados por musicistas experientes. As músicas eram engraçadas, mas o ponto alto do *show* era o encantamento das vozes delas, a alta qualidade musical. Elas eram dois grandes talentos, e conquistaram milhares de fãs nas suas temporadas anuais. Um trabalho que se transformou na principal fonte de renda delas por vários anos. Pode não parecer um grande indício de qualidade quando um artista ganha o suficiente para ter casa própria, mas, no caso delas, sim!

Para mim, foi um exercício de criatividade. Aplicar toda a experiência que adquiri com o Tangos e Tragédias, desde a concepção até os aspectos do *business*, como preço de ingressos, de cachês e mídia, passando também pela promoção; saber como expô-las em um *outdoor*, por exemplo, aproveitando todo o universo de contatos que desenvolvemos, tudo isso foi uma experiência muito boa, além, é claro, de ter rendido algum dinheiro extra.

O projeto esteve em cartaz durante nove anos, até que, em julho de 2009, Adriana teve uma hemorragia interna, um ano depois de uma cirurgia de hérnia de hiato, em função do refluxo. Adriana era uma artista e tanto, com uma presença de espírito encantadora e uma impressionante capacidade de improvisar ao telefone, nas conversas com os espectadores da plateia, quando atendiam uma chamada fictícia da Rádio Esmeralda. Tudo ficava muito engraçado quando ela interagia com a plateia.

Quando Adriana nos deixou, o trabalho passava por uma crise. Seria o momento de dar um salto, esclarecer funções ou ressignificá-las. No início, Marilourdes Franarin, nossa produtora, havia assumido a produção delas também, e vendeu um patrocínio para rodarem 30 cidades. Foi um ótimo momento de construção. Tudo que um projeto de música precisa é estar em cartaz, e essa gira possibilitou o amadurecimento do trabalho, mas, quando acabou, Marilourdes não estava mais no grupo. Assim, buscamos outras empresas, que duraram alguns anos, como a Liga, com a Dedé Ribeiro e associados. Eu também produzi junto com elas algumas temporadas no Theatro São Pedro. Em Curitiba, nosso produtor, amigo e compadre Clodoaldo Costa assumiu e ainda levou o espetáculo para outras cidades brasileiras. Ele adorava o projeto, e ficou tão amigo delas quanto nosso.

Eu tinha o costume de retrabalhar a direção uma vez por ano, quando o espetáculo voltava a cartaz em Porto Alegre. Ali, tínhamos a oportunidade de limpar e organizar novos números, as novas *gags* que elas criavam na estrada. Simone Rasslan, como estava no piano e segurava toda a questão da condução musical do espetáculo, ficava naturalmente mais atenta à questão musical. Embora contracenassem de forma equilibrada, Adriana tinha o perfil mais histriônico. Era engraçada, bonita no palco e cantava muito, mas queria mais. O protagonismo solista era natural para ela. Eu entendia isso por causa da nossa experiência de longa duração, e dava todo o apoio para que ela fizesse carreira solo, como nós também fazíamos. Simone Rasslan havia lançado o espetáculo Xaxados e Perdidos, realizando o seu sonho de um trabalho individual. O CD do espetáculo rendeu-lhe quatro prêmios Açorianos, inclusive Disco do Ano, e uma mensagem linda do Egberto Gismonti, um dos compositores gravados. Adriana era um talento explosivo no palco, e a Rádio Esmeralda foi o trabalho mais expressivo dessa grande artista.

Entre as músicas que eu mais gostava estava uma cujo arranjo sugeri, *As cantoras do rádio*, de Lamartine Babo, numa versão lenta e bem diferente da original, que era uma marcha de carnaval. Outra era *Killing me softly*, com arranjo delas, que ainda considero a melhor versão que já escutei dessa música. Nessas duas canções, ficava claro que, além de comediantes, elas se tornaram duas grandes musicistas, capazes de ofuscar todas as outras versões de uma música construindo uma nova versão original. A versão de *Padaria*, do Mário Manga, foi herdada por A Sbørnia Kontr'Atraka. Havia também uma primorosa versão de *A Índia e o Traficante*, de Eduardo Dusek, pura diversão com uma música muito inteligente e até mesmo lírica.

A morte é capaz de trazer presságios para quem pode intuir que uma vida está para acabar. Durante a última temporada, houve uma nova invenção das meninas, uma introdução da "Lacrimosa", parte do *Stabat Mater* (1736), de Pergolesi, uma espécie de réquiem que Pergolesi compôs e que foi concluído justamente pouco antes da sua morte. Simone e Adriana fluíam lindamente em peças de música erudita. Antes disso, eu havia feito um arranjo do Flower Duet, da ópera Lakmé, de Delibes, e Simone e Adriana arrasaram na interpretação. No caso da "Lacrimosa", cantavam num clima erudito e religioso fúnebre, para introduzir *Iracema*, o samba trágico e lírico de Adoniran Barbosa em que ele narra um atropelamento com morte. Estávamos pretendendo incrementar a cena e a iluminação, e compramos uns gobos, que são máscaras para se utilizar na frente dos refletores de luz. Um deles, utilizado na "Lacrimosa", simulava uma capela enquanto Adriana utilizava um véu. Aquilo me dava a impressão de algo gótico e um tanto *dark*. Embora tivesse sua beleza, eu sentia algum mal-estar e que estava mais para cena de terror do que para algo engraçado. Hoje, lembro que o que me trazia essa sensação era um sentido de morte que eu via naquele número, o que logo veio a ocorrer.

Estávamos em cartaz em Florianópolis quando recebemos a notícia de que Adriana havia falecido. Não tinha jeito de pegar voo a tempo para o funeral. Dedicamos o espetáculo a ela, e nossos familiares marcaram presença na despedida. Heloiza foi para dar apoio a Simone. Foi dureza, todos sentimos muito, mas Simone passou por um momento muito pesado com a perda da parceira, pela proximidade que tinham, pelas conquistas de vida que haviam atingido juntas.

Foram dias muito felizes com a Rádio Esmeralda. Tivemos momentos com muita demanda de *shows*, como uma ocasião em que as meninas fizeram um *show* de manhã em São Paulo, em um evento corporativo, e outro à tardinha, em Gramado, para outra empresa, no mesmo dia. A dupla tinha uma química forte e conseguia invariavelmente envolver a plateia na dinâmica daquela rádio fictícia com uma audiência real. A Rádio Esmeralda foi a descoberta de que eu podia ser diretor.

Eu e Simone às vezes tocávamos algo rapidinho durante os ensaios, e sabíamos que em algum momento poderíamos tocar juntos. Tínhamos um entendimento musical imediato, mas sempre havia muita coisa para trabalhar. Tínhamos vontade de fazer música juntos, mas nunca imaginamos que algum dia estaríamos dividindo o palco de uma forma tão intensa como tem sido desde 2016 até agora, quando escrevo estas memórias.

TÃN TÃNGO

O projeto Tãn Tãngo teve sua estreia no Theatro São Pedro, com a sua Orquestra de Câmara. Eu havia sido convidado pelo diretor artístico, Maestro Borges-Cunha, da orquestra, para um concerto, e decidi levar o meu repertório de tangos adaptados e algumas composições voltadas para o estilo. Convidei a pianista Dunia Elias, o bandoneonista Carlitos Magallanes e o percussionista Filipe Vasant (na época, Filipe Lua). Logo fui convidado pelos amigos da União do Vegetal para fazer um espetáculo beneficente. Para isso, fizemos uma versão reduzida, sem orquestra, só com o quinteto de tango, que se completou com a entrada de Clóvis Boca Freire no baixo acústico. Dois dias no pequeno teatro do Sesc, no centro de Porto Alegre, foram suficientes para levantar um bom dinheiro para obras na sede da instituição. Eis que tínhamos uma versão de um espetáculo pronta para cair na estrada. E eis que alguém tinha desistido de uma data no Theatro São Pedro. E eis que eu me candidatei e consegui a data.

Seriam dois dias, e chamei o Cláudio Ramires para fazer uma arte virtual. Projeções especiais dariam conta do cenário. Cláudio já morava em São Paulo, e veio para Porto Alegre dar conta desse trabalho. Ficou uns dias na nossa casa e, depois, coordenou uma equipe para finalizar o trabalho. A base do conceito do cenário virtual de Cláudio Ramires incluía as janelas do fundo do palco do Theatro São Pedro, que foram fotografadas e moduladas em 3D. Quem assistia ao espetáculo tinha a ilusão de estar vendo as janelas do Theatro São Pedro. De repente, as janelas se abriam, ou se expandiam, ou se tornavam translúcidas, mostrando paisagens fictícias ou a própria paisagem real, mas filmada e projetada. O conceito ainda incluía animações que entravam ou cruzavam as janelas. Dessa forma, levamos o Theatro São Pedro para todas as apresentações que fizemos em todos os palcos fora dele no nosso espetáculo. O local em que gravamos o DVD, o lindo Teatro Feevale, também tinha as paredes do Theatro São Pedro projetadas. Foi assim também no Auditório Ibirapuera, em São Paulo, e em todos os outros locais em que nos apresentamos, incluindo feiras e eventos corporativos, aí já com o baixista Everson Vargas e com os exímios dançarinos Marlise Machado e Valentin Cruz, que botavam fogo na cena com as linhas do tango em seus corpos e arrancavam cálidos aplausos da plateia . Era uma forma de estarmos sempre em casa, no Theatro São Pedro.

Estreamos no Theatro São Pedro com uma boa audiência. Havia uma homenagem ao Nico em um determinado momento, quando eu cantava *Noite alta* (música do início do Tangos e Tragédias) com um arranjo eletrotango que eu tinha feito. Primeiro, surgia no telão uma frase de Piazzolla, "Tengo una Ilusion, que mi música se escuche en el 2020". Logo, a arte, feita por Cláudio Ramires, revelava que era uma frase escrita em uma camiseta que Nico gostava de usar, e seu rosto aparecia em uma de suas melhores fotos, bonito e sorridente, projetado no telão. Era uma forma de citá-lo e agradecê-lo por ter me introduzido nesse mundo do tango, do qual eu agora fazia parte como um escafandrista-pesquisador e promovedor de fusões experimentais. Eu também havia participado de um *show* de Nico Nicolaiewsky recentemente, o Onde Está o Amor, dirigido pelo Zé Pedro Goulart. Tenho certeza de que a sugestão para que eu participasse tinha partido do Zé Pedro, porque a gente preferia fazer esses projetos com uma boa distância um do outro, já que no Tangos e Tragédias éramos obrigados a conviver por longos períodos. Foi legal, ele foi ao *show*, foi ao camarim, gostou do som e me abraçou. Foi importante para mim Nico ter visto em vida o tributo que fiz para ele dentro do meu *show*, pois não imaginávamos que ele nos deixaria tão brevemente.

Depois de uma gira pelo interior e de ter chegado ao Auditório Ibirapuera, em São Paulo, recebemos o Prêmio Açorianos, no mesmo ano em que Tangos e Tragédias ganhou aquele prêmio da Associação Paulista de Críticos de Arte.

Quando Nico soube que o projeto fora bem recebido no Auditório Ibirapuera, ele estava fazendo uma pequena temporada no Teatro Eva Herz, em São Paulo. Ele veio me cumprimentar dizendo: "Soube que foste bem no Auditório Ibirapuera", no que respondi: "Tudo ilusão, né, companheiro?" Sabíamos que confiar no êxito de uma apresentação não significa muito quando se trata de São Paulo. Quando ele nos deixou, tínhamos esse projeto na mão. Foi como conseguimos continuar trabalhando e como caímos na estrada. Um dos pontos altos do *show* era quando projetávamos a foto do Nico no telão. Todo nós ainda estávamos muito tocados com a sua partida, e o público também.

Havia a possibilidade de um patrocínio pela Sulgás, que estava interessada em participar das comemorações dos 30 anos de Tangos e Tragédias. Mas, como Nico partiu, o projeto foi suspenso, sem chance de ser transferido para o Tãn Tãngo, porque eles ainda não conheciam o novo projeto. Num golpe de sorte, fui contratado para um evento em que estava presente toda a diretoria da Sulgás, a estatal distribuidora de gás, e todos ficaram encantados com o *show*, validando, assim, o patrocínio que antes fora negado. Caímos na estrada com Tãn Tãngo, pela primeira vez com apoio da Lei de Incentivo à Cultura do estado, a LIC, o que provocou um ótimo desenvolvimento do trabalho. Sem isso, teria sido impossível.

O projeto tinha uma boa dose de música instrumental, que ganhou animações incríveis feitas pelo Cláudio Ramires. O que resulta desse projeto é a fusão latente entre os estilos urbanos do Cone Sul. Mas, ciente de que minha vivência com o tango não seria suficiente para imprimir legitimidade ao projeto, pude contar com talentos como Dunia Elias e Carlitos Magallanes. Os dois têm a fórmula do tango no sangue. Dunia, espancando o piano como uma mulher argentina batendo no marido, e Magallanes, uruguaio estabelecido no Brasil, profissional do bandoneon desde sempre, trouxeram a dose de legitimidade ao tango brasileiro que eu me propunha apresentar, como uma fusão de estilos que poderia ser engendrada somente em Porto Alegre.

Quando caímos na estrada, Dunia estava fazendo quimioterapia. Foi dureza. Ela, na estrada, passando mal, mas também vivendo ótimos momentos no palco. Todo mundo dava suporte. No *show* de São Paulo, ela havia quebrado a perna e estava tocando sentada em uma cadeira de rodas. O *show* foi ótimo, e lembro de todos deixarmos o palco sob forte aplausos e esquecermos ela lá! Foi engraçado, mas era mais uma forma de não se render e aliviar uma tragédia.

Uma amiga sugeriu um nome para a banda que caiu como uma luva: Cosmic Tango Agents! Novamente o tango! Eu mesmo seguia me perguntando: "Por que o tango?" E só agora eu mesmo posso responder:

O TANGO NOS PERSEGUE!

Por una cabeza, de Carlos Gardel, que gravei em Buenos Aires com um grupo seleto de músicos argentinos, recupera minha máxima proximidade com o tango. Foi quando fiz parte de um projeto chamado Porto Alegre Canta Tango, com um grupo de argentinos da nata, arranjos e pegada puramente tangueiros. Uma delícia genuína! Fizemos um concerto no Araújo Vianna lotado numa quarta-feira chuvosa, um concerto em Buenos Aires e outro no Teatro Municipal de Roma, no Festival Roma-Europa. Os italianos se interessaram muito pela maneira como os brasileiros cantam tango.

Bem antes disso, quando eu completava 20 anos, estava tentando tocar violino de ouvido e, para isso, decidi escolher alguns discos: *As Quatro Estações*, de Vivaldi (que eu achava muito careta), e um disco de Piazzolla que realmente me admirou. O violinista era Antonio Agri, com quem me identifiquei de cara. Um violino rústico, com matizes populares, ciganas, e uma melancolia inexplicável. Enfim eu não estava sozinho tentando traduzir meus sentimentos através de um instrumento muito difícil de ser executado. O violino não aparece na música popular brasileira. Virei fã e comecei a tentar imitar Agri. Logo vi que não conseguiria fazê-lo sozinho e fui buscar ajuda de professores. Foram vários... até que encontrei Fredi Gerling. Esse cara foi muito importante para mim. Eu disse a ele que queria tocar como Agri, e ele respondeu que não saberia me ensinar a tocar como Agri, mas sim a tocar o tradicional no violino clássico. E soube, com certeza, me ensinar coisas fundamentais em pouco tempo. Seu melhor aluno era o grande Cármelo de los Santos; consequentemente, o pior só podia ser eu. E assim, por um bom tempo, me considerei o seu pior aluno. Mas um dia, sabendo dessa minha posição, Fredi disse que eu estava longe de ser seu pior aluno, o que me animou bastante. Comecei a ouvir grandes mestres do violino, como Gidon Kremer. Deste, virei fã também, comprei muitos discos e comecei a tentar imitá-lo. Quando já quase esquecia de meu primeiro ídolo no violino, Antonio Agri, eis que Gidon Kremer lança um disco só com músicas de Piazzolla. Foi quando descobri que Gidon Kremer, um dos maiores violinistas do século, estava, assim como eu, querendo tocar como Antonio Agri, o argentino. Eu me encontrando no encontro mais do que improvável dos meus dois ídolos.

Quando estivemos em Buenos Aires, entrei em contato com Agri, que sabia de minha admiração por ele, através do Maestro Esteban Morgado, diretor do grupo de tango com o qual gravamos o CD *Porto Alegre Canta Tango* em Buenos Aires. Ao ligar para ele, o ouvi dizer alegremente: "Hique macanudo, "bamos" a tocar juntos!" Na alegria desse encontro, marcamos um concerto em Porto Alegre com a Orquestra da Unisinos, quando ele viria também para ministrar *master classes* de violino. Eu já tocava músicas dele e participara de um concerto com a mesma Orquestra da Unisinos e o Maestro José Pedro Boéssio, no qual tocávamos a linda "*Kokoro kara*", de sua autoria. Estávamos entusiasmados, quando recebemos a notícia de que Antonio Agri tinha falecido. Entendi melhor a tristeza portenha nesse episódio. Fiquei triste por muitos meses. É claro que existem outros violinistas de tango em Buenos Aires, excepcionais, mais técnicos, mais melancólicos, mas nenhum como Agri. A imprensa portenha (*Clarín*) noticiou "O espírito de Agri rondou a Casa Cubierta" quando, antes de tocar sua música no palco da Casa Cubierta, no Centro Cultural Martín Fierro, contei ao público de nosso contato e do que ele me havia dito. E naquele instante, em palco argentino, eu o invoquei dizendo: "Maestro

Agri: donde quiera que estés, vamos a tocar juntos!" (Quem não o conheceu poderá vê-lo no filme *Tango*, de Carlos Saura).

Bueno, fora o Tangos e Tragédias, o espetáculo que já não tinha nenhum tango, essa é minha ligação com esse ritmo. Eu não saberia as diferenças sutis entre os grandes estilos dos mestres Troylo e Pugliese. Quando Mariano Mores, o compositor de *Uno*, tocou *Aquarela do Brasil*, num arranjo para sua orquestra, em pleno Teatro Colón, eu fui ao delírio. Assoviei forte e quase fiquei de pé, quando notei que todos ao meu redor achavam sua execução de *Aquarela do Brasil* durante um festival Internacional de tango uma gafe, uma coisa de extremo mau gosto! Naquele momento, senti que eu e meu entusiasmo tínhamos sido expulsos da Academia Nacional de Tango. Aliás, onde também estive, na companhia de Horacio Ferrer, o parceiro letrista de Piazzolla. Ali pude entender com mais profundidade o que é ser um sbørniano de verdade. O sujeito se veste como nós quando sbørnianos, mais parecido com o professor Kanflutz. A diferença é que nós estamos brincando, e ele, profundamente sério! Um erudito. Tudo fica mais claro quando se sabe que ele escreveu a letra de *Loco*, o célebre tango de Piazzolla, imortalizado por Amelita Baltar, a maior cantora de tango da Argentina.

Então por que fazer um espetáculo baseado em tango?

No ano de 1987, compus a primeira música feita exclusivamente para o Tangos e Tragédias: Berlim-Bom Fim, um tango! Na mesma época, compus outros; um deles era o Tãn Tãngo. Sempre *à la* Piazzolla, a melhor referência de tango para um cara como eu, que estava vidrado em Hermeto Pascoal e Egberto Gismonti. Aliás, nas primeiras apresentações de Tangos e Tragédias, tocávamos *Adiós Noniño*.

E aí, o que é que tem a ver?! Por que um *show* baseado em tango agora?!

Não me pergunte onde fica o Alegrete... não me pergunte isso. Porque eu acho que tem uma coisa da elegância e da herança espanhola e italiana que se mistura aqui nesta grande zona sem fronteiras que é o Rio Grande do Sul. É o HiperPampa! É mais natural que o grande mestre do bandoneon Carlitos Magallanes esteja aqui do que em qualquer outro lugar do Brasil. A presença dele dá o timbre necessário a todo o repertório.

Mas por que tango, sempre o tango? Minha carreira toda atrelada mais a essa palavra do que propriamente ao gênero!

Quer a resposta mesmo? É porque "o tango nos persegue!!!" Através dele, a nossa natureza urbana quer ser identificada. No Rio Grande do Sul, todo o folclore local se mistura ao folclore de Uruguai e Argentina. Milongas, chamamés, chacareras e pajadas são gêneros compartilhados pela cultura do Cone Sul, que vem se fundindo com frequência através de projetos que levam e trazem caravanas de intercâmbio cultural. Nesse contexto, é mais do que natural que possa surgir, do seio da produção musical brasileira, um espetáculo fundamentado no tango.

Nos início dos anos 1920 em suas primeiras gravações Carlos Gardel aparecia de "gaucho argentino" cantando milongas. Ernesto Nazaré, um dos fundadores da mais genuína música brasileira, tratou muitas de suas composições como tangos brasileiros. Já nas próximas décadas, o tango tomou conta da preferência popular, sendo considerado a música *pop* daquele período, quando o *rock* ainda não sonhava em dominar o mundo. Muitos dos grandes cantores brasileiros foram tocados pelo estilo e gravaram tangos com muita naturalidade, como Vicente Celestino, Nelson Gonçalves, Dalva de Oliveira, Angela Maria e até mesmo Teixeirinha.

Uma versão de *Carinhoso* para o espanhol tocada em ritmo de tango mostra as similaridades da música sul-americana. A fusão de *Buenos Aires Hora Cero*, de Piazzolla, com *Tropicália*, de Caetano Veloso, também une as culturas brasileira e argentina com muita naturalidade. Uma versão tangueira de *Eleanor Rigby*, dos Beatles, expõe a universalidade do tango, gênero considerado Patrimônio da Humanidade pela UNESCO em 1995.

Nas décadas de 1930 e 1940 do século passado, quando o *pop* era o tango, Vicente Celestino e outros astros brasileiros também tangueavam com legitimidade. Em contrapartida, hoje, era da *world music*, vemos argentinos fazendo uma ótima bossa nova. Com isso e com tantos anos de Tangos e Tragédias, penso que podemos tanguear com muita tranquilidade.

Hique Gomez

PURA MAGIA GENUÍNA

Foram poucos os prêmios que recebemos. Entre eles está a Medalha de Porto Alegre, pela contribuição cultural à comunidade, o prêmio de Melhor Espetáculo do Festival de Almada, em Portugal, escolhido pelo público e entregue pelo Secretário de Cultura de Portugal, com a presença do grande humorista da TV portuguesa Raul Solnado, que subiu ao palco para dançar o *Copérnico*, uma dança folclórica de nossa pátria fictícia, a Sbørnia. Também ganhamos o Prêmio Açorianos, do Rio Grande do Sul, pelo "conjunto da obra", depois de 15 anos, depois de conquistarmos um público que poucos artistas conseguiram e depois de recebermos homenagens até de escolas de samba. O pessoal do teatro dizia que éramos música, e o pessoal da música dizia que éramos teatro. Até que alguém sugeriu que éramos uma mistura dos dois, música e teatro, algo que acontece às pencas, há muitos anos, em locais onde os "musicais" não são nenhuma novidade.

Aliás, sobre as novidades, Kraunus e Pletskaya sempre fizeram questão de deixar claro que "não trabalhamos com novidades, e sim com antiguidades!" Começamos tocando músicas antigas, e a novidade nunca nos pautou. A forma como nós organizamos o nosso sistema foi suficientemente original. O tipo de obra de arte que nós dois admirávamos era aquela que não sofre desgaste com a passagem do tempo; ao contrário, só se mostra mais e mais consistente através das gerações. Uma crítica ao mercado que supervaloriza o descartável, que, é preciso admitir, era também um tipo de música que utilizávamos, junto aos clássicos; trechos dos últimos sucessos de massa, que logo passariam, às vezes só o refrão, totalmente descontextualizado, o que tornava a citação muito engraçada. Muito por iniciativa do Nico, que sabia farejar um sucesso de massa. Ele tinha um pendor judaico para o *kitsch*, mas sabia muito bem transformar o *kitsch* em algo original, como Tom Waits, ou como o próprio Charles Chaplin, com suas tragédias líricas. Ele sabia transformar "jornal, leite e pão" em um momento de puro lirismo, como na sua canção seminal do Tangos e Tragédias, *A trágica paixão de Marcelo por Roberta*. Nico Nicolaiewsky perseguia e conseguia essa sublimação da realidade mais pueril.

Poderíamos ter feito mais? Sim! Poderíamos ter feito muito melhor? Sim! E foi assim que sempre levamos nosso trabalho: em construção! Sempre achando que não estávamos totalmente prontos, sempre conscientes de nossas limitações. A cada *show*, a cada passagem de som, a cada jantar, a cada viagem, a cada conversa e a cada observação. No final das contas, o óbvio: "Foi o que conseguimos fazer!"

Posso dizer que nossas passagens de som eram nosso laboratório constante. Dedicávamos um bom tempo experimentando o som e fazendo música sem nenhum compromisso. Com o repertório superensaiado depois de tantos anos, nos dedicávamos a ousar em experiências ainda não testadas. Houve momentos de extrema musicalidade, em que conseguíamos chegar a algo excepcional. Mas logo estava na hora de sair do palco, e, depois, comentávamos nos camarins: "Como era aquilo que tu estavas tocando?" "Não lembro mais...", respondia o outro. Eram sonoridades inusitadas, muito originais, que não lembravam nada do que eu conhecia. Nico tocava algo improvisado no piano e eu o acompanhava, ou eu iniciava algo e ele respondia com uma complementação perfeitamente adequada, original e cativante. Uma música tão espontânea quanto volátil, para a qual nunca mais conseguíamos voltar.

Regra número um: espontaneidade. Regra número dois: desapego. Regra número três: confiança de que isso poderia voltar a acontecer. Se fôssemos merecedores. Se o acaso nos protegesse.

Nico se sentia muito confortável fazendo o que fazia como instrumentista. Não era um virtuose, no sentido comum da palavra, mas poucos poderiam tocar com simplicidade e consistência como ele fazia. Marco Fentanes, nosso produtor em São Paulo, me perguntou uma vez o que eu achava que era o segredo do sucesso. Eu lhe respondi: "Peça para o Nico lhe dar 'uma só nota' no acordeom e escute com atenção". De fato, eu já tinha escutado aquela nota incontáveis vezes, quando eu pedia um Lá para afinar meu violino. Aquela nota despretensiosa tinha uma consistência diferente, um mistério envolvente que eu não saberia explicar. Não era só uma nota, um batimento de frequências provocadas pela passagem do vento do fole da gaita agitando palhetas de madeira. Havia ali algum mistério. É o talento do artista que expressa para além do que a razão pode entender. Assim como a voz do Vitor Ramil, o acordeom do Nico Nicolaiewsky era encantador. Às vezes, cheio de *clusters* mágicos, num amontoado de notas aleatórias cheias de sentido e intenção. Uma valsa com esses *clusters* se transformava na imagem de uma bailarina trapezista, ou no voo de um anjo palhaço, ou na fumaça do trem que vem de longe e passa no meio do palco, cheio de pessoas abanando para a plateia, como quem passa por uma vila longínqua... Só de vez em quando... só quando o artista sugere... só quando todo mundo consegue enxergar. Na foto da nossa participação no *show* de Rita Lee, ela está com a mão no ouvido, curtindo, naquele momento, os sons do nosso arranjo para aquela música (*No escurinho do cinema*). Era aquele som especial de sempre, que Nico tirava do seu acordeom.

Esses dias, vi no Youtube uma festa de comemoração da Motown, a célebre gravadora americana que lançou inúmeros artistas negros e fundamentou a cultura afro-americana para o mundo. O ponto alto era a apresentação de Stevie Wonder, na qual, depois de arrasar em um *medley* que inclusive ficou famoso, uma sequência de suas melhores canções num encadeamento perfeito, ele deu um pequeno discurso sobre o que havia experimentado durante aqueles anos de Motown, chamando aquilo de "magia genuína". Quando ele disse isso, eu imediatamente reconheci que o que nós estávamos experimentando nos anos de Tangos e Tragédias era isto: "pura magia genuína". A poeira mágica dos antigos comediantes descendo sobre o palco dos sbørnianos. E essa capacidade natural de trazer alegria e encantamento só poderia ser perfeitamente contemplada com o conhecimento da "tragédia da condição humana". Um palhaço que morre ao salvar uma criança, deixando uma viúva e sete filhos (meu avô). Um massacre de judeus em Keidânia, onde dois gêmeos idênticos se salvam e passam o resto dos seus dias celebrando a vida no Brasil, tocando músicas folclóricas da sua terra natal (os pais de Levitan). Imigrantes da Bielorrússia fugidos dos horrores do antissemitismo que chegam sem nada e constroem uma vida, dão à luz uma prole enorme e fazem a vida no Sul do Brasil (avós do Nico).

O romantismo do Nico tinha aquele elemento pessoal. Um homem ferido, um homem com uma melancolia e uma fragilidade envolvente. Um elemento recorrente no carisma de algumas pessoas. Um artista que seduz pela sua aparente fragilidade, de quem precisa de ajuda, mas que, no final das contas, ajudou a vida de muita gente a melhorar. Ao menos no momento do *show*, com seu desprendimento para o público, com sua originalidade e seu

MISTÉRIOS DA FLORESTA

talento. Ao menos a minha vida, com toda a felicidade que trouxe às nossas famílias!

O entendimento da condição humana é o que nos instiga a investigar os mecanismos mais intrínsecos da vida. Sempre fui interessado em meditação e nas questões espirituais. Sou um sujeito místico. Me interessa investigar a experiência humana sob essa ótica. Eu já tinha ouvido falar sobre o Santo Daime, a religião que utiliza o chá indígena *ayahuasca* em seus rituais. Trata-se de um chá feito a partir de um arbusto e de um cipó encontrados nas florestas tropicais. Diz-se que todas as tribos do Oeste da Amazônia têm como costume o uso da *ayahuasca* e que, na Amazônia peruana, os incas já se valiam dessa prática. Dizem até que pode ser um costume antediluviano. O uso desse chá por homens da nossa civilização deu início ao sincretismo com religiões cristãs, por ocasião da presença dos soldados da borracha, nordestinos que adentraram a Floresta Amazônica em busca de trabalho durante o auge do ciclo da borracha, entre 1879 e 1912, revigorando-se por pouco tempo entre 1942 e 1945. Homens civilizados, treinados para extração do látex das seringueiras, entram em contato com indígenas e começam a experimentar os seus costumes. Só recentemente soube-se de pessoas saídas dos grandes centros urbanos que tiveram a experiência e tornaram-se seus fervorosos divulgadores.

Eu tinha alguma curiosidade, mas não conhecia ninguém próximo que havia tido a experiência. Até que conheci uma americana pelo MySpace, com quem comecei conversar, e ela dizia que tinha ido a uma igreja do Santo Daime em Los Angeles. Fiquei muito surpreso. Nos EUA, havia essa igreja, enquanto aqui, em Porto Alegre, eu não conhecia ninguém que ao menos conhecesse o Daime. Isso aguçou a minha curiosidade. Logo li o livro do Sting, chamado *Out of tune*, que, já nas primeiras páginas, fala sobre uma visita ao Centro Espírita Beneficente União do Vegetal, discorrendo sobre o dia em que, no Rio de Janeiro, alguém conduziu ele e sua esposa, a atriz e produtora Trudy Stiller, ao local, para participarem da sessão. E logo ele descreve, com grande riqueza de detalhes, toda a viagem e as visões que teve durante a experiência. Uma descrição com a mesma destreza do grande compositor e bardo que escreve canções definitivas para a história da humanidade. Essa leitura foi também definitiva para minha curiosidade. Passei, então, a estar mais atento a uma oportunidade que me levasse a essa experiência. Estando no Brasil, eu queria mesmo era viver aquilo na Amazônia, onde já havíamos feito *shows* no Teatro Amazonas, em Manaus. Então, surgiu um *show* do Tangos e Tragédias no Acre, e eu senti que essa seria a oportunidade.

Eu não sabia de nada que se passava lá, não tinha contato nenhum que me levasse a algum local de uso do chá, mas sabia que lá tinha nascido a seita do Daime, que se espalhara por todo o Brasil. O Acre possui um fuso-horário com diferença de duas horas para o horário de Brasília. Nosso *show* estava marcado para a meia-noite. Pensávamos que iria pouca gente, mas lá, para eles, esse horário é normal, até porque, devido a essa questão do fuso-horário, toda a programação da televisão passa bem mais tarde. Era um festival. Eu falei para minha turma que estava interessado na experiência do Daime, e, como o *show* era bem mais tarde, tinha uma chance de eu encontrar um centro que pudesse me receber. Nossa produtora, Marilourdes Franarin, estava com medo de que eu passasse mal, pois sabia-se que algumas pessoas tinham ânsia de vômito com a experiência. Ela dizia que tínhamos um contrato a cumprir e que eu não podia ser irresponsável, correndo o risco de cancelar o *show* se eu tivesse algum problema. Nico também disse que eu não devia ir. Fui para o quarto do hotel bem contrariado, cheio de dúvidas, mas ainda com esperanças de que algo me levasse à experiência.

Abri a janela do hotel, e havia algumas árvores bem frondosas, um resquício de floresta abundante. Rio Branco, a capital do Acre, não é muito grande, e o cheiro da floresta recende em muitos lugares. Então, intuí que poderia ter uma conversa ali, *tête-à-tête* com a própria floresta. Me concentrei como em uma meditação e falei em voz alta com a Floresta Amazônica, como quem fala com um novo amigo: "Ô, Floresta... veja bem... eu vim lá do Sul... bem longe mesmo... do outro lado do planeta... vai ser difícil eu voltar aqui outra vez. Eu queria tanto ter essa experiência... Se for para sair tudo bem, te peço uma ajuda para que as coisas fluam". Terminando essa conversa com a Floresta Amazônica, saí do quarto e me dirigi ao saguão do hotel. Ia dar uma caminhada na cidade. Ali, um sujeito me reconheceu e se apresentou para mim, dizendo que era um dos organizadores do nosso evento. Ele era professor na UFRGS. Eu perguntei se ele tinha conhecimento sobre as atividades do Daime, e ele disse que sim, que conhecia a diretora da "Barquinha", uma divisão do Daime que utilizava o mesmo chá em um ritual similar, e me deu o número do telefone dela. Imediatamente eu liguei do saguão do hotel para ela pedindo informações, e ela disse que sim, que poderia me receber e que naquela tarde estaria ocorrendo o final de uma romaria, haveria uma procissão para Nossa Senhora e uma sessão com distribuição do Daime, para a qual eu seria bem-vindo! Confirmei minha presença e ela me passou o endereço. Desliguei o telefone e sorri de felicidade, pensando que a Floresta Amazônica tinha me respondido instantaneamente! Avisei os amigos e fui.

Chegando lá, a procissão estava passando em frente à pequena capela da Barquinha. Todos vestidos de branco. Ouvi os fiéis entoando canções religiosas com um sotaque bem nortista, com jeito de folclore, tipo ladainha, e uma voz muito forte, concentrada, fervorosa, musical e melodiosa, que me lembrava a voz do Milton Nascimento nos seus momentos mais inspirados. Uma linda voz totalmente dedicada ao fervor espiritual e à exaltação de Nossa Senhora. Os homens usavam quepes de navegação, como marinheiros. Eram os navegantes da Barquinha. Todos levaram a Nossa Senhora para dentro do templo. Eu me identifiquei com alguém na entrada e me levaram até a mulher que havia me atendido ao telefone. Ela me deu boas-vindas e aguardamos um pouco fora do templo até todos tomarem seus lugares. Havia uma mesa grande no centro e cadeiras ao redor. Na cabeceira, sentava-se o senhor de voz bonita que liderava a procissão. Ele era o condutor dos trabalhos. Seu nome era Geraldo, e ele era filho do mestre Daniel, o fundador da Barquinha. Na hora da distribuição, ele mesmo servia as pessoas, num copinho de vidro pequeno, desses de cafezinho. Ele perguntou se eu já tinha tomado o Daime e eu falei que não. Senti um tom de solenidade na pergunta. Talvez ele quisesse deixar claro que aquilo era sagrado. Ele serviu e me deu, eu tomei e voltei à minha cadeira. Todos tomaram o Daime e voltaram a seus lugares. Geraldo retornou à cabeceira da mesa e voltou a entoar cânticos.

Alguns minutos passaram. O povo foi entrando numa sintonia maior e foi me dando uma leveza. Comecei a pensar nos meus familiares, meus avós, meus pais, minha filha, minha esposa, meus amigos... uma espécie de viagem pelas pessoas ligadas ao meu DNA, tanto o físico quanto o DNA daqueles que andam comigo e me fazem ser o que sou. Uma espécie de consciência de que "eu sou o que sou porque os que estão à minha volta são o que são". Todos somos o que somos porque a soma do que somos dá no que dá! Parece óbvio, mas era um novo ponto de vista revelador sobre isso. Passados alguns minutos, veio o Hino da Barquinha, e todos cantavam com entusiasmo. Eu via pelas expressões das pessoas que todas estavam bem envolvidas com o ritual, mas eu mesmo ainda não estava de fato viajando, como suspeitava que os outros estivessem. A sessão seguiu com novos hinos e definitivamente as pessoas estavam tomadas pela força do que faziam ali. Eu sabia pelas feições delas. Alguma coisa estava acontecendo dentro daquelas pessoas. Eu só assistia, mas, quando fechava os olhos, o estado meditativo se aprofundava... mas só isso! Não tive aquelas visões que as pessoas tanto falavam, muito menos as incríveis visões que o Sting comenta em seu livro.

Depois de quatro horas, houve um intervalo, e eu pedi para sair, por causa do *show*. Geraldo, o condutor da sessão, me convidou para voltar mais tarde, porque haveria uma festa que se estenderia pela madrugada. Agradeci e voltei ao hotel, me vesti com as roupas do *show* e fui para o teatro. Chegando lá, todos queriam saber como tinha sido minha experiência e se eu não iria passar mal no palco, como já tinha acontecido. Falei que estava me sentindo superbem. O teatro estava lotado. O *show* foi até as duas da manhã, e foi ótimo. Quando terminou, convidei o Edu Coelho, nosso engenheiro de som, para voltar comigo à Barquinha. Chegando lá, a festa ainda estava rolando. Entrei na fila de novo e tomei mais um copinho do chá.

Os devotos estavam todos embalados pela música e dançavam de forma circular debaixo de uma choupana também circular, sustentada por uma viga ou poste de madeira. Eram pessoas simples, da periferia da cidade de Rio Branco, muitas com traços indígenas. Alguns dançavam com trejeitos de gnomos da floresta. Depois, eu soube que a Barquinha inclui traços de religiões africanas, havendo espaço para pretos-velhos, caboclos indígenas e outras entidades, o que seria muito natural naquela região. Falava-se bastante dos Ashanincas, tribo indígena conectada com os incas.

Geraldo me falou sobre seu ofício ali como líder espiritual, e não gostava que o chamassem de mestre. Durante a semana, ele trabalhava na prefeitura de Rio Branco como chefe de obras, operava tratores e máquinas pesadas. Me mostrou a tumba de seu pai, fundador daquele centro espiritual, que ficava na entrada do terreno, num mausoléu original, branquinho, simples, cheio de devoção, onde os restos mortais descansavam dentro de uma barquinha. Me falou das mirações, dos seres de luz, que não são necessariamente seres iluminados por grande sabedoria ou grande evolução espiritual, mas apenas seres feitos de luz, ou que existem numa faixa de luz que passa a ser percebida com a utilização do Daime. Eu estava sentado conversando com um auxiliar de Geraldo e, de repente, aquele estado meditativo se aprofundou em mim. Fechei os olhos e vieram as imagens. Foram imagens suaves vindas do fervor religioso daquela gente simples, mas imagens muito vívidas, que eu ainda não havia experimentado em minhas meditações.

Nico não estava interessado nessa experiência, e, durante o dia, ministrou um *workshop* para alunos de Música na Usina de Arte João Donato. Lá, ele cantou sua composição *Flor*, que era um sucesso no Rio Grande do Sul, mas, com o sotaque nortista dos alunos, aquela música, para mim, encontrou o seu lugar definitivo. Ao meio-dia, fomos almoçar, eu e ele, no centro de Rio Branco. No meio da praça central, eu lhe falava sobre uma informação que tinha lido numa revista, que dizia que, no Rio Grande do Sul, em função da grande imigração europeia, 50% das pessoas tinham informação indígena no DNA, mas que, considerando o Brasil todo, esse percentual subia para 95%. Nesse momento, Nico parou e falou, com cara de assustado: "Tamo cercado!!!".Rimos bastante!

Voltamos para Porto Alegre. Eu estava decidido a achar por aqui um centro do Daime para aprofundar minha experiência. Soube que havia um em uma cidade da Grande Porto Alegre, mas logo encontrei uma amiga que participara da União do Vegetal, um outro grupo originário de Porto Velho, Rondônia. Em poucos dias, ela me levou a uma sessão. Chegando lá, encontrei vários conhecidos que eu não tinha a menor ideia que participavam do grupo, e, lógico, todos me conheciam. O pessoal era bem diferente do grupo lá do Acre, de pessoas bem simples e da periferia. Aqui, eram pessoas formadas, universitários, médicos, psicólogos, artistas, ecologistas, mas todos muito amistosos, me receberam com muita simplicidade e simpatia. Comecei a frequentar esse grupo, e fiquei por quatro anos aprofundando minha experiência, o que não significa muito, porque um dos principais amigos que fiz por lá já estava há 27 anos na turma quando o conheci.

Já vi na internet, pessoas que participam de uma sessão de *ayahuasca* e correm para fazer um vídeo explicando o quão extraordinária é a experiência. O entendimento integral dessa experiência não pode se dar apenas com uma sessão, não há nenhuma chance disso acontecer. Antes de beber o Daime no Acre, eu havia lido dois livros importantes que me esclareceram muito sobre esses aspectos científicos. O primeiro foi *The cosmic serpent*, de Jeremy Narby, e o outro foi *DMT: the Spirit Molecule*, de Ricky Strassman, recentemente traduzido para o português. São livros muito esclarecedores, foi bom tê-los lido. Muito embora eles até atestem que o chá é benéfico e mesmo recomendável para a saúde, os autores não esclarecem o suficiente sobre os benefícios do seu uso contínuo no nível psicológico, ou seja, tudo que alguém pode dizer sobre essa experiência nunca será suficiente sem a sua prática. Por isso, acho que, além da psicoterapia, o acesso ao chá de *ayahuasca* também deveria ser parte dos direitos humanos, no sentido de que as pessoas deveriam ter o direito de saber que "esse ponto de vista" existe, e que ele traz esclarecimentos, entendimentos sobre a dinâmica do cérebro, das ilusões humanas, sobre a amplitude das dimensões que um indivíduo pode conceber, sobre o manejo de conflitos de todas as espécies.

No ano seguinte, fui convidado a conduzir um curso e um *workshop* na Usina João Donato, por duas semanas. À tarde, daria aulas para o grupo de música, e, à noite, para o grupo de teatro. Lá, tive novas e intensas experiências com o chá. Muito depois, li *Cartas do Yage*, de William Burroughs e Allen Ginsberg, um interessante relato dos dois escritores da geração *beat* que foram para a Amazônia na década de 1960 exclusivamente para terem a experiência com a *ayahuasca*. Os dois, conhecedores e pesquisadores de todo tipo de drogas, reportam o quanto passaram mal! Nota-se quão inútil foi a experiência para eles em termos do potencial que poderiam ter alcançado. Especialmente para Burroughs. Em busca de uma droga que aumentasse a sensibilidade telepática (o que é real) e que promovesse a expansão da consciência (idem), esqueceram que há prerrogativas importantes para que não sejamos atropelados pela "violência de nossa própria condição humana". Conforme seus relatos, eles, assim como quem se aproxima do sagrado sem o devido preparo, passaram pela experiência como quem utiliza uma droga qualquer, aparentemente, pelo que escrevem, sem o benefício de uma experiência conduzida da forma adequada. Embora relatem os efeitos do chá, demonstram que não estavam prontos para a plenitude daquela experiência. Os dois já havia tomado outras drogas, como LSD, mas nada comparado à *ayahuasca*, especialmente quando tudo está de acordo para que a experiência se dê da forma ideal, o encontro com o sagrado na sua forma mais pura.

Muitas religiões convencionais, como cristianismo, budismo, islamismo, espiritismo e cultos afros, falam – e, no caso destes dois últimos, lidam mais intensamente – com os planos espirituais, místicos e sagrados. Mas a maioria delas são baseadas em relatos escritos há milênios, de alguém que teve uma experiência mística e a registra com tal impacto que as pessoas que os leem creem neles e passam a contá-los como uma história que diz respeito a todos. Na experiência bem conduzida com a *ayahuasca*, a pessoa tem contato direto com essas dimensões, e ainda pode experimentar graus de profecia, telepatia e, especialmente, vidência, vivenciando, ela mesma, experiências que só foram relatadas por pessoas que têm essas capacidades naturais, como médiuns e videntes, conquistando, com isso, um certo grau de entendimento prático do assim chamado "mundo espiritual". Quando coloco a minha experiência de ter visto um gnomo na minha mente, há uma classificação nisso. Como mencionei antes, as imagens que vemos em nossa mente podem ter o caráter de "memória", que são impressões que guardamos de coisas que já vivemos ou sonhamos; "imaginação", que é a criação de imagens que não existem ainda no plano da nossa realidade; ou de "percepções extrassensoriais", que são eventos que acontecem muito raramente e que se destacam muito das formas colocadas anteriormente. Simplesmente aparecem no nosso campo de visão, e parecem estar fora do espectro de luz que o ser humano está programado para perceber. E também há esses eventos extraordinários que são provocados por ingestão de substâncias, como o caso da *ayahuasca*, consistindo em visões de longo alcance e longa duração, com um nível de detalhamento que pode se equiparar ao vislumbre de uma outra dimensão, tão real quanto esta em que estamos, e que, uma vez experimentada, nos leva a um grau definitivo de transformação interna.

Enquanto Burroughs e Ginsberg relatam náuseas violentas, crises de vomito, pesadelos, delírios infrutíferos e outros efeitos colaterais, na rápida passagem que tiveram pela Amazônia, minha experiência estendida a 4 anos foi absolutamente plena e transformadora. A *ayahuasca* não é uma droga para divertimento; é uma substância que os nativos utilizam para entrar em contato com o sagrado, e o sagrado nem sempre é agradável! Conduzida por pessoas capazes de fazer dela uma excelente oportunidade de expansão da consciência, e estando a pessoa preparada, como foi o meu caso, essa deve ser uma experiência realmente transformadora na vida de uma pessoa. Se estiver buscando uma experiência divertida, não vá a uma sessão desse tipo! Se você for capaz de se informar e de se preparar adequadamente durante um tempo para a experiência, tenha certeza que seu ponto de vista sobre a vida vai mudar.

Há muito o que falar sobre isso, mas aqui teremos somente este breve relato. Existem muitos livros excelentes dedicados ao tema, como os que citei acima. Minhas experiências transcendentais superam em muito qualquer mal-estar vivido durante esses quatro anos. Elas me trouxeram o conforto desse ponto de vista sobre a vida, um entendimento em que tudo se acomoda em uma matriz magnética energética da natureza, uma natureza muito maior do que a que vemos no dia a dia.

ESCUTA CONSCIENTE - ESCAFANDRISTA SINFÔNICO

Em 2010, soube que nosso vizinho, Marcello Sfoggia, teve um AVC. Ele era um mestre das gravações de música clássica. Dentista e apaixonado por música e eletrônica, foi responsável por um tipo de iniciação em minha vida. Ele fazia as gravações de todos os eventos de música clássica da cidade. No começo, era um simples audiófilo, juntando amigos para ouvir música em equipamentos de áudio *hi-fi*. Ele havia construído um amplificador especial e tinha um toca-discos com agulhas especiais. Também construiu uma parede inteira com autofalantes em sua casa, um dos seus grandes orgulhos, uma das suas "excentricidades saudáveis".

Assim, Sfoggia começou a fazer parte da organização do Festival Internacional de Corais, e ali iniciou uma nova atividade: a gravação dos coros. Começou com gravadores de rolo, mas, como ele era um audiófilo apaixonado por eletrônica, suas exigências de qualidade de som foram evoluindo mais e mais, até que ele mesmo passou a desenvolver os equipamentos. Com o tempo, construiu microfones, mesas de gravação e *mixers* valvulados. Começou a fazer gravações da Orquestra Sinfônica de Porto Alegre, e acabou tomando conta do setor, gravando todas as orquestras da cidade. Como pesquisador de eletrônica, uniu-se a Márcio Chiaramonte e ao técnico Marcos Abreu para desenvolver microfones e uma mesa de gravação espetacular, que resultou em uma era de gravações de alto nível nesta região, reconhecidas por toda a comunidade artística e até por produtores da indústria, como a Sony. Sfoggia havia gravado o disco do Tangos e Tragédias, e a gente gostou muito do resultado. Também gravou alguns concertos que eu havia feito com a Banda Municipal e com a Orquestra do Theatro São Pedro. Morava em frente à minha casa e contribuiu comigo levando seu equipamento para o meu estúdio.

Pois bem, em 2010, ele teve um AVC e perdeu todos os movimentos do lado esquerdo do corpo. No momento em que começaram os concertos, ele me chamou para ajudá-lo nas gravações. Eu topei, porque devia a ele muitos favores. Ele inclusive tinha gravado muitas sequências da trilha sonora do nosso filme *A festa de Margarette*, que não tinha orçamento, mas ele não se importava com isso quando sabia que a música seria de qualidade e que havia a chance de ter uma boa experiência de gravação. Para as gravações da Ospa, eu pegava ele da cama, colocava na cadeira de rodas e, depois, no carro. Depois, colocava todo o equipamento no carro e íamos para a gravação. A OSPA ainda não tinha sede própria, variando muito os locais dos concertos. Foram diversos teatros e igrejas. Chegando no lugar, eu levava ele na cadeira de rodas para o palco, e, dali, ele dava as instruções de como montar o equipamento e de como posicionar os microfones para a gravação de um piano, de um violoncelo, de um violino etc. Acompanhávamos o concerto ouvindo nos fones e cuidando a modulação das dinâmicas da orquestra no computador.

Certa vez, fui à sua casa e ele me ensinou a ligar todo o seu equipamento em seu estúdio, coisa que ninguém mais sabia além dele próprio. Foi quando ele começou a me dar instruções de mixagens num sistema criado por ele, associado a outros equipamentos de alta performance. Invariavelmente, as gravações ficavam ótimas. Eu chegava ao estúdio para mixar e iniciava uma nova aventura de mergulhos nas profundidades de uma nova sinfonia. Eu não era da área da música sinfônica, mas aqueles mergulhos me instigaram a prosseguir com aquilo. Uma atividade que eu estava longe de dominar se apresentava de uma forma muito intensa. Mergulhar em uma sinfonia para analisar os seus mínimos detalhes era uma oportunidade de ouro, uma vivência com a música clássica que eu ainda não havia tido. Talvez isso me trouxesse dados equivalentes à faculdade de Música que eu não cursei. Na verdade, não tive sequer a curiosidade de pesquisar sobre isso na época em que cursava Filosofia. Música clássica não era uma opção. No Brasil, não se conhecia ninguém que pudesse ser uma referência para a minha geração nesse estilo. Várias gerações de brasileiros seguem perdendo a oportunidade de se aproximar de diversas correntes da criação musical. E considero que essa área das artes, em termos de nível de elaboração dos elementos, é a que mais se aproxima da ciência e a que mais desenvolve conceitos e elementos técnicos em termos de desenvolvimento cerebral. São muitas as habilidades que precisam ser adquiridas para que uma pessoa se considere apta a fazer parte de um concerto sinfônico.

Passei sete anos gravando, todas as semanas, os concertos oficiais da OSPA. Sempre acompanhado de D. Luizilla, esposa de Marcelo Sfoggia e que dos 82 aos 87 anos fazia um trabalho de distribuição dos cabos dos microfones por toda a extensão do palco onde determinada orquestra estaria se apresentando. Fiquei muito amigo de D. Luizilla. Como vizinhos, estamos sempre a trocar informações e filosofias. Acompanhar a gravação do concerto escutando tudo através de fones de ouvido com o som processado por uma mesa de alta qualidade já era uma grande experiência, mas levar essa gravação para um estúdio cujos equipamentos haviam sido construídos especificamente para o processamento daquele tipo de evento acústico colocava tudo dentro de uma perspectiva de qualidade de som que eu ainda não tinha experimentado. É o tal "escafandrismo sinfônico" a que me refiro. O espectro de frequências sonoras em um equipamento de áudio *hi-fi* é bem maior do que usualmente ouvimos em equipamentos comuns. No momento em que você começa a escutar uma música em *hi-fi*, uma parte deste universo de frequências em que vivemos passa a fazer parte da sua vida. O seu sentido da audição se expande, trazendo uma expansão da sua consciência. Você torna-se consciente de frequências que não percebia, e isso não ocorre só com os sons ou a música, mas também com tudo que você pode associar a esses sons e a essas frequências. Você não percebe certas frequências escutando música em equipamentos que não conseguem projetar o som com a plenitude do áudio *hi-fi*. Por exemplo, os arquivos em MP3 são arquivos comprimidos; isso quer dizer que um arquivo de som, para fluir com rapidez na internet, tem que ser comprimido, de forma que, na matemática digital, ele fica menor e consegue rodar em *players* de *streaming*, que são equipamentos digitais em uma página da internet para se ouvir música. Se o arquivo for muito grande, ele tranca, porque os equipamentos precisam de mais processamento. Mas, na internet, tudo tem que ser rápido. Por isso a matemática digital corta frequências de um arquivo de som, como uma música qualquer ou uma sinfonia. O arquivo de som comprimido fica bem menor para caber em um arquivo como um MP3. Esse corte de frequências desvirtua o arquivo original. São sutilezas que vão se perdendo, e o ouvido humano vai se acostumando com um som de menor qualidade, até não saber mais distinguir, porque o cérebro registra só aquele espectro menor de frequências. Mas a pessoa que cria o hábito de escutar áudio em equipamentos de alta fidelidade aprende rápido a distinguir o que ela realmente está perdendo em termos de frequências sonoras quando ouve um arquivo de som comprimido. Até existem áudios comprimidos de ótima qualidade, mas certamente não são a regra. Um exemplo são os novos lançamentos de músicas pelos críticos americanos no *site* do *Times*, que deve ter *players* de alta performance. Mas normalmente se perde muito em um arquivo desses para a internet, embora a tendência do universo digital seja sempre se aprimorar. Ou seja, de alguma forma, será possível, mais cedo ou mais tarde, emular as mesmas qualidades de um arquivo de som em sua plenitude quanto ao espectro de frequências. Mas em 2019, isso ainda não acontece em larga escala.

O estúdio do Sfoggia é bem pequeno; cabem duas pessoas. É uma sala adaptada, cheia de suas invenções valvuladas, de seus pré-amplificadores, compressores e placas de som convencionais turbinadas com *chips* de alta qualidade de som. Eu entrava no estúdio de mixagem com essas gravações sinfônicas com a pesada tarefa de dar conta de um trabalho que vinha sendo feito há 30 anos. Ele gozava de uma elevada estima entre a comunidade artística, todos reconheciam a grande qualidade do seu trabalho. Minha tarefa era dar conta de manter a qualidade. Eu assumi a missão e me aprofundei na questão. Os primeiros dias foram pesados. Embora ele tivesse me dado todas as dicas e ainda estivesse ali para validar as mixagens, eu realmente não dominava aquilo, ainda não sabia avaliar corretamente minhas mixagens.

Assim, meu trabalho de escafandrista sinfônico se iniciou. O primeiro mergulho era no momento da gravação, durante o concerto ao vivo. Depois, no estúdio, mais um mergulho para mapear a mixagem, fazendo marcas ao longo da gravação onde fosse necessário. Depois, outro mergulho com a própria mixagem, que é feita de forma analógica, não permitindo que o computador faça seus cálculos convencionais, porque isso traria o risco de uma simplificação matemática insensível da robótica. Assim, compasso a compasso, acompanhando com toda a atenção e com toda a entrega possível para análise das necessidades de uma composição com alto grau de complexidade, passam a ser conduzidas numa espécie de ritual de proteção à integridade da obra. Logo, estava eu absolutamente mergulhado em uma obra de Beethoven, ou de Mahler, ou de Villa-Lobos, Carlos Gomes, Rachmaninov, Prokofiev, Guerra-Peixe, ou dos novos compositores, interpretados por incríveis solistas brasileiros e internacionais. Nos primeiros anos, isso me mostrava uma uma realidade terrível da nossa cultura musical no Brasil: "como somos ignorantes!" Cada vez que conhecia uma nova sinfonia de um grande compositor, eu pensava: isso existe há mais de cem anos e nem eu nem 99,9% do povo brasileiro fazíamos ideia... Pensava que especialmente as crianças brasileiras precisavam conhecer tudo isso com a maior urgência possível.

Eu ficava realmente satisfeito ao findar uma mixagem. Cheio de surpresa com a criatividade dos compositores, cheio de novas conquistas musicais no meu arquivo de conceitos artísticos. Além do mais, há uma certa sensação de poder, de estar manipulando e conseguir dar um acabamento muito qualificado a um material com o qual quase uma centena de pessoas se envolveu na tarefa de executar algo com tamanha complexidade. Era incrível entregar aquilo em alta resolução, devido à alta performance do equipamento e do conhecimento musical do Sfoggia.

Ele contava que seu pai, italiano, obrigava os filhos a ouvirem ópera desde criança. Eu adquiri esse prazer de ouvir música sinfônica no contato com ele e com a prática semanal de gravações desses concertos. Ainda estou longe de ser um conhecedor de música clássica, mas conheço muito mais do que antes, e muito mais do que muita gente, tanto no Brasil quanto em qualquer país que tenha esse costume. Nesses sete anos, adquiri alguma experiência, e muitas dessas gravações que fizemos poderiam fazer parte de trilhas de cinema ou mesmo de produtos da indústria da música clássica, isto é, se ela existisse no Brasil. De qualquer forma, é um conhecimento que me foi presenteado por esse fazer, e que coloco em prática hoje em tudo que faço. E não só na área da música; posso afirmar que sou um sujeito modificado depois que entendi a função da orquestra e a importância desse tipo de obra de arte no contexto musical.

Eu já conhecia algumas obras famosas, como, por exemplo, o concerto nº 1 para violino e orquestra de Tchaikovsky. Tinha um disco somente para cultura geral... aquela coisa: tanto se fala que vou ouvir isso... Mas um dia, veio a Porto Alegre um solista russo chamado Fedotov, um cara de formação e linhagem, filho de um maestro que foi professor do nosso amigo Tiago Flores, na época diretor artístico da OSPA. Gravamos esse cara, e então... me caiu uma ficha enorme, e eu entendi essa obra do Tchaikovsky de outra forma! O grau de detalhamento, a forma como ele, um russo, entendia e interpretava aquela obra, como se fosse parte do seu folclore, de sua gente, parte das características de seu povo, algo como a "natureza russa" se pronunciando pelas mãos daquele solista extraordinário. Eu me arrepiava até o couro cabeludo ao entender as passagens musicais, o seu discurso romântico e russo. E me emocionava ao reconhecer a importância daquela obra para a humanidade, ao reconhecer onde havia chegado o grau de complexidade do ser humano, com a capacidade de plasmar uma obra daquela qualidade emocional em uma sinfonia que continuará sendo tocada como exemplo de excelência e das melhores qualidades da raça humana. Eu me sentia grato por ter a oportunidade de estar ali naquele dia e, ao mesmo tempo, entendia por que "somos assim como somos" e por que "os russos são assim como são".

A música é uma linguagem de revelações, porque os diversos estilos de ser humano se expressam através dela, deixando claro traços de suas raízes, da sua natureza local. É sempre a natureza que está se manifestando em absolutamente todas as manifestações humanas. É a natureza humana! Os folclores das nações, as manifestações tribais, tudo isso são formas de expressão da própria natureza, no caso, a natureza humana, se manifestando de forma criativa. Assistir a um concerto como se ele fosse, em última instância, "uma expressão da natureza" é algo que pode dar um sentido muito maior para esta rápida experiência que é a vida! Dentro do sistema sociocultural, podemos analisar o estilo de um ou de outro sob o prisma do ego do compositor, dos estilos pessoais dos compositores, dos solistas e dos maestros que emprestam suas visões nas suas interpretações, ou até na "recepção interativa" de determinada audiência de uma nacionalidade qualquer. São peças da natureza destacadas da sua matriz. Mas, em última instância, todos nós somos a natureza fazendo música, e também somos a própria natureza escutando música! Não haveria esse grau tão grande de elaboração criativa se não houvesse a contraparte da apreciação, ou seja, a plateia, que é composta por seres humanos naturais. (Um dia haverão robôs na plateia, mas ao menos não temos evidências de que isso ocorra nos dias de hoje.)

Pelo lado social e político, a orquestra sinfônica é um grande exercício de democracia. O planejamento feito pelo compositor da sequência das notas e o revezamento dos instrumentos que ora falam, ora escutam, ora acompanham, ora fazem o tema principal e ora tocam todos juntos para formarem uma grande harmonia consciente podem ser entendidos como um grande exemplo de "harmonia democrática". Todos têm um espaço planejado e cumprem uma função para que o resultado final seja o resultado de um todo. Num concerto, nem o maestro, nem o solista, nem um indivíduo qualquer da orquestra pode sentir-se o único responsável pelo sucesso de um concerto. Todos o são. Neste sentido, todos compartilham o sucesso, com menor ou maior grau de responsabilidades.

Dentro da complexidade de uma orquestra, todos em ação transformam o evento de um concerto em uma verdadeira "usina neuronal", com cada músico pondo em atividade suas capacidades cerebrais para tocar seus instrumentos, cada elemento da orquestra dando conta de ouvir, tocar e estar em sincronia com a batuta do maestro. Isso configura a orquestra como um grande "cérebro coletivo". Todos abaixo de um plano, uma "master mind", que é "o compositor e sua obra".

A partir do movimento criativo desse sujeito chamado "o compositor", uma infinidade de consequências, uma série de eventos para além de sua obra se realizam, como uma reação em cadeia. Primeiro, há os professores e alunos de uma infinidade de classes de Música. Depois, vêm as faculdades, para que aspirantes que estudam mais do que muitos outros (só um curso de piano demora oito anos!) consigam se transformar em profissionais, solistas, membros de orquestras ou professores. Com isso, estruturam-se os teatros, com incontáveis postos de trabalho, desde a bilheteira até o diretor, passando por equipes técnicas, de manutenção, programadores, administradores e empresários de grupos de artes performáticas, dando origem à indústria do *show business* e aos negócios do mundo do espetáculo. Com o desenvolvimento tecnológico, veio toda a cadeia produtiva da indústria tecnológica ligada ao espetáculo: fabricas de equipamentos, microfones, caixas de som, autofalantes, indústrias e lojas de instrumentos musicais e equipamentos de iluminação. Sem falar em outros incontáveis postos de trabalho que dão suporte ao evento do espetáculo, incluindo até mesmo os motoristas dos caminhões que carregam os equipamentos, os carregadores dos equipamentos e as equipes que se formam para operar o som e a luz. E tem mais... os estúdios implantados em todo o planeta com o propósito de gravar música com equipamentos específicos, as mesas de som, os programas de computador para gravações, os microfones, as fábricas de cabos para microfones e até mesmo espaços para ensaios. Sem esquecer os incontáveis postos de trabalho para a indústria da televisão e do cinema, que gravam e veiculam imagens dos concertos para televisões em todo o planeta. A cadeia produtiva da música é imensa. Com uma lista tão grande de atividades ligadas a esse setor da economia, não seria louvável que o governo incentivasse o desenvolvimento econômico dessa área?

Quando uma pessoa fala mal de leis que incentivam um setor produtivo de um país que tem um potencial enorme a ser explorado, que tem uma história internacional superbem-sucedida e uma infinidade de estilos a serem explorados ao longo do vasto território nacional para desenvolver e gerar riquezas, essa pessoa pode estar cometendo uma grande injustiça, baseada em discursos distorcidos de quem luta pelo poder político com golpes baixos. Artistas como, digamos, Stevie Wonder ou Frank Sinatra geraram mais riqueza para seus países vendendo sua música em todo o planeta do que muito industrial ou produtor do setor agrícola, e até mesmo do setor bancário. David Bowie lançou sua obra no mercado de ações! As leis de benefícios fiscais que geraram desenvolvimento econômico devem ser aplicadas na arte como são na indústria e na agricultura, pois a projeção internacional das obras pode até levar junto a simpatia pela língua e a concisão com que essa língua se coloca, como no caso do inglês, que se tornou cultura dominante através do cinema e da música, abrindo o mercado para todas as outras áreas. Em qualquer vila de qualquer lugar do planeta Terra vai ter gente vendo um filme americano ou escutando uma música em língua inglesa – ou, mais recentemente, jogando um *game* americano, cuja indústria está em franca expansão. *Um* artista traz muito mais prestígio para uma nação do que uma superindústria multinacional, que normalmente não tem uma nacionalidade definida.

Se um grande artista brasileiro tiver incentivo para vender seu produto em todas as partes do planeta, isso possibilitará que muitos outros novos artistas sigam essa trilha, fortalecendo o setor de forma tão intensa quanto outras áreas, como pecuária e agricultura. Não se pode mais, de forma alguma, olhar para o setor da música como se fazia cem anos atrás no Brasil, quando os músicos limitavam-se aos cabarés e eram considerados profissionais marginais. Chega dessa visão! Somos um setor produtivo da economia. Temos um conteúdo extraordinário a ser explorado e uma contribuição muito digna a ser dada para a economia global pelas próximas gerações, sem falar no desenvolvimento do espírito criativo da espécie humana.

Eu não poderia mais continuar com as gravações, então Marcelo Johann construiu uma mesa nova baseada nos mesmos princípios do Sfoggia e começou a gravar dentro do mesmo sistema. Ele foi a Nova York e deu uma palestra na Audio Engeneering Society, Convenção Internacional de Áudio, deixando lá registrado todo o sistema criado pelo Marcello Sfoggia.

MÚSICA E PSIQUE - ORGANISMO RESSONANTE

Minha experiência com o livro de R. J. Stewart *Música e psique: as formas musicais e os estados alterados de consciência* me tocou profundamente desde o início da década de 1980, quando o Fabio Mentz havia me apresentado ele. Nós líamos, discutíamos e fazíamos os exercícios de vocalização propostos pelo autor. Eu faço esses exercícios até hoje, e sinto grandes benefícios. Fez parte dos meus cursos de busca do "organismo ressonante" do artista. Especialmente depois que passamos a ter como preparadora vocal a nossa fonoaudióloga Ligia Motta, comecei a perceber melhor a vibração de minha voz nas palmas das mãos e até nas pernas. Eu sou um "organismo ressonante". Com ela, fazemos preparação durante todos os dias de uma temporada, e sempre procuramos observar seus princípios na estrada. Aplicando isso ao nível da percepção na música de concerto gravada com áudio de alta fidelidade e ouvida de forma consciente, ou seja, ouvida e percebida pela consciência, e não apenas pelos ouvidos, na minha experiência, posso afirmar que leva a uma expansão da consciência. De forma geral, todo tipo de música pode levar a um certo grau de expansão da consciência, especialmente porque ouvir de forma consciente coloca nossa consciência em contato com a consciência do compositor.

Uma composição é "uma expressão da consciência do compositor". Ele escolheu aquela sequência de notas conscientemente. Algumas vezes, essa sequência a ser composta nos vem tão instantaneamente, como num *flash* intuitivo, que chamamos isso de "inspiração". Quando a sequência de notas nos inspira a algo sublime, chamamos de "inspiração divina". No meu entendimento, esse tipo é uma informação acessada nas camadas mais altas da nossa consciência. E nós, quando escutamos essa composição, estamos em contato com a expressão da consciência desse compositor. Uma composição é, no meu entendimento, um pedaço da alma do seu compositor. Ela pode ser executada daqui a dez mil anos ou para sempre, pois é eterna, uma vez que está na dimensão eterna da consciência.

MICROTUBULAÇÃO

Quando entrei em contato com as teorias dos cientistas Stuart Hameroff e Roger Penrose, tive a certeza de poder cruzar minhas considerações sobre a consciência com as deles. Eles afirmam que a consciência flui por microtubulações dentro das células. Isso me leva direto à experiência da "escuta consciente" de música. O ponto principal dessa experiência de escuta musical é quando consigo replicar instantaneamente o que estou escutando, como se eu estivesse reagindo ao estímulo sonoro replicando-o na minha estação de consciência, que é o meu próprio corpo, que são minhas células, onde estão as mitocôndrias que contêm esses microtúbulos cheios de consciência. Como se fôssemos feitos de água... e somos! Como se os estímulos sonoros criassem ondas sonoras em nossas águas... e criam! Além do mais, essa teoria está em perfeita sincronia com o que eu havia estudado em Sedona em 1995, com os grupos de J. J. Hurtak e sua Academia para Ciência Futura. O ideal é que você, leitor, veja por si mesmo. Não se baseie em uma interpretação minha. Busque as teorias desses três cientistas; vale a pena e vai enriquecer sua visão de mundo.

Fui convidado a levar esse discurso ao TEDxUnisinos em 2017. Eu estava chateado com as colocações dos caras da Singularity University, dizendo que não consideram a existência da alma. Nessa palestra, acabei minha fala afirmando que, como artista, faço minhas criações musicais a partir de minha consciência associada à minha alma, que dedico meu trabalho à consciência coletiva e associada à alma coletiva e que não preciso de nenhuma teoria para comprovar a existência da alma porque, como artista, não preciso provar nada; quem precisa de provas são os cientistas.

Alguns temas que se originaram na ciência já extrapolaram essa área e são tão presentes hoje que existem até numa infinidade de conceitos populares, como a vasta área da física quântica. Isso é muito válido! Embora muitos cientistas achem que o tema deve ficar restrito à arena científica, na minha avaliação, dessa infinidade de conceitos surgirá um consenso. Os cientistas abriram tanto esses temas que qualquer pessoa hoje pode e deve pensar sobre isso. São conceitos que não pertencem mais ao domínio da ciência, que devem estar dentro das famílias, junto aos mais insignificantes afazeres domésticos.

Sobre a consciência, preciso acrescentar que considero esse aspecto tão pouco estudado e perseguido pela ciência tradicional e, por outro lado, tão investigado por filósofos e por espiritualistas que acho ótimo que seja um assunto debatido sob diversos pontos de vista, pois aí reside a possibilidade de encontros essenciais desses conceitos. Eu mesmo teci para mim um conceito sobre a consciência, e a considero sobretudo uma "faixa de compartilhamentos" de conceitos, sabedorias e entendimentos. Se há algo que guardo em minha consciência e se esse algo está na consciência de outra pessoa também, então é um conceito consciente que estamos compartilhando, algo abstrato, que não tem propriedade. Por isso, em consciência, somos todos um só. Daí advém a hiperconsciência, fenômeno ligado aos conceitos de onisciência e onipresença. Embora haja poucas informações sobre isso, mesmo na internet, a hiperconsciência consiste naqueles 90% que faltam quando a gente canta a música do Raul Seixas que diz "Saber que é humano, ridículo, limitado e que só usa 10% de sua cabeça animal..."

Saliento que tudo isso são posições exclusivamente minhas, com o simples propósito de suscitar reflexões sobre o tema. Não estou contestando o heliocentrismo, nem a ida do homem à Lua, nem mesmo os neoterraplanistas. Sou apenas um pensador prático que, há 40 anos, se dedica diariamente a entrar na área da consciência e examinar com minha pequena mente o que se passa nela. Todos os dias da minha vida, coloco meu sistema neuronal a serviço de uma investigação interna. Também leio muito sobre esses assuntos, o que de forma alguma me coloca numa posição de autoridade sobre o tema. Se compartilho uma experiência, na minha própria avaliação, muito positiva na minha vida, é porque talvez ela possa ter alguma validade para alguém que esteja lendo este livro, da mesma forma que eu me beneficiei lendo depoimentos de outras pessoas. Hoje, meados de março de 2019, tenho 60 anos, sou músico e artista, e só agora me dou conta de que dediquei mais tempo da minha vida à meditação do que à música.

A escuta consciente é uma chave de ativação do ouvido de Deus, nestes tempos em que o olho de Deus foi usurpado por organizações suspeitas de quererem conduzir a economia e o poder para atingirem seus próprios interesses, manipulando a consciência das massas.

GATOS

Somos gateiros. Em uma ocasião, já tivemos mais de 50 gatos. Temos gatil. Começamos com um, o Pompeu; depois vieram os outros 49. Na nossa segunda casa, tínhamos uns 20, e, quando chegamos na casa em que vivemos atualmente, já havia cerca de 15 gatos que ficavam perto de uma pedra grande aqui no Morro do Osso. Alguém os alimentava. Na época, eles foram chegando perto da nossa casa, começaram a entrar e a se multiplicar, e foi uma loucura! Mais tarde, a Regina Becker Fortunati, que é nossa amiga e, no momento, deputada estadual dedicada à causa animal, nos acudiu. Pedimos ajuda ao centro de zoonoses. Eles vieram, levaram muitos deles, que eram gatos ferais e só podiam ser pegos em armadilhas, castraram e trouxeram de volta. Com o tempo, a população foi caindo, e hoje estamos estacionados em 11 gatos.

Só há alguns dias pude medir a frequência que nossa gata Binah faz com o seu ronronar: 27,7 hertz. Muito grave. Diz-se que gatos ronronam entre 22,4 e 30,2 hertz, e fazem isso para expressar satisfação. O ronronar da nossa gatinha está na nota Lá grave e é bem estável, ou seja, ela não ronrona em 30 ou em 20 hertz, mas sim especificamente em 27,7 hertz, com variações muito pequenas. O limite do ouvido humano, isto é, a nota mais grave percebida pelo ser humano é em 16 hertz. Pude constatar isso através do meu afinador. .

Podemos fazer uma associação com os geradores de frequência da medicina moderna, especialmente aquela desenvolvida por Royal Raymond Rife, um médico americano que criou um sistema para eliminar vírus e bactérias expondo-os a uma determinada frequência, tendo como fonte um gerador de frequências. Ele criou microscópios que, na época, não existiam, para observar as colônias de bactérias. Ao direcionar essas frequências para uma colônia, observou que o comportamento das bactérias mudava: ficavam agitadas e acabavam por ejetar matéria de dentro de si, numa espécie de explosão espontânea. Percebeu que, assim, a colônia morria e a doença desaparecia. Curou milhares de pessoas, entre elas, 14 dos 16 pacientes com câncer que foram tratados por ele. Foi boicotado e impedido de praticar a sua medicina., muito provavelmente por agentes da indústria farmacêutica que estavam desenvolvendo remédios com os quais dominaram o sistema financeiro justo como é no dia de hoje. Nos últimos anos, esse tipo de terapia voltou à tona, e encontramos, eu e Heloiza, terapeutas que utilizam esse método.

Voltando aos gatos, esse animal, que já foi até amaldiçoado na Idade Média, por suas características magnéticas, e até hoje sofre preconceito, é um biogerador de frequências. Na verdade, todos os seres vivos o são. As pessoas, por exemplo, podem levar paz ou mal-estar aos ambientes. Os gatos protegem seus donos, é lógico, porque estes os protegem e garantem a sua sobrevivência. Todos os animais domésticos têm esse dom magnético. Hoje nós temos muito menos gatos do que já tivemos, às vezes sentimos falta dos amigos peludos de estimação, mas também é bom termos o mínimo no momento.

TEIXEIRINHA

O projeto Teixeirinha Memória Nacional foi proposto pela Fundação Vitor Mateus Teixeira, o escritório que administra o legado do grande artista popular gaúcho que, além de seus sucessos radiofônicos, com 70 LPs lançados, compôs por volta de 1.200 canções, vendeu mais de 100 milhões de cópias e deixou 12 filmes. Uma produção admirável para qualquer artista em qualquer parte do mundo. A família me chamou e propôs que eu dirigisse o *show*. Tratava-se de uma caravana com uma grande exposição de fotografias e exibição dos filmes que ainda estavam em boas condições de projeção, além do *show* à noite, cuja direção eu fiz.

Alguns momentos nos trouxeram clareza e consciência sobre o legado de Teixeirinha. Teixeirinha Filho, que inclusive participou dos seus filmes e é muito, mas muito parecido com seu pai, conduziu o espetáculo. Por vezes, nos telões, misturávamos imagens de arquivo de Teixeirinha nos seus filmes com a imagem de Teixeirinha Filho ao vivo, no palco, e a impressão que se tinha era de que estávamos diante do próprio Teixeirinha. Reforço que são muito parecidos! O mistério da genética ressuscitando um grande ícone das artes ligadas ao folclore.

Tivemos oportunidade de ver um *show* de Sean Lennon em um *pub underground* de Lisboa chamado Santiago Alquimista, onde ocorreu esse mesmo fenômeno. Sean é igual a Lennon, tem uma voz muito semelhante e, ainda por cima, namorava a tecladista da banda, uma japonesa! Comentei com Vitor Ramil sobre a semelhança entre a voz de seu filho Ian Ramil e a dele. Apesar de lembrar muito a voz icônica do pai, Ian, já no primeiro trabalho, aponta para uma carreira brilhante, já tendo ganhado um Grammy Latino. É legal ver nossos garotos evoluindo tão bem e dando sequência à grande bagagem de família. O mesmo ocorre com Maria Rita, Elis Regina e até os filhos de Sting. É o DNA nas artes!

Foi importante entrar em contato com todo o legado de Teixeirinha, esse grande artista brasileiro. Quem está construindo o cenário artístico de agora deveria saber tudo que foi feito antes. Artistas que produziram tanto deveriam servir de exemplo, primeiro, nas faculdades de Música e de Cinema, e, depois, até nas de Economia e Administração, independente das estéticas que adotaram.

ROCK DE GALPÃO

Rock de Galpão é um projeto que existe desde 2008. No início, formado por Tiago Ferraz e o grupo Estado das Coisas com Neto Fagundes, num projeto para a cervejaria Dado Bier. Juntos, eles faziam versões roqueiras de músicas consagradas do cancioneiro gauchesco. O nome do projeto é uma referência ao *rock* de garagem. O galpão, no Rio Grande do Sul, é o lugar onde ficam os apetrechos ligados à lida campeira, onde se faz o fogo de chão, ao redor do qual se toca a gaita e o violão, se improvisam as pajadas, enfim, onde nascem as mais genuínas expressões do folclore local.

Em 2008 eles me chamaram para dirigir o projeto de gravação do DVD. Alguns colegas me procuram às vezes para ajudar a dar forma a um trabalho de música. Pensam, inicialmente, que eu possa ajudar com o roteiro, a cena, a luz, o cenário e os textos, mas eu só consigo trabalhar com esses aspectos depois de ter trabalhado com a música. Para mim, a música é sempre o início de tudo. Ouvi o primeiro CD do *Rock de Galpão* e falei que toparia se pudesse mexer nos arranjos e rever todo o conceito musical do projeto. E eles toparam! Foi mais um trabalho no qual mergulhei com toda a minha alma!

Analisar a construção da música brasileira feita no Sul do Brasil foi uma grande oportunidade para mim. Mergulhar nesse repertório, descobrir lindas canções que poderiam encantar qualquer pessoa, reconhecer e poder dialogar com as expressões populares do interior do Rio Grande do Sul, tudo isso trouxe uma grande riqueza para o meu conhecimento musical. Essa expressão da música brasileira ainda não ganhou a devida atenção no contexto da MPB. Em relação à grande quantidade de festivais e de compositores em atividade nessa área, são poucos os gaúchos que fazem parte da lista e que obtiveram reconhecimento nacional.

Segue abaixo o texto do primeiro DVD do *Rock de Galpão*.

Nesta época das tão faladas mudanças climáticas, a natureza humana também se expressa mostrando suas transformações. Na tarefa de revolver os clássicos dos folclores campeiro e urbano, descobre-se novas formas de cantar o amor à terra. Assim, o HiperPampa se desvenda na forma de cantar de nossos artistas. Os que colocam o seu talento a serviço de uma dimensão maior para cantar o seu amor à terra.

O velho acordeom campeiro de Paulinho Cardoso ressoa no HiperPampa e ecoa nos universos paralelos, unindo seus harmônicos aos bandoneons do tango pop. *"Minha guitarra é meu povo, companheiro!", grita Neto Fagundes, nos versos já tradicionais do jovem Fogaça. E a guitarra turbinadíssima que soa é a de Rafa Schuler, aluno de Frank Gambale e de Bill Fowler (da banda de Ray Charles) na Los Angeles Music Academy. O baixo de Davi Fontoura e a bateria de Guilherme Gull, afinados num complô vital, soam como a ressuscitar a locomotiva de um trem minuano, que chega aos tempos de hoje movido a energia solar. Enquanto isso, os espaços de Mestre Kó preenchem os espaços da canção, como quem prevê a descoberta de uma nova nebulosa com gases ultracoloridos.*

Jaime Caetano Braun, reencarnado na nova geração de deus filhos e netos pajadores, se manifesta quando Tiago Ferraz conta a pajada O buchincho. *Humor gaudério de finíssima inteligência e puro lirismo sob um céu* heavy metal, *com guitarras e gaita falando a mesma linguagem. Os versos de Nico e Bagre Fagundes para* Origens, *um verdadeiro clássico moderno do folclore gaúcho, e um texto sobre o chimarrão pelo seu próprio punho, mostram a legitimidade da herança familiar (hoje, os maiores expoentes do folclore gaúcho) de Neto Fagundes, que, no encontro com a missionária de Tiago Ferraz, fazem o serviço de preservar o folclore dentro de uma forma contemporânea. Assim como outros artistas brasileiros que trazem no seu canto mágico e contemporâneo as coisas incríveis do folclore de suas regiões, Neto Fagundes, no encontro com a banda Estado das Coisas, nos traz, da fronteira do Alegrete, o HiperPampa. Excelentes músicos capazes de entender a sua natureza e de se situarem no seu tempo de forma adequada. Uma música cheia de esperança. Um conceito aberto para o diálogo universal, com influência de todo um passado cultural, mas de frente para o hiperespaço.*

O projeto ganhou ainda mais força por causa da seleção das músicas, todas de grande sucesso no ambiente do nativismo. Foram escolhidas canções desde os mais reconhecidos nacionalmente, como Teixeirinha e sua *Querência amada*, para a qual propus um arranjo repaginando a canção sem mexer na sua essência, até os mais regionais, como Gildo de Freitas com *Eu reconheço que sou um grosso* (que, na versão roqueira, lembra as composições do Raul Seixas). Passando também por outros contemporâneos, como Mário Barbará e Elton Saldanha, que são ícones nos meios da música gaúcha e atingem um número muito grande de fãs.

Minha sintonia com a banda foi imediata e irrestrita. Todas as ideias que surgiam para serem reordenadas em novos arranjos eram imediatamente processadas numa boa velocidade. Consegui rapidamente reconhecer os grandes talentos da banda e organizá-los de forma a trazer para fora todo o potencial que o grupo oferecia. A associação com Neto Fagundes legitimou meu mergulho no folclore gauchesco de forma decisiva. Inclusive com a participação do pai do Neto e do mitológico Bagre Fagundes, um dos compositores do *Canto alegretense*, um outro hino gauchesco.

Abrindo um parêntese, certa vez encontrei o Bagre Fagundes no aeroporto de Porto Alegre, e ele me contou uma história sobre meu pai que envolvia um jogo de futebol entre o Grêmio e o Santos de Pelé. Meu pai era volante do Grêmio, e tinha a responsabilidade de não deixar o jogo avançar para o seu campo. Bagre, naquele dia no aeroporto, contou em detalhes o jogo, dizendo que meu pai havia neutralizado o Pelé! Depois, perguntei ao meu tio, que era jornalista esportivo na época, e ele disse que eu saí em uma manchete na *Folha Esportiva* dizendo: "Foram ver Pelé e viram Léo". Contei isso aqui para mostrar como as coisas se cruzam e se recruzam nas nossas vidas.

O líder do grupo, Tiago Ferraz, o cara cujo pai eu conheci aos meus dez anos num jogo de botão de adultos em Giruá, conseguiu colocar pra fora toda uma vivência de música do interior do estado, legitimando o seu sotaque missioneiro e fortalecendo a identidade do grupo. Eu via isso nele. Eu conheço o "sujeito do interior do estado que foi tocado pelas formas do folclore local". O grande ganho foi ver emergir de dentro de cada um deles uma voz dando legitimidade a uma expressão moderna do folclore campeiro. O Grupo Saracura, do Nico Nicolaiewsky, tinha feito muito sucesso com uma fórmula muito similar, na mistura do acordeom *pop* do Nico com as guitarras de *rock* do Zé Flávio, que já tinha tocado e composto para os Almôndegas e Kleiton e Kledir.

O baterista Guilherme Gul, muito interessado em música árabe, estava estudando com Hossam Ramzy, o egípcio que fez o arranjo árabe para o álbum *No Quarter*, a última produção do Led Zeppelin. Hossam aparece naquele vídeo do Led Zeppelin e também em algumas coletivas de imprensa da época com Robert Plant e Jimmy Page. Quando eu soube que Guilherme Gul estava estudando tabla com ele, logo perguntei: "Mas por que não estás tocando tabla conosco?" Ele se entusiasmou e trouxe as tablas egípcias, que alguns chamam de *darbuka*. Depois, Gul aprofundou sua experiência, fez diversas viagens de pesquisa ao oriente e adicionou um toque árabe nas milongas e onde fosse possível. No primeiro DVD, ele ainda não havia incorporado as *darbukas*, mas levei o meu bombo *leguero* para adicionar ao seu *set* de bateria.

A banda tem formação e origem roqueira, mas eles foram absorvendo os instrumentos do folclore. Fui descobrindo mais espaço para o acordeom, que dá o timbre gauchesco, e a fusão começou a ficar de alto nível. Os dois DVDs em que fui diretor artístico trouxeram coisas importantes para o grupo e para o contexto da música feita no estado, mas, especialmente, fizeram parte de um universo de descobertas de músicos, repertórios e amigos que se agregaram à minha caminhada. A banda começou a rodar em circuitos mais confirmados e fez *shows* para multidões.

No segundo DVD, fizemos um trabalho de imersão proposto pelo líder da banda e produtor, Tiago Ferraz, que resultou em um lindo registro. Primeiro, ficamos internados em uma fazenda chamada Paraíso Perdido. *Rock de Galpão* ensaiando num galpão! Dali, fomos para o Festival da Barranca, onde encontramos os mais relevantes compositores da música nativista, onde li a minha pajada das Missões diante de vários pajadores, incluindo Nico Fagundes e o ex-governador Olívio Dutra, que naquela noite subiu ao palco para recitar um longo verso de Martín Fierro. Gente das mais profundas tradições! Dormíamos em barracas à beira do rio Uruguai e nos dedicávamos ao registro para o projeto. A gauchada ali, churrasqueando, mateando e compondo canções sob as árvores do local, que pertence a uma família de cultivadores das tradições descendentes de Apparicio Silva Rillo, um dos grandes poetas da tradição gauchesca. Para a percussão, Tiago havia recrutado o grande percussionista pernambucano Reppolho, que tem contribuído com nomes como Gilberto Gil, Milton Nascimento e muitos outros. Ele trouxe um molho nordestino e brasileiro para esse trabalho inspirado exclusivamente no repertório gauchesco, promovendo uma grande integração. Embebidos pelo espírito nativista, partimos para a cidade de São Miguel das Missões, onde fizemos um ritual evocando a força ancestral dos guaranis dentro das ruínas de São Miguel.

A catedral de Santo Ângelo é uma cópia da igreja das ruínas de São Miguel. Para o show que faríamos por ali, aproveitamos toda a estrutura de projeções e as imagens criadas por Cláudio Ramires que estávamos fazendo para o projeto Paixão Missioneira, que havíamos formatado para a prefeitura local. Em certo momento, observávamos uma mandala na parede do Tenondé Park Hotel enquanto o dono do local nos explicava sobre seu significado espiritual. Era uma mandala guarani! Imediatamente, Rique Barbo fotografou a mandala, foi até as ruínas, fotografou as pedras e criou uma textura muito original, depois de modular o símbolo da mandala em 3D. Pela primeira vez, foi projetada na face principal da igreja o símbolo ancestral dos guaranis! O *show* iniciou com um público que lotou a praça histórica, onde gravamos uma das apresentações mais quentes do grupo. O DVD ficou lindo e com ilustres convidados, como Mário Barbará, Elton Saldanha, Neto Fagundes e eu próprio. A certa altura, foi o DVD mais vendido na FNAC, o que foi uma felicidade para nós. O *show* passou na TV local e a banda ficou bem conhecida no estado. Ainda falta a conquista nacional, mas parece estar a caminho.

No terceiro DVD, que comemora os dez anos do projeto, senti que minha presença como diretor já não era necessária, então participei apenas como convidado especial, tocando com a banda e com Hossam Ramzy. Ficamos amigos, eu e Hossam. Recentemente, ele me mandou um vídeo pelo Whatsapp onde estava gravando com Loreena Mackneet no estúdio de Peter Gabriel em Londres. Ele tocou também na trilha do filme *A última tentação de Cristo*, de Scorsese, que foi feita por Peter Gabriel. É bacana encontrar pessoas que têm essas experiências. A gente sente que são pessoas que tiveram as mesmas dificuldades que nós e que, de forma muito semelhante, conseguiram vencer os desafios das conquistas profissionais. Hossam é cientologista, e a instituição fez um documentário muito legal sobre a vida dele num projeto chamado *Meet a cientologist*. Vale a pena assistir.

Hossam nos deixou em setembro de 2019. A última mensagem que recebemos dele foi pelo Whatsapp, um dia antes da sua morte, falando em árabe, que dizia: "Eu indo ao Pampa e o Pampa indo em mim" – trecho da música de Vitor Ramil.

Dar ao cancioneiro popular brasileiro feito no Sul do país uma atmosfera de música universal tem sido uma busca e uma expressão natural de vários artistas. Ao inserir no seio das composições já consagradas um conceito que expande as características desse cancioneiro sem mexer na essência das canções, demos a elas um caráter bastante contemporâneo e refinado.

Este projeto me trouxe a grande alegria criativa de poder interagir com artistas que compreendiam a simbiose que eu propunha e mergulharam de corpo e alma dentro de uma proposta artística com um grande resultado. Assim como no projeto Rádio Esmeralda, este tipo de interação é o que me traz grandes satisfações artísticas.

CONCEITUANDO HIPERPAMPA

Imagina-se que, antes da conquista pelos espanhóis e portugueses, nesta região habitavam seres humanos que não reconheciam nenhuma das fronteiras que vieram a ser traçadas depois da colonização. O HiperPampa é o Pampa Original, antes das fronteiras políticas separarem os povos que guardavam tantas similaridades entre si. As nações indígenas não reconheciam essas fronteiras, e seus indivíduos – charruas e minuanos, índios da região da fronteira, entre os quais eu tenho antepassados – se distribuíam por toda a região. Os charruas, conhecidos como irredutíveis, aqueles que não se dobravam e não se deixavam escravizar, foram extintos! Ali estava o HiperPampa, mesclando costumes e tipos humanos que até hoje se fazem presentes.

O Pampa é uma região conhecida por envolver três países fronteiriços. Originalmente, 64% do Rio Grande do Sul, todo o Uruguai e grande parte da Argentina ficam nos Pampas. Na minha visão artística, o HiperPampa se expande para muito além da região geográfica. É uma região criativa, que se abre totalmente para as influências externas, mas preserva os traços da sua essência, fazendo-a preponderante e mostrando a sua vigorosa natureza criativa original. Assim, honra toda a essência de uma tradição, mas "de frente para o hiperespaço", incluindo todos os conceitos filosóficos e científicos que venham para expandir o sentido da vida! Com o conceito do HiperPampa, não estou inventado nada, apenas classificando uma tendência que existe desde sempre.

Lupicínio Rodrigues talvez possa ser um representante do HiperPampa. Suas letras eram recheadas de dramas amorosos, tais como os tangos que tanto foram escutados nos cabarés da rua Voluntários da Pátria, junto ao cais de Porto Alegre, em um período de muita atividade noturna e música ao vivo na cidade. Sua canção *Vingança* foi lançada primeiramente em espanhol e tornou-se um grande sucesso. Já tocamos suas canções em ritmo de tango. Com isso, não estou pretendendo inventar, apenas classificando uma tendência que existe desde sempre. É apenas uma expressão que serviu de parâmetro para um ambiente criativo. Outros já o fizeram com outras palavras. Nossos amigos argentinos do La Chicana lançaram um disco chamado *La Pampa Grande*. Nos admirávamos com a coincidência. O disco de Cláudio Levitan *Minha longa milonga* também pode se encaixar aí, pois trata-se de uma mescla entre a música judaica e a tradição gaúcha.

É a própria natureza que promove essa fusão de estilos, e isso acontece em todos os povos. A agricultura e pecuária, como encontro das necessidades mais básicas de sobrevivência, se reflete nas expressões criativas dos povos. Até poderíamos encontrar, o que seria muito engraçado, pessoas vestidas de colheitadeiras ou de máquinas industriais nestas festividades, mas normalmente elas procuram os padrões criativos da natureza, como todo o folclore em todas as nações e nas manifestações tribais do planeta.

Na oportunidade em que gravamos o DVD *Rock de Galpão* ao vivo nas Missões, fomos chamados ao gabinete do prefeito de Santo Ângelo, porque eles estavam preparando uma comemoração de Páscoa e precisavam criar algo para uma projeção mapeada na magnífica catedral da cidade. Aceitamos o pedido depois de consultar o Cláudio Ramires, uma das mentes mais criativas que conheço, que já havia feito outros trabalhos comigo. O Cláudio criou um roteiro sensacional e uma arte espetacular. Ele fez um *storyboard* que vendia o projeto. Era uma encomenda da prefeitura, mas, como seria projetada na igreja, os religiosos teriam que aprovar. Chamava-se Paixão Missioneira, um trabalho para ser feito em, no mínimo, quatro meses, e que concluímos em 22 dias. Ainda o consideramos um esboço do que poderia ser se tivéssemos o tempo e o orçamento necessários para concluí-lo de acordo com o projeto. De qualquer forma, esteve em cartaz por duas oportunidades, em 2014 e 2015, por toda a temporada da Páscoa, que incluía 11 dias. Nosso assistente de direção, Rique Barbo, fotógrafo de mão cheia, foi a Caxias fotografar as 12 estações da via-crúcis de Aldo Locatelli, que estão na catedral de São Pelegrino, uma obra de arte suprema. Rique Barbo, sob a direção de Ramires, fez recortes das figuras, que, no estúdio do Otto Guerra, receberam animações sutis. Ramires desenhou "anjos guaranis" e soldados portugueses, que foram animados para contar a saga dos índios e jesuítas nas missões jesuíticas. Para isso, escrevi uma pajada de 13 minutos.

As pajadas são uma espécie de poemas improvisados, característicos do Sul do Brasil, do Uruguai, da Argentina e do Chile. Os grandes pajadores gaúchos saíram das Missões, como Jaime Caetano Braun. Este, especialmente, deixou um grande legado em livros, CDs e vídeos. É um mestre da palavra, um verdadeiro bardo. Deveria ser estudado nas universidades, nas escolas, tal a força das imagens que ele evoca em suas palavras, tudo embalado por uma inteligência aguda e por críticas sociais. Jaime Caetano Braun é, hoje, o nome de um viaduto, mas os jovens deveriam estudá-lo, assim como os jovens ingleses estudam os seus escritores fundamentais. A fortaleza de um povo está na sua capacidade de construir uma cultura. As coisas fundamentais criadas pelas gerações anteriores deveriam permanecer como fundamentos para novos patamares do desenvolvimento civilizatório.

Na montagem desse trabalho a ser projetado na fachada da catedral de Santo Ângelo, utilizei uma trilha de composições. A praça central de Santo Ângelo lotou de gente para ver as projeções, que ficaram gigantescas. A obra de Locatelli, na sequência das estações da via-crúcis, pulsava na originalidade da sua arte e na força de expressão da sua pincelada. Os sulcos deixados pela tinta atingiam o público na dimensão dramática da sua obra. Acima de tudo, Cláudio Ramires, que é um grande pintor, soube evidenciar as qualidades das obras de Locatelli. Tudo havia passado por um tratamento de pós-produção de vídeo, com efeitos sonoros e imagens digitais feitos por Andrei de Nes, do estúdio Imersiva, de forma que a igreja parecia estar pegando fogo de verdade, num incêndio gigantesco. Tudo contribuía para um clima de envolvimento da plateia, formada principalmente por famílias que completavam as cadeiras providas pela prefeitura com suas próprias cadeiras de praia, levando seu chimarrão e seus familiares para celebrar a história da região.

No final, como era Páscoa, o momento da ressurreição ocorria quando as ruínas de São Miguel, projetadas na fachada da catedral de Santo Ângelo para a qual serviram de inspiração, se transformavam na nova catedral, a própria que estava recebendo as projeções. Ou seja, o que as pessoas viam eram as ruínas, mas, através de imagens digitalizadas, as torres da catedral emergiam, gloriosas como torres de luz, e a igreja ressuscitava de fato! O grande efeito da ressurreição dentro do conceito genial do roteiro do Cláudio Ramires.

De dentro da igreja, emergiam animações de crianças guaranis em tamanho natural cantando uma composição minha gravada pela Orquestra do Theatro São Pedro, *Quais são os sonhos*, com a soprano Bella Stone e um coral de crianças da escola Prelúdio. No final da canção, Cláudio Ramires planejou a aparição dos anjos guaranis gigantescos em animação 3D, dando a nítida sensação de serem reais. Foi um final emocionante. Aquilo que Cláudio Ramires considerava um esboço fez com que todos nós nos arrepiássemos e muita gente derramasse lágrimas. Até hoje, quando mostro no computador, as pessoas se emocionam vendo os indiozinhos cantando e se movendo no ritmo da música lenta.

Esse projeto também proporcionou às pessoas o entendimento do drama vivido pelos padres e índios, que foram massacrados, da mesma forma que outros povos são massacrados hoje pelo poder global. São os mesmos meios de disputa pelo poder e as mesmas formas de manter a hegemonia. As guerras, os massacres, o domínio e a escravidão são parte da nossa realidade, e, quando se percebe isso num trabalho de arte com um toque de refinamento como o que pudemos imprimir nesse projeto, a mensagem acaba tocando fundo a alma das pessoas. A intenção de Cláudio Ramires ao construir o roteiro era relacionar o massacre de Cristo, pelo qual se celebra a Páscoa, com o massacre dos guaranis, que, até hoje, não tem nem mesmo uma data definida para ser rememorado, ao mesmo tempo em que apresentávamos aquele sítio arqueológico não só como ruínas, mas como pedras fundamentais de uma civilização, um Patrimônio da Humanidade. Embora não houvesse nada naquela zona que sinalizasse algum tipo de processo civilizatório como o que temos agora, havia, sim, a riquíssima vida nativa, com uma história preservada até os dias de hoje por grupos que têm interesse naquela região. Tivemos contato com o grande empresário e estudioso da espiritualidade guarani Carlos Pipi. Ele nos municiou com um rico conteúdo para que construíssemos nossa história. Há pessoas que se interessam pelo resgate dos costumes guaranis, suas histórias e, especialmente, sua espiritualidade, que é bem profunda e tem pontos de convergência com questões esotéricas da atualidade.

Depois desse massacre, índios e padres ficaram à deriva pela região e, aos poucos, foram pegando empregos em fazendas e levando seus costumes para o convívio dos que começaram a dominar a área. A erva-mate, por exemplo, que era um costume sagrado dos indígenas, é hoje o hábito mais presente em praticamente todos os lares do Rio Grande do Sul, Argentina, Uruguai e também de outros países da América Latina. O grande compositor uruguaio Jorge Drexler, que compartilha estéticas e parcerias com o Vitor Ramil, declara em suas entrevistas que esses lugares compõem a "Ilexlândia", a terra do *Ilex paraguariensis* (termo científico cunhado pelo botânico francês Saint'Hillaire para a erva-mate). Acho isso bem simpático, e, de alguma forma, está alinhado com o termo HiperPampa. A "erva-alma-indígena", que era sorvida e compartilhada entre todos, hoje serve de cachimbo da paz. É de se estranhar um lar onde não se ofereça chimarrão a um visitante. É o espírito indígena mais evidente entre os costumes modernos.

Sugeri que, no *show*, os integrantes da banda usassem pinturas no rosto. Eu mesmo recebi as pinturas do artista plástico Mai Bavoso, não só como tributo ao povo indígena, mas principalmente como uma forma de evocar a sua força ancestral. Num dos *shows*, contamos com a presença de Kaaren Volkman, que tocou alfaia e cantou trechos de uma Ave Maria em guarani, que diziam ser da época do herói Sepé Tiaraju. São muitos os pontos de vista sobre essa história, e um deles fala que os indígenas eram mais favoráveis à associação com os padres, que tinham a intenção de construir uma nova sociedade na "terra sem males", do que com os bandeirantes, que vinham unicamente para escravizar.

Todos os massacres são um só, inclusive os culturais. O domínio econômico sempre traz seus representantes na área da cultura, mas como um reflexo, e não como um princípio, porque os movimentos artísticos nunca têm um fim de domínio, ao menos sobre outras nações. Quem tem esse tipo de aspiração são a política e a economia. Por mais que os americanos possam exercer esse tipo de domínio, jamais deixaremos de amar artistas americanos que trazem verdadeiras lições de vida e de avanço civilizatório. O lado positivo das invasões que favorecem povos invasores em detrimento de povos invadidos são as fusões culturais e artísticas. Como não amar Stevie Wonder, ou Sting, ou os Beatles, mesmo sabendo que fazem parte de povos dominadores? Estávamos tão encantados com as realizações artísticas de Hollywood e da música dos americanos e dos ingleses que nem percebemos que já estávamos cercados e sendo dominados por forças econômicas, políticas e, claro, também pelas forças culturais. Foi assim no domínio exercido pelo Império

Greco-Romano. Foi assim nas invasões ao Nordeste brasileiro, que trouxeram a música celta na proa das caravelas.

A saga dos guaranis foi contada no cinema no filme *A missão*, de Roland Joffé, com trilha sonora de Ennio Morricone. *Oboé de Gabriel* é uma das músicas mais tocantes já feitas para o cinema, um ambiente musical que evoca os princípios da pureza na experiência humana. Ali está a "terra sem males"!

Celebrar e cultivar um patrimônio de humanidade e sua história, assim como as ruínas de Macchu Picchu, Stonehenge, na Inglaterra, ou as pirâmides do México e do Egito, que, é claro, são muito mais imponentes e guardam muito mais mistérios, cada um classificado como um tipo de documento histórico, mas todos sendo "documentos de pedra" que contam uma parte da saga da humanidade. Foi uma grande oportunidade ter sido um dos contadores da fascinante história desse povo missioneiro através desse viés criativo, oportuno e perspicaz proporcionado por Cláudio Ramires.

ATÉ QUE A SBØRNIA NOS SEPARE

Tenho uma vasta experiência de cinema. Minha posição nessa indústria é na poltrona, assistindo!

O longa-metragem de animação de Otto Guerra e Ennio Torresan baseado no conteúdo de Tangos e Tragédias estreou no Festival de Cinema de Gramado de 2013. Vimos o filme e fizemos um *pocket show* numa noite de premiação naquele ano. Fernanda Takai estava lá também; ela tinha feito a voz da personagem Coqliqot. Depois, fomos para a casa do Nico em Gramado, que fica no condomínio Lage de Pedra e que ele havia recém construído. Eu, Heloiza, Cláudio Levitan, Letícia Sabatella e Fernando Pinto passamos a noite tocando e tomando vinho em frente à lareira. Estávamos no mês de julho, e lá faz muito frio durante a noite.

O filme demorou oito anos para ser construído. Uma animação industrial leva um tempo aproximado de dois anos, com uma equipe de 500 pessoas ou mais. O estúdio do Otto, um dos únicos que produzem cinema regularmente no Brasil, consegue funcionar dentro de uma limitação orçamentária. A equipe variou entre 12 e 20 técnicos de animação, com períodos de pausa por falta de recursos. Otto produziu muitos filmes criativos. Ennio Torresan, o parceiro com quem Otto dividia a direção do filme, é do Nordeste brasileiro, mas já morava em Los Angeles há mais de 25 anos, e tinha trabalhado no Disney Channel, acompanhando produções da indústria cinematográfica como *Bob Esponja* e outros. Hoje, ele trabalha na DreamWorks e é membro da Academia de Cinema de Hollywood.

Otto e Ennio estavam trabalhando na pré-produção do filme quando Ennio veio a Porto Alegre e casualmente tínhamos um contrato de um *show* a cumprir nessa ocasião, no qual ele poderia ver ao vivo os personagens do filme. Otto avisou Ennio sobre isso, e conta que ele ficou reticente e logo perguntou: "Mas eles existem?" Como morava nos EUA há muito tempo, Ennio não sabia que nós existíamos de verdade. Ele não conhecia o espetáculo Tangos e Tragédias. Pensava que os personagens do filme só existiam na ficção. Mas éramos bem mais vivos do que ele supunha! O *show* era na cripta da catedral metropolitana, em um evento corporativo. Tangos e Tragédias na cripta! Eu achava que não seria uma boa ele assistir aos protagonistas do filme naquela situação, mas hoje vejo que foi melhor assim. Se Ennio tivesse assistido ao *show* num teatro, onde as pessoas já têm a predisposição de aplaudir os artistas na entrada e tudo corre favoravelmente para eles, não teria sido tão bom quanto ver os artistas mais inseridos em uma situação social de verdade, não tão favorável assim. O ponto principal em um evento corporativo raramente é o *show* – este é um detalhe dentro do evento. Mas, em se tratando de um evento na cripta da catedral, tudo se tornava um pouco mais singular, meio gótico.

Logo no início do processo, quando surgiu o interesse do Otto em produzir esse filme, ele nos procurou e propôs o projeto. Nico falou que daria autorização irrestrita mediante o pagamento acordado. Eu falei que não daria autorização se não tivesse acesso ao conteúdo, a abordagem que queriam dar e o tipo de arte que utilizariam.

Estavam ainda escolhendo o nome do filme, e uma das sugestões era *Fuga em Ré menor para Kraunus e Pletskaya*, que nós gostávamos muito. Mas Otto tinha uma pessoa querida de sua família que estava com câncer e prestes a deixar a vida, e decidiu deixá-la escolher entre dois nomes: *Fuga em Ré menor para Kraunus e Pletskaya* ou

Até que a Sbørnia nos separe. Eu achava este último um pouco "agourento" e relutava em aceitá-lo, sugerindo que então fosse só *Sbørnia*, um nome mais simples, forte e bastante conhecido por meio do Tangos e Tragédias. Mas, pouco antes de falecer, a pessoa designada por Otto escolheu *Até que a Sbørnia nos separe*. E foi como ele batizou o filme definitivamente. Não há nenhuma ligação aparente nessas coincidências, mas Nico nos deixou seis ou sete meses depois da estreia do filme.

Nico faleceu em fevereiro. Em maio, a cidade se encheu de *outdoors* anunciando a estreia do filme nos cinemas. Normalmente, a passagem de pessoas desconhecidas é marcada pelo luto dos familiares e das pessoas que tinham alguma relação com o falecido. No caso do Nico, pudemos sentir a comoção que tomou conta do país. Uma personalidade que mereceu uma nota no Jornal Nacional, da TV Globo, e que gerou textos desesperados em jornais, como o do escritor Fabrício Carpinejar, transcrito abaixo.

Às cinco da manhã - Fabrício Carpinejar (Zero Hora)

Às cinco da manhã, a morte tem menos esperança, a fé tem menos altares, as velas se apagaram nas esquinas de Porto Alegre. Às cinco da manhã, o Guaíba quebrou sua luz, o pão se partiu sozinho, o açúcar perdeu seu brilho.

Às cinco da manhã, as roletas do trem pararam de pensar, os elevadores se sentiram velhos, as pombas fizeram greve dos farelos.

Às cinco da manhã, o suor veio antes do sol, as ladeiras se despedaçaram como vidraças, as sombras correram para o Mercado Público.

Às cinco da manhã, o musgo se divorciou da pedra, ex-fumantes voltaram ao vício, amantes fingiram derradeiras promessas, não havia chave para abrir as janelas.

Às cinco da manhã, morreu Nico Nicolaiewsky. Ai, que terrível, serão cinco e meia da manhã nos relógios da capital gaúcha durante o dia inteiro.

Nico colocou seu último suspiro para sorrir. Pensou que fosse a mesma coisa. Sorrir, suspirar.

Acenou com os dentes, mordeu a palha do vento, como a dizer que daria uma volta no invisível e já retomava o ensaio com os violinos.

Às cinco da manhã, Nico largou ao chão sua gravata, seu colete, seu par de sapatos de bico fino, seu bigode da Sbørnia, suas canções desesperadas de amor. E as rosas brotaram de sua pele branca e cansada.

Enrolem o Maestro Pletskaya com as cortinas do Theatro São Pedro, coloquem algodão em seus ouvidos, ele é todo feito de cristal: ele é todo cristalino.

Morreu Nico. Morreu o tango de novo. Morreu a própria tragédia. Sua voz era de um lobo que já tinha sido homem. Hoje só podemos cantar uivando.

Não terá caixão para levá-lo. Não terá caixão para fechá-lo. Ele não é um morto, mas um piano parado.

Confisquem a lua em fevereiro, os corrimões das escadas, soltem os dragões e os cachorros de pedra da Praça da Matriz.

Segurem minhas mãos para não pegar o telefone. Segurem meus braços para não esmurrar a porta. Segurem minhas pernas para não procurá -lo. Segurem meus joelhos para não acordar o acordeom. Amarrem-me em qualquer lugar que não fale português e desperte saudade. Prendam-me na cama, anestesiem meu sangue – estou tão acostumando a enxergá-lo vivo que fui junto.

*Só deixem minha cabeça livre. Para mexer a cabeça, para dançar Co-*pérnico *com os olhos e esperar que ele volte.*

Ele sempre volta.

É difícil ter noção sobre qual o impacto social que seu trabalho tem, sobre quais pessoas você conseguiu atingir, quando se transforma em um projeto bastante conhecido. Nesses dias, eu estava caminhando pela rua e fui abordado por um grupo de garis que vieram me consolar pela perda do parceiro com doces palavras de suporte. Fiquei bastante comovido. Passei alguns dias no Rio de Janeiro achando que lá eu seria menos reconhecido, mas mesmo lá as pessoas abordavam-me com pêsames e sentimentos.

Havia um anticlímax absoluto, a morte do Nico junto com uma das maiores conquistas do projeto Tangos e Tragédias, um longa-metragem de animação, o único filme brasileiro desse tipo baseado em personagens do mundo do espetáculo.

Pesquisando mais, vemos que são poucos os projetos do *show business* internacional que tiveram um filme de animação inteiro baseado em suas histórias. Um foi o *Yellow Submarine*, dos Beatles. Uma animação em estilo lisérgico que fala sobre a contracultura e o conflito entre a banda do Sargent Peppers, que vivia em Pepperland (uma espécie de Sbørnia do fundo do mar), e o Líder dos

Maldosos Azuis (representando as forças opressoras contra as quais os jovens da época estavam lutando), que detestavam música e queriam destruir Pepperland. Outro foi a série de animação para TV dos Jackson Five, na mesma linha de liberdade *pop art* dos Beatles, mesclando pequenos esquetes animados com clipes das músicas. Eu não seria tolo a ponto de me comparar com os Beatles ou os Jacksons, mas há também o nosso *Até que a Sbørnia nos separe*, um longa de animação baseado em nosso *show* que traz até profecias! Coincidentemente (ou não), mostra um de seus protagonistas morrendo, o que acaba se confirmando na vida real seis meses depois da estreia do filme.

Ou o filme é profético ou Otto decidiu fazer uma homenagem ao Nico porque sabia que ele iria morrer logo, o que ele nega terminantemente! As intuições de um artista podem ir além do que ele mesmo é capaz de supor. No caso, Otto, Ennio e sua equipe trouxeram conteúdos que nos deixaram perplexos. Na sequência final, uma banda dá continuidade ao *show* com o filho de Kraunus em cena, o personagem cuja voz eu fazia. E assim foi na realidade, quase como no filme. Seguimos com o espetáculo depois da passagem do Nico. Dois anos depois, fizemos um espetáculo chamado Kraunus e Convidados, em que uma turma ligada ao nosso trabalho esboçava a continuidade do projeto Tangos e Tragédias, com uma banda sbørniana no mesmo local e no mesmo estilo retratados na cena final do filme, no Theatro São Pedro. Logo em seguida, eu e Simone Rasslan, que fazia parte do grupo de convidados, começamos a assumir a dupla na parceria, e caímos na estrada, fazendo uma série de *shows* e confirmando uma excelente química artística no palco, para dar seguimento ao projeto com A Sbørnia Køntra'Atracka.

A arte do filme é primorosa! O traço do Eloar Guazzelli e sua dobradinha na direção de arte com Pillar Prado receberam o Kikito no Festival de Gramado e foram selecionados para as principais mostras internacionais de animação. O roteiro original de Rodrigo John e Tomás Créus traz uma história de conflitos sociais. Um magnata deseja tomar as reservas do Sklerks de Bisuvin, a principal fonte natural de riquezas da Sbørnia. O mundo desaba na Sbørnia com um desastre ecológico provocado pela exploração indiscriminada dos recursos naturais. Enquanto isso, o Maestro Pletskaya sofre para recuperar Coqliqot, o amor de sua vida, que ganha vida na voz de Fernanda Takai. Na música que compusemos, *Aquarela da Sbørnia*, há uma frase sobre o sistema político da Sbørnia que deu alguns pontos de referência para os roteiristas criarem a sua história. A seguir, a letra da canção.

Nós nascemos na Sbørnia!
(BAH!)
Nós nascemos na Sbørnia!
(BAH!)
A Sbørniá era grudada ao continente por um istmo
(istmo!)
Após sucessivas explosões nucleares malsucedidas
Ai, ai, ai, ai...
A Sbørnia se desgrudou!
A Sbørnia se desgrudou! (do continente)
E hoje é uma ilha navegando pelos mares do mundo, mares do mundo, mares do mundo, mares do mundo!
Nós nascemos na Sbørnia!
(BAH!)
Todos sabem que a Sbørnia é conhecida
Internacionalmente, internacionalmente, internacionalmente!
Por ter uma grande lixeira, onde todo mundo deposita o lixo cultural
O que não serve mais para nada, o que já saiu de moda
Nós nascemos na Sbørnia!
(BAH!)
O sistema político da Sbørnia é o Anarquismo Hiperbólico!
Em época de grande indecisão, o povo se reúne em uma praça pública
E fica naquele clima de indecisão, aquela coisa de indecisão
Até que nasce uma flor
Maravilhosa flor, tão bonita flor
O sistema político da Sbørnia
Nós nascemos na Sbørnia!
(BAH!)
A Sbørnia era grudada ao continente por um istmo
(istmo!)
E hoje é uma ilha navegando pelos mares do mundo, mares do mundo, mares do mundo, mares do mundo!
Nós nascemos na Sbørnia!
(BAH!)

Aquarela da Sbørnia foi uma das únicas canções que compusemos em parceria. Foi um parto difícil, porque nossos estilos de compor eram absolutamente conflitantes. Passamos maus momentos querendo chegar ao final da composição. Um sugeria uma coisa, o outro sugeria outra, até que fomos cedendo para podermos avançar e deu no que deu, uma canção que jamais tocaria em uma estação de rádio, mas que, no *show*, provocava uma espécie de interação com a plateia que chegava a definir o estilo de performance que faríamos.

Mais profecias no filme de animação: em uma sequência, há protestos pelas ruas da Sbørnia. Na época em que ele começou a ser produzido, o Brasil estava vivendo uma absoluta estabilidade social. Eram os anos de 2003/2011. Não havia nem sombra de protestos nas ruas. Mas, quando o filme foi lançado, o Brasil estava em plena convulsão social, com passeatas incentivadas por canais de TV pelo *impeachment* da presidenta Dilma Roussef, que acabou sendo inocentada de todas as acusações de corrupção e improbidade administrativa. Estava claro que, se o grupo que entrou no poder não desse um golpe, nunca mais entraria no poder de forma legal. Porque, do nosso ponto de vista (meu e de outros milhões de brasileiros), nunca tinham sido feitos tantos benefícios para a população brasileira, tanto para pobres quanto para ricos. É minha opinião. A luta pelo poder tem sido equivalente em toda a história da humanidade. A lei da selva ainda impera nas instâncias do poder político. No fundo ou bem no raso, nada mudou! Os mais violentos, os mais ousados, os que têm mais força e poder criam situações para contornarem as convenções da lei e da justiça.

Quem assistiu ao nosso filme na época certamente reconheceu a sincronia entre os protestos no filme e os que estavam ocorrendo de verdade pelas rua do Brasil. Estamos utilizando essa sequência no espetáculo que deu seguimento ao Tangos e Tragédias, A Sbørnia Køntr'Atracka, do qual falarei a seguir.

Outras coincidências entre o filme e algumas coisas que aconteceram logo a seguir colocam o trabalho em uma categoria "proto-profética". Quando Otto e sua equipe foram ao Theatro São Pedro na despedida de Nico Nicolaiewsky de corpo presente, perguntei se ele sabia o que estava para acontecer, se sabia que Nico estava doente, se Nico havia revelado algo a ele. Otto afirmou que não sabia de nada. O único que nos revelou algo foi o nosso "contador".

Ele, sim, nos chamou para uma reunião e revelou que Nico tinha dito que estava doente, que poderia partir e que gostaria de deixar todas as questões relacionadas às finanças resolvidas e prontas para serem conduzidas sem ele. Foi só então que soubemos que ele sabia de sua condição. E acho mesmo que ele tinha o direito de guardar segredo sobre uma questão tão intima como a sua morte.

SÓ PODERIA ACONTECER NO HIPERPAMPA

Logo após a passagem do Nico, caímos na estrada com Tãn Tãngo, e muita gente se perguntava como já tínhamos um espetáculo tão bem acabado em tão pouco tempo, sem saber que já fazíamos *shows* desde 2011. Em 2015, fomos convidados a participar do POA Jazz Festival pelo seu curador e criador, Carlos Badia. Ficamos muito felizes e tivemos a sorte de fechar um contrato de dois *shows* no interior um dia antes do festival, o que nos valeu como uma ótima preparação. Uma das canções era uma parceria entre Eumir Deodato e, vejam só, minha mãe, Flávia!

Daniela Procópio havia me enviado uma faixa de Eumir que ele próprio enviara para ela como uma possibilidade de trabalho. A faixa se chamava *Soulmates* e era, na verdade, a trilha de uma sequência do filme *Bossa nova*, do Bruno Barreto. E tinha esse poema da minha mãe, chamado "Almas gêmeas". A gravação de Eumir é com orquestra de cordas; suas orquestrações são fantásticas. Peguei o bandolim, comecei a construir uma melodia e a testá-la com o poema da minha mãe, já que tinha o mesmo título da música do Eumir. Cheguei a um bom termo, e, depois de pedir autorização para o Eumir, estreamos a música no festival.

Minha mãe é uma excelente poetisa. Nossa família tinha um sítio, e lá cultivávamos cogumelos. Eram cogumelos do sol em uma câmara climatizada, algo lindo e que sugere uma paisagem lunar. Os cogumelos são fungos. Fungos não são nem animais nem vegetais; parecem mais um "ser de transição" entre um reino e outro. Têm a textura de um peixe e o aspecto de um vegetal. Lá nesse sítio, fundamos o Bosque do Poema, com os poemas de minha mãe gravados a ferro em pedaços de madeira e pendurados em árvores. Era lindo! Passeava-se pelo bosque admirando os poemas.

Abaixo, segue o poema de minha mãe que musiquei, compondo a melodia e adaptando a letra sobre a composição de Eumir Deodato.

Uma vez tentei buscar
A alma gêmea encontrar
Sem saber que era eu mesma
Esta alma a revelar
Somos a mesma moeda
Basta misturar
Os lados tão diferentes
Mas carregados de iguais
Que a eles já pertencemos
Sem nos fazermos notar.

Foi mais uma honra interagir com um artista como Eumir. Ele foi orquestrador de Tom Jobim em muitos de seus clássicos e estourou no mundo todo com uma versão *funk jazz fusion* de *Assim falou Zaratustra*, de Richard Strauss. Também havia feito orquestração para o álbum *Homogenic*, de Björk, que é outra página musical em minha vida. Fiquei uns quatro meses magnetizado com esse disco. Logo descobri uma versão dela para *Travessia*, do Milton Nascimento, pasmem, em português, com orquestração de Emir Deodato, claro. No ano seguinte, Carlos Badia me convidou para um tributo ao Milton Nascimento no espetáculo de abertura do POA Jazz Festival, com a presença do próprio Milton, que faria o *show* a seguir. Ensaiamos com a banda dele, da qual nosso amigo Gastão Villeroy, irmão do Antonio Villeroy, fazia parte no momento. Badia indicou que eu cantasse *Travessia*, uma música que cantávamos na sala de casa com meus pais, nos saraus. E, por isso, me dediquei muito para essa apresentação. Todas essas coincidências fechavam também um ciclo de vivências e aproximações com ídolos nossos.

Há um álbum de Caetano Veloso que contém uma música chamada *Rock'n'Raul*, em que, ao fazer uma homenagem a Raul Seixas, o roqueiro baiano, Caetano repete: "A verdadeira Bahia é o Rio Grande do Sul". Seria uma alusão ao fato de o gaúcho Getúlio

Vargas ter estabelecido o samba, que era um folclore baiano/carioca, como música folclórica brasileira nas cerimônias diplomáticas em missões internacionais? Em outra frase, ele fala: "Sbørnia na Califórnia". Nos pareceu uma alusão ao nosso trabalho. Uma música que fala no Rio Grande do Sul e, logo depois, uma menção à Sbørnia. Mas não tinha nada a ver. As subjetividades poéticas de um grande compositor têm a palavra "liberdade" como centro de operações, e muitas músicas ficam até chatas quando são explicadas. O fato é que, depois que começamos a falar da Sbørnia em rede nacional, essa palavra começou a entrar para o vocabulário brasileiro. Houve uma sequência de uma novela em que aparecia um dono de um minimercado que dizia vir da Sbørnia, e mostrava inclusive uma bandeira!

Mais tarde, gravei a canção-manifesto de Caetano *Tropicália*, fundindo-a à composição de Piazzolla *Buenos Aires Hora Cero* com um arranjo especial. A banda toca a música de Piazzolla enquanto eu canto *Tropicália*. Uma fusão que só poderia acontecer no Hiper-Pampa, onde essas influências se mesclam com tamanha intensidade. Piazzolla e Caetano. Uma arte linda do encontro dos dois feita por Cláudio Ramires era projetada no painel de fundo e finalizava a canção. A gravação do vídeo foi dirigida por Aloisio Rocha, da VideoMakers que captou com precisão cinematográfica todos os detalhes do show.

LET'S DUET

Logo após a passagem do Nico, um espetáculo chamado Let's Duet – Homenagem a Malitchewsky entrou em cartaz no Teatro Tuca, em que dois músicos aprendizes faziam um tributo pela morte de um maestro chamado Dobromier Malitchewsky. Saíram algumas fotos do show que ficaram muito parecidas com as nossas.

Todos nós ainda estávamos muito tocados com a perda do Nico. Eu achava que tudo soava mais como uma homenagem do que como uma apropriação de direitos, mas a fúria dos fãs foi algo impressionante. Alguns entraram no site do patrocinador do espetáculo para exigir a retirada do patrocínio. Os fãs ficaram mais ofendidos do que eu.

As semelhanças chamavam mais atenção do que as diferenças. As cinzas de Malitchewski (um nome sonoramente muito próximo de Nicolaiewsky) estavam em uma urna. Os personagens eram muito parecidos com os nossos, muito.

Clara foi ver o espetáculo e confirmou que a história em si não era semelhante, mas o universo ao qual pertenciam era o mesmo: "A história toda do maestro também não desceu bem para ninguém, considerando que faz sete meses que o Nico Nicolaievsky, nosso Maestro Pletskaya, faleceu. Se fosse uma homenagem explícita, todo mundo ia achar legal, mas não é! E as desculpas soam todas 'esfarrapadas'. Literalmente, cresci vendo Tangos e Tragédias, não é algo que vi uma ou duas vezes e achei que lembrava remotamente. Quando vi o *show*, não conseguia acreditar. Era tudo parecido demais, os trejeitos, as reações, as hesitações, as dancinhas, tudo. Me senti vendo outro ator interpretando o Kraunus. Só que não era o Kraunus. Foi estranhíssimo", contou Clara. Saíram matérias na Folha de S. Paulo e na Zero Hora. A equipe de Let's Duet entrou em contato comigo para explicar que as similaridades decorriam de uma característica do processo criativo, e me convidou para assistir à peça. "Envolvidos em nossa criação, erramos em não perceber o quanto ficamos parecidos com vocês", disseram.

O advogado e a família do Nico, que estavam fazendo os processos de inventário, resolveram emitir uma nota extrajudicial como segurança de direitos. Eles saíram de cartaz e ficou por isso mesmo. A história não descia muito bem.

Até cheguei a pensar que, se resolvêssemos remontar o Tangos e Tragédias com outro artistas, a dupla de Let's Duet teria características bem apropriadas para isso. Quando me ligaram, os atendi com compreensão, e falei que teriam que criar um fato mais relevante do que esse aparente escândalo para continuarem. Objetivo que parece que não ter sido atingido.

PITTY E TAKAI

Entre os grandes artistas com quem colaborei está Pitty. A roqueira nº 1 do Brasil, herdeira mais legítima de Rita Lee, por sua penetração midiática, por sua atitude e pelo diálogo social que ela conseguiu estabelecer. Clara Averbuck estava com ela em São Paulo quando ela comentou que precisava de um violino para uma música que estava gravando. Clara logo perguntou: "Por que não chama o meu pai?" E ela: "Quem é seu pai?" "É o Hique, do Tangos e Tragédias!" Pitty sabia de nossas histórias, pois havíamos gravado em Salvador com uma banda da qual seu contrabaixista na época fazia parte. Muitas pessoas não ligam a minha figura à figura da Clara. Ela tem evoluído em uma área tão distante da minha e feito um trabalho tanto de literatura quanto de ativista de forma tão contundente que é natural que não nos conectem, até porque raramente aparecemos juntos.

Participei da gravação do álbum *Chiaroscuro*. Pitty faz desenhos no estúdio para preparar o espírito. São grandes painéis em um grande mural. Ela sabe liderar uma trupe, sabe o que quer e tem um talento enorme para a comunicação, com letras muito inteligentes. É uma quebradora de paradigmas e dá voz a uma legião enorme de fãs, que gritam todas as músicas do repertório a plenos pulmões. É uma usina de energia participar de um espetáculo seu. Depois, participei da gravação do DVD *A Trupe Delirante no Circo Voador*, na música *Água contida*, uma *habanera pop*, e, no meio, ensaiávamos alguns passos de tango. Ainda dei algumas canjas em São Paulo e em Porto Alegre.

Foi uma experiência e tanto estar envolvido com essa geração, sacando por dentro as engrenagens da banda sob sua batuta. Pitty e Fernanda Takai dividem um nível de exposição *top* no cenário da música *pop* brasileira. Com Fernanda e John, do Pato Fu, já tínhamos uma amizade forte. Fernanda, quando soube que Nico havia partido, estava no nordeste. Imediatamente pegou um voo e veio para a despedida. Depois, participou de todos os *shows* que fizemos em tributo a Nico Nicolaiewsky.

OS TRIBUTOS E A RETOMADA

A partir da segunda semana de janeiro de 2013, passávamos pelo Theatro São Pedro e o víamos fechado! Depois de 28 anos, 28 janeiros de temporadas eufóricas, com *shows* que invariavelmente acabavam na Praça da Matriz ou na rua da Ladeira com o público cantando nossas músicas, ver o Theatro fechado era como um pesadelo!

O jornal *Zero Hora* estava querendo falar comigo, mas eu não estava em condições de dar entrevistas. Algumas semanas mais tarde, melhorei. Respondi algumas perguntas e escrevi algo falando diretamente ao Nico, querendo responder a ele a pergunta que tinha ficado no seu último CD, produzido pelo John Ulhoa, do Pato Fu: *Onde está o amor?* Respondi que o amor estava aqui, entre nós, que ele sabia disso e que era isso que as pessoas iam buscar repetidas vezes no teatro, vendo e revendo nosso trabalho.

Dias mais tarde, D. Eva Sopher me chamou para uma reunião e sugeriu um nome para que pudéssemos dar continuidade às temporadas tradicionais, que, como falei, já se estendiam por 28 anos e eram um ponto seguro de arrecadação tanto no teatro quanto em nossas carreiras. Quando alguma coisa não ia tão bem durante o ano em termos de vendas de *shows* ou arrecadação de bilheteria, sabíamos que nossa temporada recuperaria possíveis perdas. Ela sugeriu que fizéssemos um espetáculo chamado A Sbørnia Vive. Para próximo ano, que foi 2014, depois de algumas reuniões com parceiros e da certeza de que não chegaríamos a um consenso, concordamos em fazer dois espetáculos que ficariam duas semanas em cartaz.

Mas, antes disso, nosso amigo Carlos Careqa fez um superesforço e armou um tributo em São Paulo, no Sesc Pompéia, um local bastante conhecido e muito bem frequentado pela comunidade artística brasileira. Paulo Braga ao piano, Mário Manga no violoncelo, Fernanda Takai, John Ulhoa, Arthur de Faria, Fernando Pesão, Cláudio Levitan e eu nos aplicamos para fazer versões simples, mas bem emocionantes. O Sesc Pompéia lotou, e a gente sentiu a presença do Nico através de suas canções.

Foi difícil voltar ao Theatro São Pedro para a próxima temporada. Houve divergências sobre a forma de conduzirmos o trabalho.

O grupo que se encarregou de conduzir o legado do Nico pensava de uma forma e eu pensava de outra. Junto a isso, a diretora artística do teatro naquele momento sentiu que havia fragilidades na nova configuração e nos reservou apenas duas semanas, em vez das quatro semanas usuais.

Nós sabíamos que já há alguns anos artistas e produtores reclamavam da constância e permanência de nossas temporadas. (É bom que fique claro que o Nenhum de Nós não estava entre eles.) Queriam que D. Eva suspendesse nossas temporadas e abrisse o mês de janeiro para outros espetáculos. Mas ela não confiava que outro projeto pudesse dar mais prestígio ao Theatro São Pedro nem mais retorno financeiro do que o nosso. Ela era uma ótima gestora. Muitos anos antes, alguns chegaram a abordar o governador na época, Alceu Collares, para que viesse dele uma ordem para que deixássemos de fazer as temporadas de janeiro, já que a Fundação Theatro São Pedro é ligada ao Governo do Estado. Mas D. Eva argumentou junto ao governador e não abriu mão de ter Tangos e Tragédias durante as temporadas de janeiro. Todos os janeiros ela fazia uma arte, um cartaz feito a mão ou com colagens, para nos dar as boas-vindas. Ainda temos alguns de lembrança. Era sempre uma alegria voltar à nossa casa principal.

A verdade é que iniciamos quando ninguém se habilitava a começar uma temporada em janeiro, porque a certeza naquela época era de que não haveria público! Nós nos habilitamos em um mês que ninguém queria. Tornamos possível que outros espetáculos conseguissem entrar em cartaz durante o verão. Inclusive, depois de 15 anos, na época do Fórum Social Mundial, aproveitando o grande público que vinha para nossa cidade, foi criado o festival Porto Verão Alegre, que permanece até hoje.

Então, no primeiro ano sem Nico Nicolaiewsky, fizemos dois espetáculos diferentes, anunciados sob o título Desgrazzia Ma Non Troppo. Um deles era um espetáculo de tributo ao Nico, chamado A Grande Atração, dirigido por Márcia do Canto e Fernando Pesão, que resultou num lindo DVD dirigido por Rene Goya, com participação de vários artistas convidados, incluindo Fernanda Takai e John Ulhoa, de quem éramos amigos desde que tínhamos participado do CDs e DVDs do Pato Fu. Participaram Silvio Marques, seu parceiro do Grupo Saracura, Cláudio Levitan, amigo e compositor constante, Pedro Veríssimo, Luciano Albo nos contrabaixos e vocais e Bruno Mad nas guitarras e no bandolim.

Tudo começava com uma faixa do seu primeiro CD chamada *A grande atração*, que era introduzida com uma "banda circense" e dizia:

A grande atração
Que ficou de vir
Não veio
Vocês vão desculpar
Pois a grande atração
Morreu!

Um soco no estômago. Nada poderia ser mais o seu estilo!

Abriam-se as cortinas e atacávamos com a canção *Só cai quem voa*, uma canção espetacularmente composta por alguém que está querendo deixar uma mensagem. Foi essa frase que ficou na placa, quando a Prefeitura de Porto Alegre construiu um espaço lindo em sua homenagem, que foi batizado de Recanto Nico Nicolaiewsky, à beira do lago Guaíba, na frente de um dos lugares mais visitados da cidade, o Museu Iberê Camargo: "Só cai quem voa, só quem tira os pés do chão".

No início do *show*, "uma profecia" anunciada em uma gravação feita muitos anos antes. O próprio artista compôs e gravou uma música para quando não estivesse mais por aqui. No caso, falando de "um artista"! Enquanto ele estava vivo, pensávamos que seria "um outro artista". Agora que não está mais entre nós, todos sabemos com certeza que ele falava de si mesmo. Como na sua genial *Poeta analfabeto*: "Sou poeta analfabeto, sou maluco, sou palhaço, *sou profeta*, sou cantor", que gravei em meu CD *O Teatro do Disco Solar* quando ela tinha um outro nome: *Cidade Solidão*. Talvez ele não tenha gostado da minha versão. Talvez eu tenha mexido muito no conceito original. Não sei por que ele mudou o nome da música. O mesmo aconteceu na sua igualmente genial *Hippie gaudério*, com um poema no meio em que ele falava como se já tivesse morrido. Essa música cantada por Nina Nicolaiewsky ganha uma força tremenda. São os genes de Nico cantando através de Nina. "Quem morreu já sabe…", diz o poema.

Todas essas coisas, aliadas à sequência do longa-metragem de animação em que seu personagem, o Maestro Pletskaya, é atingido por uma onda gigantesca em uma praia e desaparece do filme, parecem apontar para o fato de que ele intuía que iria afastar-se um pouco mais cedo de nós.

SOLIDARIEDADE

Na segunda semana, atacamos com Tãn Tãngo, meu espetáculo, que também tinha um caráter de tributo, que o próprio Nico tinha visto em vida. Já tínhamos rodado o suficiente para encararmos essa responsabilidade de substituirmos o Tangos e Tragédias. O público estava favorável, todos unidos pela tragédia de termos perdido um dos maiores artistas brasileiros. Tivemos convidados especiais, como Letícia Sabatella e Fernando Pinto, que vieram atendendo ao meu convite.

Letícia tem uma grande musicalidade e é também compositora. Fomos juntos a programas de televisão em que ela cantava um tango em espanhol de sua autoria, chamado *Tonteria*. Ela fazia parte de um espetáculo do nosso amigo Carlos Careqa, e eles vieram ensaiar no meu estúdio durante o festival Porto Alegre em Cena, do qual participaram. Letícia veio uns dias antes e trouxe uma música sua, recém composta, para que eu pudesse ajudá-la a arranjar e gravar. No *show* de Carlos Careqa, eu participava tocando violino em seu tango *Tonteria*. Desde então, ficamos amigos mais próximos, e logo após a passagem do Nico, ela me convidou para o espetáculo Caravana Tonteria. Estreamos em São Paulo durante a Virada Cultural, na Galeria Olido, no centro de São Paulo, e também no Centro Cultural Rio Verde. Não pude seguir acompanhando o ótimo grupo, que tinha Paulo Braga no piano, Zeli Silva no contrabaixo, Fernando Pinto no trompete, violão e serrote e ela, Letícia, com seu carisma arrebatador e suas curiosas composições. Eu estava montando minha vida em meu futuro próximo.

Carlitos Magallanes no bandoneon, Dunia Elias no piano, eu no violino, Everson Vargas no baixo acústico e Filipe Lua nas percussões eletrônicas fazíamos uma base perfeita para as músicas da Letícia. Ensaiamos outra das suas composições com texto forte e construção estranha, que igualmente soou muito bem. Uma estrela brasileira da televisão e do cinema nos saudava como uma embaixatriz da comunidade artística do país. Ela e Fernanda Takai, no tributo ao Nico, cumpriram esse papel, nos dando apoio e incentivo na nossa nova etapa. Recebi também o convite do grande artista global Alexandre Nero para compor um espetáculo com ele e um grupo de artistas. Também não pude participar, pois estava determinado a me dedicar à minha própria carreira.

O Brasil estava entrando em colapso. Um ciclo estava se fechando. O mercado se retraiu como há muitos anos não acontecia. Fizemos uma redução do espetáculo Tãn Tãngo e fomos para a estrada só eu e Dunia Elias. Uma dupla novamente! No começo, sentíamos falta da banda, dos arranjos e da companhia dos outros músicos, mas, com o tempo, fizemos uma adaptação completa do *show* para a dupla e entendemos que tínhamos um outro *show* na mão. Em 2016, esse projeto salvou nossas famílias! Em 2019, participamos da primeira edição do Gramado Jazz & Blues Festival. Ganhamos segurança, e agora temos um módulo bastante original para trabalhar. As composições de Dunia Elias adicionaram um sabor legítimo ao projeto, que agora se chama HiperPampa Tango/ Jazz/ Fusion/ Brasilian Experience.Outro convite que veio nesse período foi através do Maestro Evandro Matté, diretor artístico da OSPA, para fazermos uma montagem de *História do soldado*, um clássico de Stravinsky, com um grupo de músicos de elite da Orquestra Sinfônica de Porto Alegre. Fizemos apresentações no Festival Internacional de Pelotas e também no Festival de Belém, no Teatro da Paz. O trabalho foi bem recebido nos dois festivais. A peça foi composta por Stravinsky no período da Primeira Guerra Mundial para uma orquestra de baixo orçamento. Em se tratando de baixo orçamento, decidi fazer todos os personagens da história. Uma câmera bem na minha frente capturava e enviava imagens de meus personagens para um telão. Ora eu fazia o soldado, com um lado do rosto iluminado, ora o diabo, com o outro lado do rosto iluminado, ora o rei, ora a bruxa, ora a princesa e ora o narrador. Deu tudo certo! Combinamos com Heloiza um desenho de iluminação, que funcionava e ajudava a dar uma boa condução para a comunicação da história. A música é bem complexa, e eu tocava somente os primeiros compassos enquanto soldado que interpretava seu texto, deixando que o violinista do grupo, Camilo Simões, se encarregasse da complicada partitura de Stravinsky. Fiz a tradução e adaptação do texto.

Nico havia partido, não tínhamos o parceiro e amigo ao nosso lado e também não tínhamos mais nossa principal fonte de renda. Logo após o golpe de Estado, que hoje está absolutamente confirmado, ficamos sem trabalho. Todo o mercado se retraiu. Foi infundido na população tal nível de insegurança que ninguém contratava, ninguém vendia, ninguém comprava. Muitas lojas do nosso bairro fecharam, empresas faliram, o medo se apoderou do mercado, com todos querendo proteger suas reservas. Tudo estava engessado, e, na nossa área, mais ainda. O dinheiro foi acabando, e acabou. Houve um dia em que eu não tinha dinheiro para colocar gasolina, nem para pegar um ônibus. Nada! Como naquela peça do Dilmar Messias em que ele dizia: "NADA!" E, contudo, nós conseguíamos rir! Um dia, logo após efetuarmos o pagamento de nossa secretária doméstica, ela me emprestou 50 reais. Ríamos! Existia um sentimento de certeza absoluta de que isso iria passar. Demorou, mas passou... está passando!

⌐⁓

A SBØRNIA KONTR´ATRACKA

No ano seguinte, fizemos um espetáculo com a volta dos personagens sbørnianos, chamado Kraunus e Convidados, com amigos dando todo o suporte: Cláudio Levitan e Fernando Pesão, que já haviam configurado a Grande Orquestra da Sbørnia; Nina Nicolaiewsky, numa simpática presença, cantando algumas músicas com Simone Rasslan, configurando e revivendo a dupla que Simone tinha com Adriana Marques; Kity Santos tocando sax soprano; e Marco Lopes na tuba, que gravou o primeiro CD do Nico. Fizemos poucos espetáculos com essa formação, mas foi um início bastante agradável. Soava bem e era divertido.

Eu queria fazer um número de sapateado, que já se esboçava no número do Mundinho, que estaria no repertório. Procuramos um sapateador e encontramos uma supersapateadora: Gabriela Castro, que deu um brilho todo especial ao espetáculo. Chamei Rique Barbo para fazer algumas peças que serviriam como cenário virtual em projeções. Decidimos utilizar algumas sequências do filme de animação, e a história acabou se configurando por si mesma, como sempre. A espontaneidade servindo de abre-alas para a formatação de um novo enredo, com um conteúdo que vai se expressando desde o núcleo do trabalho. Encomendei uma animação para o diretor de animação do filme *Até que a Sbørnia nos Separe*, Fabiano Pandolfi, que, juntamente, com Maia, criou uma linda introdução. Um ônibus escolar tradicional, com a legenda "Sbørnia", entra no palco em tamanho natural, mas em projeção. O motorista é o Maestro Pletskaya. Kraunus acena da janela e desce. O Maestro Petskaya faz algumas expressões, se insinuando para a plateia, acena com o braço e vai embora. Kraunus e Nabiha entram em cena e começa o espetáculo.

Logo surgiram *shows* em locais menores, e eu e Simone fomos para a estrada em direção a cidades do interior do Rio Grande do Sul para garantir a sobrevivência. Nossa afinidade era instantânea, mas sabíamos que a operação do *show* dependia das execuções das músicas estarem muito bem dominadas, para que o divertimento surgisse espontaneamente. E assim foi. Conforme evoluíamos no domínio das interpretações das músicas, mais energia sobrava para a performance de palco e para a comunicação divertida com o público.

Simone já estava dominando a cena quando naturalmente emergiu dela a história de sua avó, imigrante libanesa que morava no Mato Grosso e que supostamente havia matado um cara! Tinha que ser Nabiha o nome de sua personagem. Isso deu força e definiu muito a performance de Simone. O legítimo Teatro Hiperbólico em ação! Uma mulher de idade, estrangeira, que tinha matado um cara e tinha em sua casa um chá calmante que ela tomava e dava para os visitantes e que, mais tarde, descobriram que era um pé de cânhamo! E ainda formada pela Libertok Universitik de Musik da Sbørnia!

Em 2017, surgiu a oportunidade de voltarmos a Portugal. Seriam três cidades: Agueda, Viseu e Estarreja, aquela onde roubaram o meu violino! Agueda foi a última, onde encerramos um festival internacional e multidisciplinar dedicado à música e ao humor, o Gesto Orelhudo, onde já havíamos figurado com Tangos e Tragédias. Para nós, era um teste grande, pois estaríamos em cidades onde o público não conhecia a nossa história nem o nosso *status*. Tínhamos o arranjo para coral de *O Drama de Angélica*, que seria executado pelo Orfeão de Águeda. Na nossa chegada, os produtores portugueses distribuíram a agenda de ensaios, na qual constavam três corais. Foi então que soubemos que as outras duas cidades também tinham coros que estariam disponíveis para ensaiarmos. E assim foi, três *shows* com participação de três coros cantando o arranjo para *O Drama de Angélica*. Nesses três *shows*, pudemos nos assegurar de que estávamos prontos para encarar qualquer coisa. Em determinado momento, Simone Rasslan foi aplaudida de pé no meio do *show*, quando cantou um fado conhecido, *Oh gente da minha terra*, que tinha uma parte instrumental com a *Bachiana nº 5*, de Vila-Lobos. Era uma confirmação de que funcionaríamos para qualquer audiência.

Foi uma turnê rápida por Portugal, mas foi importante, porque a empresa de nossa produtora Marilourdes Franarim estava com a burocracia e documentos prontos para conduzir a *tour* como "produtora internacional" e porque Simone dominou a posição que lhe fora confiada. Na volta, fizemos mais outras temporadas e muitos *shows*, nos quais crescemos e nos afinamos mais e mais.

Em 2018, o Maestro Evandro Matté foi assistir a um de nossos espetáculos, no qual o Coro Jovem da OSPA fazia uma pequena participação. Ele curtiu o *show* e saiu de lá com uma ideia, querendo conversar. Me chamou para um encontro e propôs que fizéssemos um concerto chamado A OSPA vai a Sbørnia, no Auditório Araújo Vianna, que comporta 3.000 pessoas. Trabalhamos durante quatro meses nos arranjos e foi um belíssimo concerto. Tivemos convidados especialíssimos: Nei Lisboa, para cantar a nossa parceria Berlim-Bom Fim, primeira música composta exclusivamente para o Tangos e Tragédias; Vitor Ramil, que acompanhou no *Romance de uma caveira* com seu magnífico personagem, o Barão Satolep, além de termos cantado *Joquim*, a sua espetacular versão para uma canção de Bob Dylan, que dizia muito sobre o momento político que estávamos vivendo; Cláudio Levitan; o genial Ubaldo Kanflutz, que abriu o concerto com um personagem chamado Johanssen Brassen, um maestro sem braços que entrava para reger uma obra sua representante de um movimento, "O Nervosismo". Os músicos da OSPA embarcaram na viagem e todos vestiam algum detalhe que lembrava personagens sbørnianos. Eu me encarreguei de escrever quatro arranjos sinfônicos e tive a sorte de poder contar com a supervisão do Maestro Arthur Barbosa. Ele escreveu mais quatro arranjos, contando com uma *ouverture* de nove minutos que continha três *jingles* publicitários insólitos que fizeram parte de nossas campanhas, e tudo desembocava no *Hino da Sbørnia*, que, com todo o suporte do Coro Sinfônico e da Orquestra, ganhava um tom épico.

Tivemos orquestrações de Pedrinho Figueiredo, Alexandre Ostrovsky, Silvane Guerra e Vagner Cunha. A Rio Grande Seguros e Previdência também nos prestigiou com o seu apoio com patrocínio direto. É muito importante salientar a participação dos que viabilizam os projetos financeiramente. Um projeto dessa envergadura não aconteceria sem patrocinadores.

Vivemos momentos puramente lúdicos e engraçados com o grande aparato de uma orquestra sinfônica. Poder fazer esse tipo de brincadeira dentro de um concerto com cerca de 200 músicos passando pelo palco é uma coisa no mínimo muito rara. Mas um avanço e um golpe de coragem para um grupo de profissionais que confiam que este tipo de escolha "anarquia proposital e absolutamente ordenada", sabendo que o resultado final será agradável e que isso pode também qualificar ainda mais o nome da instituição e a relação com o seu público. O Maestro Evandro Matté entendeu que o resultado poderia ser muito bom. E assim foi!

Ele tem marcado época em nossa comunidade, dando espaço para novos compositores, integrando artistas da cidade com a orquestra e fomentando a escola da OSPA. A Casa da OSPA, nova e primeira sede da orquestra que, em 2019, tem 61 anos, veio por esforço e articulação dele, assim como o Teatro da Unisinos, que é mais um espaço de última geração que vem para solidificar o nosso campo de trabalho. É alentador ver espaços assim se multiplicando em nossa cidade e nossa classe lutando ferreamente para que um determinado teatro não feche, enquanto o colapso da política coloca entraves em todas as áreas, incluindo a nossa. É alarmante saber que no Rio de Janeiro, por exemplo, fecharam 32 teatros.

Enquanto o mundo se acaba,
enquanto tudo desaba,
a gente é de fino trato,
a gente inaugura um teatro.

Essa é uma parte de uma canção que escrevi para a inauguração do Teatro da Unisinos.

Como mencionei anteriormente, antes do Tangos, eu estudava para ser arranjador, orquestrador. Mexer com orquestras e com grandes grupos era um sonho para mim. Mas a escolha em trabalhar com artes performáticas, fazer personagens e pensar em espetáculos acabou revelando potencialidades que eu ainda não conhecia. Mesclar arranjos complexos com a performance humorística foi uma conquista de tudo que eu desejava fazer, especialmente utilizando um repertório que dominávamos muito bem. Juntar as anarquias que construímos na carreira do Tangos e Tragédias ou nos meus espetáculos individuais com o mais sofisticado grupo de músicos e técnicos, para fazermos um espetáculo com alto grau de acabamento e, acima de tudo, com envolvimento emocional do público, foram momentos de clímax na nossa carreira. Nico foi um artista inteligente e exigente pra caramba. Era difícil agradá-lo, mas eu sei que consegui! Trabalhei muitos anos com este objetivo de surpreender e agradar o meu parceiro, pela via do desafio criativo. Tenho certeza de que ele iria gostar do que fizemos.

PARCEIROS FIÉIS

Dois mil e dezoito foi o ano em que a companhia Zaffari completou dez anos de parceria com nosso projeto. Graças a isso, conseguimos voltar a cartaz e reestruturar nossa proposta artística sem perder nossa essência.

Em janeiro de 2019, pela primeira vez em 32 janeiros, não fizemos temporada no Theatro São Pedro, que passava por uma reforma no teatro. Fomos para o Teatro do Bourbon Country. Graças às leis de incentivo, conseguimos, pela primeira vez, também utilizar esse mecanismo de financiamento, que envolveu 14 outras empresas e uma série de técnicos e pessoas envolvidas na temporada. O Teatro do Bourbon Country é outro espaço nobre em nossa cidade. Foi ótimo acabar o show numa espécie de flash mob no meio de um shopping center, com Simone Rasslan, Cláudio Levitan, Gabriela, eu e o Coro Jovem, com cerca de 60 participantes, invadindo as alamedas e transformando o shopping num parque musical sbørniano, num sobe e desce performático pelas escadas rolantes.

Em julho, graças à participação da Rio Grande Seguros e Previdência, que também já confirmou sua participação pelo terceiro ano seguido, nossa temporada voltou ao Theatro São Pedro, como uma espécie de Festival da Sbørnia. O Coro Jovem da OSPA, muito afinado e absolutamente dentro da performance, causou furor na plateia, que aplaudiu de pé em cena aberta. A OSPA entrou como apoiadora, marcando com o logo da instituição todas as peças. Os primeiros anos com o Coro Jovem foram experimentais, mas agora a performance deles tomou outra dimensão, e o reconhecimento da instituição se fez presente. Outros convidados especiais vieram para expandir a galeria dos sbørnianos.

Não está fácil, mas algo aponta para um novo tipo de construção social. Revolver os resíduos coletivos emocionais e psicológicos de séculos será uma tarefa árdua, mas já está acontecendo. Todos aguardam uma grande virada. É o que se pode presumir: algo muito importante está para acontecer! De nossa parte, estamos fazendo o melhor possível. Frequentamos aulas de cabala, apuramos nossa meditação, conseguimos um nível de ordem bastante confiável em nossa vida prática. Nosso espetáculo continua sendo reflexo do que conseguimos evoluir internamente. Sempre estamos partindo para um outro patamar na evolução pessoal e profissional.

Quando eu pensava que nada poderia ser mais instigante do que aquele concerto com a OSPA, um novo convite apareceu, acenando para uma nova e instigante fase de vida. Há quatro anos, conhecemos um grande empresário da área da construção civil, Gustavo Jobim, da Construtora Jobim, que havia nos contratado para um evento corporativo de um de seus empreendimentos. Ele queria me conhecer pessoalmente e me convidou para tocar na obra para seus funcionários. Achei bacana. Chegamos na obra, que era um prédio grande de vários andares, e ele parou todo mundo, juntou todos os obreiros e pediu que eu tocasse violino para eles. Acabou nos chamando mais outras três vezes para seus eventos. Em quatro anos seguidos fazendo *shows* para o lançamento dos seus empreendimentos, ficamos amigos. Ele também é bastante espiritualizado e cultiva devoções pelo Espírito Santo. No último show para sua empresa, ele solicitou que fizéssemos um concerto que marcasse o meu encontro com Renato Borghetti e a Orquestra da Ulbra, com regência de Tiago Flores. O concerto foi luminoso! Adoramos o encontro, e o trabalho promete se transformar em algo bem proveitoso para nós e para o público.

Algumas pessoas comentaram sobre o reencontro do timbre do meu violino com o timbre da gaita, que era uma marca musical do Tangos e Tragédias. Mas, dessa vez, o encontro foi com um virtuose do folclore, um ícone do HiperPampa: Renato Borghetti. Sua música promoveu uma grande abertura e realmente estabeleceu diálogos internacionais entre a música da nossa região e a música universal. Em nosso encontro com Hermeto Pascoal, ele falou que tinha um amigo em Porto Alegre: "É o Borghetinho!", disse ele, com aquele acento nordestino no t. Buenas, eu também tenho esse amigo! Isso é o HiperPampa! Uma região que, por séculos, ficou isolada devido às condições geográficas e tecnológicas, hoje se abre e se põe em contato com o globo sem perder suas características essenciais.

Em janeiro último (2019), liguei para D. Raul Smania, para dar parabéns por seu aniversário de 94 anos. Ele me disse, com voz forte, que queria fazer mais 94, ou seja, chegar aos 188 anos. Ele sempre foi uma inspiração para nós. Eu já não tenho tantos planos assim. Já completei 60 anos. Se chegar aos 120 já tá bom. Estamos evoluindo. E eu havia ficado de enviar este livro pronto para o meu editor hoje. Talvez haja um outro livro contando tudo o que se passou depois. Talvez não...

Mas já acalento este sonho: o de escrever um outro livro! Pode ser bem pequeno, curtinho, só para deixar registrado que nós, brasileiros, passamos por um sufoco danado, mas conseguimos solucionar todas as nossas dificuldades. Que a Justiça brasileira se recompôs e voltamos a acreditar nela. Que voltamos a sorrir com tranquilidade e que o carnaval não se importa mais com a política, porque nós, como sociedade, conseguimos evoluir para além dela. Um livro para dizer que as novas gerações nasceram com uma programação diferente e que nossa espécie conseguiu se reerguer e caminhar de mãos dadas na construção de uma civilização cheia de surpresas. Que as artes incluem mais ciência e espiritualidade, num constante e infinito desvelar da magia. E que somos um outro tipo de humanidade, uma espécie que não se ocupa com a sobrevivência acima de tudo, pois isso estará mais do que garantido, mas uma espécie que flui pelo hiperespaço, encontrando não só civilizações pelo universo, mas também, e principalmente, um sentido bem maior para um outro nível de existência.

IMPRESSÃO:

PALLOTTI
GRÁFICA

Santa Maria - RS | Fone: (55) 3220.4500
www.graficapallotti.com.br